Roland Girtler:
Kulturanthropologie
Entwicklungslinien, Paradigmata, Methoden

Deutscher
Taschenbuch
Verlag

Originalausgabe
März 1979
© Deutscher Taschenbuch Verlag GmbH & Co. KG,
München
Umschlaggestaltung: Celestino Piatti
Gesamtherstellung: C. H. Beck'sche Buchdruckerei,
Nördlingen
Printed in Germany · ISBN 3-423-04311-3

Das Buch

Kulturanthropologie ist Sozial- und Kulturwissenschaft gleichermaßen; zu ihrem Forschungsbereich gehören Ethnologie
und Volkskunde ebenso wie Sprachwissenschaft, Psychologie,
Soziologie oder Geschichte. Im Lauf der Entwicklung dieser
Wissenschaft sind ihre einzelnen Forschungsgebiete verschieden stark gewichtet worden, und zwar in Abhängigkeit von
ihren Forschungszielen und -methoden. Der Autor stellt diese
Zusammenhänge sowohl ihrer historischen Entwicklung als
auch ihrer Systematik nach dar: er bietet einen sehr eingehenden
Forschungsbericht zum gegenwärtigen Stand der Kulturanthropologie.

Der Autor

Dr. Roland Girtler, geb. 1941 in Wien, ist Universitätsassistent
am Institut für Soziologie der Universität Wien. Veröffentli-
chungen zu rechtssoziologischen und rechtsethnologischen
Themen.

Offenbar ist es die Anlage der Natur, daß wie ein Mensch, so auch ein Geschlecht, also auch ein Volk, von und mit dem anderen lerne, unaufhörlich lerne, bis alle endlich die schwere Lektion erfaßt haben: Kein Volk sei ein von Gott einzig auserwähltes Volk der Erde: die Wahrheit müsse von allen gesucht, der Garten des gemeinen Besten von allen bebaut werden. Am großen Schleier der Minerva sollen alle Völker, jedes auf seiner Stelle, ohne Beeinträchtigung, ohne stolze Zwietracht wirken.   Johann G. Herder

Die Intention des vorliegenden, auf mehrjähriger methodischer Arbeit beruhenden Buches orientiert sich an der Diskussion um die Interdependenz der mit der »gesellschaftlichen und kulturellen Natur« des Menschen befaßten Disziplinen, zu denen die Soziologie, die Ethnologie (bzw. Sozial- und Kulturanthropologie), die Psychologie, die Linguistik und die historischen Wissenschaften zählen.

Unter dem Terminus »Kulturanthropologie« sollen fünf mehr oder weniger separate Themen angeboten werden, deren jedes für sich eine Einheit darstellt. Dieses Programm, dem wegen dieser Art der Aufteilung leicht der Vorwurf der Uneinheitlichkeit gemacht werden mag, verfolgt gerade durch diese Gliederung die Absicht, einen möglichst präzisen und umfassenden Einstieg in diese Themenbereiche zu geben. Implizit ist damit das Postulat verknüpft, die verschiedenen wissenschaftlichen Bereiche aufeinander zurückzuführen (dazu näher: Kap. I, 8.1., Kap. III und V), womit ausgedrückt werden soll, daß eine Differenzierung einzelner Disziplinen z.T. eine artifizielle bleiben muß (beachte die strukturelle Einheit von Soziologie, Ethnologie und Geschichte). Eine solche angedeutete Interdisziplinarität, wie sie im amerikanischen Raum gefördert wird, findet sich bereits bei den Gründervätern der Soziologie, die, wie z.B. Durkheim, Malinowski und Thurnwald, »ethnologisches« Material mit »soziologischen« Theorien verwoben, bzw. ersteres für letztere benutzten.

Vor diesem Hintergrund werden in fünf Großkapiteln relevante Theorien in ihrem historischen Kontext dargestellt, wobei durch detaillierte Literaturstudien dem Interessierten die Möglichkeit eröffnet wird, den Wechsel und die jeweilige Relevanz der Paradigmen nachzuvollziehen.

Im ersten Kapitel wird die »Idee der Kulturanthropologie«, wie sie in der Aufklärung entsteht, in ihrer Entwicklung nachgezeichnet, wobei nicht beabsichtigt ist, eine Geschichte der Kulturanthropologie zu schreiben, sondern vielmehr soll jene Tendenz gezeigt werden, die letztlich daran ausgerichtet ist, die Gleichwertigkeit der Kulturen festzustellen.

In Konnex dazu steht die Diskussion um den Gegenstand von Soziologie und Ethnologie. Das zweite Kapitel bezieht sich auf die Linguistik in der »Kulturanthropologie« (Ethnologie) und stellt sich als Versuch dar, u. a. die Relevanz linguistischer Themen für die Soziologie, die ethnologische Feldforschung und den Strukturalismus in der Tradition von Lévi-Strauss darzutun.

Die dritte hier behandelte Thematik, welche die methodische Auseinandersetzung um das »funktionalistische« Modell vorlegt, versucht, die Vielfalt der funktionalistischen Ansätze zu präsentieren. Denn gerade hier zeigt sich das Ineinanderübergehen von Ethnologie, bzw. Kulturanthropologie, und Soziologie (Sozialanthropologie) besonders deutlich.

Das »Verstehen« als methodischen Ansatz von Ethnologie und Soziologie behandelt das vierte Kapitel, in welchem auf die Diskussion des Neukantianismus und die Relevanz der Hermeneutik (Dilthey, Gadamer) für eine historisch ausgerichtete Kulturanthropologie eingegangen wird.

Im fünften Kapitel schließlich wird das Thema der »philosophischen« Anthropologie bzw. der »Kulturanthropologie« reflektiert, wobei deutlich wird, daß eine notwendige Kongruenz der »kultur-« und »sozialwissenschaftlichen« Disziplinen dann gegeben ist, wenn der Mensch in seinem »vollen Bereich« erfaßt werden soll. Genau dieses Denken liegt in den Intentionen der Aufklärung begründet und findet sich in den Konzeptionen, die auf Herder zurückgehend u. a. bei Gehlen erfaßt werden. Die amerikanische »cultural anthropology«, wie es hier plausibel gemacht werden soll, steht in dieser Tradition, wenn sie beispielsweise psychologische Kategorien mit soziologischen und ethnologischen verknüpft.

Die vorliegende Arbeit versucht nicht eine Fixierung von Termini wie Kulturanthropologie, Sozialanthropologie, Soziologie oder Ethnologie, denn sonst würde an der wissenschaftsgeschichtlich und auch heute notwendigen einheitlichen Fragestellung vorbeigegangen werden.

Diese Theoriendarstellung ist als Arbeitsbuch für Studierende und Lehrende konzipiert. Herrn Professor Dr. René König möchte ich für seine wissenschaftliche und persönliche Anteilnahme an meinen »kulturanthropologisch-soziologischen« Zielsetzungen aufrichtig danken. Für die Herstellung eines druckfertigen Manuskriptes bin ich Frau Hilde Kleewein und für besondere Bemühungen Frau Lieselotte Budik und Herrn Dr. Wolfgang Heinrich verpflichtet.

Wien, im Frühjahr 1978   Roland Girtler

Inhalt

I. Ideengeschichte der Kulturanthropologie
Bestimmung der Kulturanthropologie

Die Geschichte der Kulturanthropologie ist durch zwei Akzente bestimmt. Einmal durch die Auseinandersetzung mit dem Angehörigen einer »fremden« Kultur, also generell mit dem »Fremden«, und zum zweiten durch die Absicht, das menschliche, soziale, bzw. kulturelle Sein zu erfassen und in Gesetzmäßigkeiten einzuordnen. Diese vor allem im 17. Jahrhundert beginnende Diskussion setzt sich heute in Disziplinen wie der Ethnologie oder Soziologie fort. Hier soll nun versucht werden, zunächst die philosophische Basis, wie sie in der Aufklärung für die Entstehung der Kulturanthropologie aufbereitet wird, zu diskutieren. Diese Auseinandersetzung soll zeigen, daß die Idee einer Kulturanthropologie hier als eine andere Disziplinen wie Soziologie, Ethnologie usw. integrierende Wissenschaft angelegt ist. Damit soll auch impliziert werden, daß eine Differenzierung dieser Bereiche problematisch ist.

Schließlich soll in diesem einführenden Kapitel auch jener Rahmen angeboten werden, in den die folgenden Abschnitte, die formal voneinander getrennt sind, inhaltlich aber zusammengehören, einzuordnen sind. Mit der Trennung dieser Abschnitte soll nun nicht der Intention dieser Arbeit, den integrierenden Charakter der Kulturanthropologie festzuhalten, widersprochen werden, aber forschungsgeschichtlich haben sich eben bestimmte Schwerpunkte herausentwickelt, die zwar zueinander gehören, aber wegen der Komplexität der einzelnen Modelle eine getrennte Betrachtung fordern.

In den folgenden Überlegungen soll auch nicht versucht werden, einen Überblick über die Kulturanthropologie anzubieten, denn solche gibt es genügend (siehe z. B. MÜHLMANN, 1938, 1968; KOHLENBERG, 1968; NACHTIGALL, 1972; HARRIS, 1968; MANNERS u. KAPLAN, 1969; BIDNEY, 1968, usw.), vielmehr soll der These nachgegangen werden, daß der »Fremde« Zentralpunkt der kulturanthropologischen Reflexion war und daß durch Rückgriff auf fremde Kulturen überhaupt erst die Anregung gegeben wurde, über die eigene Kultur nachzudenken, was schließlich in der Spezialisierung der Soziologie ausmündete.

Durkheim z. B. verband grundsätzlich mit seinen Reflexionen über das soziale Sein stets die Auseinandersetzung mit der »fremden«, »exotischen« und »primitiven« Kultur. Erst vor dem Hintergrund des Wissens von diesen sogenannten »primitiven« Ethnien und der Verschiedenartigkeit der Rassen konnte das Denken von der gesetzmäßigen Entwicklung der Kulturen entstehen, wie es bei Waitz, dann bei Morgan, Marx und Engels und eben bei Durkheim anklingt.

Dabei zeigt sich, daß das zunächst aufklärerische, den »Fremden« beinahe idealisierende Moment (Rousseau, Locke) durch die Vorstellung von der verschiedenen Wertigkeit der Rassen und Kulturen bereits um 1830 ersetzt wurde. Dieser bis in die jüngste Zeit anhaltenden Thematik von der besseren Qualität und vom Vorrang bestimmter Rassen und Völker, die schließlich in fürchterlichen Tragödien sich äußerte, wurde latent bereits, wie aufzuzeigen sein wird, von den Evolutionisten des ausgehenden 19. Jahrhunderts und schließlich ausdrücklich durch die Kulturanthropologie, wie sie mit Franz Boas einsetzt, widersprochen. In diesem Sinn werden – im Anschluß an die mehr philosophisch-geistesgeschichtlich einführende Reflexion – charakteristische und die Entwicklung der Kulturanthropologie bestimmende Paradigmata vorgelegt werden.

Abschließend soll noch einmal das Thema des »Fremden«, wie es sich in der modernen soziologischen bzw. kulturanthropologischen Literatur darstellt, reflektiert werden, in der Absicht, damit die alte, in der Aufklärung beginnende Tradition der Anerkennung der fremden Kulturen aufzuzeigen, die sich u. a. auch in einer besonderen Betonung der Untersuchung von Subkulturen (vgl. KÖNIG, 1972) äußert (vgl. auch Kap. V).

1. Die Aufklärung

Die Nachrichten von fremden Ländern und über fremde Kulturen sollten für Europa »zu einem Sprengstoff werden« (so MÜHLMANN, 1968, S. 40), der zu einer Überprüfung der Vorstellung führen mußte, Kultur und Gesellschaft des europäischen Menschen seien die einzig richtigen. Dieser Umschwung vollzog sich gegen Ende des 17. Jahrhunderts, als in der Naturrechtslehre die Frage nach der Absolutheit der geltenden abendländischen Wertungen gestellt wurde. Eine wahre Flut von Reisebeschreibungen brachte schließlich ein Umdenken auf einer breiten Ebene, was schließlich in die Französische Revolution einmünden sollte. Die Idee des Eigentums, der Freiheit, der Gerechtigkeit u. ä. ist bei den Naturrechtsdenkern bereits angelegt. Die neu entdeckten sozialen und kulturellen Phänomene gaben Anlaß und Legitimation dazu ab, die Relativität der eigenen, bis dahin als absolut empfundenen Kulturwerte festzustellen und zuzugeben.

In dieser Tradition steht auch der englische Aufklärer John Locke, der in seiner Arbeit ›An Essay Concerning Human Understanding‹ (1690) ausführte, daß der menschliche Geist bei seiner Geburt ein »empty cabinet« sei und daß er erst in einem bestimmten Prozeß, den man heute »Enkulturation« nennt, sein Wissen bekomme und die Regeln seines Handelns lerne. Damit will gesagt sein, daß es keine moralischen Prinzipien gibt, in denen die Menschen überall übereinstimmen. Ganz im Sinne des für die Aufklärung typischen Interesses an Informationen über fremde Länder zitiert Locke in diesem Zusammenhang asiatische und indianische Bräuche, um so die Relativität europäischen Denkens darzutun (LOCKE, 1690, S. 66).

John Locke greift mit der Konzeption vom »empty cabinet« den zentralen Fragestellungen der modernen Wissenschaften vom menschlichen Handeln, wie der Soziologie, Psychologie und der Ethnologie, vor, da er die Beziehung zwischen Umwelt und menschlichem Denken bzw. Handeln vorrangig berücksichtigt. Dieser Kulturrelativismus Lockes, der keine angeborenen Wahrheiten als Grundlage für soziale Regeln zulassen konnte, war eng mit dem Prinzip der Toleranz verbunden, wie es u. a. aus Lockes ›Ein Brief über Toleranz‹ (A Letter Concerning Toleration) hervorgeht, den Locke im Winter 1685/86 in Amsterdam geschrieben hatte und in dem er die Toleranz als das Merkmal der wahren Kirche herausstrich (vgl. dazu die Erläuterungen und Anmerkungen von J. Ebbinghaus in J. LOCKE, 1957). Ebenso wie Locke sahen die Philosophen Vico, Voltaire, Montesquieu, Turgot, Helvetius u. a. in der Toleranz ein wesentliches Postulat menschlichen Zusammenlebens (s. dazu auch HARRIS, 1968, S. 10 ff.). Neben John Locke ist auch auf Anne Robert Jacques Turgot zu verweisen, der mit seinen Überlegungen der modernen Kulturanthropologie insoweit vorgreift, als er die Bedeutung der jeweiligen Kultur für den Menschen betont. Die Erziehung in einer Kultur ist nach Turgot nicht bloß auf die Instruktionen von Eltern und Lehrern beschränkt, sondern auf die gesamte Auseinandersetzung mit

der sozialen Umwelt (TURGOT, 1750, 1844, S. 645). Interessant
ist, daß Turgot bereits von der psychischen Einheit des Menschengeschlechtes ausgeht, er also hervorhebt, daß bei Angehörigen »primitiver« Kulturen und bei Angehörigen von »Hochkulturen« die Anlagen gleich sind (a. a. O.). Es wird also der
Prozeß der gesamten Erziehung als verantwortlich für die verschiedenen Formen des Handelns und Denkens erklärt.

Harris, der sich mit dieser Thematik näher auseinandersetzt,
meint nun, daß die meisten Autoren des 19. Jahrhunderts, die
als Evolutionisten zu bezeichnen sind (s. u.), den Konzeptionen
Lockes und Turgots nicht folgten, wenn sie die europäischen
Menschen auch anlagemäßig höher einstuften als die Individuen der sogenannten »primitiven« Gesellschaften. Harris
meint ferner, daß erst wieder Franz Boas in seinem Buch ›Mind
of Primitive Man‹ (1911) den Gedanken von Turgot weiter-
führte, indem er von der psychischen bzw. intellektuellen
Gleichheit aller Menschen ausging (HARRIS, 1968, S. 15).

Unter den Reisebeschreibungen und Berichten von fremden
Völkern, wie sie für das 18. Jahrhundert charakteristisch sind,
fällt ein Werk auf, das in der Tradition der Aufklärung bzw.
entsprechend der Postulate Lockes und Turgots eine beachtens-
werte Toleranz und ein vorbildliches Einfühlungsvermögen
zeigt. Es ist dies das Werk des französischen Jesuitenmissionars
Joseph François Lafitau: »Mœurs de sauvages Amériquains
comparés aux mœurs des premiers temps« (Paris, 1724). Auf
Grund dieser Arbeit, die auf eine fünfjährige Missionstätigkeit
bei den Irokesen zurückgeht, gilt Lafitau als Begründer der
»vergleichende Methode«, eines Verfahrens, das Bräuche und
Institutionen verschiedener Völker miteinander vergleicht. So
entdeckte Lafitau durch Vergleich der Reifefeiern bei den Ka-
raïben mit den entsprechenden Zeremonien bei Römern und
Griechen die Initiation, durch Vergleich des sogenannten Män-
nerkindbettes bei den Irokesen mit ähnlichen Bräuchen aus dem
okzitanisch-baskischen Kulturkreis die Couvade u. a. m.

Lafitaus aufklärerisches Engagement zeigt sich schließlich
darin, daß er sich scharf gegen die Schriftsteller wandte, welche
die »barbarischen« Völker als Menschen ohne Gott, ohne Religion, Kultur, Gesetz und Herrschaftsformen hinstellen (LAFI-
TAU, 1724, I, S. 5). Nach Lafitau haben also die sogenannten
barbarischen Völker durchaus eine Religion, welche Beziehungen zu den antiken Mysterien u. ä. aufweist.

Mühlmann meint, daß mit den Konzeptionen Lafitaus »das

moderne anthropologische Bild in großen Zügen gegeben ist: der Mensch als ein Wesen, das von Natur und Geschichte aus Religion besitzt und in sozialen Ordnungen lebt ... Ein entscheidender Schritt ist mit Lafitau vorwärts getan« (MÜHLMANN, 1968, S. 45). Bei Lafitau wird eine Einstellung deutlich, wie sie u. a. in den mehr philosophischen Überlegungen Lockes bzw. Turgots sichtbar ist und die eine Toleranz gegenüber fremden Völkern zeigt, wie sie vorher und im darauffolgenden Jahrhundert nur selten zu sehen war.

Ein anderer, der auch in diesem Sinn reflektierte, war der Neapolitaner G. Vico, der eine Theorie von der zyklischen Entwicklung der Völker und Kulturen aufstellte. Dieser Gedanke war zwar nicht neu, er findet sich bereits bei Polybius, wurde nun für viele Denker bestimmend. Nach Vico durchlaufen alle Völker drei Stadien: das sakrale, das heroische und das humane. Nach ihrem Durchlauf erlahmen die Völker sittlich, sinken in die Barbarei zurück und das Spiel beginnt von neuem (VICO, 1725).

Diese Konzeption von der nach Gesetzen sich richtenden Kulturentwicklung einzelner Völker bzw. der Glaube an die Gesetzmäßigkeit eines Fortschritts in den Kulturen, wird schließlich für ganze Gelehrtentraditionen bestimmend. So vertraten die »Schottischen Moralphilosophen« – allen voran Adam Ferguson – die Vorstellung, daß Gesellschaften und deren Entwicklung gleich physikalischen Objekten studiert werden können (Näheres s. bei HARRIS, 1968, S. 29 ff.).

1.1. Der »Mensch als Maschine« und das Thema des Fortschritts

Diesem Bild, das man sich in der Aufklärung vom Menschen zu machen begann, stand jedoch eine Konzeption gegenüber, die sich z. T. für die Kulturanthropologie und ihre alle Aspekte des Menschen umschließende Intention fatal auswirken sollte. Es war dies die Philosophie Descartes', der in seiner Arbeit ›Traité de l'homme‹ (1632) die Lehre vom Menschen als Maschine inaugurierte. Descartes hat hier den Gedanken des Computers vorweggenommen, nach dem der Mensch ähnlich einem Automaten funktioniert. Diese Gedankengänge wurden durch die Entdeckung des Blutkreislaufes durch William Harvey (1628) unterstützt. Diese physikalische Deutung des Schlafens, des

Wachens, der Gliederbewegung, der Verdauung, des Gedächt-nisses, der Begierden usw. geht bei Descartes auf diese Unter-scheidung von Körper und Geist zurück, auf die Unterschei-dung von res extensa und res cogitans.

Diese von Descartes eingeleitete Differenzierung ist zugleich für die nicht gerade glückliche Unterscheidung der mit dem Menschen befaßten Disziplinen wie der Psychologie, der Sozio-logie, der Anthropologie usw. verantwortlich zu machen. Eine Tendenz, die gerade heute noch fortwirkt und der durch diese Arbeit im Ansatz widersprochen werden soll. Diese naturwis-senschaftliche Denkweise, die den Menschen mechanistisch bzw. mathematisch zu erfassen sucht, ist wohl charakteristisch für die Aufklärung, sie problematisiert jedoch die aufklärerische Attitüde, indem sie den Menschen nicht mehr als »Ganzen« sieht, ihn also in Teile zerlegt. In der Tradition von Descartes steht schließlich der Arzt Lamettrie, der 1748 das Buch ›L'homme machine‹, in dem er den Menschen als Maschine beschreibt, herausgab.

In dieser Konzeption von der Berechenbarkeit menschlichen Handelns liegt auch die Idee von der Gesetzmäßigkeit der kul-turellen Entwicklung und des Fortschritts, wie sie schließlich für die klassische Aufklärung typisch werden sollte.

Die Französische Revolution wurde, so empfand es vor allem Condorcet, zum Angel- und Demonstrationspunkt des Fort-schritts. Es zeigte sich nun etwas Interessantes: Die Vorstellung von der Gesetzmäßigkeit der Entwicklung hin zu einem als ideal gedachten Zustand, wie sie im Denken der Aufklärung wurzelt, trat nun zu dem Denken in Widerspruch, das von der Gleichheit der Menschen ausging, wie das Lockes oder Turgots.

Es war u. a. Condorcet, der, wie andere Gelehrte seiner Zeit auch, es unternahm, eine kulturelle Entwicklungsgeschichte der Menschheit zu schreiben. In bewußtem Gegensatz zu Rous-seau, der vom gesunden und ruhigen Einklang des Menschen mit der Natur, von seiner Selbstgenügsamkeit, Unabhängigkeit, Gleichheit und Unschuld begeistert ist, erscheint in Condorcets ›Esquisse d'un tableau historique des progrès de l'esprit hu-main‹ (Paris, 1795) der Angehörige »primitiver« Ethnien bzw. der »Naturmensch« – ein Terminus, der übrigens gut die dama-lige Einstellung des Europäers gegenüber den außereuropäi-schen Völkern wiedergibt – als ein höchst dumpfes Wesen, das durch Aberglauben und wilde Rituale bestimmt ist (vgl. dazu BITTERLI, 1976, S. 289 ff). Diese Vorstellung ist aber noch nicht identisch mit der der viktorianischen Periode des 19. Jahrhunderts, als die »Wilden« entwürdigt wurden, eben weil sie als »primitiv« galten. Noch ist ein schwärmerisches Moment bei Condorcet vorhanden, das sich vor allem in dessen Kritik an Sklaverei und Kolonialismus zeigt. Condorcet steht damit in der antikolonialistischen Tradition des 18. Jahrhunderts, als deren Vertreter auch Montesquieu und Helvetius zu nennen sind.

Ganz im Stile Rousseaus äußert sich Condillac zum »Wilden«: »Wir, die wir glauben gebildet zu sein, sollten die unwissendsten Völker aufsuchen, um von ihnen die Anfänge unserer Erfindungen zu erfahren: denn vor allem dieser Anfänge bedürfen wir. Wir wissen nichts über sie, da wir schon seit langem nicht mehr Schüler der Natur sind« (zit. bei LECLERC, 1973, S. 147). Die Herausbildung der Anthropologie wird zur Legitimation des Bürgertums gegenüber dem theologisch argumentierenden Adel. Eine Befreiung, die wohl ohne den Aufschwung der Naturwissenschaften nicht erklärbar ist. Dieses kritische Denken, das metaphysischen Konzeptionen eine Absage erteilte, findet sich schließlich in den Reflexionen von Kant. Kant nannte sein Zeitalter das eigentliche Zeitalter der Kritik, der sich alles unterwerfen muß. Die Philosophie wird eine »Wissenschaft von der höchsten Maxime des Gebrauchs unserer Vernunft« genannt: »Das Feld der Philosophie in dieser weltbürgerlichen Bedeutung läßt sich auf folgende Fragen bringen: 1. Was kann ich wissen? – 2. Was soll ich tun? – 3. Was darf ich hoffen? – 4. Was ist der Mensch? Die erste Frage beantwortet die Metaphysik, die zweite die Moral, die dritte die Religion, und die vierte die Anthropologie. Im Grunde könnte man aber alles dieses zur Anthropologie rechnen, weil sich die drei ersten Fragen auf die letzte beziehen« (KANT, 1800; in: WEISCHEDEL, 1968, V, S. 447f.).

Die »Anthropologie« versteht Kant demnach als Handlungswissenschaft, deren Ziel der Konstruktionsversuch einer planmäßigen Geschichte des Menschengeschlechts ist. Bei Kant findet sich ethnologische Reflexion mit physiologischer verknüpft, denn er versucht in seiner Anthropologie, die er als pragmatische begreift, die Freiheit und Gleichheit des Menschen zu postulieren. Der anthropologisch begründete Begriff der Egalität drückt sich vor allem darin aus, daß Kant dem Menschen, der nicht schlechthin mit dem Bürger identisch ist, Freiheit vom Mechanismus der Natur zugesteht. Kant meint daher, daß die Entwicklung der menschlichen Gattung der Übergang ist vom

»Gängelwagen des Instinkts zur Leitung der Vernunft, mit einem Worte: aus der Vormundschaft der Natur in den Stand der Freiheit« (KANT, 1786, S. 92, in: WEISCHEDEL, 1968, IX).

Die Aufklärung hat also damit begonnen, zunächst den fremden – exotischen – Menschen als gleichwertig und manchmal auch als besser (Rousseau) zu deuten. Mit diesem Denken verband sich aber schließlich die Vorstellung von der Gesetzmäßigkeit der kulturellen Entwicklung, nach der der Angehörige fremder Kulturen als von uns unterschieden interpretiert wurde. Man stellte dem »Kulturmenschen« den »Naturmenschen« gegenüber. So meinte Diderot: »Das heißt, daß nichts mehr gegen die Natur ist als das gewohnheitsmäßige Nachdenken oder der Zustand des Gelehrten. Der Mensch ist zum Handeln geboren ... Der Mensch der Natur ist dazu geschaffen, wenig zu denken und viel zu handeln; der Mann der Wissenschaft dagegen denkt viel und regt sich wenig« (zit. bei LEPENIES, 1971, S. 103).

Gegen Ende des 18. Jahrhunderts, als das Prinzip der kulturellen Entwicklung immer mehr betont wurde, kam es in der Folge zu ethnozentristischen Überlegungen, die den »Primitiven« die volle menschliche Anerkennung verweigern sollten. Unterstützt wurde diese Tendenz durch die Entdeckung der Entstehung der Arten, wie sie bereits von Erasmus Darwin im 18. Jahrhundert – dem Großvater Charles Darwins – und Goethe konzipiert worden war (vgl. HARRIS, 1968, S. 36).

Typisch für dieses Denken war schließlich noch die Verbindung mit dem positivistisch-naturwissenschaftlichen Prinzip, wie es sich in der Statistik Quételets oder H. Th. Buckles zeigt. Saint-Simon und sein Sekretär Comte versuchten, mit diesen Prämissen eine »neue Wissenschaft vom Menschen« zu kreieren. Charakteristisch für diese naturwissenschaftliche Orientierung ist, daß Comte für seine Methode den Terminus »soziale Physik« gebrauchte und daß er von der Gesetzmäßigkeit eines historischen Fortschritts ausging. Das Schlagwort seiner neuen »säkularen Religion« war daher: Ordnung und Fortschritt.

Comte steht in der Tradition der französischen Aufklärung und ihrer Manifestation, der Revolution 1789. Er und Saint-Simon versuchten zwar, die Revolution zu überwinden, nicht jedoch, ihre Leistungen aufzugeben (vgl. KÖNIG, 1978, S. 41). So ist es kennzeichnend für Saint-Simon, daß er die Begründung der Sozialwissenschaft forderte, um mit ihrer Hilfe das »gegenwärtige Krisenzeitalter« zu überwinden (SAINT-SIMON, 1813).

Dies brachte ihn zu einer Strukturierung der geschichtlichen Entwicklung im sogenannten »Dreistadiengesetz«, nach dem die Geschichte vom theologischen über das negative zum positiven Stadium fortschreitet. Der Inhalt des »positiven Stadiums« ist die Menschheit. Comte hat in seinem Hauptwerk ›Cours de philosophie positive‹ (1830–42) diese auf Turgot und andere zurückgehende Idee umfassend ausgearbeitet. Verbunden war damit ein Humanismus, der sich darin äußerte, daß Comte auf die Bedeutung der Konstituierung einer neuen Moral hinwies, die schließlich die Voraussetzung der sozialen Reform sei (KÖNIG, 1978, S. 48). Das heißt also: die durch die Soziologie zu leistende Erforschung des sozialen Hintergrundes der menschlichen Geschichte und die Systematisierung der Forschungsergebnisse in einem einheitlichen Denksystem sollten der Vorbereitung für die praktische Lösung sozialer Reformen dienen. In der Entwicklung der neuen Wissenschaft der Soziologie sollten demnach jene theoretischen und moralischen Prinzipien erarbeitet werden, die schließlich eine dauerhafte, dem Menschen adäquate Ordnung zum Ziel haben (a. a. O., S. 51).

Das Denken Comtes, das wissenschaftlich den Menschen auf eine ihm entsprechende Ebene zu heben sucht, ist durch einen Humanismus geprägt, der implizit durch das Bewußtmachen der Notwendigkeit der sozialen Reform und einer »neuen« Gesellschaft bestimmt ist, die den Menschen zu gegenseitiger Anerkennung verhilft.

Es besteht kein grundsätzlicher Unterschied dieser Konzeption zum Denken Hegels, der in der Entwicklung des »Weltgeistes« den Fortschritt der Kulturen sah, welcher schließlich in dem Bewußtsein der »Freiheit« enden wird. Dieses evolutionistische Prinzip Hegels findet sich schließlich wieder bei Karl Marx, der durch seinen Rekurs auf archäologische und ethnographische Daten eine chiliastische Sozialgeschichte konzipierte, die ganz im Sinne der Evolutionsgedanken von Darwin lag. Es nimmt daher nicht wunder, wenn Marx ›Das Kapital‹ zunächst Charles Darwin widmen wollte.

1.2. Die Betonung der Rasse: Der Widerspruch zur Aufklärung

Verhängnisvoll für das zunächst »aufklärende« und die Gleichheit der Menschen postulierende Denken der Aufklärung wurde schließlich die Einbeziehung der Kategorie der Rasse, eine Tendenz, die schließlich die Aufklärung ad absurdum führen sollte. Mit dem Beginn des 19. Jahrhunderts hat die Frage der Verknüpfung von Rasse und Kultur an Aktualität gewonnen. Naturforscher wie Linné, Buffon, Blumenbach u. a. hatten mit Messungen und vergleichenden Studien auf dem Gebiet der physischen Anthropologie die Rassenfrage vorbereitet. So versuchte bereits gegen Ende des 18. Jahrhunderts die beginnende Sprachwissenschaft, die beiden Begriffe Sprache und Rasse zu verbinden. Dies führte zu der irrigen Vorstellung, man könne Sprachgemeinschaften und Rasseeinheiten miteinander identifizieren. Relikte dieser Intention finden sich noch in Bezeichnungen wie »Indogermanen« oder »Semiten«. Überlegungen also, die sich schließlich verhängnisvoll auswirken sollten (s. Kap. II).

Die Frage nach dem Ursprung der Kulturphänomene, wie der Sprache, war übrigens Schwerpunkt anthropologischer Reflexionen bis gegen Ende des 19. Jahrhunderts. Damit war zunächst wesentlich die Absicht verbunden, den Ursprung der Rassen beschreibbar zu machen.

Als Programm der ersten größeren ethnologischen Gesellschaft, der »Société d'Ethnologie de Paris«, welche im Jahre 1839 gegründet worden war, ist im ersten Paragraphen der Statuten das Postulat festgehalten, den Ursprung der Rassen zu behandeln. In der 1859 gegründeten »Société d'Ethnographie« und in der 1842 in London eingerichteten »Ethnological Society« findet sich dieses Programm wieder.

Diese Konzentration auf die Rasse und das Problem ihrer Entstehung führte schließlich zu solchen Arbeiten, wie dem Werk ›Essai sur l'inégalité des races humaines‹ (1855) von Graf Gobineau, der sich u. a. gegen Rassenvermischungen aussprach. Ohne daß es Gobineau so wollte, hatte dieses Buch negative und der Intention einer auf Toleranz abstellenden Kulturanthropologie widersprechende Folgen. P. W. Schmidt meinte dazu, daß »die überhasteten, unklaren und phantastischen Theorien, zu denen damals die Völkerkunde sich verleiten ließ, sie in Mißkredit brachten« (SCHMIDT, 1924, S. 24). Die Rassenlehre, obwohl sie einer auf Toleranz aufgebauten Kulturanthropologie widersprach, wurde im 19. Jahrhundert zu einer Triebfeder der »Anthropologie« als der Wissenschaft vom Menschen, seinem Ursprung, seiner Beschaffenheit und seiner Entwicklung (STAGL, 1974, S. 27). Problematisch wurde eine solche mit den Naturwissenschaften sich verbindende Anthropologie nicht erst, als sie feststellte, daß die »Wilden« Tieren näher stünden als dem zivilisierten Europäer. Die Rassenlehre des 19. Jahrhunderts wurde damit zur höchst windigen Legitimation für den Kolonialismus (STAGL, 1974, S. 26f.).

Diesem Denken, das durch die Betonung des Begriffes der Rasse zu einer Klassifizierung der Menschen führte, entspricht auch die von Theodor Waitz verfaßte ›Anthropologie der Naturvölker‹ (1859), in der die Frage aufgeworfen wird, ob nicht »ein Teil der Menschheit der Zoologie zu überweisen sei« (WAITZ, 1859, I, S. 8). Diese und ähnliche Thesen bestimmten um die Mitte des vorigen Jahrhunderts das Feld der Anthropologie. Die Konzeptionen des Evolutionismus standen für sie Pate, was eben der Anthropologie im Kontakt mit anderen Kulturen den Charakter einer Art Wissenschaft zur Legitimation der Arroganz des Europäers gegenüber dem »Primitiven« einbrachte. Gestützt wurde diese evolutionistische Anthropologie durch die urgeschichtlichen Artefakte und Menschenknochen, die von Boucher de Perthes in Frankreich 1859 ergraben und deren Alter durch den englischen Geologen Sir Charles Lyell, den Lehrer Darwins, bestätigt worden waren.

Charles Darwins ›On the Origin of Species by Means of Natural Selection‹, welches ebenfalls 1859 erschien, bewirkte schließlich, daß sich das Interesse der »anthropologischen Gesellschaften« auf die Anfänge der Menschheit und ihren wunderbaren Aufstieg über primitive Stufen zur »höchsten« Kultur konzentrierte (vgl. dazu näher MÜHLMANN, 1968, S. 96ff.).

Die ursprünglich vom Europäer nicht bloß für sich selbst in Anspruch genommenen Postulate wie »Freiheit und Gleichheit« blieben so auf den Europäer beschränkt, der seine Kulturhöhe und rassische Vollwertigkeit ja beweisen konnte.

2. Die Reaktion auf die evolutionistische Überbewertung des Europäers

2.1. Morgan, Marx und Engels – der Rückgriff auf die Aufklärung

Eine Änderung erfuhr dieses durch die Kategorien der Rasse und der Evolution getragene Prinzip u. a. durch die Arbeit ›Ancient Society‹ (1877) von Lewis Morgan, welches u. a. auf den von Bachofen aufgestellten Thesen vom »Mutterrecht« und der »Promiskuität« (BACHOFEN, 1861) beruht und welches schließlich auf Marx und Engels einwirkte. Die evolutionistischen Überlegungen Morgans, die die kulturelle Entwicklung in drei Hauptstufen interpretieren, gehen deutlich von dem Rassendenken und der Vorstellung von der Absolutheit der europäischen Kultur ab. Vielmehr knüpft Morgan an die Vorstellungen vom »edlen Wilden« an, wie ihn vor allem der Aufklärer der Französischen Revolution, Rousseau, sah: Er hielt die Wiederherstellung des Urzustandes unserer Kultur für ein erstrebenswertes Ziel. Interessant ist nun, daß Morgan sich hier mit den chiliastischen Ideen von Marx und Engels trifft. Charakteristisch dafür ist, daß Engels sein Buch ›Der Ursprung der Familie, des Privateigentums und des Staates‹ (1884) mit einem Morganzitat schließt, das die Uranfänge des geselligen Lebens idealisiert und ihre neuerliche Herbeiführung ersehnt:

Seit dem Eintritt der Zivilisation ist das Wachstum des Reichtums so ungeheuer geworden, seine Formen so verschiedenartig, seine Anwendung so umfassend und seine Verwaltung so geschickt im Interesse der Eigentümer, daß dieser Reichtum, dem Volk gegenüber, eine nicht zu bewältigende Macht geworden ist. Der Menschengeist steht ratlos und gebannt da vor seiner eigenen Schöpfung. Aber dennoch wird die Zeit kommen, wo die menschliche Vernunft erstarken wird zur Herrschaft über den Reichtum, wo sie feststellen wird sowohl das Verhältnis des Staates zu dem Eigentum, das er schützt, wie die Grenzen der Rechte der Eigentümer ... Die bloße Jagd nach Reichtum ist nicht die Endbestimmung der Menschheit, wenn anders der Fortschritt das Gesetz der Zukunft bleibt, wie es war für die Vergangenheit ... Die Auflösung der Gesellschaft steht drohend vor uns als Abschluß einer geschichtlichen Laufbahn, deren einziges Endziel der Reichtum ist; denn eine solche Laufbahn enthält die Elemente ihrer eigenen Vernichtung. Demokratie in der Verwaltung, Brüderlichkeit in der Gesellschaft, Gleichheit der Rechte, allgemeine Erziehung, werden die nächste höhere Stufe der Gesellschaft einweihen, zu der Erfahrung, Vernunft und Wissenschaft stetig hinarbeiten. Sie wird eine Wiederbelebung sein – aber in höherer Form – der Freiheit, Gleichheit und Brüderlichkeit der *alten Gentes* (ENGELS, 1900, S. 188).

Ein Abgehen von den »phantastischen« (P. W. Schmidt) Rasse-
thesen bedeuten auch die Konzeptionen Edward Burnett Tylors, der bisweilen als »Vater der britischen Anthropologie«
bezeichnet wird. Charakteristisch für die Arbeiten Tylors
(1865 ff.), der davon ausgeht, daß sich das Denken der Menschheit vom Stadium des Kindes zur Reife vollzieht, ist eine Hinwendung zu statistischen Methoden. Damit wird eine Betonung
der sozialen Wirklichkeit manifest. Morgan und Tylor zeichnen
sich beide durch eine intensive Auseinandersetzung mit dem
ethnographischen Material ihrer Zeit aus – ähnlich auch Marx
und Engels –, wodurch dem trivialen Evolutionismus, der auch
mit dem Rassedenken verbunden war, eine Absage erteilt
wurde. Es zeigen sich positivistische Tendenzen wie schon früher bei A. Comte, die schließlich bei H. Spencer wissenschaftlich legitimiert und niedergelegt werden.

Anders als Comte hat Spencer fast alle Zweige der Sozial-
bzw. Kulturwissenschaft nachwirkend beeinflußt (vgl. MÜHL-
MANN, 1968, S. 107). Spencer geht von der Vorstellung ab, daß
die Evolution im Sinne eines Fortschreitens vom Primitiven
zum Hochentwickelten eine einer Kultur oder einem Volk inhärente Tendenz sei. In seinen ›Principles of Sociology‹
(1880–1896) und seiner ›Descriptive Sociology‹ (1867 ff.) zeigt
Spencer vielmehr, daß die einzelnen ethnographischen Daten in
ihrer Bedingtheit zueinander gesehen werden müssen und daß
die Evolution aus dem Zusammenwirken innerer und äußerer
Kräfte zu einem Ganzen, das nie starr ist, entsteht. Fragen, ob
diese unaufhörlichen Veränderungen, die die Evolution ausmachen, nun »Fortschritt« oder »Rückschritt« zu nennen seien,
werden damit zweitrangig. Der Begriff »Evolution« wird wert-
frei. Für Spencer hat die Soziologie die Aufgabe, die sozialen
Einheiten bezüglich ihrer Handlungssysteme zu erforschen.
Mit seinem großen ethnographischen Wissen versuchte Spencer, dieses Programm zu erfüllen. Seine wichtigste These ist,
daß »primitive« Ethnien zwar im Vergleich zu Hochkulturen
homogener, letztere aber bei gleichzeitiger Heterogenität durch
ihren höheren Organisationsgrad stärker integriert seien.

Spencer wird vorgeworfen, daß er die innere Kompliziertheit
»einfacher« Kulturen ähnlich unterschätzte, wie zu seiner Zeit
ganz allgemein die innere Kompliziertheit niederer Organismen
unterschätzt wurde. Schließlich sei es falsch, anzunehmen, höher
entwickelte Gesellschaften seien auch höher integriert (MÜHL-
MANN, 1968, S. 110). Es ist in diesem Zusammenhang nicht

uninteressant, daß Spencer es war, der den Terminus »Evolution« popularisierte (1857) und er bereits vor Darwin vom »survival of the fittest« sprach (HARRIS, 1968, S. 128).

2.2. Adolf Bastian: die Betonung der Feldforschung

Die bei Spencer schon vorhandene Betonung des Faktensammelns bewirkte, daß die z. T. metaphysischen Spekulationen des klassischen Evolutionismus, die sich als »anthropologische« Reflexionen verstanden, in Frage gestellt wurden. Diese neuen Forderungen nach einer positivistischen Methode vertrat auch Bastian. Bei ihm beginnt sich die Ethnologie gegenüber den anderen »anthropologischen« Wissenschaften zu verselbständigen (vgl. STAGL, 1974, S. 30, und MÜHLMANN, 1968, S. 87). Statt der klassischen Überlegungen über Entstehung und Fortschritt der Kulturen fordert er eine »induktive Wissenschaft«: es sei schließlich der »nächstliegende Versuch, uns an den Menschen selbst zu wenden, ihm selbst die Antwort abzufragen. Und wer sonst in der Natur könnte besser und berechtigter aufklären über das, was ihm am nächsten liegt als nächste und eigenste Interessen? Was wir hier suchen, wir werden es finden, in objektiver Überschau über die Gesamtheit der Völkergedanken, in einer Erschöpfung der Denkmöglichkeiten, da damit das Denken an die irdisch erreichbaren Grenzen seiner Fähigkeiten angelangt ist ...« (BASTIAN, 1881, S. 181 ff.). Bastian ist dennoch kein Positivist, eher eine »Übergangserscheinung« (so MÜHLMANN, 1968, S. 88): In seinem positivistischen Anspruch, die Wissenschaft vom Menschen müsse eine »induktive Wissenschaft« sein, mischen sich mit seinem Begriff des »Völkergedankens« höchst spekulative Elemente der romantischen Volksgeistlehre.

Wesentlich für Bastian war, daß er größtes Gewicht auf das Sammeln ethnographischer Fakten legte, womit er an die empirizistische Tradition Quételets anschloß. Er setzte sich daher in besonderem Maße für die Einrichtung völkerkundlicher Museen ein, welche mit ihren Sammlungen für die Erforschung der »geschichtslosen« Völker »die Texte« bereitstellen sollten (BASTIAN, 1884, S. IX).

Das evolutionistische Paradigma wurde endgültig durch den sogenannten »Diffusionismus« abgelöst, wobei das Postulat, sich am ethnographischen Material direkt zu orientieren (vgl. Spencer und Bastian), wohl den wesentlichen Anstoß gab.

Der Diffusionismus beruht auf der These, daß die Kulturelemente übertragen werden, daß also keine logische Entwicklung im Sinne des Evolutionismus stattfindet, sondern daß die Differenzierung der Kulturen durch Wanderung und Übertragung vor sich geht (vgl. RATZEL, 1882, 1891). Systematisiert wurde diese Konzeption durch die »Kulturhistorische Schule«, wie sie von Fritz Graebner (1905) und Bernhard Ankermann (1905) begründet und von Schmidt, Koppers u. a. fortgeführt wurde. Der Grundgedanke ist, daß Völker, die aufeinander wechselseitig einwirken, gewisse Ähnlichkeiten ihrer Kulturelemente haben, die nachweisbar sind (SCHMIDT, 1924, S. 67). Durch die methodischen Instrumente des Form- und Quantitätskriteriums (GRAEBNER, 1911) versuchte man, »Kulturkreise« zu rekonstruieren, also Gebiete, die eine kulturelle Verwandtschaft andeuten, zu finden.

Die Problematik dieses kulturhistorischen Ansatzes liegt vor allem in der Überbetonung der äußeren Form und in der atomistischen Auffassung von der Kultur als einer bloßen Anhäufung von Objekten. Malinowski nennt Graebner daher einen »Museumsmaulwurf« (MALINOWSKI, 1949).

2.3. James Frazer

In der antispekulativen Tradition von Spencer, Tylor und Bastian steht Sir James Frazer. Im Jahre 1885 trug er vor dem Anthropologischen Institut in Cambridge seinen ersten anthropologischen Essay vor: ›On Certain Burial Customs as Illustrative of the Primitive Theory of the Soul.‹ Tylor, der bei diesem Vortrag anwesend war, sagte danach, daß Frazers Essay durch »seine neuartige und scharfsinnige Behandlung des Beweismaterials die Erforschung der animistischen Bestattungsbräuche erheblich voranbringen müsse« (zit. in: KARDINER und PREBLE, 1974, S. 83).

Tylor drückte damit aus, daß Frazer einen echten Bezug zu den vorgegebenen ethnographischen Daten hatte, die er allerdings nur aus der Literatur kannte, was ihm den Vorwurf einbrachte, bloß in Bibliotheken zu leben. Es ist daher verständlich, daß die meisten Anthropologen der Veröffentlichung der ersten Ausgabe von ›The Golden Bough‹ (1890) reserviert ge-

genüberstanden. So schreibt Marett: »... hat er (Frazer) je mit Kannibalen gezecht, hat er ihre Köpfe ausgemessen, mit dem Risiko, seinen eigenen zu verlieren, hat er jemals auch nur einen Tag außerhalb der vier Wände seines Studierzimmers gearbeitet, so daß er hätte lernen können, den Geruch seiner Lampe vom echten Gestank unzivilisierter Menschheit zu unterscheiden?« (zit. in: a.a.O., S. 106). Frazer hat jedoch durch die Aufarbeitung einer Fülle von zusammengetragenen Fakten auf die Anthropologie seiner Zeit und der Zeit nach ihm wesentlich eingewirkt. Darauf hat besonders Malinowski hingewiesen, der feststellte, daß das anthropologische Werk Freuds und die Schule von Durkheim, Mauss, Hubert und Lévy-Bruhl beträchtlich durch Frazers Arbeiten beeinflußt ist (MALINOWSKI, 1944). Charakteristisch für Frazer ist, daß er, ähnlich wie auch Spencer und Tylor, nach den Anfängen sozialer Institutionen, wie der des Totemismus, fragt. Hervorzuheben ist, daß er dank seiner großen Produktivität auf dem Gebiet der wissenschaftlichen Literatur Anregungen und Daten weitergegeben hat.

2.4. Emile Durkheim und Marcel Mauss

Durkheim war Evolutionist; er erweiterte das Paradigma jedoch insofern, als er die Auffassung von einem unilinearen Evolutionismus, wie ihn z.B. Spencer vertrat, theoretisch bekämpfte, d.h., er widersprach der Vorstellung, die eine Entwicklung von einem einfachsten sozialen Zustand zum gegenwärtigen in einer geraden Linie sah.

Trotz seiner Überlegung, daß jede Entwicklung multilinear ist, ist Durkheim, wie König feststellt, der Konzeption des unilinearen Evolutionismus sehr oft erlegen, wie z.B. in seinen Reflexionen zum Ursprung der Religion (KÖNIG, 1978, S. 112).

In seiner Arbeit ›De la division du travail social‹ (1893) stimmt Durkheim mit Spencer darin überein, daß wachsende Spezialisierung unter den Individuen einer Gruppe zu kooperativer Abhängigkeit voneinander führt und dies eben die Evolution von primitiven zu zivilisierten Gesellschaften charakterisiere.

Zu den wesentlichen Erkenntnissen Durkheims zählen die Konzeptionen vom »Kollektivbewußtsein« und von den »sozialen Dingen«. In seinen Auseinandersetzungen mit Montesquieu und Rousseau kommt er zu der Kritik an der »Kontrakttheorie des Sozialen«. Durkheim widerspricht damit den Überlegungen der Aufklärer, wie Thomas Hobbes, Rousseau und später Spencer, nach denen an der Basis der Gesellschaftsvertrag gestanden habe. Durkheim setzt dem die »nicht-kontraktuellen Elemente des Kontrakts« entgegen: dem Vertrag liege das »Soziale« bzw. das »Kollektivbewußtsein« zugrunde: »Denn nicht alles am Vertrag ist vertraglicher Natur ... Wo immer ein Vertrag existiert, ist er einer Reglementation unterworfen, die das Werk der Gesellschaft und nicht der einzelnen ist und die immer umfangreicher und komplizierter wird« (DURKHEIM, 1892, S. 189).

Die im Jahre 1895 zum ersten Mal erschienene und in deutscher Übersetzung von R. König herausgegebene Arbeit Durkheims ›Die Regeln der soziologischen Methode‹ ist nach König eine ähnliche wichtige Schöpfung für die Soziologie wie René Descartes' ›Discours de la méthode‹ von 1637 für die allgemeine Philosophie (KÖNIG, 1978, S. 140). Der Grundsatz Durkheims, daß »Soziales nur durch Soziales zu erklären ist«, stellt den Beginn aller Soziologie als selbständiger Wissenschaft dar.

In der Schrift über Montesquieu spricht Durkheim bereits von den »sozialen Tatsachen«. Unter den »sozialen Tatsachen« sind relativ »stabile Dinge« zu verstehen, etwa die »Gewohnheiten« der Menschen, die ihren Grund in der »Natur« bestimmter Gesellschaften haben. Dazu zählt beispielsweise auch das Recht.

In seinem 1893 erschienenen Werk über die Arbeitsteilung führt Durkheim den Begriff des »Kollektivbewußtseins« ein (dazu siehe näher: Abschnitt III, Kap. 1.2.; eine eingehende Diskussion findet sich bei KÖNIG, 1978, S. 144 ff.). Für die Integration einer Gesellschaft ist demnach ein moralisch verpflichtend wirkendes »Kollektivbewußtsein« maßgeblich, das sich weder auf ökonomische noch auf psychologische Kategorien zurückführen läßt. Durkheim faßt in diesem Sinn »Gesellschaft« als eigenständigen Begriff.

In den Überlegungen Durkheims zur »mechanischen« Solidarität kommt der Begriff des Kollektivbewußtseins noch in einer zweiten Form vor, nämlich als Voraussetzung für die »mechanische Solidarität«, die im Gegensatz zur »organischen Solidarität« (Näheres in: III, 1.2.) steht. Parsons bemerkt dazu, daß die Art und Weise, wie Durkheim diesen Begriff in dem zweiten Zusammenhang behandelt, ihn völlig aus der Bahn seines ursprünglichen Ansatzes geworfen habe (PARSONS, 1949,

S. 318). Diese zweite Fassung, die zur Verdeutlichung der Unterschiede zwischen zwei Strukturtypen der Gesellschaft dient, steht der ersten gegenüber, die der theoretischen Spezifizierung der soziologischen Tatbestände dient, um diese als eine Wirklichkeit »sui generis« nachzuweisen (KÖNIG, 1978, S. 150 f.). Die für das Werk über die Arbeitsteilung charakteristische Verbindung des Begriffes »Kollektivbewußtsein« mit dem der »mechanischen Solidarität« stellt dem Kollektivbewußtsein das Individualbewußtsein gegenüber, welches schließlich für die »organische Solidarität« bestimmend wird. Durkheim hat sich mit dieser doppelten Fassung des Begriffes »Kollektivbewußtsein« der Kritik von Parsons und auch der von Gurvitch (1938) ausgesetzt. Um nun solchen Einwendungen zu begegnen, wendet König den Begriff des »Kollektivbewußtseins« ausschließlich auf die »mechanische Solidarität« und den Begriff der »Kollektivvorstellung« (représentation collective) auf die Dimension des Sozialen an (KÖNIG, 1978, S. 157). In diesem letzteren Sinn beziehen sich die »Kollektivvorstellungen« auf die »gemeinsamen Glaubensvorstellungen und Gefühle«, also auf das, was in der heutigen Soziologie als »Erwartungsnormen« bezeichnet wird.

Schließlich ist noch auf Durkheims Beziehungen zur Psychologie zu verweisen. Seiner Meinung nach war die Psychologie, die es nur mit dem Individuum zu tun habe, zur Begründung der Soziologie nicht geeignet, da deren Gegenstand die kollektiven Vorstellungen seien. Es muß hier betont werden, daß Durkheim sich auf jene Psychologie bezog, die er vorfand und die mit einem stark mechanistischen Menschenbild arbeitete.

Sein Schüler Marcel Mauss sah jedoch die Psychologie als eine Disziplin, die sehr wohl mit der Soziologie kooperieren könne. Er ist insofern ein früher Vertreter der Sozialpsychologie, wie es u. a. seine Arbeiten über die Körpertechniken verdeutlichen. Mauss geht es um den »homme total«. Er meint: »Wenn wir Soziologen dem Menschen, dem menschlichen Bewußtsein begegnen – in unseren Statistiken, in unseren sozialgeschichtlichen oder vergleichend historischen Betrachtungen, in unseren psychologischen oder sozialmorphologischen Untersuchungen –, haben wir es nicht nur mit dieser oder jener Eigenschaft der Seele, dieser oder jener Funktion des Körpers zu tun, sondern mit totalen Menschen, die aus einem Körper, einem individuellen Bewußtsein und aus jenem Teil des Bewußtseins bestehen, der aus dem Kollektivbewußtsein herrührt oder, wenn man lieber will, der Existenz der Kollektivität entspricht. Was uns begegnet, ist ein Mensch aus Fleisch und Geist zu einem bestimmten Zeitpunkt, in einem bestimmten Raum, in einer bestimmten Gesellschaft ... Die Mehrheit der Phänomene, die der Soziologe betrachtet, sofern er nicht nur Morphologe ist, verlangen genau diese Berücksichtigung der psychischen Totalität des Individuums« (zit. bei KÖNIG, 1978, S. 274).

Mit diesen Gedanken ist Mauss ein wesentlicher Pionier der kulturanthropologischen Konzeption, wie sie hier verstanden werden will. Mauss ist am »sozialen Totalphänomen« interessiert, was sich in seinen Arbeiten zeigt, in denen er ganze soziale Systeme und deren Funktionen (siehe III., 1.2.) beschreibt. Für unsere Diskussion ist wesentlich, daß Mauss mit diesem Ansatz auch Soziologie und Ethnologie verbindet, er also das Total der Sozialwissenschaften anpeilt.

Den auch für die moderne Diskussion um die Kulturanthropologie essentiellen Beitrag lieferte Mauss durch sein Interesse an ethnologischen, archäologischen, frühgeschichtlichen und psychologischen Themen, die er miteinander zu einer Einheit verwoben hatte. Dazu kommt noch eine enge Beziehung zur Linguistik, die er als die bisher höchstentwickelte Wissenschaft vom Menschen ansah, und in der die Soziologie eher ihre Vorbilder zu suchen habe als ihr Belehrungen zu erteilen.

Wie in den Kapiteln III und IV und V noch zu sehen sein wird, haben Durkheim und sein Schüler Mauss wesentlich das Feld der Kulturanthropologie vorbereitet und bereichert. Sammlung und Verwendung exakten Datenmaterials und ein vollkommenes Abgehen von den Prinzipien des extremen Evolutionismus, wie er um 1850 die Szene beherrschte und wie er eine qualitative Unterscheidung menschlicher Kulturen und Rassen explizierte (so Waitz u. a.), machen diese beiden Autoren zu Wegbereitern eines konkreten Humanismus, wie er z. B. von Zola verstanden wurde und wie er sich auch in Durkheims Religionssoziologie zeigt, in der Durkheim explizit darauf verweist, daß die Religion nicht das Recht hätte, über die Natur der Dinge dogmatisch zu urteilen (s. u. Kapitel IV). Durkheim widerspricht damit einem Ethnozentrismus, wie er für manche Religionswissenschaftler und den frühen Evolutionismus charakteristisch war.

3. Die »cultural anthropology« – die Absage an Vorurteile

Die exakte Orientierung am Material, also eine gewisse Skeptik gegenüber allzu leichtfertigen Theorien, bestimmte auch Franz Boas, der sich hier auf methodischer Basis mit Durkheim trifft. Allerdings geht die Absicht von Boas, jeder Spekulation und jeder problematischen Theorie zu begegnen, so weit, daß er jedwedem evolutionistischen Denken rigoros widersprach. So stellt Rudolph fest, daß der Evolutionismus in den USA durch die Schule von Boas verdrängt wurde, und daß dies eine »Umorientierung bedeutete, wie sie krasser nicht gedacht werden kann« (RUDOLPH, 1959, S. 14).

Charakteristisch für Boas war jede Absage an Vorurteile. So betonte Boas wiederholt, daß die Wertung der Rassen ein Unding sei und daß die individuellen Unterschiede innerhalb derselben Rasse meist größer seien als die Durchschnittsunterschiede zwischen verschiedenen Rassen (BOAS, 1948). Die Arbeiten von Franz Boas machen den Spekulationen des 19. Jahrhunderts und den Versuchen, weltweite kulturhistorische Beziehungen aufzustellen, ein Ende. An die Stelle großer Perspektiven setzte er den methodischen Rigorismus in der Erforschung lokaler Verhältnisse (STAGL, 1974, S. 36). Er beschränkte sich grundsätzlich jedoch nur auf das nordamerikanische Material.

Boas hat aber nicht nur in ethnologischen Bereichen, sondern auch in der Linguistik und der physischen Anthropologie gearbeitet. Durch seine zahlreichen Publikationen hat er auf die amerikanische Szene der Anthropologie wesentlich eingewirkt. Mühlmann meint dazu: »Man kann zwar nicht sagen, daß Boas die Anthropologie in den Vereinigten Staaten begründet habe ..., doch erst Boas hat eine einflußreiche Schule gebildet, aus der eine ganze Reihe erstklassiger Forscher hervorgegangen sind« (MÜHLMANN, 1968, S. 130).

Zu den Schülern von Boas zählen Leute wie A. Kroeber, C. Wissler, R. Lowie, E. Sapir, M. Herskovits, E. A. Hoebel, R. Benedict, M. Mead u. v. a., die die »cultural anthropology« in den USA prägten. Als »cultural anthropology« wird in der Tradition von Boas jene für die USA typische Disziplin bezeichnet, die »ganzheitlich« den Menschen und sein Kulturschaffen zu erfassen sucht. Boas selbst hat in seinem Todesjahr, als die »cultural anthropology« bereits fest an den amerikanischen Universitäten verankert war, in einem Vortrag vor der »Ethnological Society« seine wissenschaftliche Bilanz gezogen, wobei er den Gegenstandsbereich der Anthropologie so umriß: »Körperbautypen, den sprachlichen Ausdruck und die anderen kulturellen Züge, die eine menschliche Gesellschaft von den übrigen abheben« (BOAS, 1943, S. 311). Die »cultural anthropology« war für Boas nur jener Teil der Anthropologie, der von den »anderen kulturellen Zügen« handelte. Tatsächlich hat sich jedoch die »cultural anthropology« zu einer Integrationswissenschaft entwickelt. Dazu beigetragen hat wohl der Einfluß der deutschen Philosophie (so u. a. Nietzsche, Spengler und später Cassirer), der anregte, die einzelnen Kulturen als Ganzheiten zu sehen, wie z. B. Kroeber es tat, der die Kultur als etwas »Überorganisches« auffaßte, oder R. Benedict die Kulturstile herausarbeitete.

Die »cultural anthropology« ist in diesem Sinn zu einer Integrationswissenschaft geworden, in der auch die Linguistik ihren Platz hat. Ganz wesentlich blieben für die »cultural anthropology« aber die Postulate von Franz Boas bestimmend, die die Bedeutung der Feldforschung betonten und die sich gegen historische Spekulationen wandten (vgl. STAGL, 1974, S. 49). Nach Rudolph bleibt die »cultural anthropology« jedoch nicht bei der bloßen Beschreibung einzelner Kulturen stehen, sondern sie sucht zu allgemeingültigen Aussagen über kulturelle Phänomene zu gelangen. Ihr Hauptgrundsatz und zugleich ihre Begrenzung ist dabei der »kulturelle Relativismus« (RUDOLPH, 1968; zitiert bei STAGL, 1974, S. 48), welcher von der Gleichwertigkeit der Kulturen ausgeht. Diese Freude an der kulturellen Vielfalt der Menschheit und die Forderung nach interkultureller Toleranz blieb für die »cultural anthropology« weiter bestimmend, ganz im Sinne ihres »Vaters« Franz Boas.

Um universalgeschichtlichen Spekulationen zu entgehen, setzte sich Boas zur Prämisse, daß jede Kulturgruppe ihre eigene einmalige Geschichte habe, die von der inneren Entwicklung der sozialen Gruppe und teilweise auch von äußeren Einflüssen abhänge (BOAS, 1948, S. 281 ff.). Auf dieser methodischen Konzeption fußt die »Kulturareal«-Lehre, wie sie außer von Boas noch von Kroeber, Wissler, Sapir, Nelson, Swanton u. a. vertreten wurde (dazu näher: MÜHLMANN, 1968, S. 210). Nach Mühlmann hat die theoretische Zurückhaltung von Boas – die durch eine kulturrelativistische Komponente geprägt war, wodurch sie jedem ethnozentristischen bzw. rassistischen Denken widerstand – zu ihrer Zeit eine sehr heilsame Wirkung geübt (MÜHLMANN, 1968, S. 130). Die »Boas-Schule« war im Amerika des beginnenden 20. Jahrhunderts vorherrschend. Ruth Bunzel stellt daher fest, daß die ersten Jahrzehnte des 20. Jahrhunderts in der amerikanischen Anthropologie das Zeitalter von Boas genannt werden könnten, denn so vollkommen hat dieser Gigant diesen Bereich beherrscht (in: M. MEAD und R. BUNZEL, Hrsg., 1960, S. 400).

Ähnlich wie bei Durkheim ist in der Boas-Schule, besonders bei Kroeber und auch Lowie, die einzelne individuelle Handlung für den Lauf der Geschichte bedeutungslos, d. h. der einzelne Mensch ist uninteressant, wesentlich ist die Kultur, die Kroeber als etwas »Superorganisches« beschreibt. Die Kultur ist demnach ein historisch gewachsenes und sozial determiniertes Phänomen, das nicht durch psychologische Methoden zu erfassen oder durch die Kategorie der Rasse zu beschreiben ist. Lowie definiert daher Kultur konsequent als ein »Ding sui generis, das für ihre Erforschung eine bestimmte Wissenschaft benötigt« (LOWIE, 1917, S. 17). Der Einfluß von Durkheim, der davon ausgeht, daß »Soziales nur durch Soziales zu beschreiben ist« und der jede psychologische Erklärung für die Erklärung sozialer Fakten ablehnt, ist dabei nicht zu übersehen.

Zusammenfassend läßt sich zu der von Boas beeinflußten Richtung der »Kulturanthropologie« in den USA feststellen, daß sie einmal in ihrer antispekulativen Intention dazu beigetragen hat, auf geographisch begrenzten Räumen exakt zu arbeiten, und daß sie zum anderen durch die Hervorhebung der Kultur und ihres Einflusses auf das Individuum die Entwicklung der Persönlichkeitsforschung vorbereitet hat. Schließlich hat sie zur Beseitigung des Denkens von der verschiedenen Qualität der Rassen Wesentliches beigetragen.

Parallel zur Entwicklung in den USA, in denen die »Kulturanthropologie« der Tradition von Boas vorherrschte, geht die Etablierung der »social anthropology« in England, die sich ebenso als Reaktion auf den Evolutionismus und auf spekulative historische Interpretationen verstand. Am Beginn der »social anthropology« stehen Malinowski und Radcliffe-Brown, welche in ihrem Konzept mit Durkheim übereinstimmen (siehe Kap. III).

Die Diskussion zwischen »social anthropology« und »cultural anthropology« war schließlich für beide Teile äußerst fruchtbar, und sie zeigt, daß beide in ihrer Intention, Spekulationen zu begegnen und exakte Theorien über soziale bzw. kulturelle Phänomene aufzustellen, sich ähneln. Schließlich verfolgten beide das Ziel, den »Primitiven« zu seiner vollen Anerkennung als Mensch zu verhelfen, der autonom handelt und nicht bloß, einem Tier ähnlich, auf Grund irgendwelcher Umweltreize reagiert (vgl. MALINOWSKI, 1922).

4. Der »Neoevolutionismus«

Der Gedanke von Boas, ethnologisch relevante Fakten exakt zu beschreiben, wurde schließlich durch den sogenannten »Neoevolutionismus« Whites, Stewards u. a. kritisiert. Besonders White versucht, spezifische kulturelle Abfolgen im Licht eines generellen Trends einer universellen Entwicklung zu rekonstruieren, womit er explizit an Morgan anknüpft. White bringt damit wieder den Gedanken von der Gesetzmäßigkeit der Entwicklung ins Spiel, den Boas bereits verworfen hatte. White steht aber insofern in der Tradition von Kroeber und auch Durkheim, als er die Kultur als ein »superbiologisches und extrasomatisches System von Dingen und Ereignissen« sieht, »das durch die Zeiten herab von einer Generation zur nächsten fließt« (WHITE, 1949, S. 363 f.). Demnach kann die Kultur nicht auf psychologische und biologische Dimensionen reduziert werden, sondern: »Kultur muß in Begriffen der Kultur erklärt werden« (a. a. O., S. 141). Die Ähnlichkeit im Konzept mit Durkheim ist hier wohl nicht zu übersehen.

J. H. Steward warf White vor, daß er an kulturellen Unterschieden kaum interessiert sei und die Umweltfaktoren und die Technologien nicht berücksichtige (STEWARD, 1955, S. 17 f.), da doch eine ähnliche Technologie und eine ähnliche Umwelt ähnliche soziale Strukturen hervorbrächten (a. a. O., S. 19 ff., vgl. dazu auch: DOSTAL, 1974). Für die kulturanthropologische Forschung scheint dieses kulturökologische Verfahren von einer gewissen Relevanz zu sein (vgl. die Zusammenfassung der Theorien der Kulturökologen bei HARRIS, 1968; MANNERS und KAPLAN, 1969).

Für unsere Absicht, ideengeschichtliche Überlegungen anzubieten, ist interessant, daß der Evolutionismus Whites keineswegs jenen Evolutionismus zu neuem Leben erwecken will, der für die Vorstellung von der verschiedenen Qualität von Kulturen und Rassen im 19. Jahrhundert maßgebend war. Vielmehr befindet er sich in der Tradition der Aufklärung, vor allem Rousseaus. Wichtig ist bei White und Steward vor allem, daß sie, ähnlich wie Locke, Kulturen auf Grund der Umwelten und Technologien relativieren, wodurch sie Tendenzen zur Verabsolutierung einzelner Kulturen entgegenwirken.

5. Quantifizierende Methode und Ethnohistorie

Die quantifizierenden Methoden in der Ethnologie bzw. Kulturanthropologie stellen in einem gewissen Sinn ein Abgehen von den Prinzipien der Boas-Schule dar. Besonders Murdock und die ihm folgenden Autoren sehen sich als Überwinder von Konzeptionen, die die jeweiligen Kulturen als Ganzheiten sehen und die von der Voraussetzung ausgehen, daß die einzelnen Bestandteile einer Kultur erst in ihrer Beziehung zueinander verstanden werden können. Die Problematik von quantifizierenden Methoden liegt demnach in der Gefahr, die einzelnen Kulturelemente zu rein statistischen Zwecken voneinander zu isolieren.

Dem quantifizierenden, auf universelle Theorien hinorientierten Verfahren widerspricht die Ethnohistorie, die durch exaktes Quellenstudium zu einem Erkennen von »Kulturabläufen in einem von einem Ethnos bewohnten, also eng begrenzten Territorium« gelangen will (WERNHART, 1974, S. 49). Dieses Postulat begegnet auch dem Problem des quantifizierenden Vorgehens, kulturelle Phänomene aus ihrem Kontext zu reißen. In ihrer Forschungsthematik gleicht die Ethnohistorie der Boas-Schule (vgl. HIRSCHBERG, 1966), da auch sie die Konzeptionen des Evolutionismus und der Kulturkreislehre ablehnt.

6. Der »Fremde« als Gegenstand der Kulturanthropologie

In den vorhergehenden Kapiteln ist gezeigt worden, wie im Fortgang der kulturanthropologischen Betrachtungsweise fremde Kulturen eingeordnet und schließlich ihre Gleichwertigkeit mit der europäischen Kultur anerkannt wurde. Wir haben festgestellt, daß mit der Aufklärung dieser Prozeß der Auseinandersetzung mit dem »Fremden« einsetzt. Es ist das achtzehnte Jahrhundert, in dem begonnen wurde, die Kenntnisse über die überseeische Welt nicht nur additiv zu vermehren, sondern auch intellektuell zu durchdringen (so BITTERLI, 1976, S. 209). Während bis dahin der Mensch fremder Kulturen eher ein »abseitiges Kuriosum« darstellte, trat er nun gerade durch die Zunahme der Reiseliteratur aus seiner Isolation heraus und begann, das europäische Selbstverständnis zu verunsichern (a.a.O.). Dies zeigt sich u.a. auch darin, daß in den historischen, philosophischen und anthropologischen Werken Montesquieus, Voltaires, Humes u.a. völkerkundliche Überlegungen angestellt und Fakten aus fremden Ländern reflektiert werden.

Die Entwicklung führte schließlich dazu, daß die eigene Kultur und deren angenommener Absolutheitscharakter hinterfragt und kritisch beleuchtet wurden. Die Fremdkultur trat in das Blickfeld, in dem sie noch heute steht, wie die entsprechende kulturanthropologische bzw. soziologische Literatur deutlich macht. Letzteres impliziert auch, daß das Ziel der Aufklärung, die volle soziale Anerkennung des »Fremden«, noch immer nicht abgeschlossen ist, was auch an den empirisch feststellbaren Auseinandersetzungen zwischen Völkern oder einzelnen Kulturen, bei denen gerade die Betonung des »Anderen« oder des »Fremden« zur Diffamierung dient, zu beobachten ist. Der Disput um die fremde Kultur setzte im achtzehnten Jahrhundert ein. Daher kann man die Zeit vor der Französischen Revolution als »Prähistorie der Ethnologie« bezeichnen (BITTERLI, 1976, S. 211), denn hier wird der Grund für die wissenschaftliche Ethnologie bzw. die Kulturanthropologie vorbereitet. Lévi-Strauss etwa nennt Jean-Jacques Rousseau den Begründer der modernen Ethnologie (LEVI-STRAUSS, 1963, S. 239 ff.).

Bei den Aufklärern, vor allem bei Rousseau, war das Interesse an außereuropäischen Kulturen mit dem Postulat verbunden, auf die soziale Wirklichkeit ihrer Zeit einzuwirken. Trotzdem konnten die klügsten Köpfe der Aufklärung nicht verhindern, daß der Sklavenhandel gerade im 18. Jahrhundert einen besonders steilen Aufstieg nahm. Erst in der Folge – und sicher unter Einfluß der Aufklärung – kam es schließlich zur Abschaffung des Sklavenhandels und zu einer Reform des kolonialen Herrschaftssystems (vgl. BITTERLI, 1976, S. 427). Hier zeigte sich also doch eine Wirkung kulturanthropologischer Reflexion. Der mit der Aufklärung einsetzende Humanismus wird heute in den Werken tradiert, die die Thematik der Auseinandersetzung zwischen Kulturen, wie sie u. a. in der Gestalt des Zuwanderers oder Gastarbeiters manifest wird, fortsetzen. Dies fand vor allem in den Arbeiten ihren Niederschlag, die vom Prinzip des Kulturrelativismus ausgingen und die nach Möglichkeiten suchten, das Phänomen der Herabsetzung und Unterprivilegierung des »Fremden« zu erklären.

So meinte Lévi-Strauss, daß bestimmte, angeborene Strukturen (»Archetypen«) annähernd universell seien; so etwa die Ablehnung aller fremden kulturellen Formen, wobei die Heftigkeit der Ablehnung mit dem Grad der Fremdheit zunimmt. Es wird dabei so argumentiert: »Das sind doch Wilde . . . das macht man bei uns nicht . . .« o. ä. (LEVI-STRAUSS, 1972, S. 16). In der Antike war es der »Barbar«, der als kulturlos galt, später – zur Zeit der Kolonisation – sprach man vom »Wilden«, dem man »Kultur beibringen« wollte, den man aber tatsächlich zum Objekt der Ausbeutung machte, und heute ist es der »Makkaronifresser«, der Gastarbeiter aus Südeuropa, der als »Untermensch« etikettiert wird. Lévi-Strauss weist außerdem darauf hin, daß in vielen »primitiven« Ethnien die Begriffe »Menschheit« und »Mensch« zumeist nur für die eigene Gruppe in Anspruch genommen werden. Die Stammesgrenzen bzw. die Grenzen der Sprachgruppe sind gleichzeitig Grenzen kulturellen, also menschlichen Handelns. Allem Lebenden, das sich außerhalb befindet, wird gleichsam das Attribut »Mensch« abgesprochen. Als Bezeichnungen der Nachbarvölker finden sich Termini wie »Erdaffen«, »Läuseeier« u. ä. mehr (a. a. O., S. 18; vgl. auch BITTERLI, 1976). Nach Lévi-Strauss wird die Abwertung des »Fremden« als charakteristisch für das Menschsein interpretiert. Ein Abgehen von einer solchen Überbewertung der eigenen Kultur und der in ihr lebenden Menschen ist nur durch Einsicht in die Relativität der Kulturen bzw. ihre Gleichwertigkeit möglich.

Eine mehr soziologische Erklärung bietet Georg Simmel an, der sich mit dem Typ des »wandernden Fremden« beschäftigt.

Der »Fremde« Simmels ist nicht »der Wandernde, der heute kommt und morgen geht, sondern der, der heute kommt und morgen bleibt – sozusagen der potentiell Wandernde ...« (SIMMEL, 1958, S. 509). Seine Stellung wird in dem sozialen Umkreis, in den er eingewandert ist, dadurch gekennzeichnet, »daß er nicht von vornherein in ihn gehört, daß er Qualitäten, die aus ihm nicht stammen und stammen können, in ihn hineinträgt« (a.a.O.). Das heißt also, daß der Fremde in der Aufnahmegesellschaft Spannungen erzeugt und daß sein Auftreten ihr die Illusion raubt, Universalgesellschaft zu sein. Die mit sich selbst zufriedene Gesellschaft erlebt, daß sich der unverhofft präsent gewordene Fremde nicht in ihre schablonenhafte Ordnung einfügen läßt. Der Fremde macht den Absolutheitscharakter der Aufnahmekultur fragwürdig; er deckt das auf, was Karl Mannheim die »Verdeckungsinstrumente des Alltags« genannt hat, durch die »das zufällige Sosein des Alltags zum Absoluten hypostasiert« werden soll (MANNHEIM, 1929, S. 43). Damit wird der Fremde gefährlich und seine Bekämpfung unvermeidlich, da durch ihn der Glaube an die »einzige« oder »einzig richtige« Kultur problematisiert wird (vgl. HELLE, 1968, S. 281).

Besonders deutlich wird dies bei den Völkern, die die Vorstellung vertreten, »von Gott auserwählt« zu sein, oder meinen, auf Grund ihrer Rasse durch die »Vorsehung« o.ä. zur Führung anderer Völker bestimmt zu sein. Dies führt zu der These, daß es Menschen mit verschiedener, zumindest zweifacher Qualität gibt, was schließlich die Anwendung z.B. von verschiedenem Recht legitimiert. Gegenüber dem »Fremden« wird sogar Rücksichtslosigkeit und gefühllose Härte moralisch als gerechtfertigt angesehen. Am modernen Beispiel des Gastarbeiters kann man sehen, daß ihm als »Fremden« eine andere Form des Menschseins zugedacht wird, wie es sich etwa in Aufsätzen zeigt, die deutsche Schulkinder zum Problem des Gastarbeiters geschrieben haben. Ein Mädchen schreibt: »Viele Leute bezeichnen die Gastarbeiter als asoziale Bagasche und als Sittenstrolche ... Es heißt, daß Gastarbeiter sehr undankbar sind, die auf der Arbeit den Hammer fallen lassen. Sie haben auch die meisten unehelichen Kinder zustande gebracht. Man stellt die Gastarbeiter meistens in Intimitäten den Schweinen gleich. Was auch wahr ist. Wenn ich abends mit meiner Mutter Schaufenster gucken gehe, da ist der erste, der uns anpflaumt, ein Gastarbeiter. Weil die glauben, jede Frau, die abends auf der Straße ist, sei ein Vogel. Es gibt nur einen geringen Teil der Gastarbeiter, die eigentlich dankbar wäre, wenn man sie zivilisieren würde ...« (NEY, 1972, S. 158 f.). In diesen Zeilen wird deutlich, was auch Lévi-Strauss anspricht, nämlich, daß der Fremde nicht »Vollmensch« ist, daß er vielmehr unter den Begriff »Natur« subsumiert wird, was der Hinweis auf »Schweine« klarmacht.

Dem Fremden wird also dauernd, wenn auch mehr oder weniger verschleiert, vor Augen geführt, daß er »fremd« und daher jemand ist, dem gegenüber ein »anderes« Recht gesetzt werden darf. Diesem Phänomen ist auch Alfred Weber nachgegangen. Er beschreibt die Vorgänge, die zur »Selbstkonstituierung ... des Judentums als Gastvolk der ganzen Welt« führten (A. WEBER, 1950, S. 105). Juden wurden in eine Position gedrängt, die sie zwar als nützlich als Händler oder Geldwechsler definierte, sie jedoch von der vollen menschlichen Anerkennung ausschloß. Ein Umstand, der jegliches Vorgehen gegen sie rechtfertigte bzw. unter Toleranz stellte. Gastarbeiter sind in einer ähnlichen Situation, wenn sie in Gaststätten nicht eingelassen werden oder wenn man ihnen zeigt, daß man mit ihrer Anwesenheit nicht einverstanden ist, obwohl man sie andererseits sehr wohl braucht. Die Thematik des »Fremden« ist eng verbunden mit der des »Vorurteils«, über das eine relativ breite Literatur existiert. Das »Wir-Gefühl« wird dabei als verantwortlich für die Abneigung gegenüber anderen Gruppen erklärt (so schon GUMPLOWICZ, 1926 ff.), oder es wird auf die Kategorien der »in-group« und »out-group« verwiesen, aus deren Spannung schließlich der »Ethnozentrismus« (SUMNER, 1906) entsteht.

Für die Desavouierung des »Fremden« spielen Stereotype eine wesentliche Rolle, bei denen in vereinfachender Weise Urteile über alle Mitglieder der Fremdgruppe verallgemeinert werden, wobei mitunter auf historische Ereignisse verwiesen wird, die in bestimmter Weise die Fremdgruppe negativ stigmatisieren. Jede Gruppe entwickelt immer eine Ideologie, die das persönliche Gefühl der Selbstachtung bei den Gruppenangehörigen bis zu einem Gefühl der Überlegenheit gegenüber den Mitgliedern anderer Gruppen steigert (vgl. DEN HOLLANDER, 1946, und HEINTZ, 1957). Solche Gruppenvorurteile beruhen auf Stereotypen und sind »im wesentlichen nicht objektbezogen« (vgl. ATTESLANDER, 1966, S. 97). Das Vorurteil hat u. a. die Funktion, die Distanz zwischen Eigen- und Fremdgruppe festzulegen und zu tradieren.

Mit der Problematik der falschen Wissensvoraussetzung bei der Reflexion fremden Kulturgutes hat sich auch den Hollander

auseinandergesetzt. Er geht dabei auf das für die Definition des
»Fremden« konstitutive Problem ein, daß andere Völker von
uns »gerne nach den wenigen Erscheinungen, die uns an ihnen
auffallen«, gesehen und beurteilt werden (DEN HOLLANDER,
1966, S. 325); eine Neigung, die auch heute noch verbreitet ist,
wenn wir z.B. von »unterentwickelten« Ländern sprechen,
ohne deren Kulturen in ihrer materiellen und ideellen Vielfalt
studiert zu haben. Vorurteile entstehen bei der Interpretation
von Fremdkulturen auch dann, wenn man den grundsätzlichen
Fehler macht, sich nicht auf sachliche Informationen zu be-
schränken (a.a.O., S. 319).

Auf die besondere Stellung des »Fremden«, der am kulturellen Leben zweier Völker teilhat und der mit der eigenen Vergangenheit nicht brechen will und kann, hat Robert E. Park
(1928) aufmerksam gemacht. Nach Park ist es für diesen »Fremden« charakteristisch, daß er in der neuen Gesellschaft, in der er
heimisch zu werden versucht, nur halb geduldet wird. Er ist ein
»marginal man«, der am Rande zweier Kulturen lebt. Unter den
unzähligen Auswanderern der Geschichte ist der Jude das klassische Beispiel dieses »Randseiters«. In der modernen Welt hat
sich jedoch die Zahl und die Mannigfaltigkeit der Auswanderer,
deren jeder ein eigenes kulturelles Erbe mitbringt und nun vor
dem Problem der Anpassung steht, beträchtlich vermehrt (vgl.
STONEQUIST, 1937).

Diesen Gedanken hat Ernst Grünfeld in seinem Buch ›Die
Peripheren‹ (1939) aufgenommen. Er spricht von der »Wolke
von Mißverständnis und Geheimnis«, die alle »Peripheren«,
also die »Fremden« im Sinne Simmels (s.o. S. 41), umgibt
(GRÜNFELD, 1939, S. 79). Wie die hier angedeutete Problematik
sich auf die vor dem zweiten Weltkrieg aus Deutschland emigrierten Soziologen auswirkte, hat R. König gezeigt (1971).

Kulturanthropologische und soziologische Forschung hat
nun durch das Aufdecken dieser Probleme und durch das Anbieten von Erklärungsversuchen in Richtung eines neuen Humanismus, der dem »Fremden« helfen soll, als gleichwertig anerkannt zu werden, viel geleistet. Das Entstehen von neuen
Subkulturen, wie die der Gastarbeiter, impliziert das Postulat
nach exakter wissenschaftlicher Auseinandersetzung, damit
Vorurteilen wirksam begegnet werden kann.

Die Einsicht in die Vielfalt der kulturellen Möglichkeiten des
Menschen zeigt schließlich jenes Bild vom Menschen, nach dem
seine Kulturen gleichwertig nebeneinander stehen und jede

Kultur von der anderen profitieren kann. Lévi-Strauss etwa sagt, daß die ökonomisch rückständigen australischen Eingeborenen »nicht nur als Begründer der allgemeinen Soziologie zu begrüßen« sind, sondern daß sie auch diejenigen sind, die »als erste das Maß in die Sozialwissenschaften eingeführt haben« (LEVI-STRAUSS, 1972, S. 45).

Ein solches Programm, das den »Fremden« voll anerkennt, ist in der frühen Aufklärung angelegt und wird in der modernen Kulturanthropologie tradiert, einer Kulturanthropologie, die die Menschheit als »Ganzheit« sieht. Marcel Mauss drückt dies so aus: »Nachdem die Soziologen gezwungenermaßen etwas zuviel zergliedert und abstrahiert haben, sollten sie sich nun bemühen, das Ganze wieder zusammenzusetzen« (zit. in: LEVI-STRAUSS, 1974, Einleitung zu M. MAUSS, Soziologie und Anthropologie, S. 20).

7. Die Kulturanthropologie als integrierende und relativierende Wissenschaft vom Menschen

Die obigen Darstellungen und Überlegungen sind als Versuch anzusehen, die für die Kulturanthropologie charakteristische Entwicklungslinie durch Rückgriff nur auf wesentliche Autoren nachzuzeichnen. Es konnte gezeigt werden, daß eine direkte Tradition seit der Aufklärung besteht und daß immer wieder versucht wurde, das soziale Sein des Menschen theoretisch zu fassen und über dessen verschiedene Formen zu reflektieren.

Der Sinn dieser mehr kursorischen Darstellung war, einen Einblick in den Wechsel der »anthropologischen« Paradigmata zu geben, nicht jedoch eine mehr oder weniger genaue Geschichte der Kulturanthropologie anzubieten. Es konnte indessen klar gemacht werden, daß der Gegenstandsbereich der Anthropologie bzw. der Kulturanthropologie in seinen Grundzügen gleich blieb. Die verschiedenen Methoden, die sich gegenseitig ablösten und ablösen, stellen sich als jeweilige Versuche dar, das Wissen vom Menschen und dessen historische und soziale Existenz zu erweitern, wobei vorangehende Methoden entweder radikal abgelehnt oder in bestimmter Hinsicht weitergeführt wurden, wie z.B. die evolutionistische Methode durch Spencer oder Durkheim, die jedoch durch Rekurs auf exaktes

ethnographisches Datenmaterial den Spekulationen eines ver-
einfachenden Evolutionismus widersprachen.

Die Geschichte der Kulturanthropologie zeigt auch, daß gerade nach 1900 in ihr das humanistische Prinzip der Anerkennung des »Fremden« und das Postulat von der Gleichwertigkeit
der Rassen (Boas) etabliert wurde. Interessant ist, daß die Beschäftigung mit fremden Kulturen erst richtig die Augen für die
Strukturen der eigenen Gesellschaft öffnete, was schließlich zur
Spezialisierung der Soziologie führte, eine Entwicklung, die
u. a. auch von Marcel Mauss problematisiert wurde, wenn er
postuliert, daß der Mensch erst über eine Vielzahl von Perspektiven zu erfassen ist (s. o. S. 33). In diesem Sinn ist die Kulturanthropologie, wie sie hier verstanden wird, eine Gesamtschau des
Menschen, wobei die Ethnologie mit ihrem Material für das
Verstehen sozialer Institutionen Wesentliches beitragen kann.

Es soll nun versucht werden, in groben Zügen die obigen
Gedankengänge nachzuzeichnen, um so zu einem Überblick
und einer Zusammenfassung zu gelangen, die zum einen den
besonderen Gegenstand der Kulturanthropologie in der Geschichte akzentuieren und zum anderen die Einheit der mit der
Kultur bzw. Gesellschaft des Menschen befaßten Disziplinen
festhalten sollen:

1. Die Aufklärung war konstitutiv für die kulturanthropologische Perspektive. Das Aufkommen der Reiseliteratur und
   ihre Verarbeitung führte schließlich zu der Auffassung von
   der Gleichwertigkeit der Kulturen und Menschen (Locke,
   Rousseau).
2. Mit diesem Denken verband sich die Auffassung von der
   Gesetzmäßigkeit des Fortschritts und menschlichen Handelns (Lamettrie). Diese Konzeption gelangte zu der Kon-
   struktion von Entwicklungsstufen (Condorcet, Comte u. a.)
   mit dem Resultat, daß die »Primitivität« einfacher Kulturen
   und deren verschiedene Wertigkeit behauptet wurde. Durch
   Hereinnahme des Rassebegriffes wird diese Perspektive ver-
   festigt.
3. Um 1850 erreichte dieses Denken, das auch zur Legitimation
   des Kolonialismus Wesentliches beitrug, ihren Höhepunkt
   (Evolutionismus!)
4. Den z. T. spekulativen und übertriebenen Thesen des klassischen Evolutionismus begegneten gegen Ende des 19. Jahrhunderts Autoren, die die besondere Bedeutung des ethno-

graphischen Materials betonten und sich in der Theorienbildung auch daran orientierten (Tylor, Bastian, Frazer, Morgan, Marx, Engels, Durkheim). Dadurch kam es zu einem Abgehen von den Vorstellungen eines extremen Evolutionismus, was dazu führte, daß »primitive« Kulturen eher als gleichwertig mit unserer angesehen wurden. Morgan, Engels und Marx greifen mehr oder weniger explizit auf Vorstellungen vom »Wilden« und dessen Institutionen (Gentes, Urkommunismus) zurück, wie sie für Aufklärer wie Rousseau charakteristisch waren.

5. Nach 1900 kommt es zu einer weiteren intensiven Beschäftigung mit »primitiven« Kulturen, was schließlich die Auffassung von deren Gleichwertigkeit implizierte (Durkheim, Mauss, Malinowski, Boas, Lévi-Strauss u. a.).

6. In direkter Tradition dieses aufklärerischen Postulats, das auf eine Anerkennung des Angehörigen andersartiger Kulturen hinzielt, steht die moderne Diskussion um die Problematik des »Fremden« (Simmel, Park, den Hollander u. a.). Damit verbunden ist das Interesse am Studium von Subkulturen der eigenen Gesellschaft (König).

8. Reflexionen zum Forschungsgegenstand

Die vorangehenden Überlegungen reflektierten die wesentlichen Paradigmata der mit dem sozialen und kulturellen Sein des Menschen befaßten Perspektiven in ihren Grundzügen, wobei das Hauptaugenmerk auf der Auseinandersetzung mit fremden Kulturen und deren Interpretation lag. Diese »Ideengeschichte« sollte aber auch andeuten, wie problematisch es ist, die »anthropologischen« Disziplinen streng voneinander zu trennen. Die Trennung in verschiedene Disziplinen ist in der zweiten Hälfte des vorigen Jahrhunderts bzw. erst in diesem Jahrhundert durchgeführt worden, was mit sich brachte, daß die ehemals miteinander verbundenen Bereiche, wie die Ethnologie, Prähistorie, Soziologie u. a., nun begannen, ein Eigenleben zu führen. Dies hatte zur Folge, daß der Mensch nicht mehr als »Ganzheit« gesehen wurde, wie es noch Marcel Mauss gefordert hatte, in dessen Arbeiten einer Unterscheidung zwischen Ethnologie,

Soziologie, Prähistorie, Psychologie und Linguistik zumindest implizit widersprochen wird. Mit dieser Atomisierung der Betrachtungsweise menschlichen Handelns ist der Verlust der Einsicht in die Komplexität menschlichen Seins verbunden, was schließlich zu Dehumanisierung der Einzeldisziplinen führte. Charakteristisch für frühere Autoren, wie Marx, Engels, Durkheim, Mauss u.a., war, daß sie ungemein viel an ethnographischem, soziologischem, ökonomischem, prähistorischem u.ä. Material für ihre Konzeptionen verarbeiteten. Nicht uninteressant ist, daß noch heute an den Universitäten in der DDR zumindest informell in dieser Richtung gearbeitet wird. Unterstrichen wird dies durch die in Ost-Berlin erscheinende ›Ethnographisch-Archäologische Zeitschrift‹ (EAZ), in der regelmäßig ethnologische, urgeschichtliche, soziologische und linguistische Überlegungen miteinander verknüpft werden. Ein Relikt dieses Prinzips hat sich auch in den heute noch existierenden »Anthropologischen Gesellschaften« erhalten.

Die Hauptabschnitte dieses Buches beziehen sich auf Themen, die gerade in den modernen Sozial-(Kultur-)Wissenschaften einige Relevanz haben und die bewußt nicht auf eine Disziplin, wie z.B. die Ethnologie oder die Soziologie, abgestellt sind. Denn es ist prinzipiell festzuhalten, daß die Gesamtheit dieser Disziplinen dazu beiträgt, den »Menschen als kulturfähiges und kulturschaffendes Wesen« zu erfassen, um über das »Phänomen Kultur« etwas aussagen zu können (JETTMAR, 1973, S. 71). Jettmar bezieht sich mit diesem Zitat auf die Ethnologie, worin sich zeigt, daß es überhaupt schwierig ist, die Ethnologie von der Kulturanthropologie oder der Sozialanthropologie zu trennen. So z.B. könnte L. Mair ihr Lehrbuch ›An Introduction to Social Anthropology‹ vom Inhalt her auch als »Einführung in die Ethnologie« tituliert haben. Außerdem ordnen Kardiner und Preble Autoren wie Boas und R. Benedict einer Disziplin zu, die sie bloß »Anthropology« nennen. Wenn der Terminus »Kulturanthropologie« als übergreifender Begriff für diese Arbeit gewählt wurde, so nur, um auf die Mehrdimensionalität dieser Arbeit hinzuweisen.

Zum Begriff »Kultur«, dem Begriff des zentralen Gegenstands unserer Überlegungen, sind in der Literatur die verschiedensten Definitionsversuche gemacht worden. So haben Kroeber und Kluckhohn (1952) versucht, den Kulturbegriff darzustellen, indem sie dreihundert verschiedene Definitionen einander gegenüberstellten. Stiglmayr, der eine interessante Analyse von Kulturbegriffen gibt, definiert Kultur als die »epi-hyper-naturale Form der Dinge« (STIGLMAYR, 1970, S. 33). Damit will gesagt sein, daß die Kultur die »den bloßen Naturzustand vervollkommnende Form ist, hinter der der Mensch als Wirkursache steht« (a. a. O., S. 35). Nach Stiglmayr ist es die Aufgabe der Kulturwissenschaften, das »Kulturierte« als das »Konkrete« (a. a. O., S. 37) zu erarbeiten.

Hierher gehören alle die Wissenschaften, die sich als »Sozial-« und »Kulturwissenschaften« etablieren konnten. (Eine inhaltliche Unterscheidung von Sozialem und Kulturellem erscheint problematisch, da, wie vor allem Kroeber betonte, Gesellschaft ohne »Kultur« nicht existieren kann [vgl. dazu BIDNEY, 1968, S. 103 ff.]).

9. Zur Problematik der Abgrenzung der »Kultur-« und »Sozial-wissenschaften«

Die Thematik einer Abgrenzung und Differenzierung der sich mit menschlichem Kulturschaffen auseinandersetzenden Disziplinen ist in der Literatur verschieden reflektiert worden. Dabei zeigt sich, daß die »Kulturanthropologie« bzw. die Ethnologie keineswegs auf die Erforschung und Beschreibung von »Primitivkulturen« einzuengen ist. So definiert Murdock die »Ethnologie« bzw. »Anthropology« als eine vergleichende Wissenschaft, die mit der Soziologie und Psychologie die verschiedenen Verhaltensmuster des Menschen zu erfassen sucht (MURDOCK, 1957, S. 249). Andere Autoren verbinden als wesentliches Moment mit der Ethnologie die historische Komponente. Trimborn etwa schreibt: »Völkerkunde ist sowohl eine systematische wie historische, immer aber empirische Wissenschaft, welche den Menschen aus seinen in Raum und Zeit wechselnden gruppenhaften Lebensäußerungen verstehen will« (TRIMBORN, 1958, S. 2). Es würde den Rahmen sprengen, wenn die einzelnen Versuche einer Differenzierung der hier genannten Begriffe (wie Soziologie, Ethnologie, Kulturanthropologie …) diskutiert würden. Ein solcher Versuch wurde z. B. von Stagl gewagt, der den »Kampf der Begriffe« reflektiert (STAGL, 1974, S. 37 ff.), wobei sich allerdings zeigt, daß eine Fixierung des hier besprochenen Gegenstandes auf die Ethnologie u. a. Disziplinen nicht genügend einsichtig gemacht werden kann. Wenn in dieser Arbeit die Termini »Ethnologie«, »Kulturanthropologie«, »Sozialanthropologie« oder ganz allgemein »Anthropologie« (bzw. Ethnologe, Anthropologe …) nebeneinander verwendet werden, so soll dies nicht heißen, daß zwischen diesen Begriffen ein echter Unterschied besteht, sondern lediglich, daß diese Begriffe synonym für die hier vertretene »Kulturanthropologie« stehen. Die in Kapitel III. und V. dargestellten Diskussionen zeigen übrigens auch die Problematik einer solchen Differenzierung auf, die an den Universitäten aus Gründen der Arbeitsteilung zwar sehr nützlich sein kann, die aber zu Mißverständnissen, unliebsamer Konkurrenz und problematischen Überschneidungen, bei der die eine Disziplin bisweilen die Ergebnisse der anderen negiert, führen kann.

Es scheint übrigens in der Intention einzelner Wissenschaftler zu liegen, aus Legitimationsgründen mehr oder weniger mühsam eine Unterscheidung dieser Begriffe herbeizuführen. Die hier aufzuzeigenden Orientierungen und Bereiche versuchen schließlich, zumindest die Relevanz einer Kooperation hervorzukehren (siehe dazu Kap. V, 5.).

Um diese Problematik des »Kampfs der Begriffe« zu veranschaulichen, mag es nicht uninteressant sein, die Termini »Kulturanthropologie« (Ethnologie) und »Soziologie« zu diskutieren und eine Differenzierung zu problematisieren.

10. Zur Diskussion um die Abgrenzung von Soziologie und »Kulturanthropologie«

Die Geschichte der Kultur- und Sozialwissenschaften zeigt, daß vom Thema und von der Methode her nur graduelle, nicht essentielle Unterschiede zwischen Soziologie und Ethnologie bzw. Kulturanthropologie auszumachen sind. Stagl meint, daß in England die »social anthropology«, wie sie mit Malinowski und Radcliffe-Brown einsetzt, aus bestimmten historisch-organisatorischen Gründen den Platz der Soziologie einnehmen konnte (STAGL, 1974, S. 49ff.). Dies ist allerdings nur bedingt richtig, wie wir sehen werden. Denn auch in Ländern mit ganz anderer Wissenschaftsstruktur, wie z. B. in Deutschland und Frankreich, ist eine Überschneidung von Soziologie und Ethnologie historisch angelegt. So wird R. Thurnwald, der Lehrer René Königs und W. Mühlmanns, sowohl als Ethnologe als auch als Soziologe bzw. beides verbindend als »Ethnosoziologe« bezeichnet. Thurnwald hat durch seine Überlegungen zum Funktionalismus ganz wesentlich die Soziologie, speziell die Rechtssoziologie, im deutschen Raum beeinflußt.

In Frankreich waren es Emile Durkheim und Marcel Mauss, die in ihren Arbeiten eine Differenzierung von Soziologie und Ethnologie bewußt unterlassen. Charakteristisch dafür ist, daß Mauss seine soziologischen Reflexionen wesentlich an ethnographischem Material durchführte, wie es sich z. B. in seiner Arbeit ›Die Gabe‹ zeigt. Mit Recht sind daher Durkheim und Mauss zu den Begründern der Kulturanthropologie, wie sie hier als integrierende Disziplin verstanden wird, zu zählen.

Vor allem in den USA hat sich eine Differenzierung zwischen Soziologie und »cultural anthropology« eben wegen der Gemeinsamkeit der Interessen und Methoden eigentlich nie richtig durchgesetzt. Es kann also nicht, wie Stagl meint, an der Wissenschaftsstruktur eines Landes liegen, daß Soziologie und »Sozialanthropologie« (Ethnologie usw.) sich überschneiden, sondern es ist der gemeinsame Gegenstand, der eine Differenzierung nicht zuläßt.

Eine Einschränkung der »Kulturanthropologie« auf das Studium der schriftlosen (aliteralen) Völker, wie es gemeinhin versucht wird, hat gerade den Protest amerikanischer Anthropologen hervorgerufen (vgl. BANTON, 1964, S. 95). Es hat sich gezeigt, daß mit »kulturanthropologischen« Methoden, wie sie beim Studium »primitiver« Ethnien zur Anwendung gekommen sind, auch komplexe Gesellschaften der europäisch-amerikanischen Kultur untersucht werden können (vgl. dazu Kap. IV, 2.1.). Einer Definition, die die »Kulturanthropologie« als die Soziologie »primitiver« Gesellschaften fixiert, muß also widersprochen werden.

Nicht uninteressant ist in diesem Zusammenhang die Überlegung Poppers, die implizit eine Trennung der angesprochenen Disziplinen problematisiert. Popper meint: »Während noch vor dem zweiten Weltkrieg die Idee der Soziologie die einer allgemeinen Sozialwissenschaft war – vergleichbar mit der theoretischen Physik – und während die Idee der sozialen Anthropologie die einer auf sehr spezielle, nämlich primitive Gesellschaften angewandten Soziologie war, so hat sich dieses Verhältnis heute in erstaunlicher Weise umgekehrt. Die soziale Anthropologie oder Ethnologie ist zur allgemeinen Sozialwissenschaft geworden; und es scheint, daß sich die Soziologie mehr und mehr damit abfindet, ein Teil der sozialen Anthropologie zu werden; nämlich die auf eine sehr spezielle Gesellschaftsform angewandte soziale Anthropologie – die Anthropologie der hochindustrialisierten westeuropäischen Gesellschaftsformen ... Der frühere theoretische Soziologe aber muß froh sein, als fieldworker und als Spezialist sein Unterkommen zu finden – als Beobachter und Beschreiber der Totems und Tabus der Eingeborenen weißer Rasse der westeuropäischen Länder und der Vereinigten Staaten« (POPPER, 1962, S. 237). Dies entspricht unserer Ausgangsthese, wonach eine strenge Trennung in unabhängige Disziplinen in bezug auf die Erforschung der sozio-kulturellen Äußerungen des Menschen zumindest mit Schwierigkeiten verknüpft ist. So sind viele spezielle Soziologien gezwungen, ethnographisches Material zu verarbeiten, wie z. B. die Familiensoziologie, zu deren Gegenstand die Struktur der Familie und das Inzesttabu gehören. Die Tendenz der modernen Soziologie geht dahin, fremde Ethnien mit in die Betrachtung einzubeziehen, was sich schon in den in Übersee (z. B. Indien, Brasilien) durchgeführten soziologischen Studien zeigt, die Krisensituationen vorbeugen oder neue Institutionen vorbereiten sollen.

Aber nicht nur im Gegenstand, sondern auch in der Methode zeigen sich wesentliche Übereinstimmungen der beiden »sozialwissenschaftlichen« Disziplinen. So ist die methodische Strategie des eine ganze amerikanische Schule der Soziologie bestimmenden Robert E. Park eine durchaus »kulturanthropologische«. Er schreibt, daß dieselben »geduldigen« Methoden der Beobachtung, welche von Anthropologen wie Boas und Lowie beim Studium der nordamerikanischen Indianer angewendet wurden, ebenso fruchtbar bei der Erforschung der Sitten, Glaubensvorstellungen, sozialen Praktiken und allgemeinen Lebensbetrachtungen in »Little Italy« an der »North Side« Chicagos sein können ebenso wie bei der Beschreibung der gekünstelten Lebensweise der Einwohner von Greenwich Village und der Leute, die in Nachbarschaft zum Washington Square in New York leben (PARK, 1952, S. 15).

Die Betonung der Beobachtung und der eigenen Erfahrung stehen so im Mittelpunkt einer Soziologie, die alle Details des »sozialen« Lebens offenbar machen will. Die berühmten

»Middletown-Studien« von Robert S. und Helen M. Lynd (1929, 1935) sind in direkter Tradition der Chicagoer Schule Parks zu begreifen.

W. L. Warner, der lange Jahre bei den Murngin Australiens verbracht und deren Sozialstruktur studiert hatte, folgte in den von ihm geleiteten Studien, die unter dem Namen ›Yankee City‹ bekannt wurden, dieser anthropologischen Maxime, die von der persönlichen Beobachtung ausgeht. Das wesentliche Augenmerk Warners lag dabei auf der Sozialstruktur der informellen Gruppe. Ganz der Intention des »Kulturanthropologen« entspricht auch die berühmte Arbeit Whytes ›Street Corner Society‹ (1943), die auf teilnehmender Beobachtung basiert. In dieser Tradition steht auch die sich »phänomenologisch« nennende Soziologie, wie sie u. a. von Edward Shils vertreten wird. Es ist hier festzuhalten, daß diese sogenannte »verstehende« Soziologie, die in der Ethnomethodologie interessante Methoden anbietet, in der »kulturanthropologischen« Reflexion ihre Wurzeln und ihren Ausgang hat (vgl. dazu Kapitel IV).

Das Postulat des »Sozialanthropologen« Malinowski, vom »context of situation« aus den sozio-kulturellen Gegenstand bzw. das soziale Verhalten zu erklären, weist bereits auf die »soziologische« Methode des »Verstehens« hin, die nicht quantitativ statistisch, sondern durch den direkten Kontakt des Beobachtenden zum »Gegenstand« erst möglich wird. Auch waren wahrscheinlich kulturanthropologische Perspektiven für die ›Community Studies‹ der britischen Soziologie verantwortlich (so BANTON, 1964, S. 105). Dies mag daran liegen, daß kleine Gemeinschaften ein ähnliches Arbeitsfeld liefern, wie z. B. die Trobriand-Inseln dem englischen »Sozialanthropologen« Malinowski. Ähnliche Intentionen und Forschungsstrategien zeigen sich auch in den Dorfstudien, wie sie im skandinavischen und jugoslawischen Raum durchgeführt wurden.

Kurz sei noch auf Überlegungen hingewiesen, die ganz wesentlich die »Soziologie« beeinflußt haben und die von einem »Kulturanthropologen«, nämlich Ralph Linton, ihren Ausgang nehmen. Linton hat in seinem wesentlichen Werk ›Study of Man‹ die Begriffe »Rolle« (role) und »Status« (status) definiert und reflektiert. Er hat damit eine sozialpsychologische Tradition begründet, die über ein »Verstehen« die Interaktionen in sozialen Gefügen festzuhalten versucht. Wesentlich für diese verstehenden Richtungen der Soziologie ist, daß sie von der Interpretation der Verhaltensmuster durch die Mitglieder einer

sozialen Gruppe ausgehen, d. h. also, daß im Zentrum ihrer
Überlegungen – dies gilt besonders für die »Rollentheorie« – die
in das Verhalten des anderen gesetzten Erwartungen eines sozial
Agierenden stehen. Die hier angedeutete Zusammengehörigkeit
und gegenseitige Ergänzung der sozialwissenschaftlichen Disziplinen wird auch bei W. Mühlmann impliziert, der die Ethnologie als eine soziologische Disziplin definiert, die mit den »interethnischen Zusammenhängen und Systemen befaßt« ist »und
daraus typische Situationen und Prozesse zu abstrahieren
sucht«. Als »soziologische Theorie der interethnischen Systeme
bildet sie somit einen Zweig der Geschichts- und Kultursoziologie« (MÜHLMANN und MÜLLER, 1966, S. 12).

Evans-Pritchard meint schließlich zu dieser Thematik – in die
er auch eine Kritik an den Methoden der Sozialwissenschaften
miteinschließt, die, quantifizierend, statistisch das soziale Handeln des Menschen zu erfassen suchen –, daß die »Anthropologie« über die naturwissenschaftliche Methode hinausgehen
müsse, um »dem Menschen« gerecht werden zu können; denn
der Mensch sei kein »Automat«, der sich nach irgendwelchen
Gesetzen verhielte, um »so geplant und kontrolliert werden zu
können« (EVANS-PRITCHARD, 1968, S. 27). Evans-Pritchard
plädiert daher für eine Hinwendung zu den »humanistischen«
Wissenschaften wie der Geschichte und der Sozialgeschichte.

Es versteht sich, daß die folgenden Analysen, die sich auf die
Dialektik der Methoden beziehen, nicht den Anspruch erheben,
nur für eine Disziplin, z. B. die »Ethnologie« oder die »Soziologie«, relevant zu sein, sondern gleichermaßen für alle wissenschaftlichen Richtungen, die sich mit dem Menschen als »ζῷον
πολιτικόν« befassen.

II. Sprache und Kulturanthropologie

1. Ansätze linguistischer Reflexionen im 18. und 19. Jahrhundert

Das früheste Interesse, das sich auf die Sprache bezog, war evolutionistischer Natur. Fragen nach dem Ursprung der Sprache und ihrer Bedeutung für den Unterschied von Mensch und Tier standen am Beginn einer für die Ethnologie günstigen Entwicklung. Die Sprache diente als Gradmesser der Kulturhöhe eines Volkes und als Instrument bei dem Versuch, Beziehungen zwischen Ethnien nachzuweisen.

Sprachliche Untersuchungen führten zu interessanten Ergebnissen, so z.B. zum Nachweis der Verwandtschaft der indischen und europäischen Sprachen. Mit der Frage nach der Entstehung der Sprache in engem Konnex stand die nach der Bedeutung von Sprachunterschieden. Es gab daher ein wachsendes Interesse an komparativen linguistischen Methoden, die einerseits historisch orientiert waren, andererseits aber auch die Sprachen »primitiver« Völker miteinbezogen, um eine Entwicklung der Sprache rekonstruieren zu können.

Diese Fragestellungen gaben der Linguistik den Impetus, der eine rasche und fruchtbare Wissenschaftsentwicklung möglich machte. Sie zeigten sich speziell in den Intentionen, die nach Klassifikationsmerkmalen von Sprachen suchten, um Sprachfamilien, Unterfamilien von Sprachen u.ä. herausarbeiten zu können. Es wurden Typologien, die geographisch und historisch relevant waren oder zu sein versprachen, aufgestellt und weiter verbessert; es gab ein Forschungsinteresse an der Rekonstruktion grammatischer und phonologischer Sprachmuster alter bzw. ausgestorbener Ethnien; außerdem bewirkten diese Ansätze ein intensives Eingehen auf die Sprachen außereuropäischer Völker, von denen man im Sinne des Evolutionismus annahm, daß sie in ihrer kulturellen Entwicklung »noch am Anfang stünden«. Die Typologisierungsversuche des 19. Jahrhunderts sind also als Produkt des evolutionären Denkens und von diesem her als legitimiert zu interpretieren.

Für die Sprachwissenschaft zählt Herder zu den ersten, die nach dem Ursprung der Sprache fragten. Neben ihm waren es

vor allem Condillac, Rousseau, A. Smith, Leibniz und Süss-
milch, die dieses Problem behandelten. Herders 1772 erschienene ›Abhandlung über den Ursprung der Sprache‹, die auch
auf die philosophische Anthropologie der Gegenwart sich auswirkt, ist wohl die erste Reflexion über den Ursprung der Sprache, die zwar dem Fortschrittsdenken der Aufklärung kritisch
gegenübersteht, deren evolutionäres Konzept jedoch nicht zu
verleugnen ist.

Die zeitlich nächsten Autoren, Schlegel und Humboldt, ver-
ließen z.T. die philosophische Ebene, auf die Herder die
Sprachwissenschaft gestellt hatte; sie untersuchten konkrete
tote und lebende Sprachen.

1.1. Die Brüder Schlegel

Friedrich Schlegel, einer der führenden Köpfe der Romantik,
glaubte, über den Vergleich von Sprachen zu deren gemeinsamer Wurzel vorzustoßen. Er war 1803 nach Paris gekommen
und studierte zunächst unter der Anleitung Alexander Hamil-
tons, eines englischen Orientalisten, die Quellentexte des Sanskrit. Sein erstes Werk, das aus diesen Studien hervorging, gab
Schlegel 1808 heraus. Er nannte es ›Über die Sprache und Weisheit der Indier‹; die Methode, nach der er verfuhr, sollte man
später »vergleichende Grammatik« nennen. Schlegel legte hier
den Grundstock für die Auffassung, daß das Sanskrit und die
klassischen europäischen Sprachen gemeinsame Wurzeln haben.
Hier tauchte auch zum ersten Mal der Gedanke auf, daß die
diese Sprachen sprechenden Völker auf eine ursprünglich gemeinsame ethnische Einheit zurückgehen könnten.

Schlegel unterscheidet zwischen »mechanischen« und »organischen« Sprachen. Die indo-europäischen Sprachen ordnete er
dem Sprachtyp nach den »organischen« zu, weil ihre Wortformen »von innen« heraus geformt worden seien, während der
»mechanische« Typus seine grammatikalische Determination
»von außen« her erfahren habe. Diese Dichotomie wurde durch
seinen älteren Bruder August Wilhelm zur Trichotomie ausge-
weitet (1818). Die chinesische Sprache, welche als die »niedrigste« Sprache des »mechanischen« Typus definiert worden war,
wurde nun als ein separater Typus ausgeschieden. August Wilhelm unterschied Sprachen ohne Grammatik von Sprachen mit
Affixen und Sprachen mit Biegungen. Nach dieser Typologie

zählten zu den höchstentwickelten die indo-europäischen Sprachen, zu den auf der untersten Stufe stehenden die chinesische Sprache. Diese Typologie wurde lange benutzt; modifizieren wollte sie z.B. Franz Bopp, indem er ihre Unterscheidungskompetenz verringerte. Doch fand er keine Nachfolger.

1.2. Wilhelm v. Humboldt

Neben den Brüdern Schlegel war Wilhelm von Humboldt intensiv mit sprachwissenschaftlichen Problemen beschäftigt. Er stellt seinen empirischen Untersuchungen folgende Überlegungen voran:

> Die Sprache ist nichts anderes als das Complement des Denkens, das Bestreben, die äußeren Eindrücke und die noch dunklen Empfindungen zu deutlichen Begriffen zu erheben und diese zur Erzeugung neuer Begriffe miteinander zu verbinden. Die Sprache muß daher die doppelte Natur der Welt und des Menschen annehmen, um die Einwirkung und Rückwirkung beider aufeinander wechselseitig zu befördern; oder sie muß vielmehr in ihrer eigenen, neu geschaffenen, die eigentliche Natur beider, die Realität des Objekts und des Subjekts, vertilgen, und von beidem nur die ideale Form beibehalten ... Denn der reale Stoff soll idealistisch verarbeitet und bearbeitet werden, und weil Objektivität und Subjektivität – an sich eins und dasselbe – nur dadurch verschieden werden, daß die selbsttätige Handlung der Reflexion sie einander entgegensetzt, da auch das Auffassen wirkliche, nur anders modifizierte Selbsttätigkeit ist, so sollen beide Handlungen genau in einer verbunden werden (W. v. HUMBOLDT, Schriften III, S. 136 ff.).

Das Wort wird also als etwas angesehen, das die Verbindung zwischen dem Ideal und der Realität schafft. Es verdankt seine Entstehung zwar der letzteren, aber, kaum gesprochen, wirkt es seinerseits auf die Realität zurück und ist damit erkenntnisschaffend. So spiegelt sich zwar der »Geist der Nation« in der Sprache, aber jede »hat auch eine frühere mehr unabhängige Grundlage, und ihr eigenes Wesen und ihr innerer Zusammenhang sind so mächtig und bestimmend, daß ihre Selbständigkeit mehr Wirkung ausübt als erfährt, und daß jede bedeutende

Sprache als eine eigentümliche Form der Erzeugung und Mitteilung von Ideen erscheint« (Schriften IV, S. 55). Deutlich zeigt sich bei W. v. Humboldt die Verwandtschaft mit Hegel, wenn er die Kluft zwischen Objekt und Subjekt durch die Sprache überbrückt.

Aufenthalte im Gebiet der Basken oder »Vasken«, wie er sie auch nennt, erwecken sein Interesse an volkskundlichen Forschungen und vertiefen seine Sprachstudien. Er untersuchte die bis dahin noch ganz ungenügend erforschte Sprache der Basken, deren Grammatik und deren Wortschatz er aufzeichnen wollte. Die Verbindung historischer und linguistischer Forschung, »vorzüglich insofern sie in das frühe und dunkle Leben der Völker führt«, sah er als wesentlich für seine Untersuchungen an. In seiner 1821 erschienenen Arbeit ›Untersuchungen über die Urbewohner Hispaniens vermittels der vaskischen Sprache‹ wird dies deutlich, wenn er darauf hinweist, daß das »Ziehen und Wandern der Völker die späteren Jahrhunderte vorbereitete«. (An Goethe, Mai 1821, zitiert bei E. HOWALD, 1944, S. 111.)

In der Einleitung zu den drei Bänden seines Werkes ›Über die Kawisprachen auf der Insel Java‹ (1836–40) mit dem bezeichnenden Titel ›Über die Verschiedenheit des menschlichen Sprachbaus und ihren Einfluß auf die geistige Entwicklung des Menschengeschlechts‹ zeichnet Humboldt die Grundlinien einer Lehre von der Sprache als geistiger Kraft (Energie) der Völker. Humboldt, der Schlegel weiterführt, unterscheidet vier linguistische Strukturprinzipien als Stufen einer entwicklungsgeschichtlichen Sequenz. Eine Sprache hat dann den Höhepunkt ihrer Entwicklung erreicht, wenn es ihr Strukturprinzip ist, daß jedes Wort grammatisch geformt werden kann. Die indogermanischen Sprachen verwirklichen nach Humboldt dieses Prinzip.

Die Sprache wird von Humboldt als eine Grundschicht in der Seele des Menschen, als eine mit der Vernunft gegebene Anlage definiert. Sie ist für ihn ein Gradmesser für die geistige Bildung der Menschen. Seine Überlegungen werden später von F. de Saussure, L. Weisgerber u. a. übernommen.

1.3. Weiterführung der Konzeption Humboldts

Modifikationen der vier Typen Humboldts finden sich bei August Friedrich Pott (1848) und August Schleicher (1848), der auf

Hegel aufbauend die drei oberen Klassen der Typologie rational zu erklären suchte. In einer 1854 erschienenen Studie, die den ›Outlines of the Philosophy of Universal History‹ von Christian Ch. Bunsens angeschlossen war, wurde entsprechend der Konzeption Humboldts die Beziehung von Sprachtypen zu ihrer sozialen Evolution festzustellen versucht. Der Autor, der Orientalist Max Müller, geht, ebenso wie Schlegel, von der evolutionär frühen Stufe der chinesischen Sprache aus, die er zu den »isolierenden« zählt und die er mit der »Familienstufe« in Verbindung bringt. Der nächste Typus (der turanische), der die »zusammensetzenden« Sprachen umfaßt, wird von Müller als Ergebnis der »Nomadenstufe« definiert. Der letzte Typus schließlich, den er den »arischen« nennt, wird als Produkt der »politischen« oder der »Staats«-Gesellschaft begriffen. Pott zitierend, der feststellte, daß dem Sanskrit einfachere Sprachstufen vorausgingen, bemerkt Müller, daß in derselben Art wie in jedem politischen Körper Spuren eines früheren »nomadischen« oder »familiären« Lebens entdeckt werden können, auch in allen arischen Sprachen Spuren einer turanischen oder einer chinesischen Form zu finden seien. Nach Müller fällt in Perioden der Anarchie, der Migration oder der Eroberung die dem Typ der politischen Gesellschaftsform zugeordnete Sprache in nomadische »Unseßhaftigkeit«, während in Perioden der Apathie und Stagnation der Nomadenstufe zugeordnete Sprachen etwa den Status »chinesischer Hilflosigkeit« annehmen. Das wesentliche Interesse Müllers liegt jedoch an der »aufsteigenden Skala« der Sprachen, bzw. an ihrem »primären« Wachsen, also nicht an den »sekundären« Formationen und Reformationen (MÜLLER, 1854). In seinen berühmten ›Lectures on the Science of Language‹ (1862) entwickelte Müller explizit dieses Schema der Verbindung von Sprachtypologie und kulturellen Entwicklungsstufen.

1.4. Sprache und Rasse

Müller glaubte, ganz im Sinne Humboldts, über die linguistische Methode die »Geschichte alter Zeiten« rekonstruieren zu können (1856, S. 320). Er und seine Schüler gingen dabei von der damals allgemein akzeptierten, noch unerschütterten Voraussetzung aus, daß Sprache und Rasse untrennbar zusammengehörten.

Eben diese Voraussetzung machte auch John Kennedy, der zu beweisen versuchte, daß die Indianer Immigranten aus einem anderen Kontinent seien und nicht Produkt einer »separaten Schöpfung«. Kennedy stellte bei seinen Forschungen allerdings nur sehr vage Ähnlichkeiten zwischen karibischen Worten und Worten einer westafrikanischen Sprache fest, was ihm aber als Beweis einer gemeinsamen afrikanischen Herkunft beider Sprachen genügte (KENNEDY, 1856).

Hyde Clarke entwickelte die komparative Methode weiter, indem er alle Sprachen der Welt nach bestimmten Charakteristika zu klassifizieren suchte. Die Charakteristika wollte er bestimmten Rassen zuordnen, um so eine Chronologie der »Weltkultur« zu rekonstruieren (CLARKE, 1874).

Diesen Ansätzen widersprach schließlich Tylor (1881), der davon ausging, daß eine Inbeziehungsetzung von Rasse und Sprache falsch sei. Er wies, um diese Feststellung zu rechtfertigen, darauf hin, daß viele Fälle nachweisbar seien, bei denen Sprache und Rasse auseinanderfielen, weil oft Rassen die Sprache wechselten oder auch verschiedene Rassen eine Sprache hätten. Einen kurzen und scharfen Kommentar zu Clarkes Bemühungen gab A. H. Sayce: »Society implies language, race does not« (SAYCE, 1875, S. 213). Bei F. Boas findet diese Attitüde ihre Fortsetzung.

In der Diskussion zwischen Evolutionisten, die die Sprache als physisch bestimmt definierten, und Diffusionisten, die die Sprache als kulturell und durch Kontakte bestimmt ansahen, vertrat William Dwight Whitney, Professor in Yale, die Ansicht, daß die Sprache durch den Menschen erlernt und nicht von ihm »gemacht« werde. Demnach ist die Sprache als Institution ein Teil der erworbenen Kultur eines Volkes und als solche übertragbar (WHITNEY, 1875, 216 f.).

Aber trotz solcher Argumente hielten viele Anthropologen an der Meinung fest, daß eine Verbindung zwischen den distinktiven Charakteristika einer Sprache und der Mentalität der Rasse, die sie geschaffen hat, empirisch nachweisbar sei. Diese Theorie wurde z. B. mit Vehemenz von Gustav Oppert, einem Professor für Sanskrit, im ›Journal of the Royal Anthropological Institute‹ (1883) verteidigt. Vielleicht ist es typisch, daß es gerade Sanskritgelehrte waren, die sich in solchen Auseinandersetzungen initiativ einzusetzen pflegten und federführend in der Argumentation für eine Identifikation von Sprache und Rasse waren. Max Müller schließlich, nachdem er in seinen ersten Arbeiten

dafür eintrat, daß die arische Sprache dazu benützt werden
könne, um die arische Rasse zu entdecken (z. B. 1856), rückte
1872 von dieser These ab, gemäß der bestimmte rassische Eigenheiten von sprachlichen Strukturen abhängig sind. Er meinte,
daß, wenn wir von arischen und semitischen Familien sprächen,
wir dies nur aus Gründen der Sprachklassifikation täten; es
verstieße gegen die Regeln der Logik, deshalb auch von einer
arischen »Rasse«, arischem Blut o. ä. zu sprechen. Demnach
sollte man entsprechend der Intention Müllers die ›Science of
Language‹ und die ›Science of Man‹ möglichst auseinanderhalten. Denn viele Mißverständnisse und Kontroversen wären in
diesem Sinn zu vermeiden, wenn nicht Schlüsse vom Blut auf
die Sprache und umgekehrt gezogen würden (MÜLLER, 1872,
S. 187).

Für die Anthropologie des 19. Jahrhunderts galt aber dennoch grundsätzlich die Annahme, daß die Sprache mit der geistigen Kapazität der Rasse in Konnex stehe. Die Evolutions-
theorie, die diesem Denken Pate gestanden ist, war also verantwortlich für Theoreme wie: Wenn eine bestimmte Rasse primitiv ist, so muß es auch ihre Sprache sein und umgekehrt. Die
Anthropologen, die sich auf diese Deduktionen der Evolutions-
theorie beriefen, sammelten linguistisches Material und klassifi-
zierten es in kulturellen Entwicklungsstufen. Noch 1901
schrieb ein Anthropologe mit Namen MacKinlay, daß im Vergleich mit der antiken Sprache es der Tagalo-Sprache an vielen
Qualitäten fehle, die die europäischen Sprachen zu einem »Vehikel der Zivilisation« machten (MACKINLAY, 1901, S. 214).

1.5. »Primitivität« und Sprache

Damals kam der ethnozentristische Terminus von den »primitiven« Sprachen auf. Die nicht-indo-europäischen Sprachen wurden so nach ihrem Unterschied von den europäischen Sprachen
klassifiziert. Zwei Annahmen bezüglich der »primitiven« Sprachen beherrschten das Feld. Die erste war, daß die Sprachen,
und daher auch die Sprecher der Sprachen, nicht fähig seien, zu
generalisieren und zu abstrahieren (siehe z. B. PAYNE, 1899,
S. 103). Die zweite Annahme war, daß in »primitiven« Sprachen
Spezifizierungen und Präzisierungen wegen kleiner Vokabularien undenkbar seien (siehe z. B. MARETT, 1912, S. 139).

Eine andere Charakterisierung »primitiver« Sprachen gab

E. Tylor, der davon ausging, daß sie einem schnellen Wandel unterworfen seien, da ihnen das Instrumentarium fehle, Worte zu fixieren und zu tradieren, wie es die »Schulmeister und Drucker« in unserer Gesellschaft tun (TYLOR, 1881, S. 142; auch PAYNE, 1899, S. 89).

Die Annahme nun, daß die Sprachen, die von kleinen und technologisch einfachen Gesellschaften gesprochen werden, primitive seien, lenkte das Interesse darauf, den Ursprung der Sprache zu finden bzw. ihn zu rekonstruieren. An dieser Thematik waren aber nicht nur Linguisten, sondern auch Philosophen (wie Herder) und physische Anthropologen interessiert. Letztere vermeinten, die artikulierte Sprache sei der für den Unterschied von Mensch und Tier ausschlaggebende Indikator (so z.B. HALE, 1891, S. 414). Für diese Konzeptionen war das aufkommende Interesse an der indo-germanischen Sprache nützlich. Man nahm hypothetisch eine proto-indo-europäische Sprache an und dachte, sie müßte die älteste aller Sprachen sein. Also mußten die Worte der indo-germanischen Sprache aus einsilbigen Wörtern bestanden haben. Und als ihre »Wurzeln« nahm man undifferenzierte animalische Laute an (so z.B. OPPERT, 1883). Eine ähnliche Konzeption hatte auch E. J. Payne, der jedoch als die primitivsten Sprachen die des amerikanischen Kontinents ansah. Von diesem Ansatz her attackierte er die Annahme von den »einsilbigen Wurzeln« der Indogermanen. Ein typisches Merkmal für die Primitivität einer Sprache war für Payne das Vorkommen eines linguistischen Typus, den er »holophrase« oder »portmanteau word« nannte. Solche »holophrastic languages« analysieren und strukturieren nicht das Erlebte, wie es europäische Sprachen tun. Sondern geben vielmehr generelle und undifferenzierte Eindrücke wieder, sie stehen also zwischen dem tierischen Laut und den »analytischen« Sprachen (PAYNE, 1899, S. 170). Payne gab dadurch den Anstoß, amerikanische Sprachen zu vergleichen und klassifizieren. Kritisiert wurde der Ansatz der »holophrastic language« von Franz Boas, der behauptete, daß jede Sprache als »holophrastisch« vom Gesichtspunkt einer anderen Sprache gesehen werden könne, dies könne also kein Kriterium für die Unterscheidung »primitiver« und europäischer Sprachen sein (BOAS, 1911 a, 526).

1.6. Der »Ursprung« der Sprache

E. B. Tylor machte den Versuch, den Ursprung der Sprache zu entdecken, indem er Idee und Wort rational in Beziehung setzte: »That the selection of words to express ideas was ever purely arbitrary, that is to say, such that it would have been consistent with its principles to exchange any two words as we may exchange algebraic symbols, or to shake up a number of words in a bag and redistribute them at random among the ideas they represented, is a supposition opposed to such knowledge as we have of the formation of language« (TYLOR, 1865/1964, S. 57). Dieses Problem, das hier berührt wird, findet sich später übrigens auch bei Saussure (1916). Tylor wollte beweisen, daß die Selektion linguistischer Zeichen aus der Vernunft ableitbar sei. In seinem Buch ›Researches into the Early History of Mankind‹ (1865/1964) beschäftigt er sich eingehend mit diesem Problem. Um einen Zugang zu den ursprünglichen Formen der Sprache zu bekommen, setzte er sich mit der Zeichensprache der Taubstummen auseinander. Er bezog sich dabei auf die Gestensprache, die im Berliner Taubstummen-Institut Verwendung fand, und verglich sie mit der Sprache der Taubstummen in England. Dabei stellte er fest, daß die verwendeten Zeichen eine Schaffung der Tauben und Stummen selbst seien. Darüberhinaus stellte Tylor einen Vergleich zwischen den Zeichen der Taubstummen und der »lingua franca« – einer Zeichensprache – amerikanischer Indianer an und bemerkte deutliche Ähnlichkeiten zwischen beiden (s. Kap. 1.8.). Es ist also kein Wunder, wenn Tylor glaubte, daß er nahe daran sei, zum Ursprung der Sprache vorzudringen. Allerdings hat Tylor nie ausdrücklich gesagt, er sei der Meinung, daß die Gestensprache der Lautsprache vorangegangen sei, obwohl er an diese Möglichkeit dachte (vgl. HENSON, 1971, S. 12). Die Konzeption Tylors beruhte jedoch zweifellos auf der Annahme, daß Zeichensprache und Lautsprache dieselben Symbol- und Abstraktionsfunktionen zu erfüllen haben.

Er schreibt, daß eine Ähnlichkeit zwischen den Prozessen bestanden haben müsse, durch die der menschliche Geist sich zuerst in der Sprache bzw. durch die er sich in Gesten äußerte (1865, S. 76). Ein Jahr nach Erscheinen dieser Studie publizierte er einen weiteren Artikel: ›On the Origin of Language‹, in welchem er noch andere Gedankenmodelle zu diesem Problemkreis entwickelte.

Darwins ›Origin of Species‹, 1859, ›The Descent of Man‹, 1871, und ›The Expression of the Emotions in Man and Animals‹, 1872, gehen in mancher Hinsicht auf Schleicher, Whitney u. a. zurück. Darwin sah jedoch keinen wesentlichen Unterschied zwischen dem Ausdrucksverhalten des Tieres und des Menschen und konnte daher zu der Diskussion, die Tylor angeschnitten und entwickelt hat, kaum etwas beitragen.

Gegen Ende des 19. Jahrhunderts verlor diese Thematik für Linguisten und Anthropologen an Interesse, eine Tatsache, die mit dem Abgehen von den Fragestellungen des Evolutionismus zusammenhing. Die nun folgende Literatur befaßte sich nur mehr sehr oberflächlich mit der Diskussion um die Entstehung der Sprache. Zu den Autoren, die das Thema der Sprache und ihrer Entstehung behandelten, zählen Sapir (1907), Wundt (1911), Wilson (1933), G. H. Mead (1934), Révész (1946), Rosenkranz (1961) u. a.

1.7. Ideologie und Sprache

Bereits vor Darwin, aber in besonderem Maße in Verbindung mit seinen Wirkungen in der Literatur, tauchten Fragestellungen von mehr theologischer Relevanz auf. Dazu gehörten die Fragen, ob die ersten Menschen vor dem Verlassen des Paradieses die Sprache kannten, ob es erst seit dem Beginn des Turmbaues von Babel eine Sprachenvielfalt gibt usw. Natürliche und übernatürliche Entstehungsgründe der Sprache füllten die wissenschaftliche Literatur und lieferten Stoff für die Auseinandersetzung zwischen Rationalisten und Sensualisten, zwischen Philosophen, die methaphysisch-deduktiv und solchen, die empirisch-induktiv argumentierten.

Eines der ersten Ergebnisse, zu denen die streitenden Parteien jede für sich kamen, war, daß die Sprache und ihre elementaren Begriffe dem menschlichen Geist angeboren seien bzw. durch sensitive Erfahrung angeeignet würden. Andere betonten, die Sprache sei ein Instrument zum Ausdrücken von Gedanken. Nach anderen war es die Natur der Umstände, die den Menschen zwang, die Sprache zu entwickeln. Ob primär das »psychologische« Moment (angeborene Notwendigkeit des Selbstausdrucks) oder das »soziologische« (Sprache als Voraussetzung des sozialen Kontakts und der Zusammenarbeit) konstitutiv gewesen sei, war ebenso Streitgegenstand, wie die Frage, ob die ersten Grundvokabeln vom natürlichen Schrei des Organismus abgeleitet seien oder von der Imitation von Tönen, die Dinge in der Natur erzeugen, oder ob sie ursprünglich als vokale Begleiterscheinungen des Zeigens und Deutens entstanden seien (vgl. LOUNSBURY, 1968, S. 162f.).

Generell läßt sich resümierend feststellen, daß materialistische bzw. »naturalistische« Philosophen die soziale Matrix und damit die empirische Basis der Sprache als ihren Ursprungsort definierten, während ein idealistisch ausgerichteter Rationalist das Angeborensein der Sprache betonte. Mit letzterem Konstrukt ist beinahe notwendig die Meinung von einer göttlichen Herkunft der Sprache verknüpft (a.a.O.).

Dies war also der Rahmen für die Vorstellungen und Arbeiten Edward Tylors. Er war der erste, der die Probleme, die oben geschildert wurden, auf die Ethnologie transponierte und sie in einem sozio-ethnologischen Kontext stellte. Spekulation und vage Interpretation gegebener Daten waren ihm fremd. Zur Frage nach dem Ursprung der Sprache bemerkte er ziemlich trocken, daß man darüber herzlich wenig wisse, daß jedoch »all sorts of men, with all sorts of qualifications, have solved the problem, each in his own fashion ...«, und er fügte hinzu, es nütze wenig, ein guter Denker zu sein, wenn keine Fakten zum Denken vorhanden seien, »as it is to be a good bricklayer when there are no bricks to build with« (TYLOR, 1865/1964, S. 48f.).

1.8. Die Konzeption Tylors

Nach Tylor besteht eine »Sprache« aus »ikonischen« und »indexikalischen« Zeichen. Den Beweis dazu lieferte ihm die Gestensprache der Taubstummen, in welcher er eine enge Beziehung zwischen Begriff und Zeichen feststellen konnte (TYLOR, 1964, S. 11). Weiters kann nach Tylor nicht angenommen werden, daß die willkürlichen Zeichen der gesprochenen Sprache primär gewesen seien, vielmehr müsse angenommen werden, daß sie von nichtwillkürlichen abgeleitet seien. Entsprechend der Konzeption Tylors widerspricht die Annahme, daß die Auswahl der Worte zum Ausdruck von Ideen willkürlich sei, dem Wissen, welches wir über den Aufbau der Sprache haben (a.a.O., S. 49ff.).

Ein Zeichensystem, welches den Anforderungen der menschlichen Kommunikation genügt, kann nur aus Zeichen gebildet werden, welche einen konkreten Bezug haben. Hierzu gehören nicht irgendwelche spezifischen grammatikalischen Zeichen, sondern nur die »natürliche Syntax« der Stimulusdominanz. Tylor rekurriert hier auf seine Erfahrungen in den Taubstummenanstalten. Seiner Meinung nach gehörten die von den Zöglingen gebrauchten grammatikalischen Zeichen nicht eigentlich zur Zeichensprache als solcher, vielmehr seien sie durch Lehrer, die sich mit der Sprache näher beschäftigten, adaptiert worden, um Ideen auszudrücken, welche in dem sehr engen Rahmen der natürlichen Grammatik und des Wortschatzes der Taubstummen nicht verwendet wurden. Tylor beobachtete, daß diese grammatikalischen Zeichen wohl gelernt und von den Taubstummen in der Schule gebraucht, in der gewöhnlichen Unterhaltung aber grundsätzlich ignoriert wurden. Tylor erwähnt, daß er in der Gestensprache keine Unterscheidung zwischen dem Adjektiv, dem dazugehörigen Adverb, dem Substantiv und dem Verb finden konnte (a. a. O., S. 11). Als fundamentales Gesetz sieht er jenes an, nach dem der Sprecher das, was ihm am Wichtigsten erscheint, an den Anfang stellt und das, was er für überflüssig ansieht, ausläßt (a. a. O., S. 20).

Als weiteres Ergebnis Tylors läßt sich anführen, daß das Denken nicht notwendig oder gänzlich von der gesprochenen Sprache abhängt, sondern, daß es noch andere Formen und Manifestationen des Denkens gibt. Die Taubstummen sind für ihn ein lebender Beweis gegen das Vorurteil, nach dem man ohne Sprache nicht denken könne (a. a. O., S. 57).

Schließlich stellt Tylor fest, daß mit der menschlichen Natur die Sprache notwendig verbunden ist. Er meint, wenn der Mensch nicht die Möglichkeit habe, die Sprache in einer Gruppe zu erlernen, so werde er eine erfinden, um seinen Gedanken Ausdruck verleihen zu können (a. a. O., S. 12).

Die Frage einer »grammatiklosen Sprache« steht bei Tylor im Mittelpunkt der Überlegungen, die sich harmonisch in das Bild der evolutionistischen Theorie einordnen lassen und daher begeistert aufgenommen wurden. Daß Tylors Schlüsse und Beobachtungen wissenschaftliche Legitimation besitzen, zeigt u. a. Eric Lenneberg, der in ähnlicher Weise wie Tylor über dieses Problem reflektiert; u. a. führt er aus, daß keine angeborene Anlage für eine besondere Sprache, ähnlich wie für eine besondere Form des Verhaltens, existiere (LENNEBERG, 1964, S. 589).

Daß die Frage nach dem Ursprung der Sprache bislang nicht gelöst ist, zeigt sich auch in der modernen Literatur (GE-

SCHWIND, 1964; PENFIELD und RASMUSSEN, 1950; ROBERTS, 1966; CHAUCHARD, 1963; REYNOLDS, 1968). Allerdings hat sich das Schwergewicht von der Ethnologie auf die physische Anthropologie bzw. Biologie verlagert. Für den Ethnologen jedoch ist diese Thematik, der sich die Völkerkunde des Evolutionismus mit fanatischem Eifer zuwandte, eigentlich kein Problem mehr. Für ihn steht die Vielfalt und Strukturiertheit der Sprachen im Vordergrund.

1.9. Historisch-linguistische Studien (die komparative Methode)

Parallel zu den Reflexionen und Interpretationen Tylors etablierte sich eine historische, nicht bloß diffusionistisch orientierte Methode. Die »Linguisten«, wie die Vertreter dieser Methode bezeichnet werden, waren allerdings zunächst nur mit der Analyse und Struktur der indo-germanischen Sprachen beschäftigt. Nachdem wir uns oben schon einen Überblick über ihre Forschungen verschafft haben, werden wir uns nun mit ihrer Methode, dem »Vergleich«, näher auseinandersetzen. Durch den »Vergleich« sprachlicher Merkmale hoffte man nämlich, »Geschichte« rekonstruieren zu können. Man griff daher auf mittelalterliche und antike, also »tote« Sprachen, zurück. Die Vertreter dieser komparativen Linguistik fühlten sich, ähnlich wie Tylor, verpflichtet, empirisch zu arbeiten, um sich so von den evolutionistisch-spekulativen Tendenzen kontrastierend abzusetzen. Die Linguistik arbeitete induktiv, und die Gesetze, die sie herauszuarbeiten suchte, sollten naturwissenschaftlichen Gesetzen adäquat sein.

Bereits im 18. Jahrhundert finden sich linguistische Ansätze bei Sir Williams Jones, der 1786 vor der »Bengal Asiatic Society« behauptete, daß das Sanskrit zu den alten Sprachen, wie Latein und Griechisch, eine große Affinität habe, außerdem nahm er an, daß Keltisch und Gotisch denselben Ursprung wie Sanskrit hätten (JONES, 1788). Jones hatte damit also einen neuen Wissenszweig geschaffen. Rask, Grimm, Bopp, Pott, Schleicher, Fick u. a. arbeiteten seine Konzeptionen weiter aus und bereiteten so die 70er Jahre des vorigen Jahrhunderts vor, welche für die Linguistik »die bedeutendsten zehn Jahre in der Geschichte der modernen Linguistik« werden sollten (WATERMAN, 1963, S. 40). Während dieses Jahrzehnts erschienen die

Arbeiten von Verner, Leskien, Brugmann, Schmidt, Saussure und Paul. Von Interesse waren zunächst Themen, die mit den Regelmäßigkeiten im Sprachwandel zusammenhingen (RASK, 1814; J. GRIMM, 1822). Daneben zeigte sich die Tendenz, eine Organismustheorie der Sprache zu konstruieren, als deren früher Vertreter Franz Bopp (1827) genannt werden kann. Bopp betrachtet die Sprachen als natürliche Organismen, die sich nach den ihnen innewohnenden Lebensprinzipien entfalten und sterben (LOUNSBURY, 1968, S. 176). Ein ähnlicher Gedanke findet sich bei August Schleicher, der in seiner berühmten Arbeit ›Die Darwinsche Theorie und die Sprachwissenschaft‹ (1863/ 1869) die Unabhängigkeit der Sprache vom menschlichen Willen behauptet. Sprachwissenschaft wurde zur Naturwissenschaft, was die Legitimation dazu abgab, die Sprache als Spezies zu definieren und phylogenetische Stammbäume der Sprachen aufzustellen.

1.9.1. Die Rekonstruktion »toter« Sprachen. Die »Junggrammatiker« und der »Stammbaum« der Sprache

Ein Produkt dieses Denkens war eine Konzeption, die nicht nur nach Phylogenien von Sprachen fragte, sondern im wesentlichen die Wortformen »toter« Sprachen zu rekonstruieren versuchte. Diese Intention wurde getragen durch eine Anzahl Leipziger Gelehrter, die unter dem Namen »Junggrammatiker« bekannt wurden. Aus diesem Kreis stachen zunächst A. Leskien und K. Brugmann hervor. Exemplifiziert wird der Geist dieser Bewegung am besten durch die Bemerkung Hermann Pauls, nach der jedes phonetische Gesetz absolut gültig sei und keine Ausnahmen zulasse, ähnlich einem chemischen oder physikalischen Gesetz (1879).

Da eine solche Gesetzmäßigkeit jedoch nicht immer zu beobachten war, erklärte man später, daß Ausnahmen unter bestimmten Umständen möglich seien. So unterschied man zwischen phonetischem und analogem Wandel. Ersterer wurde als physiologisch interpretiert, letzterer als psychologisch. Ersterer läßt sich in Gesetzen ausdrücken, letzterer nicht.

Diese Richtung war aber auch dadurch geprägt, daß sie versuchte, einen »Stammbaum« der indo-germanischen Sprachen zu erstellen. Über die Klassifizierung von Sprachen wollte man zu ihrer Geschichte und der mit ihr verbundenen Kultur kommen. Sogar prähistorische Wanderungen von ganzen Völkern hoffte man auf diesem Wege feststellen zu können.

Johannes Schmidt versuchte 1872, die verschiedenen indogermanischen Sprachen nach ihrem »Verwandtschaftsgrad« zu ordnen. Er untersuchte die Verbindung des Germanischen mit dem Italischen, Keltischen, Balto-Slawischen, Griechischen, Armenischen und Indo-Iranischen. Schließlich stellte er fest, daß die indo-germanischen Sprachen z. T. geographisch verbunden und z. T. isoliert seien. Diese Isoliertheit und die isolierte Entwicklung einer Sprache führte er auf die Abgeschnittenheit einer Dialektgruppe zurück, was er durch Wanderung oder das Dazwischenschieben einer fremden Gruppe erklärte. Im ersten Fall trägt die Entfernung von den übrigen Gruppen des Sprachareals, im zweiten Fall die durch ein meist feindliches Ethnos herbeigeführte Abschneidung der einzelnen Gruppen voneinander zu dem geschilderten Effekt bei. Nach J. Schmidt gibt es allerdings noch eine dritte Möglichkeit: die Dominanz Einfluß ausübender Zentren innerhalb eines Sprachareals, was mit der Höherbewertung eines oder mehrerer Dialekte verbunden ist. Hier wird der Gebrauch eines Dialekts zum sozialen Prestige. Die Übernahme solcher höher bewerteten Dialekte kann, wie Schmidt meint, zum Aussterben lokaler Dialekte führen. Der graduelle Übergang zwischen den Dialekten wird dadurch zum Verschwinden gebracht. Schmidt glaubte, einen solchen Prozeß unter den größeren Zweigen der Indo-Europäischen Sprachfamilie zu sehen. Dies führte ihn dazu, für die Aufgabe von »Sprachstammbäumen« zu plädieren, denn diese würden den historischen Prozessen, die zur »Höherbewertung« von Sprachen führen, nicht gerecht. Natürlich blieb das Konzept Schmidts nicht unwidersprochen, denn man meinte, die Kritik Schmidts hätte paradoxerweise lediglich dazu geführt, das Modell des Stammbaumes zu modifizieren.

1.9.2. Die Weiterführung der komparativen Methodik und der »Stammbaum«-Konzeption

Historische und kulturwissenschaftliche Überlegungen bestimmten in Otto Schraders Buch ›Sprachvergleichung und Urgeschichte‹ (1883) die Methode der Sprachanalyse. Er selbst nannte sein Vorgehen »linguistische Paläologie« bzw. »Paläontologie« und verstand Sprachwissenschaft als Schwesterwissenschaft der Archäologie und Etymologie. Ziel der Reflexionen Schraders war, instrumentell zwischen den Verhaltensformen, Sitten und Institutionen, die die indo-europäischen Völker weitertradierten und denen, die auf Entlehnung oder Innovation zurückzuführen seien, unterscheiden zu können. Die Aspekte, die Schrader in seine Forschungen einbezog, reichen von der Metallurgie, über Waffen, Ackerbau und Kleidung bis zur Familie und Religion. Schrader gab eine Zeitschrift heraus, die er der indo-europäischen linguistischen Ethnographie und Kulturgeschichte widmete und mit dem bezeichnenden Titel ›Wörter und Sachen‹ versah.

In der zweiten Hälfte des vorigen Jahrhunderts wurde das Gebiet der komparativen Linguistik immer stärker erweitert, so versuchte man sich nicht nur mehr am indo-europäischem Modell, sondern nahm auch andere Sprachgebiete in die Reflexion mit hinein. Die semitischen und die malayo-polynesischen, ebenso wie die indianischen und afrikanischen Sprachgebiete fanden nun Aufmerksamkeit. Das aufkommende Interesse an außereuropäischen Sprachgruppen brachte es mit sich, daß die Thematik der Aufsplitterung der Sprachen und implizit das »Stammbaum«-Modell weiterentwickelt wurden. Diese Tendenz zeigt sich in Arbeiten, die Dialekttypen zu analysieren versuchten. Das Resultat waren Sprach-»Ketten« o. ä. Man ging methodisch dabei quantitativ vor und führte verwandte Wortstrukturen auf »basic areas« zurück.

In dieser Tradition steht Morris Swadesh (1950, 1951), der ein System entwickelte, um die Aufteilung einer Sprachfamilie historisch fixieren zu können. Seine Methode geht von der Beobachtung aus, daß offensichtlich Worte eines Basisvokabulars in geringerem Maße sich verändern als man vermuten würde. Swadesh und der unter seinem Einfluß stehende Lees (1953) versuchten, in diesem Sinn die »rate of change« eines Vokabulars in einer bestimmten Zeit herauszuarbeiten. Swadesh stellte zwei Wortlisten auf, welche die am stärksten resistenten Worte enthalten sollten. Diese »glottochronologische« Methode wurde in mehreren amerikanischen linguistischen Textbüchern (GLEASON, 1955a, 1955b; HOCKETT, 1958) ausführlich dargestellt. Einen guten Überblick gibt der Aufsatz Hymes in ›Current Anthropology‹, 1960. Verbesserungen der Listen zum »Basisvokabular« auf Grund der Glottochronologie wurden erarbeitet u. a. in SWADESH, 1955; JOOS, 1964, und MERWE, 1966.

1.10. Die Indianersprachen als Objekt der Feldforschung um 1900

Die Untersuchung indianischer Sprachen bedurfte zum Zwecke der Typologisierung einer eigenen Methode, da diese sich in ihrer Struktur von den europäischen Sprachen wesentlich unterscheiden. Eine solche neue Methode führte John Wesley Powell in seiner Arbeit ›Introduction of the Study of Indian Languages‹ (1880) ein. Sie baut auf den Kriterien »efficiency« und »cumbersomeness« (Schwerfälligkeit) auf. Powell verband typologische Reflexionen mit vergleichender Linguistik, um historische Prozesse beschreiben zu können. Entsprechend dem Zeitgeist war das Denken Powells durch evolutionistische Prämissen, besonders durch die Arbeiten L. H. Morgans, geprägt. Dieses Denken implizierte den Versuch, Sprachen nach ihrem Entwicklungsgrad zu klassifizieren, wobei als Kriterium die »efficiency«, die Leistungsfähigkeit einer Sprache, herangezogen wurde.

Die Anwendbarkeit seiner Kriterien illustriert Powell an folgendem Beispiel: Ein Ponca-Indianer, der ausdrücken wolle, daß ein Mann ein Kaninchen getötet habe, müßte sagen:

Mann, einer lebend, stehend, im Nominativ, tötete vorsätzlich, durch Abschießen eines Pfeils, Kaninchen, es, eins, lebend, sitzend, im Akkusativ.

Die Tatsache – so Powells Argument –, daß der Ponca eine Verbform verwenden müsse, die ausdrücken könne, ob das Töten zufällig oder vorsätzlich unternommen wurde, ob durch Schießen oder eine andere Art des Tötens, ob mit Pfeil und Bogen oder mit dem Gewehr und weiters all dies in Beziehung zum Objekt nach Person, Zahl, Geschlecht und Fall des Objekts, und daß er vielleicht in einem von einer Million Fällen die Gesamtheit des Auszudrückenden in einem einzigen Wort benennen könne, in allen anderen aber die speziellen Modifikationen bedenken müsse – diese Tatsache zeige, wie wenig effizient die Ponca-Sprache sei, verglichen etwa mit dem Englischen, das bei höchster sprachlicher Ökonomie in der Wortlänge fast ohne Modifikationen auskomme. Englisch sei an der obersten Stufe, daher eine besonders hoch entwickelte Sprache (POWELL, 1880, S. 74 ff.).

Vielleicht beeinflußt von Powell äußerte William Dwight

Whitney (1875, 1889) eine ganz ähnliche Ansicht über die indianischen Sprachen, die er mit der chinesischen Sprache vergleicht, die ebenso – was den formalen Ausdruck anbelangt –
»unzulänglich« sei. Der immense Polysyllabismus mache diese
Sprachen schwerfällig und »zeitaufwendig« (WHITNEY, 1875,
S. 261). Diesen Ansichten stimmten viele Linguisten zu, so
André Lefèvre in seinem Buch ›Race and Language‹ (1894), der
Däne Otto Jespersen (1894, 1920, 1922, 1949) u. a. Der Fortschritt einer Sprache wurde also in der morphologischen Sim-
plifikation gesehen.

2. Die klassische Ethnolinguistik

Franz Boas, Edward Sapir und ihre Nachfolger – wie Joseph
Greenberg und Charles Hockett – leiten über zur modernen
Ethnolinguistik. Mit Franz Boas begann ein Bruch in der Inter-
pretation typologischer Sprachdifferenzen, denn er betonte die
Verschiedenheit und ungeheure Mannigfaltigkeit der Sprachen.
Das heißt nun nicht, daß er die alte Methode, die auf der Typologie basierte, verwarf, sondern nur, daß er dem Verschiedenen
sein Hauptaugenmerk widmete.
   Die rein typologischen Sprachanalysen implizierten die Ver-
neinung einer Interdependenz von Sprache und Kultur bzw. die
Auffassung, daß signifikante mentale oder kulturelle Unterschiede mit strukturellen Unterschieden der Sprachen nicht
korrelieren. Auch Boas und sein Schüler Sapir stellten in diesem
Sinn zunächst fest, daß eine direkte Kausalität zwischen Kultur
und Sprache nicht besteht. Damit wollten sie Tendenzen wider-
sprechen, die Sprache wertend mit kulturellen Kategorien verbanden.
   Beide, Boas und Sapir, versuchten jedoch, über eine psychologische Prämisse, nämlich der Suche nach den unbewußten
Hintergründen der Sprache, die die kulturelle Wirklichkeit bestimmen, den früheren Konzeptionen zu begegnen (LOUNS-
BURY, 1968, S. 206). In der Tradition dieser Orientierung steht
Whorf, der mit ziemlicher Konsequenz dieses Vorhaben zu verwirklichen suchte. In den Worten Sapirs drückt sich diese Intention so aus: »We may think of language as the symbolic
guide to culture« (1949, S. 162).

In Konflikt mit Boas kam Sapir, als er versuchte, die Typologieversuche des vorigen Jahrhunderts zu modifizieren und so verändert zu übernehmen (vgl. KARDINER, 1974, S. 155).

Die morphologische Struktur von Sprachen ist nach Sapir einem langwährenden Wandel unterworfen, den er »drift« nennt, der jedoch keiner Gesetzmäßigkeit unterliegt und von Sprache zu Sprache unterschiedlich ist.

Die von Sapir angeschnittene Frage wurde nach 1950 von J. Greenberg und Ch. Hockett weitergetragen, die unabhängig voneinander Indizes aufstellten, mit denen sie die Typologie Sapirs quantifizieren wollten. Damit verband sich wieder die alte Frage, ob mit Quantifizierungen Geschichtsperioden von Sprachen zu erstellen sind.

Lounsbury stellt fest, daß der Eindruck einer gewissen Inkonsistenz in den Arbeiten von Boas und Sapir entstehen könnte, da sie einmal sich als Universalisten geben, die nach den psychologischen Prozessen der Sprachbildung fragen, und das andere Mal als Relativisten, die an den kulturellen Variablen der Sprache interessiert sind. Diese Inkonsistenz ist jedoch nur eine scheinbare, so Lounsbury, da diese Aspekte sich auf denselben Gegenstand beziehen. Denn die Sprache ist sowohl wesentlicher Teil der menschlichen Natur als auch durch den Menschen gestaltbar (LOUNSBURY, 1968, S. 207).

2.1. Sprache und Kultur

Mit Rekurs auf psychologische Faktoren verbindet sich implizit der relativistische Anspruch, fremdes Kulturgut nicht wertend zu taxieren, also Kulturstufe und Sprache nicht in Konnex zu bringen, wie es der Fehler des Evolutionismus war. Wohl auch in diesem Sinn ist der Satz von Boas zu interpretieren, daß das Vorkommen der meisten fundamentalen Begriffe in allen Sprachen als Beweis der Einheit fundamentaler psychologischer Prozesse angesehen werden muß. Demnach erscheint es wohl wert, die ganze Skala sprachlicher Systeme einer Analyse zu unterziehen und nach den Eigenheiten der verschiedenen Gruppenideen der verschiedenen Sprachen als einem wichtigen Charakteristikum in der Geschichte der mentalen Entwicklung der mannigfaltigen Zweige der Menschheit zu suchen (BOAS, 1911b, S. 71). Nach Sapir sind keine zwei Sprachen genügend ähnlich, um dieselbe soziale Realität zu repräsentieren. Denn wir sehen und hören so wie wir es tun, weil die Sprache unserer Gemeinschaft bestimmte Formen der Interpretation des Gesehenen und Gehörten nahelegt (SAPIR, 1949, S. 162). Nach Sapir ist die Sprache ein »Rahmen«, »a complete system of reference« (a. a. O., S. 153).

In den linguistischen Überlegungen von Boas nimmt das Thema der Variabilität der Sprachen einen wesentlichen Platz ein. Die Verschiedenartigkeit der Sprachen führt Boas auf »needs« bzw. auf »utility« zurück, nach denen aus der Vielzahl der phonetischen Elemente die Worte gewählt werden, was jedoch nichts über eine Rangordnung der jeweiligen Sprache aussagt. Wie relevant der psychologische Faktor der Sprache ist, zeigt sich in folgender Feststellung von Boas, in der er von der unbegrenzten Zahl der möglichen Kombinationen der Laute ausgeht:

Die totale Zahl möglicher Kombinationen der phonetischen Elemente ist unbeschränkt; aber nur eine begrenzte Zahl wird herangezogen, um Ideen damit auszudrücken. Dies besagt, daß die gesamte Zahl der Ideen, die durch bestimmte phonetische Gruppen ausgedrückt sind, begrenzt ist (Boas nennt diese phonetischen Gruppen »word stems«). Da nun der ganze Bereich menschlicher Erfahrung unendlich variabel ist und da dieser durch eine beschränkte Zahl von phonetischen Gruppen ausgedrückt werden muß, ist es offensichtlich, daß eine Klassifikation der Erfahrungen der Sprache unterliegt. Dies stimmt mit der fundamentalen Struktur des menschlichen Denkens überein. Obwohl in unserer aktuellen Erfahrung keine zwei Eindrücke oder emotionalen Zustände identisch sind, klassifizieren wir sie nichtsdestotrotz eben entsprechend ihrer Ähnlichkeit in weitere oder engere Bereiche. Daher erscheinen uns verschiedene individuelle Erfahrungen als Repräsentanten derselben gedanklichen Kategorie (BOAS, 1911a, S. 142f.).

Über die Relativität der sprachlichen Klassifikation schreibt Franz Boas: »Es scheint bei diesem Punkt unserer Betrachtungen wichtig, die Tatsache zu betonen, daß die durch bestimmte phonetische Gruppen ausgedrückten Ideen in den verschiedenen Sprachen Differenzen aufweisen. Sie gehen keineswegs mit denselben Prinzipien der Klassifikation konform« (a. a. O., S. 145).

Die den »primitiven« Sprachen vorgeworfenen Mängel, wie das fehlende Vermögen, zu generalisieren, oder die Unbestimmbarkeit der Töne, versucht Boas, auf die Vorstellung des Beobachters zu reduzieren. So zeigt er, daß das Fehlen von Termini für bestimmte generelle Begriffe nicht auf die Unfähigkeit primitiver Ethnien zurückführbar ist, sondern bloß mit den Fragestellungen von seiten der Forscher zusammenhängt. Ebenso ist das den »primitiven« Sprachen vorgeworfene Merkmal der »holophrase« eine Sache der Relativität. Denn man könnte auch in unserer Sprache eine Menge Ausdrücke als »holophrastisch« definieren im Vergleich zu anderen Sprachen.

Boas und sein Schüler Sapir betonen, daß der Typus einer Sprache in keiner Weise mit rassischen Kategorien verknüpft werden kann. Weiters wenden sich beide gegen die Auffassung, daß grammatikalische und phonetische Strukturen der Sprachen von der Umgebung abhängig sind (vgl. Einleitung zum ›Handbook of American Indian Languages‹, BOAS, 1911). Sapir schränkt allerdings ein, wenn er zumindest den Inhalt des Vokabulars als von der Umgebung abhängig ansieht. Außerdem meint Sapir, daß die Sprache sich langsamer ändere als andere Kulturelemente, was zur Folge habe, daß die Sprache mit der Zeit aufhöre, die einzelnen Formen der Kultur zu symbolisieren (SAPIR, 1949, S. 154). Boas meint, daß historische Einflüsse sich auf die Sprache in einem höheren Maße auswirken als z. B. die geographische Umwelt (BOAS, 1911 b, S. 56). Hinsichtlich der diffusionistischen Methode in der Ethnolinguistik vertraten beide Autoren den Standpunkt, daß der Einfluß von Sprachen aufeinander relativ gering sei (LOUNSBURY, 1968, S. 213).

2.2. Die unbewußte Natur der Sprachmuster

Beide, Sapir und Boas, betonten des öfteren die unbewußte Natur der Sprachmuster, was die Sprache deutlich von anderen Kulturelementen unterscheide. Boas schreibt: »Wenn die Phänomene der menschlichen Sprache ein Subjekt für sich sind, so ist dies vielleicht auf die Tatsache zurückzuführen, daß die Gesetze der Sprache gänzlich dem Sprechenden unbekannt bleiben und daß linguistische Phänomene sich niemals im Bewußtsein primitiver Menschen manifestieren, während die anderen ethnologischen Phänomene mehr oder weniger klare Subjekte des bewußten Denkens sind« (BOAS, 1911 b, S. 63). Sapirs Überlegungen, die an Boas' anknüpfen, beziehen sich auf das Verhältnis von Sprache und Erfahrung. Für ihn ist die Sprache nicht bloß ein mehr oder weniger systematisches Inventar verschiedener Items der Erfahrung, welche den Individuen als relevant erscheinen, wie es so oft naiv vermutet wurde, sondern sie ist vor allem eine in sich abgeschlossene, kreative symbolische Organisation, welche sich nicht nur auf die Erfahrung bezieht, die ohne ihre Hilfe erworben wurde, sondern welche die Erfahrung für uns definiert. Kategorien wie Geschlecht, Fall, Zeit usw. sind wohl letzten Endes aus der Erfahrung ableitbar, aber einmal abstrahiert von der Erfahrung, sind sie systematisch in die Sprache eingegliedert und von der Erfahrung her nicht mehr so ohne weiteres zu »entdecken« (SAPIR, 1931, S. 578).

2.3. Benjamin Lee Whorf

Ein Schüler Sapirs war Benjamin Lee Whorf. Auch er war an den Problemen der Indianersprachen interessiert. Seine erste Forschungsreise brachte ihn zu den Nahuatl-Indianern. Im Jahr 1932 begann Whorf mit dem Studium der Hopi-Indianer in Arizona. Whorfs erste Arbeiten standen unter dem Einfluß Sapirs, der Whorf in ethnologischer und linguistischer Hinsicht anleitete. Whorfs Hauptprämisse war, daß zwischen Sprache und Denken eine enge Relation bestehe, daß also das Denken von sprachlichen Mustern notwendig abhänge. Er wollte die semantische Struktur der Sprache, die hinter den manifesten und »phänotypischen« Kategorien verborgen sei, entdecken (WHORF, 1956).

Sein Forschungsinteresse galt der Beziehung von Sprache und Sprecher, d.h. der Bestimmung der Handlungen und Gedanken des Sprechers durch die Sprache. Er steht hier auch in der Tradition von Humboldt, der die Sprache nicht nur als bloßes Verständigungsmittel betrachtete, sondern sie auch mit dem hinter ihr stehenden Weltbild verbindet. Die Theorie Whorfs, die sogenannte »Metalinguistic«, ist der »General Semantic« verwandt, nach der die Sprache ein vorgegebenes Schema ist, durch das der Mensch die Wirklichkeit immer schon in einer bestimmten Anordnung und Gliederung sieht (vgl. HELBIG, 1974, S. 149). Für Whorf haben Menschen, die verschiedene Sprachen sprechen, auch ein verschiedenes Weltbild. Die Sprache bestimmt die Gedanken und determiniert die Art, wie die Wirklichkeit gesehen wird. Die Natur und die Gegenstände unserer Erfahrung werden demnach je nach Sprache verschieden aufgefaßt. Sprache ist »not merely a reproducing instrument for voicing ideas but rather is itself the shaper of ideas, the program and guide for the individual's mental activity« (WHORF, 1964, S. 62). Kritisch wird zu Whorfs Theorie eingewandt, daß er die Rolle der Sprache in der Gesellschaft überschätzt habe (vgl. HELBIG, 1974, S. 150f.) Whorfs Konzeption kann als amerikanische Parallele zur deutschen Sprachinhaltsforschung angesehen werden, wie sie L. Weisgerber konstituiert hat (siehe dazu Näheres bei WEISGERBER, 1962 u. 1963). Beide gelangen zu einer Überbewertung der Sprache und zu einer Ausweitung der Sprachwissenschaft zur Sprachphilosophie und Sprachpolitik (vgl. NEUBERT, 1962, S. 123ff.). In der berühmten und viel zitierten, aber auch umstrittenen »Sapir-Whorf-Hypothese« wird die vollständige Determination der Wirklichkeitserfassung durch die Sprache behauptet.

Die Richtigkeit dieser Hypothese hat Whorf an der Hopi-Indianersprache zu zeigen versucht, die Zeitabläufe und Vorgänge völlig anders als europäische Sprachen ausdrückt.

2.4. Bloomfields behavioristischer Ansatz

Das in die Diskussion gebrachte psychologische Moment hob die »Bedeutung« (meaning) sprachlicher Elemente hervor. Damit widersprach man all denjenigen Tendenzen, die da meinten, das »meaning« sei zu komplex und nicht festzustellen.

Obwohl die nun folgende Entwicklung der Ethnolinguistik ganz konträr zu der Richtung, die Whorf angezeigt hat, zu gehen schien, waren es doch die Methoden und die Instrumente Whorfs, die den Anthropologen bei ihren Forschungen halfen. Es blieb die Vorstellung und das Postulat, daß eine adäquate Beschreibung einer Sprache »in its own terms« letztlich die unbewußten Gedankenmuster ihrer Sprecher am ehesten wiedergeben kann, was der vielleicht einzige Führer zu einer »organization of meaning« sei.

Auf psychologische Prämissen, die des Behaviorismus, berief sich Bloomfield, ein großer Feldforscher, der die Sprachen der Algonkin-Indianer und der Filipinos untersuchte. Die behavioristische Psychologie schließt die Vorgänge des menschlichen Bewußtseins aus der Betrachtung aus und beschränkt sich allein auf das, was in der unmittelbaren Erfahrung gegeben und der direkten Beobachtung zugänglich ist. Sprache ist für Bloomfield eine spezielle Form des Verhaltens, die aus dem Zusammenhang von Stimulus und Reaktion zu erklären ist (vgl. BLOOMFIELD, 1955, S. 24). Die Sprache dient der Kommunikation, sie ermöglicht demnach einer Person, zu reagieren, wenn von einer anderen ein Stimulus ausgeht (a.a.O.). Sie ist eigentlich eine Ersatzreaktion und ein Ersatzstimulus in einer unendlichen Reihe von Reizen und Reaktionen, eine Brücke zwischen den Reizen des Sprechers und den Reaktionen des Hörers. Jede wissenschaftliche Feststellung den Sprachprozeß betreffend soll demnach »in physical terms« getroffen werden; er sei »mechanistisch« zu erklären und nicht »mentalistisch; wissenschaftlich, nicht philosophisch; bedeutsam, nicht leer« (HELBIG, 1974, S. 74f.). Der Gegenstand der linguistischen Reflexion ist für Bloomfield nur der eigentliche Sprechakt, der allein aus akustischen Erscheinungen besteht. Die zu diesen akustischen Erscheinungen gehörenden Bedeutungen sind die entsprechenden Stimulus- und Reaktionselemente, die aber außersprachlich und deshalb der Linguistik nicht direkt zugänglich sind. Die Linguistik hat daher mit der Phonetik zu beginnen und nicht mit der »Bedeutung« (meaning). Das »meaning« hat also grundsätzlich keinen Platz in der Linguistik (BLOOMFIELD, 1955, 74f., 139f.). Bloomfield und die in seiner Tradition stehende Linguistik, die stark auf den amerikanischen Strukturalismus einwirkte, läßt sich als Reaktion gegen philosophische und semantische Theorien innerhalb der Sprachwissenschaften interpretieren.

Das von Bloomfield aufgeworfene »meaning«-Problem wurde in den USA zweifach weitertradiert. Einmal durch eine Richtung, die durch Fries vertreten wird, und zum zweiten durch eine Gruppe, der Chomsky, Harris und Lees zugehörten.

In der Ethnolinguistik bestand besonders nach dem zweiten Weltkrieg großes Interesse an semantischen Fragen (GOODENOUGH, 1951; CONKLIN, 1962; FRAKE, 1961, 1962).

Die modernen »anthropologisch«-linguistischen Arbeiten widmen sich dem Studium des »meaning« von einer mehr kulturell bezogenen lexikalischen Seite her. Für die ethnolinguistischen Feldforschungen waren dabei zunächst die Vokabularien interessant, die die Verwandtschaft betrafen. Die erste konkrete Arbeit auf diesem Gebiet war wohl Goodenoughs ›Property, Kin and Community on Trek‹. Diese Methode, die unter dem Namen »Komponentenanalyse« (s.u.) bekannt wurde, versuchte zu erfassen, wie die Angehörigen einer Kultur deren Dinge definieren.

Dieser kurze Hinweis möge genügen, die Problematik des »meaning« in der Ethnolinguistik zu skizzieren. Die Bloomfield-Schule mit ihrer behavioristischen, deskriptiven Ausrichtung fand kaum Anhänger unter den Ethnographen, die ja mehr an kulturellen Inhalten interessiert waren. Damit wird die Konzeption von Boas und Sapir, die in Whorf einen großartigen Nachfolger hatten, weitertradiert.

Eine diesen Intentionen entsprechende Richtung, die ebenso die Sprache nicht als formales System definiert, sondern sie als Teil des sozialen Systems begreift, entwickelte sich in England und ist mit den Namen Malinowski und Firth eng verbunden. »Meaning« wird hier zur Funktion. Bevor wir auf die Komponentenanalyse und ähnliche Methoden eingehen, soll die für die Feldforschung relevante Kategorie des »context of situation« reflektiert werden.

3. Die Sprache als Instrument der Feldforschung

Mit Malinowski beginnt sich die Ansicht durchzusetzen, daß es unumgänglich sei, die Sprache des zu studierenden Ethnos zu kennen. Damit kommt es zu einer Neuorientierung der Ethnologie, die in den Zeiten des Evolutionismus bzw. Diffusionismus mehr spekulativ und deduktiv ausgerichtet war. Eng mit letzteren Forschungsstrategien hing zusammen, daß man mit festen Definitionen an die Einrichtungen und Verhaltensmuster fremder Ethnien heranging, ohne sich darüber klar zu sein, daß die Mannigfaltigkeit an Phänomenen nicht einfach in die herangetragenen Begriffe zu pressen war. Die ersten Feldforscher haben allenfalls gezeigt, wie der Ethnologe bzw. Kulturanthropologe über eine Kultur denkt, nicht aber, wie der Angehörige einer Kultur über diese denkt und sie organisiert (vgl. dazu BEATTIE, 1964a, S. 31). Die Fähigkeit, sich in einer fremden Sprache zu bewegen, muß demnach wesentliche Voraussetzung der Feldforschung sein (vgl. FORTES, 1945, S. XII).

Diese auf die Ethnographie bezogenen Postulate bewirkten aber auch, daß der Ethnograph sich mit den Prinzipien der deskriptiven Linguistik auseinandersetzte, ohne jedoch dadurch wirklich zum Kern des zu Erforschenden vorstoßen zu können, denn über ein »look, listen, and say« kam man kaum hinaus (ARDENER, 1971, S. XVI). Ardener meint, daß diese Entwicklung auf Malinowskis »context of situation« zurückgehe, der jedoch zunächst in einer ungenügenden Weise beachtet wurde. Die Lehre vom »context of situation« war bestimmend für die Entwicklung der Linguistik in Großbritannien.

3.1. Der »context of situation«

Malinowski zog seine Schlüsse aus dem Studium ozeanischer und australischer Sprachen. Die Sprache war für ihn eine soziale Handlung und nicht ein »countersign of thought«; denn die einzelnen sprachlichen Äußerungen würden innerhalb des »context of situation« produziert und verstanden, weshalb bei Sprachanalysen die personellen, kulturellen, historischen und physikalischen Hintergründe, vor welchen die Äußerungen getan wurden, zu berücksichtigen seien. Die Bedeutungen (meanings) der Sätze und Wörter seien erst aus diesem Zusammenhang heraus verstehbar. Daraus ergibt sich nach Malinowski, daß die Bedeutung von Sätzen und Worten nicht universal sein könne, sondern daß sie kulturell bestimmt seien.

Diese Konzeption Malinowskis wurde von J. R. Firth übernommen, dessen Interesse allerdings weniger ethnographischer als vielmehr theoretisch-linguistischer Natur war. Er betont das Dynamische eines für die Linguistik notwendigen physiologischen Funktionsbegriffs, mit dem man allein das Funktionieren der Sprache adäquat beschreiben könne.

Die »Bedeutung« (meaning) einer linguistischen Einheit ergibt sich nach Firth aus »situational relations in a context of situation«. Er identifiziert »meaning« und »function« und erläutert beide als Gebrauch einer Sprachform »in relation to some context of situation«, als »complex of contextual relations«. Die grammatisch beschreibbaren Ebenen eines solchen »Komplexes von Kontextbeziehungen« sind die phonetische, lexikalische, morphologische, syntaktische und die semantische Funktion; die Bedeutung eines Wortes, Satzes oder einer anderen linguistischen Form ist »the whole complex of functions which a linguistic form may have« (FIRTH, 1958, S. 20ff., 26f., 32f.; HELBIG, 1974, S. 111).

Firth fand viele Schüler. In seiner Arbeit ›Language of Buying and Selling in Cyrenaica‹ (1957) reflektiert Mitchell im Stile Firth' die verschiedenen Redeweisen beim Kauf und Verkauf von Getreide, die sich nach dem Fortgang der Verkaufsverhandlung richten.

3.2. Kritik an Malinowski und Firth

Kritischen Überlegungen wurde die Methode Malinowskis und Firths von einigen Autoren unterzogen, die vor allem von einer lexikalisch-semantischen Position her kommen.

In einem 1966 von Bazell u. a. herausgegebenen Band, der J. R. Firth gewidmet ist, hinterfrägt J. Lyons die »context of situation theory of meaning«. Er konzediert Firth zwar, daß eine Äußerung für eine bestimmte Situation von Bedeutung sein könne, er meint jedoch, daß Firth es nicht gelungen sei, eine Theorie des »meaning« zu entwickeln, die die lexikale Bedeutung der einzelnen Wörter, wie sie von ihren Sprechern internalisiert worden sei, erfasse (ROBINS, 1971, S. 39).

In ihrer Arbeit ›An Integrated Theory of Linguistic Descriptions‹ kritisieren Katz und Postal die Theorie des »context of situation«, indem sie feststellen, daß die Wortbedeutungen Kombinationen von »atomaren begrifflichen Elementen« seien. So könne das Wort »bachelor« sich auf »male, adult, unmarried« oder »possessing a first degree« beziehen. Normalerweise enthalte ein sich auf dieses Wort beziehender Satz eine bestimmte Kombination von Worten, um Zweideutigkeiten zu verhindern (z. B. »er ist ein ›bachelor of Oxford‹«).

Diese auf Katz und Postal zurückgehende Konzeption fand viele Anhänger. So kritisierte der Chomsky-Schüler D. T. Langendoen (1968), von Katz und Postal ausgehend, die Theorie vom »context of situation« (siehe dazu näher ROBINS, 1971, S. 41 ff.). Grundsätzlich läßt sich jedoch feststellen, daß die Konzeptionen von Malinowski und Firth für die Ethnographie und Linguistik von hohem Wert waren und sind, auch wenn Probleme bezüglich des Erfassens des »meaning« durch den Feldforscher existieren mögen. Nach Malinowski ist es vielleicht die vornehmste Pflicht des Forschers, Standpunkt und Perspektive des Angehörigen einer fremden Kultur zu erfassen. Das heißt, daß er von den konkreten Ergebnissen aus, die fundamentalen Denkvoraussetzungen der Angehörigen einer frem-

den Kultur, die ihnen – da sie als selbstverständlich erscheinen –
nicht bewußt sind, rekonstruieren müsse (MALINOWSKI, 1950,
S. 396).

Malinowski wird hier zum Vorläufer der Ethnoscience, wie
sie von Sturtevant als die »neue Ethnographie« verkündet worden ist (1964). Die nächsten Kapitel sollen daher die Thematik
des »Verstehens« fremder Kulturaktivitäten im Kontext der
Sprache umreißen.

4. Ethnoscience. Die Erforschung »kognitiver Systeme«

Gerade wegen ihrer Bedeutung für die Feldforschung ist es angebracht, näher auf Methoden einzugehen, die, in der Tradition
von Malinowski und Firth stehend, zur Diskussion um das
Verstehen fremder sprachlicher Formen Wesentliches beigetragen haben.

W. Goodenough hat darauf hingewiesen, daß es die Aufgabe
des Ethnologen sei, die Perspektive des Angehörigen einer Kultur zu erfassen:

> Die Kultur einer Gesellschaft besteht aus allem, was man
> wissen oder glauben muß, um in einer Weise handeln zu
> können, die von den Angehörigen der Kultur akzeptiert
> wird – und zwar in jeder Rolle, die für jeden der Kulturange-
> hörigen akzeptiert wird ... Es geht um die Ordnung der
> Dinge in den Köpfen der Menschen, um die Modelle der
> Wahrnehmung und der Deutung, die von ihnen gehandhabt
> werden ... Die ethnographische Beschreibung benötigt daher
> Methoden, mit Hilfe derer beobachtete Erscheinungen so be-
> handelt werden können, daß wir auf induktive Weise eine
> Theorie entwickeln können darüber, wie unsere Informanten
> die in Rede stehenden Erscheinungen organisiert und kon-
> struiert haben. Es ist die Theorie, nicht die Erscheinung al-
> lein, die in der ethnographischen Beschreibung abgebildet
> werden soll (GOODENOUGH, 1957, zit. in: PSATHAS, 1973,
> S. 265).

Die Aufgabe des modernen Ethnolinguisten soll demnach darin
bestehen, aus der Perspektive des sprechenden Angehörigen eines zu erforschenden Ethnos, Ereignisse zu beschreiben, mit

dem Ziel, herauszufinden, auf welche Weise die Angehörigen einer Kultur ihre Lebenswelt organisieren. Eine der Methoden, die diese gestellte Aufgabe leisten will, wird als »Komponentenanalyse« bezeichnet, auf die nun wegen ihrer heutigen Aktualität näher eingegangen werden soll.

4.1. Die Komponentenanalyse

Die Komponentenanalyse beschäftigt sich mit den Beziehungen zwischen den Kategorien einer Sprache und Objekten, den Begriffsinhalten oder Ereignissen, den »Dingen« in der wirklichen Welt (PSATHAS, 1973, S. 265). Diese eher reduktionistisch wirkende Definition ist typisch für das Frühstadium der »Ethnoscience«, als Kulturanthropologen, wie Goodenough, Lounsbury und Conklin, sich das Problem stellten, terminologisch hochstrukturierte Wissensbereiche, deren sprachliche Kategorien unmittelbare physische Beziehungen aufweisen, in ihre sprachlichen Merkmalsdimensionen (Komponenten) zu zerlegen: insbesondere die terminologischen Domänen der Farben, der Pflanzenwelt und der Verwandtschaft (CONKLIN, 1964, 1968; GOODENOUGH, 1956; LOUNSBURY, 1956). Der Forscher bemüht sich also, jene Komponenten oder konzeptuellen Prinzipien aufzuspüren, die dem Prozeß zugrunde liegen, in dem Bezeichnungen oder Namen gebraucht werden, um Dinge zu ordnen und zu klassifizieren. Sind diese Prinzipien entdeckt, kann der Forscher ein »kulturell angemessenes Verhalten« rekonstruieren; denn er hat nun die Perspektive des in die Kultur Hineingeborenen erfaßt. Zugleich hat er aufgedeckt, welche Komponenten für die Zugehörigkeit der untersuchten Kultur signifikant und relevant sind (PSATHAS, a.a.O., S. 266).

Mit Hilfe der Komponentenanalyse werden »kognitive Systeme« untersucht, d.h. Erscheinungen, die einander kategorial zugeordnet sind wie z.B. Verwandtschaftssysteme, botanische Taxonomien usw. Dies ist der Versuch, die das Verhalten organisierenden Prinzipien zu verstehen. Man geht davon aus, daß jedes Ethnos ein einmaliges System hat, um materielle Phänomene, Dinge, Ereignisse, Verhaltensformen und Gefühle, zu begreifen und zu organisieren. Es sind daher nicht diese materiellen Systeme selbst, sondern die Art, in der sie in den Köpfen der Menschen organisiert werden, Gegenstand einer kognitiven Ethnologie. Die Kulturen werden in diesem Sinn nicht als materiale Phänomene, sondern als kognitive Organisationen materieller Phänomene aufgefaßt. Die kognitive Ethnologie hat daher zwei Fragen zu beantworten: welche »materiellen« Phänomene sind für ein Ethnos signifikant bzw. wie werden sie von diesem Ethnos organisiert.

So z.B. differenzieren wir mehrere Arten des Schnees, der Afrikaner kennt nur eine Art, da ihm eine Unterscheidung nicht signifikant erscheint; im Gegensatz zu uns, die wir Unterschiede treffen müssen, um uns entsprechend einstellen zu können. Dies ist nicht nur zwischen Kulturen so, es kann auch innerhalb einer Kultur zu diesen Unterschieden kommen (der Städter kennt vielleicht nur zwei Typen von Schnee: Schnee und Matsch, der Bergbauer viele: Harsch, Firn, Pulverschnee ...). Goodenough beschäftigte sich so mit den Unterschieden zwischen den Schichten einer Kultur.

Der kognitiven Seite der semantischen Beziehung zwischen Zeichen und Objekt steht das terminologische System der gesprochenen Sprache gegenüber. Die Beziehung zwischen dem terminologischen System (wie man über die Welt spricht) und dem kognitiven System (wie man die Welt erfährt), wird in der Weise untersucht, daß man den Informanten Unterscheidungen zwischen einer Mehrzahl von vorgegebenen Stimuli treffen läßt. Daran anschließend veranlaßt man ihn, die unterschiedenen »Dinge« zu benennen. Dadurch wird dem Forscher Einsicht darein vermittelt, wie der Informant seine Umwelt auslegt und ordnet. D.h. also, daß zunächst das terminologische System herauszuarbeiten ist. Dabei legt man dem Informanten eine Art Fragebogen (substitution frame) vor, der ein einfaches Antworten zuläßt (z.B.: Diese Farbe wird ... genannt). Gleichzeitig konfrontiert man den Informanten mit einer Farbtafel. Diese Phase dient einmal dazu, Bezeichnungen festzuhalten, aber auch dazu, durch dieses Vorgehen des »controlled eliciting« den Forscher in die zu untersuchende Kultur zu integrieren. Das einfachste Vorgehen dabei ist, auf einen Gegenstand zu zeigen und zu fragen: Was ist das? Dann zeigt man auf einen ähnlichen Gegenstand und frägt weiter (z.B. Was ist das? Das ist eine Stute. Was ist das? Das ist ein Hengst. Ist der Hengst eine Unterart der Stute. Nein, er ist eine Art des Pferdes usw.).

In der nächsten Phase geht es um die Klassifizierung der Bezeichnungen in einer Taxonomie von Subkategorien. Taxonomien bestehen aus Segregaten (segregates) und Gegensatzordnungen (contrast sets). Ein Segregat ist ein terminologisch ausgewiesener Objektbereich; eine Gegensatzordnung ist eine Reihe von terminologisch entgegengesetzten Segregaten. Z. B. ist jede Farbbezeichnung wie etwa »hellrot« oder »rötlich-orange« ein Segregat, weil jede eine Kategorie darstellt, die verschiedene besondere Arten von »hellrot« oder »rötlich-orange« einschließt. Gegensatzordnungen sind dagegen Bezeichnungen wie »rot«, »grün«, »blau« usw.; jede von ihnen enthält eine Reihe von Segregaten, die sich aus besonderen Farbstimuli zusammensetzen, die in der gleichen Weise benannt und wahrgenommen werden. Auch eine Taxonomie wird mit Hilfe von Einsetzungsrahmen erhoben (PSATHAS, a. a. O.). Die durch das »controlled eliciting« provozierten Antworten werden als »semantic domain« (so TYLER, 1969) festgehalten.

Im Gegensatz zu früheren Arbeiten, in denen man sich hauptsächlich auf die Verwandtschaft konzentriert hatte, stehen heute so ziemlich alle Gegenstände des täglichen Lebens im Blickpunkt der Forschung. Dies mag mit der Erkenntnis zusammenhängen, daß auch in alltäglichen Dingen die Vorstellungen zwischen uns und den zu untersuchenden Ethnien deutlich differieren.

In manchen früheren Feldforschungsberichten wurde den »Primitiven«, mehr oder weniger abwertend, ein fehlendes Abstraktionsvermögen aufdefiniert. So berichtet Jespersen, daß ein bestimmter Indianerstamm kein Wort für Papagei besitze, wohl aber Worte für Papageienarten (1934, S. 428 ff.). Jespersen übersieht dabei, daß es keinen notwendigen Grund dafür gibt, wonach ein brasilianischer Indianer gerade jene Attribute beachten sollte, die wir Europäer für die einzelnen Organismen verwenden. Es kommt vielmehr darauf an, zu wissen, wie der Indianer die Objekte zusammenfaßt und welche Attribute er als Dimension auswählt, um eine Taxonomie der Vogelwelt zu entwickeln. Wenn wir ein vergleichbares Wissen von ihren Begriffen für Landtiere, Pflanzen, Böden, Wetter, soziale Beziehungen, Persönlichkeitsmerkmale und übernatürliche Dinge gewinnen, haben wir zumindest eine skizzenhafte Karte von der Welt aus der Sicht dieses Stammes. Eine Analyse terminologischer Systeme einer Kultur kann natürlich nicht erschöpfend die Wissensstrukturen ihrer Mitglieder enthüllen, aber sie wird sicher einen zentralen Teil erfassen. Denn kulturell bedeutsame Wissensinhalte müssen zwischen Personen in einem der standardisierten Symbolsysteme der Kultur kommunizierbar sein. Das Vehikel dazu ist die Sprache (FRAKE, 1973, S. 324 ff.; BROWN,

1958, S. 235 ff.; BROWN und LENNEBERG, 1954). Es ist wahrscheinlich, daß jene Wissensinhalte, die am häufigsten kommuniziert werden, meist standardisiert sind und relativ kurze sprachliche Bezeichnungen haben. (Es ist einfacher zu sagen: »Haus«, als umständlich: »Gebilde aus Mauer und einem Dach«). Der Ausgangspunkt für die Erfassung des kognitiven Systems ist nun, den semantischen Gebrauch von standardisierten, leicht provozierbaren sprachlichen Reaktionen – oder Termini – zunächst einmal zu studieren. An das schließt sich die Segmentierung des Verhaltens in der Weise an, daß kulturell signifikante Laute und Bewegungen kodiert werden. Dieses Verfahren nennt sich »deskriptive Linguistik« (FRAKE, 1973), die den Sprachfluß in Einheiten zerlegt, welche für die Struktur der Sprache des Sprechenden relevant sind. Frake geht davon aus, daß jede sprachliche Reaktion, die sich in die Phonologie und in die Grammatik einer Sprache einfügt, notwendigerweise eine kulturell signifikante Verhaltenseinheit ist. Frake zeigt die Schritte dieser »semantischen Analyse« kulturell bedeutungsvollen Verhaltens in seinem Aufsatz ›Die ethnographische Erforschung kognitiver Systeme‹ (1973). Diese Schritte sind durch die Erstellung von Segregaten, »Contrast-sets« und Taxonomien gekennzeichnet (s. o.). Ein Beispiel, das Frake bringt (a. a. O., S. 327), soll den Begriff des »Segregates« deutlich machen:

»Was möchtest Du haben, Hans? Etwas zu essen?« »Ja, welche Sandwiches habt ihr denn außer ›Hamburger‹ und ›Hot Dogs‹?« »Wie wäre es mit einem Schinken- und Käse-Sandwich?« »Ach nein, ich denke, ich werde einmal einen ›Hamburger‹ nehmen?« Dem Gast wird ein Sandwich gebracht, worauf er kritisiert: »He, das ist kein ›Hamburger‹, das ist ein ›Cheeseburger‹!«

Das Untersuchungsproblem besteht darin, die sprachlichen Ausdrücke zu isolieren und aufeinander zu beziehen, wie es ihrem Gebrauch für die Benennung von Speisen entspricht. Die Begriffe »Hamburger«, »Hot Dog«, »Schinken-«, Käse-Sandwich« und »Cheeseburger« bezeichnen die Auswahlmöglichkeiten. Der Gast, der sich für eine Alternative entschieden hat, muß sich überzeugen, ob er das Bestellte bekommen hat, ob also das vorgesetzte Etwas auch den Kriterien genügt, damit es ein Mitglied des von ihm bezeichneten Segregates ist. Die Bedienung muß sich entsprechend dem gewünschten Segregat verhalten.

Der Forscher, der sich in einer ähnlichen Situation befindet, hat die gefundenen Ausdrücke in weiteren Sprechsituationen zu überprüfen und abzusichern, indem er weitere Äußerungen provoziert, die er an Hand der Daten gewonnen hat. Dazu sind auch die nichtsprachlichen Bestandteile der Situation zu beobachten. Hier an unserem Beispiel die Entsprechung zwischen den beim Bestellten benutzten Termini und den gebrachten Speisen.

Die Bestimmung eines Terminus erfordert die gründliche Analyse der unterscheidenden Bedeutungsmerkmale und der Konstituenten (GOODENOUGH, 1956; LOUNSBURY, 1956). Dies ist allerdings erst möglich, wenn der Terminus als Segregat erfaßt ist, zusammen mit solchen »contrast-sets«, die für seinen Gebrauch relevant sind. Trifft jemand eine Entscheidung über die Kategorie eines Objekts, indem er ihm einen Namen gibt, dann hat er einen Terminus aus einem Sack von Alternativen ausgewählt, denen je eine klassifikatorische Bedeutung zukommt. Wenn er behauptet: »Dies ist ein Hamburger«, dann behauptet er zugleich, daß dieses nicht ein anderes Ding ist. Ein Objekt das einem Segregat zugesprochen ist, kann nicht zugleich zu einem anderen Segregat gehören.

Eine Serie terminologisch kontrastierender Segregate bilden ein »contrast set«. »Regenbogen« und »Hamburger« schließen sich gegenseitig aus. Aber wenn ich »Hamburger« klassifizieren will, so muß ich auch etwas über »Hot Dog« wissen. Einige Segregate schließen eine größere Menge von Objekten ein als andere und werden selbst durch Gegensatzordnungen unterteilt. Es ist der Gebrauch der Termini und nicht ihre linguistische Struktur, der den Beleg für den Klasseneinschluß liefert (z.B. das Segregat »Torte« in das Segregat »etwas zu essen«). »Eistorte« kann nicht in der Kategorie Torte enthalten sein, weil ein Objekt »Eistorte« keine Torte ist, sondern Speiseeis. Man kann daher von der morphologischen und syntaktischen Analyse aus nicht direkt auf kognitive Beziehungen schließen.

Segregate aus verschiedenen Gegensatzordnungen können zueinander in Implikationsbeziehungen stehen. Ein solcherart aufeinander bezogenes System von Gegensatzanordnungen ist eine Taxonomie (CONKLIN, 1962; GREGG, 1954; WOODGER, 1952). Taxonomien machen die Regulierung der Informationsmenge möglich, die in einer gegebenen Situation über ein Objekt ausgetauscht wird (z. B. »Gib mir etwas zu essen« oder »Gib mir einen Kuchen«). Sie sorgen für eine hierarchische Anordnung von Kategorien und bieten ein wirkungsvolles Programm zur Identifikation, zum Speichern und Wiedergewinnen von signifikanter Information (HERDAN, 1960, S. 210 ff.). Der Gebrauch taxonomischer Systeme ist ein fundamentales Prinzip menschlichen Denkens. Es hängt von der Vielfalt der kulturellen Muster ab, innerhalb derer man über die zu klassifizierenden Objekte spricht (FRAKE, 1961, S. 121 f.), von der Bedeutung der Objekte für die Lebensweise der Klassifizierenden (BROWN, 1958; NIDA, 1958) und von grundsätzlichen Eigenschaften des menschlichen Denkens (MILLER, 1956; YNGVE, 1960).

Um den Gebrauch taxonomischer Strukturen zu beschreiben und ihre Verhaltenskorrelate herauszuarbeiten, muß der Befund komplementärer Benennungen durch Beobachtungen jener soziolinguistischen Kontexte unterstützt werden, die Kontraste auf bestimmten Ebenen erforderlich machen. Man könnte z. B. dafür Objekte zur Auswahl stellen, deren Segregate auf unterschiedlichen Ebenen kontrastieren, und dann den Informanten bitten, den Satz zu vervollständigen: »Nimm bitte die ... auf.« Nehmen wir an, daß eine Apfeltorte neben einem Schinken-Sandwich zur Auswahl steht. Der Satz würde dann so lauten: »Nimm die Torte auf.« Ersetzen wir aber das Schinken-Sandwich durch eine Kirschtorte, so würden wir erwarten, zu hören: »Nimm die Apfeltorte auf.« Torten und Pflanzen kann man leichter zueinander bringen als Krankheiten und Götter. Eine andere Methode, um taxonomische Strukturen herauszufinden, ist, einfach direkt zu fragen: »Ist X ein Element von Y?« Diese Methode ist ausfeilbar und erweiterbar. Es besteht dazu sogar die Notwendigkeit, wenn das zu untersuchende Kategoriensystem kompliziert und schwer für den Angehörigen des Ethnos beschreibbar ist.

Damit haben wir uns aber noch nicht dem Problem gestellt, wie eine Person entscheidet, welche Kategorisierung aus einem Satz von Alternativen in einem gegebenen Fall die richtige ist. Die methodischen Begriffe des Kontrastes oder der Taxonomie haben uns die Einordnung eines Elementes ermöglicht, nun ist der weitere Schritt zu tun.

Im Kontext verschiedener Kulturen besteht die Aufgabe darin, festzustellen, was man wissen muß, um Objekte korrekt zu kategorisieren. Die Definition einer Pflanzenart im Navajo ist nicht mit einer Liste der ihr zugehörigen botanischen Exem-

plare gegeben, sondern durch eine Regel, mit der erstmals ange-
troffene Exemplare dieser Art von kontrastierenden Alternativen abgehoben werden. Im Idealfall fallen die kennzeichnenden
Attribute, die eine Gegensatzordnung erzeugen, unter eine begrenzte Anzahl von gegensätzlichen Dimensionen, jede mit einer oder mehreren kontrastierenden Wertmarkierungen oder
»Komponenten«. Jedes Segregat kann als ein besonderes Bün-
del von Komponenten definiert werden. Es geht dabei um Attribute, die die einzelnen Segregate auf der untersten Kontrast-
ebene einer Taxonomie unterscheiden. Diese Komponentenanalyse wurde auf verschiedenen Gebieten angewandt (AU-
STERLITZ, 1959; CONKLIN, 1962; GOODENOUGH, 1956; LOUNS=
BURY, 1956; McKAUGHAN, 1959; THOMAS, 1955; WALLACE
und ATKINS, 1960).

Frake versucht, die faktische kognitive Bedeutsamkeit der
komponentenanalytischen Lösung nachzuweisen, er geht dabei
von den Fragen aus: In welchem Ausmaß liefern sie Modelle für
die Entscheidung einer Person bezüglich des zu verwendenden
Terminus, und in welcher Beziehung stehen nachweisbar die
terminologischen Attribute zur wirklichen Unterscheidung bei
der Wahrnehmung? Eine Feldforschung bei den Subanun auf
Mindanao, einer philippinischen Halbinsel, diente Frake dazu,
die Methodik am Beispiel des Krankheitssystems zu exemplifi-
zieren (FRAKE, 1961).

Frake empfiehlt, darauf zu achten, ob eine Methode zur Bestimmung der eindeutigen und wahrscheinlichen Attribute eines Segregats direkt auf die Wahrnehmungsqualitäten eines
Phänomens zielt oder auf die Informantenbeschreibung der ein-
schlägigen Attribute. Immer ist sie von zweierlei abhängig: Erstens muß sie die Gegensatzordnung kennen, zu dem das Segregat gehört, und zweitens ist sie auf sorgfältige Beobachtungen
verbaler und nichtverbaler Besonderheiten der kulturellen Situation angewiesen, auf die diese Gegensatzanordnung eine an-
gemessene Antwort ist. Der Ethnograph hat die kulturspezifi-
schen Daten zu entdecken, die für die Kategorisierung von Objekten maßgebend ist. Frake selbst beschreibt diese Methode
gut am Beispiel der Krankheitsnamen der Subanun. Er zeigt,
welche Bedeutung die Situation für die linguistische Form hat.
Er kommt zu dem Schluß, daß je größer die Zahl der getrennten
sozialen Kontexte ist, in welchen Informationen über ein bestimmtes Phänomen kommuniziert werden müssen, umso
größer ist die Zahl der verschiedenen Ebenen des Kontrastes, in

welche das Phänomen kategorisiert ist. Da Hautkrankheiten einen weiten sozialen Kontext haben, sie können den Brautpreis beeinflussen und werden in Trinkliedern erwähnt, sind die Ebenen des Kontrastes auch entsprechend groß. Hat in einem Volk die botanische Taxonomie mehrere Ebenen des Kontrastes als in einem anderen Volk, so ist dies also mit Sicherheit auf die verschiedene Bedeutung der Botanik zurückzuführen (FRAKE, 1961, S. 122 ff.).

Die letzte Phase der Untersuchung besteht daher darin, die Komponenten oder Regeln festzustellen, die die Informanten verwenden, um unterschiedliche Stimuli, insbesondere Segregate oder Gegensatzordnungen (contrast-sets), einzuordnen. Es ist das Ziel dieser Methodik, Erfahrensschemata des Informanten aufzuzeigen, die von der »Lebenswelt« des Forschers unbeeinflußt bleiben müssen. Zwischen Kulturen differieren ja nicht nur Taxonomien, sondern auch die Komponenten. Wie Frake hervorkehrt, ist eine solche Analyse erst dann als vollständig anzusehen, wenn Regeln formuliert werden können, mit Hilfe derer nahezu jeder Benennungsprozeß im kognitiven System vorhergesagt werden kann.

So wie sie Frake gefaßt hat, sind diese Vorschläge aus dem Bemühen entstanden, in der Feldforschung beobachtetes Verhalten zu beschreiben. Er plädiert dafür, diese Methodik in Feldforschungen zu testen und weiterzuentwickeln. Frake geht es also darum, die Klassifikationsprinzipien des zu untersuchenden Ethnos zu finden und die eigenen beiseite zu lassen. Denn wenn man nach vorgefaßten Kategorien ordnet und klassifiziert, verdunkelt man den wahren Inhalt einer Kultur (FRAKE, 1973, S. 336). Eine so verfahrende Ethnolinguistik wird feststellen können, was man wissen muß, um kulturell relevantes Handeln und Äußern in einem gegebenen sozio-ökologischen Kontext erfahrbar zu machen.

Kritisch ist zur Komponentenanalyse zu sagen, daß sie das Forschungsfeld einengt auf die Untersuchung von Klassifikationssystemen und den Gebrauch von Begriffen oder linguistischen Kategorien durch den eingeborenen Sprecher. Es besteht die Gefahr, daß die Technik der Forschung die Auswahl der Untersuchungsprobleme bestimmt. So zeigte sich, daß man den Verwandtschaftsbezeichnungen den bisher größten Raum der Reflexion eingeräumt hat (WALLACE und J. ATKINS, 1960, zum Beispiel). Auch besteht eine Gefahr darin, die Komponentenanalyse als die eigentliche Methode der Ethnolinguistik anzusehen. So stellt Sturtevant fest: »Die ethnotheoretische Forschungsarbeit hat sich bislang auf kognitive Strukturen in Auswahlklassen konzentriert – auf die wechselseitigen Beziehungen zwischen Kategorien, die als Mengen möglicher Alternativen unter wechselnden Umweltbedingungen angesehen werden können. Wenig Aufmerksamkeit ist bisher den Methoden geschenkt worden, die für die Erforschung von Strukturen innerhalb von Kombinationsregeln erforderlich sind – Strukturen der räumlichen und zeitlichen Anordnung von gemeinsam auftretenden Kategorien aus unterschiedlichen Auswahlklassen« (STURTEVANT, 1964, S. 124).

Der Ethnolinguist bzw. Ethnoscientist jedoch hat die Intention – die ihn eben vom »gewöhnlichen« Linguisten unterscheidet –, über die semantische Analyse die Bedeutungen von Begriffen und Wendungen zu entdecken. Es interessiert dabei nicht die »Lexikon«-Bedeutung, sondern die Bedeutungen, die in der betreffenden Situation transparent werden. Hier liegt die Beziehung zur Phänomenologie, die davon ausgeht, daß die kognitive Welt des Menschen »von Bedeutungen durchwirkt« ist (SPIEGELBERG, 1965, S. 695).

Durch die Anwendung der Komponentenanalyse, also durch das Aufdecken der Komponenten, die dem Sprachgebrauch zugrunde liegen und die einem Objekt oder einem Ereignis eine Bezeichnung zuordnen, werden die »Dinge« konstituiert. Dieses Erkenntnisinteresse deckt sich mit dem der Phänomenologie (vgl. Kap. zur »verstehenden Kulturanthropologie«). Hat der Forscher die Komponenten zu ihrer Gänze erfaßt, so wird es ihm möglich sein, die konstituierten Phänomene in einer Weise hervorzubringen, die seitens des autochthonen Sprechers erkennbar und identifizierbar sind. Hierbei spricht man von »präziser Vorhersage von Benennungsakten«.

Den »Ethnoscientists« wird allerdings zu Recht vorgeworfen, daß sie zu stark von der Linguistik beeinflußt seien und das phänomenologische Moment zu wenig berücksichtigten, da sie »semantische Merkmale mit kognitiven Unterscheidungen gleichsetzen« (D'ANDRADE, 1964).

Der Unterschied zur phänomenologischen Methodik liegt vor allem darin, daß letzere ihr Augenmerk auf die Gesamtheit der menschlichen Erfahrung richtet und nicht allein auf die kategorisierte, linguistisch organisierte Erfahrung. Darin liegt also die fundamentale Kritik am Vorgehen des »Ethnoscientist«, daß er sich nicht zureichend des Umstandes versichert, ob die Phänomene der sozialen Welt sich selbst in einer Mehrzahl von Weisen konstituieren (obige Darstellung hält sich eng an PSATHAS, 1973, S. 268 ff.).

4.2. Ethnomethodologie – Ethnoscience

Mit der Ethnomethodologie, einer modernen soziologischen Richtung des »Verstehens« (GARFINKEL, 1967), hat der Ethnoscientist das Ziel gemeinsam, die Welt so zu verstehen, wie sie von Menschen im Alltagsleben gesehen und ausgelegt wird. Der Ethnomethodologe hält sich aber stärker an die Phänomenologie (vgl. Kapitel IV), indem er auf die Entdeckung der wesentlichen Merkmale der untersuchten sozialen Phänomene aus ist. Er will die grundlegende Struktur eines Prozesses erfassen, er versucht daher zu Aussagen und Folgerungen zu gelangen, die sich verallgemeinern lassen und in ihrer Gültigkeit kulturell und zeitlich nicht beschränkt sind. Dies entspricht der Absicht von A. Schütz, der in seiner »natürlichen Einstellung« und »intersubjektiven Welt des Alltagslebens« solche allgemeinen Ergebnisse seiner phänomenologischen Analyse identifiziert. Der wesentliche Unterschied zwischen Ethnoscientisten und Ethnomethodologen ist vielleicht der, daß der Ethnomethodologe die »Hintergrundserwartungen«, der Ethnoscientist die »Komponenten« erforscht. Beide beschäftigen sich zwar mit »Methoden«, die Menschen anwenden, um ihrer Welt Bedeutung und Sinn zu verleihen; der Unterschied zwischen den beiden Ansätzen aber liegt darin, daß der Ethnoscientist dazu neigt, die statische Dinghaftigkeit der untersuchten Phänomene hervorzukehren, während der Ethnomethodologe sich eher mit den aktiven Prozessen beschäftigt, durch die gesellschaftliche Dinge – vornehmlich Aktivitäten – in Interaktionen konstituiert werden (PSATHAS, a.a.O., S. 275). Der nichtverbale Aspekt fällt demnach aus der Ethnoscience heraus.

Von Garfinkel wird die Ethnomethodologie so definiert: Die Ethnomethodologie »dient der Erforschung der rationalen Eigenschaften indexikalischer Ausdrücke und anderer praktischer Aktivitäten als kontingent sich entwickelnder Aneignung organisierter und kunstvoller Praktiken des täglichen Lebens« (GARFINKEL, 1967). Ihr gegenüber steht die Beschreibung der Ethnoscience von Sturtevant, die »jenes Wissens- und Erkenntnissystem definiert, das einer gegebenen Kultur eignet«, was auf die Art und Weise hinausläuft, in der die Objektwelt und die Gesellschaft selbst von einem Ethnos als ein »soziales Universum« geordnet wird (STURTEVANT, 1964). Das Schwergewicht liegt jedoch dabei auf der Semantik und nicht auf der Erfassung der »gesamten Lebenswelt«, wie die Kritik klarstellt.

4.3. D. Hymes und die »Ethnographie des Sprechens«

Ein hohes Maß an Sterilität wirft Hymes der ethnolinguistischen Diskussion vor, da sie das Sprechen als eine Aktivität unter anderen Aktivitäten, ihre eigenständigen Muster und Funktionen jedoch nur sehr sporadisch und fragmentarisch, in die Reflexionen einbezöge (HYMES, 1973, S. 387). Hymes begrüßt aber, daß die Suche nach formalen Analogien zwischen der Linguistik und anderen analytischen Systemen forciert würde und daß einige Anwendungserweiterungen im Stil linguistischer Methodologie auf andere Bereiche der Kultur ziemlich vielversprechende Fortschritte machten. Er sieht die Linguistik als Wegbereiter dafür an, »qualitative Mathematik« (nicht Statistik) in die Ethnologie einzuführen. Die Schwierigkeit, so Hymes, bestehe jedoch grundsätzlich in dem Versuch, Sprache mit Kultur in Beziehung zu setzen, ohne Bezug auf Sprechvorgänge zu nehmen. Hymes setzt sich daher vehement dafür ein, die bis jetzt gültigen Arbeitshypothesen der Ethnolinguistik zu verwerfen. Diese Arbeitshypothesen gehen nämlich davon aus, daß erstens die Beziehung zwischen Sprache und Sprechen nach der Relation aufgefaßt wird, in der sich die Form einer Figur von ihrer Grundfläche abhebt (Gegensatz von »speech« und »language«). Nach Hymes ist das Sprechen gleich der Sprache gemustert, funktioniert als ein System und kann durch Regeln beschrieben werden. Zweitens seien die Funktionen des Sprechens für die Forschung lediglich hinsichtlich derjenigen Eigenschaften von Interesse gewesen, die als universal beurteilt wurden. Sprechen als eine Variable in der Sozialisation wurde aber weitgehend ignoriert. Drittens hätten sich die deskriptiven Methoden jeweils nur mit einer einzigen Sprache oder einem Dialekt beschäftigt. Lästige Daten wurden oft aus der Betrachtung ausgeschlossen (wie Lehnworte o. ä.). Viertens habe dieses Denken ein Verfahren begünstigt, das die jeweilige Sprache mit der jeweiligen Kultur gleichsetzt (a. a. O., S. 388 f.). Als Bezugsrahmen neuer Arbeitshypothesen sollte man, so meint Hymes, statt dessen folgende Annahmen machen: 1. Das Sprechen einer Gruppe bildet ein System. 2. Sprechen und Sprache weisen von Kultur zu Kultur Unterschiede in ihren Funktionen auf. 3. Die Sprechaktivität einer Ortsgesellschaft ist der Hauptgegenstand der Forschungsaufmerksamkeit (a. a. O., S. 389).

Hymes, der eine »Ethnographie des Sprechens« kreiert, definiert diese als eine Methodik, die sich mit den Situationen und Gebrauchsanweisungen, den Mustern und Funktionen des Sprechens als einer gesellschaftlichen Aktivität auseinandersetzt.

Zu dieser Problemstellung gehört die Frage, was ein Kind internalisiert, um sprechen zu können, über die Regeln der Grammatik und über das Vokabular hinaus, während des Reifeprozesses, in dem es ein voll befähigtes Mitglied seiner Sprechgemeinschaft wird, aber auch die Frage, was ein Fremder über das sprachliche Verhalten der Gruppe lernen muß, um angemessen und erfolgreich am Gruppenleben teilnehmen zu können (a. a. O., S. 341).

Der Ansatz vom Hymes bricht mit der Vorstellung der Identität von Sprache und Kultur. Da verschiedene Dialekte oder Sprachen im Gebrauch sein können, die den Sprechhaushalt einer Gemeinschaft bilden, kann auf Homogenität oder Grenzen des linguistischen Kodes nicht geachtet werden. Verschiedene Mundarten oder Sprachen werden jede für sich als Teil der Sprechaktivität der Gruppe betrachtet (HYMES, a. a. O., S. 351). Hymes schlägt vor, drei Seiten am Sprechhaushalt einer Ortsgesellschaft anzunehmen, die getrennt betrachtet werden sollen: Sprechereignisse als solche, die konstituierenden Faktoren der Sprechereignisse und die Funktionen des Sprechens.

In die Beschreibung einer Seite sind immer die anderen einzubeziehen. Über die »Sprechereignisse« reflektiert Hymes, daß man an sie drei Fragen stellen kann: Wann treten Sprechereignisse auf? Welche Klassen sind bereits bekannt? Was sind die Dimensionen des Kontrastes bzw. die Unterscheidungsmerkmale, mit denen sich die verschiedenen Klassen der Sprechereignisse unterscheiden lassen?

Sprechereignisse sind von den Gesellschaftsmitgliedern selbst so definierte Anlässe zur sprachlichen Kommunikation, die in der Abfolge der »schweigenden« Routinepraktiken zur Bewältigung tagtäglicher Angelegenheiten als durch Sprechakte auszufüllende Leerstellen auftauchen, durch spezielle Regeln des Sprachgebrauchs und darüber hinaus des nichtsprachlichen

Verhaltens gesteuert werden und zumeist durch relativ eindeutig definierte und konventionalisierte Eröffnungs- und Abschlußphasen eingegrenzt sind (so auch GUMPERZ, 1972, S. 17, und HYMES, 1972, S. 56; über die Anwendung in Feldstudien siehe HYMES, 1973, S. 403, 404).

Zu den »Faktoren innerhalb von Sprechereignissen« zählt Hymes einen Sender, einen Empfänger, eine Form der Mitteilung, eine Übertragungsskala, einen Kode, einen Gegenstand und einen Schauplatz. Diese Reihe von Faktorentypen sieht Hymes lediglich als ein heuristisches bzw. »etisches« Ausgangsschema.

Es sei hier ein kleiner Einschub gestattet, da es den Terminus »etisch« zu erklären gilt. Dieser Terminus geht auf die Unterscheidung Kenneth L. Pikes (1964 und 1967, S. 37–42) in »etische« und »emische« Stufen der Analyse zurück. Ausgangspunkt für diese Unterscheidung sind die linguistischen Untersuchungen über die Lautstruktur der menschlichen Sprache: Die Phonetik entwickelt einen Katalog von in ihren akustischen Eigenschaften eindeutig meßbaren und artikulatorisch eindeutig definierbaren Lauten (Phonen), wie sie etwa im phonetischen Alphabet der »Association Phonétique Internationale« aneinandergereiht sind. Die phonemische Analyse, also die phonologische, wählt aus einem universalistischen »etischen« Katalog genau diejenigen lautlichen Einheiten aus, die für eine bestimmte Sprache relevant sind, d.h. die in ihr ein System von bedeutungstragenden Lautgegensätzen bilden: die Phoneme als kulturelle Werte einer soziohistorisch besonderen Sprache. Den Unterschied zwischen Phonetik und Phonemik (Phonologie) überträgt Pike nun auf andere Objektbereiche. Das biologische Verwandtschaftssystem nach den Mendelschen Gesetzen wird in etischer Analyse erschlossen; das soziohistorisch besondere Verwandtschaftssystem einer Sprechgemeinschaft bzw. Gesellschaft, das einerseits bestimmte Aspekte der biologischen Verwandtschaft ignoriert und andererseits Verwandtschaftsbeziehungen definiert, in emischer Analyse. Einmal stehen die unmittelbaren physischen Zustände und Vorgänge im Zentrum des Interesses; das andere Mal die Leistungen eines soziokulturellen Systems in der kulturellen Interpretation und Aneignung des physischen Substratums.

Die Soziologie, welche auf die sinnhafte bzw. interpretative Ebene der gesellschaftlichen Wirklichkeit abhebt, betreibt in diesem Sinn stets emische Analyse: Dort, wo die etische Ana-

lyse lediglich prozessuale Übergänge feststellt (etwa das Konti-
nuum der Wellenbereiche auf der Farbskala), stellt die emische
Analyse Quanten bzw. diskontinuierliche Strukturen, d. h. Be-
deutungs- bzw. Sinnzuschreibungen fest (z. B. das diskontinuierliche Feld von Farbwörtern einer Sprache). Da sich die emische Analyse auf die spezifischen kulturellen Aneignungslei-
stungen einer Gesellschaft bzw. Gruppe bezieht, ist sie zunächst einmal strikt soziohistorisch spezifizierend und relativie-
rend orientiert, während die auf das physische Substratum ausgerichtete etische Analyse selbstverständlich universalistischer
Natur ist. Allerdings wird sich die Ethnoscience neuerdings
bewußter, daß wahrscheinlich auch die emischen Grundvaria-
blen universalistischer Natur sind (übernommen aus »Arbeitsgruppe Bielefelder Soziologen«, 1973, S. 283).

Eine weitere für die ethnographische Feldforschung relevante
Seite der »Sprechereignisse« ist die der Funktion des Sprechens.
Dabei gilt das Interesse jedoch gerade denjenigen Aspekten,
unter denen die Sprechereignisse sich unterscheiden. Ein Ansatzpunkt dafür liegt in der Umkehrung der üblichen Frage:
Was trägt eine Sprache zur Aufrechterhaltung der Persönlichkeit, Gesellschaft oder Struktur bei? Statt dessen müßte man
fragen: Was trägt eine Persönlichkeit, Gesellschaft oder Kultur
zur Aufrechterhaltung einer Sprache bei? Hymes stellt dazu
weiter fest, daß Sprachfunktionen (er kennt sieben, darunter
expressive, direktive, poetische, kontextuelle) in Kontexten des
Kommunikationsvollzuges definiert werden (HYMES, 1973,
S. 374).

4.4. »Psychologische Sprachanalyse«

Eine mehr psychologisch orientierte Sprachanalyse betreibt An-
thony F. C. Wallace, der von der Frage ausgeht: Was muß Menschen, psychologisch gesehen, gemeinsam zu eigen sein, damit
sie in kulturell organisierten, sozialen Gruppen zusammenleben
können? Wallace prägt daher den Terminus des »individuellen
Weltmodells« (mazeway), welches die organisierte Totalität ge-
lernter Bedeutungen, die ein individueller Organismus zu einer
gegebenen Zeit unterhält, beinhaltet. Damit meint Wallace die
Karte der Wissensstrukturen der »privaten« Welt, die regelmäßig durch wahrgenommene oder erinnerte Reize aktualisiert
wird. Dieses »individuelle Weltmodell« schließt zwar Motiva-

tion ein, aber auch eine Menge kognitiver Inhalte, die nicht mit Motivationen befrachtet sind. Bedeutung, Bedeutungsabstufungen und das Ausmaß von Organisation werden von Wallace durch formalisierte Schemata definiert, die jeweils auf einer logisch-mathematischen Entwicklung der Komponentenanalyse basieren, aber auch auf der mathematischen Informationstheorie (WALLACE, 1973, S. 287).

Wallace betont die Fragwürdigkeit der Begriffe »Kultur« und »Persönlichkeit« und stellt daher als »Ausweg« eben diesen Begriff des »individuellen Weltbildes« auf, worunter er eigentlich die Totalität von Status, Artefakten, Gebräuchen, Gesetzen, Sprache und Wertvorstellungen usw. versteht. Er zeigt auf, daß der Anthropologe semantische und manifeste Verhaltensäquivalenzen formell oder informell immer dann entdeckt und beschreibt, wenn er eine Gruppe von Leuten schildert, die eine gemeinsame Aktivität ausführt: ein religiöses Ritual, einen Kriegszug o. ä. (äquivalenzbestimmte Reaktion auf bestimmtes Zeichen). Wallace kritisiert, daß diese Analyse nur selten in psychologisch orientierten Forschungen angewandt wurde (WALLACE, a. a. O., S. 312). Wesentlich für Wallace ist der Versuch, Äquivalenz und psychologische Charakteristiken in mathematischen Kalkülen darzustellen.

5. Die Konzeption Saussures – der Strukturalismus

Ferdinand de Saussure, zunächst von der Ethnologie kaum verstanden oder ignoriert, wurde u. a. durch Roland Barthes und Lévi-Strauss in die Ethnolinguistik integriert. Er lehrte in Paris von 1881 bis 1891 Sanskrit und hielt in Genf seit 1906 linguistische Vorlesungen. Nach seinem Tod 1916 gaben seine Schüler Charles Bally und Albert Sechehaye seine Ideen und Entwürfe unter dem Titel ›Cours de linguistique générale‹ heraus. Damit war die Genfer Schule der Linguistik gegründet.

Für die Ethnologie ist Saussure interessant, weil seine Konzepte eher »soziolinguistischer« Natur sind als rein linguistischer. Seine zentrale Unterscheidung, die für uns hier eminent wichtig ist, ist die zwischen »la langue« und »la parole« (am ehesten zu übersetzen mit »Sprache« und »Sprechen«, vgl. dazu ENGLER, 1968, S. 54).

Saussure geht von der Sprache als System aus. Das System der Sprache nennt er »langue«. »Langue« und »parole« machen zusammen die »langage« aus. Saussure versteht unter »langage« die allgemeine menschliche Sprechfähigkeit, die nicht auf eine Einzelsprache beschränkt ist, unter »langue« das soziale Systemgefüge der Einzelsprache und unter »parole« die Aktivierung des Sprachsystems durch das Individuum in der Sprachrealisation, d.h. im konkreten Gebrauch der Sprache, sei es beim Sprechen oder Schreiben.

Durch die Scheidung der systemhaften »langue« von der aktualisierten »parole« wird das Soziale vom Individuellen, das Wesentliche vom Zufälligen geschieden. Die Existenz der »langue« ist eine notwendige Voraussetzung für die »parole«: Wenn es dieses »System« nicht gäbe, könnten die Sprecher die Sprache nicht als Kommunikationsmittel benutzen (SAUSSURE, 1931).

Nach Saussure besteht ein linguistisches Zeichen aus zwei Komponenten: dem »signifié« (das Bezeichnete) und dem »signifiant« (Bezeichnendes). Der Ausdruck »Baum« z.B. ist ein solches Zeichen, das aus einem akustischen Moment, dem »signifiant«, und aus einer Reihe von Phänomenen, die so bezeichnet werden, den »signifiés«, besteht (vgl. ARDENER, 1971, S. XXXIII).

Saussures »signifiant« ist nicht Realität, sondern ein »Konzept«. Beide Teile des Zeichens sind psychologisch gleich (SAUSSURE, 1922, S. 32). Ähnlich wie Durkheim und Lévi-Strauss (und auch Chomsky) versuchte Saussure, die Objektivität dieser »psychologischen Wesenheiten« zu betonen, als Realitäten im Gehirn (a.a.O.).

Unter dem Namen »Semiologie« faßt Saussure alle Zeichensysteme zusammen. Die Semiologie soll zeigen, nach welchen Gesetzen Zeichen geschaffen und angewandt werden. Linguistik wird dabei als ein Teil der Semiologie definiert. Das Studium von Riten, Sitten u.ä., also der »Zeichen«, ist bedeutsam für die Suche nach der wahren Natur der Sprache und damit Gegenstand der Semiologie (a.a.O., S. 35).

Die Frage, die sich Saussure stellte, ob Linguistik mit Soziologie bzw. Ethnologie zu verbinden sei, beantwortete er mit einem Rückgriff auf Durkheim: »Die Sprache ist eine soziale Tatsache« (a.a.O., S. 21). Übrigens: Durkheims Unterscheidung »sozial« und »individuell« ähnelt der Saussures von »la langue« und »la parole«.

Saussure unterscheidet streng zwischen »synchronischer« und »diachronischer« Sprachwissenschaft. Synchronisch ist all das, was sich auf die statische Seite bezieht, diachronisch das, was mit Entwicklungsvorgängen zusammenhängt. Ebenso sollen Synchronie und Diachronie einen Sprachzustand und eine Entwicklungsphase bezeichnen (Saussure, 1931, S. 96). Beide, Synchronie und Diachronie, stehen sich gegenseitig ausschließend gegenüber.

Saussure vergleicht die Sprache mit dem Schachspiel, denn in beiden Fällen sind wir mit einem System von Werten und bemerkbaren Modifikationen konfrontiert. Die Stellung der Schachfiguren korrespondiert nach Saussure eng mit der der Sprache. Denn der besondere Wert der Steine hängt von ihrer Position variiert. Die das Spiel bzw. die Sprache dirigierenden sche Terminus seinen Wert durch seine Opposition zu allen anderen Elementen im Sprachsystem (SAUSSURE, 1922, S. 125–126; in der englischen Übersetzung 1964, S. 88). Zweitens ist das System immer momentan, da es von Position zu Position variiert. Die das Spiel, bzw. die Sprache dirigierenden Werte sind abhängig von bestimmten Regeln, die sich während des Spiels bzw. während des Gebrauchs der Sprache nicht ändern. Diese Regeln sind die konstanten Prinzipien der Semiologie, stellt Saussure fest (1964, S. 88). Nur eine Schachfigur muß bewegt werden, um von einem Equilibrium zum nächsten bzw. von einer Synchronie zur nächsten überzugehen. Bestimmte Züge können das ganze Spiel revolutionieren und bestimmte Steine angreifen, die bis dahin nicht bedroht waren (SAUSSURE, 1964, S. 88 f.). Wie im Schachspiel jede besondere Position, so hat in der Sprache jede synchronisch betrachtete Situation eine einmalige Charakteristik, die sich von allen vorhergehenden und noch kommenden unterscheidet (a. a. O.).

5.1. Saussures Einfluß auf die Ethnologie

Saussure, der mit seinen Konzeptionen auf viele Schulen und auch auf Lévi-Strauss einwirkte, läßt sich als Vater des »Strukturalismus« begreifen. Folgendes Zitat von Lévi-Strauss gibt den Einfluß des Denkens von Saussure und seine Einwirkung auf die Anthropologie gut wieder:

»Die Anthropologie erhebt den Anspruch einer semiologischen Wissenschaft, sie liegt bewußt auf der Bedeutungsebene. Das ist für die Anthropologie (neben vielen anderen Gründen) ein Grund mehr, einen engen Kontakt mit der Sprachwissenschaft aufrechtzuerhalten, wo man hinsichtlich jenes sozialen Faktums Sprache die gleiche Sorge findet, nicht die objektiven Grundlagen von ihr abzutrennen, das heißt den Aspekt Laut von seiner bezeichnenden Funktion, dem Aspekt Sinn« (LEVI-STRAUSS, 1967, S. 390).

Saussure nennt die Sprache ein System von Zeichen, die Ideen ausdrücken. Dieser Zeichencharakter der Sprache, von dem ja der Strukturalismus ausgeht, erlaubt es ihm, alle anderen Kommunikationssysteme, die Zeichensysteme sind, nach dem Vorbild der Sprache zu analysieren. Denn er war davon überzeugt, daß die Sprache »das wichtigste dieser Systeme (ist). Man kann sich also vorstellen eine Wissenschaft, welche das Leben der Zeichen im Rahmen des sozialen Lebens untersucht ... Wir werden sie Semiologie (von griechisch semeion ›Zeichen‹) nennen. Sie würde uns lehren, worin die Zeichen bestehen und welche Gesetze sie regieren« (zitiert nach SCHIWY, 1973, S. 61). Saussure geht davon aus, daß die Wahl des Zeichens sozial bestimmt ist. Es hat jedoch die Tendenz, sich dann als »natürlich« und unabänderlich zu geben. Eine wichtige Konsequenz des Beliebigkeitscharakters des sprachlichen Zeichens ist, daß es theoretisch (manchmal auch praktisch) auswechselbar ist, daß für dieselbe Sache mehrere Zeichen existieren können und dasselbe Zeichen mehrere Bedeutungen annehmen kann, (a. a. O.).

5.2. Claude Lévi-Strauss

Lévi-Strauss erklärt, daß die »strukturale Linguistik« wohl dieselbe positive Rolle für die Sozialwissenschaften spielen werde, wie z. B. die Nuklearphysik für die Physik (1967, S. 45).

Zur wissenschaftlichen Position von Lévi-Strauss muß man wissen, daß die Zeit nach dem Tod Saussures durch die Herausbildung des Begriffes »phonème« geprägt war. Als »Phoneme« werden diejenigen in sprachlichen Äußerungen vorkommenden Laute bezeichnet, die, bezogen auf ein bestimmtes Sprachsystem, bedeutungsunterscheidende Funktion haben. Die Diskussion und Beschäftigung mit dieser Thematik geht auf Autoren der zweiten Hälfte des vorigen Jahrhunderts, wie Winteler, Kruszewski u. a., zurück. In Bloomfields Buch ›Language‹

(1933) wurde das Phänomen zum erstenmal im amerikanischen Raum einer eingehenden Reflexion unterzogen, wo es allerdings anders als in der Prager Schule Trubetzkoys konzipiert wurde (dazu näher HELBIG, 1974, S. 56). Lévi-Strauss schließt an Trubetzkoy an, für den die Phonologie als eine Hauptrichtung der »strukturellen Linguistik« sich mit der unbewußten »Infrastruktur der bewußten Spracherscheinungen« (LEVI-STRAUSS, 1967, S. 45) beschäftigt: »Die heutige Phonologie beschränkt sich nicht auf die Erklärung, daß die Phoneme immer Glieder eines Systems sind, sie zeigt konkrete phonologische Systeme und hebt ihre Struktur hervor« (TRUBETZKOY, 1969, S. 141 f).

Die Phonologie, die im Gegensatz zur Phonetik nicht auf die physische Qualität der Laute abzielt, sondern »am Laut nur dasjenige ins Auge faßt, was eine bestimmte Funktion im Sprachgebilde erfüllt« (HELBIG, a.a.O., S. 52), versucht also, den gegenseitigen Stellenwert der Laute im Sprachsystem, wodurch sie ihre kommunikative Funktion erfüllen, herauszuarbeiten. Phoneme sind demnach alle Sprachlaute, die zu anderen in Kommunikation stehen können (z.B. Band und Sand); sie tragen selbst keine Bedeutung, sie differenzieren nur die Bedeutung bzw. haben die Funktion der Bedeutungsunterscheidung.

Es ist hier nicht der Platz, auf diese Thematik näher einzugehen; es soll hier nur angedeutet werden, welche Konzeption den Gedanken von Lévi-Strauss Pate gestanden hat. Mit der Beziehung von Lévi-Strauss zur Phonologie Trubetzkoys, der den Systemgedanken Saussures weiterführt (vgl. HELBIG, 1974, S. 55), hat sich eingehend R. Gasché beschäftigt, der auch die Problematik der Lévi-Strauss'schen Übertragung der Phonologie auf die Ethnologie reflektiert (GASCHE, 1974, S. 340 f.). Lévi-Strauss sieht nun in den Verwandtschaftsbezeichnungen Bedeutungselemente, die den Phonemen ähnlich sind, denn wie diese bekommen sie ihre Bedeutung nur, wenn sie sich in Systeme eingliedern: »Die Verwandtschaftssysteme werden wie die phonologischen Systeme durch den Geist auf der Stufe des unbewußten Denkens gebildet« (LEVI-STRAUSS, 1967, S. 46).

Lévi-Strauss unterscheidet zwischen den Haltungssystemen (systèmes des attitudes) und den Benennungssystemen (systèmes des appellations), um die Verwandtschaftsverhältnisse »primitiver« Völker strukturieren zu können. Dazu sah er sich veranlaßt, als er erkannte, daß sich die Phonologie nicht direkt auf andere Ebenen übertragen läßt, weil man sich ansonsten der Gefahr aussetze, die strukturierbare Ebene zu verfehlen. Die

Verwandtschaftsverhältnisse gehören nämlich gleichzeitig beiden genannten Niveaus an. Das System der Benennungen, so stellt er fest, ist eine Analogie dessen, was in der Sprache Vokabular heißt und dort der »Ordnung der Rede« angehört. Sowenig es »notwendige Relationen auf der Ebene des Vokabulars gibt, sowenig läßt sich auch das System der Benennungen nach differentiellen Elementen untersuchen« (GASCHE, 1970, S. 341).

Kritisch wird dazu eingewandt, daß es so scheine, als ob Lévi-Strauss die Phonologie im Sinne eines Instrumentes benutze, unabhängig von ihrem »Wahrheitsgehalt«: als Instrument, mit dem er in den Verwandtschaftsverhältnissen die Ebene ausloten könne, in der sie strukturierbar seien. Weiter heißt es bei demselben Autor: »Wenn Lévi-Strauss aber, ..., schreibt, daß die Phoneme die Elemente der Bedeutung sind, ist dieser Anspruch in einer doppelten Bedeutung irritierend: einmal insofern, als Lévi-Strauss auch in seinen differenziertesten Analysen niemals auf solche nicht-signifikative Elemente stößt, zum andern, als eine Kombination nicht-bedeutender Elemente keinen Sinn hervorzubringen vermag ...« (GASCHE, a.a.O., S. 343).

Anders ist die Kritik P. Ricœurs (1963), der Lévi-Strauss allein zugunsten einer hermeneutischen Sinninterpretation kritisiert, wobei er das Eigentümliche seiner Vorgehensweise eigentlich nicht erfaßt (GASCHE, a.a.O., S. 344).

Auf dem Gebiet der Mythen und Märchen behauptet Lévi-Strauss, daß sich die Mythen und Märchen der Sprache in einem hyperstrukturalen Sinn bedienen. Die Mythen werden als einem symbolischen System zugehörig betrachtet und in Elemente, die Mytheme, zerlegt. Lévi-Strauss bemerkt, daß am Ursprung aller Versionen eines Mythos die gleiche Geisteshaltung steht. Ihre Vielfalt selbst sollte es jedoch erlauben, ihre gemeinsame Struktur bloßzulegen. In den ›Mythologica‹ wird ein Mythos an mehreren Stellen mit anderen Mythen verglichen, und diese werden erst durch den Vergleich mit wieder anderen Mythen verständlich (SPERBER, 1973, S. 206 f.).

Von Saussure hat Lévi-Strauss die Konzeption der »Semiologie« entlehnt, einer Wissenschaft, welche das System der Zeichen im Rahmen des sozialen Lebens untersucht (s.o.). Diese Methode in Konnex mit der Kommunikationstheorie wird nun auf das Problem der Zirkulation der Waren und Frauen in den »primitiven« Gesellschaften angewandt. Der Austausch der Wörter, der Waren und der Frauen dient dazu, die soziale Kohärenz zu festigen und damit einen Zustand höherer Ordnung zu konstituieren, der nach der Informationstheorie die Folge des Erwerbs oder Empfangs von Informationen ist. Diese Formen der Kommunikation sind nach Lévi-Strauss besondere Fälle einer viel allgemeineren Gegenseitigkeit zwischen einer beliebigen Anzahl von Partnern. Diese allgemeine Form ist der universale Tausch, der im Gegensatz zur begrenzten, auf Profitmaximierung ausgerichteten Tätigkeit die generelle Ökonomie, die kennzeichnende Struktur der Gesellschaft genannt werden kann. Diesen Tauschbegriff hat Lévi-Strauss allerdings von M. Mauss übernommen (vgl. GASCHE, 1970, S. 368; vgl. dazu auch GODELIER, 1973).

Lévi-Strauss ist vielleicht der einzige Ethnologe, der intuitiv analytisch und explanatorisch arbeitete. In der amerikanischen Ethnolinguistik haben in dieser Richtung lediglich Goodenough (1949), der auf Morris zurückgreift, Pike (1964, 1967) und Casagrande (1963) gute Arbeiten vorgelegt.

Lévi-Strauss' ›Anthropologie structurale‹ (1958) erschien ein Jahr nach den ›Syntactic Structures‹ (1957) von Noam Chomsky, aber in völliger Unabhängigkeit von ihm. Die in beiden Werken ausgedrückten Konzeptionen ähneln sich in gewisser Weise. Es ist daher empfehlenswert auf die Übereinstimmungen hinzuweisen. Lévi-Strauss versuchte, über Mythenmaterial zu fundamentalen Strukturen des menschlichen Geistes vorzustoßen (s. o.). Chomsky wollte grammatikalische Modelle entwickeln, die nicht länger von Bedeutungen abstrahiert sind und die die Kreativität des Sprechers berücksichtigen. Beide Autoren bedienen sich mathematischer und formaler Systeme. Die Unterschiede, die zwischen beiden bestehen, zeigen sich in der Stringenz der Ausführungen. Lévi-Strauss erscheint als der weniger genaue und klarere. Eine der Hauptfragen des späteren Chomsky ist: Wie lernt ein Kind, selbständig grammatisch richtige Sätze zu bilden und zu verstehen? Chomsky meint dazu, daß man die Aktivitäten des Kindes als eine Art von Theoriekonstruktion beschreiben könne. Das Kind konstruiert mit einem sehr beschränkten Bereich von Daten eine Theorie der Sprache, von der eben diese Daten eine Probe sind. Tatsächlich ist dies, so Chomsky, eine »sehr degenerierte Probe (sample)« in dem Sinn, daß viel von ihr als irrelevant oder nicht richtig exkludiert werden muß. Das Kind lernt so die Regeln der Grammatik, indem es viel von dem, was es hört, schlecht formuliert, ungenau und ungeeignet identifiziert. Das endgültige Wissen eines Kindes von der Sprache geht weit über die Daten hinaus, die ihm vorgegeben sind (CHOMSKY, 1969, S. 63).

Edmund Leach (LEACH, 1971, S. 30) geht auf die Beziehung der beiden Autoren zueinander ein und schreibt: »Nach Ansicht vieler führender Linguisten hatte das Erscheinen von Noam Chomskys ›Syntactic Structures‹ (1957) eine ähnliche Bedeutung für die Sprachwissenschaft wie Einsteins frühe Aufsätze zur Relativitätstheorie für die Physik. Es wurde Lévi-Strauss daher häufig vorgehalten, daß er sich auf das linguistische Modell von Jakobson berufe, das nicht länger gültig sei. Dem muß zweierlei entgegengehalten werden: Erstens entwertet das Werk von Chomsky, selbst wenn es weiter fortgeschritten ist als das von Jakobson, keineswegs dessen unleugbares Verdienst; und zweitens haben die Eigenarten der Sprachwissenschaft von Chomsky, die den Bereichen der generativen und transformationalen Grammatik zugeordnet werden können, manche Gemeinsamkeiten mit den generativen und transformationalen[1] Regeln für die Untersuchung der Mythen, die Lévi-Strauss von sich aus völlig unabhängig entwickelt hat.«

5.3. Evans-Pritchard

Unter den britischen Sozialanthropologen fand sich vor allem einer, der großes Interesse an der Sprache hatte, ohne selbst Linguist zu sein. Es war dies Evans-Pritchard, dessen Schriften von diesem Interesse zeugen (z. B. 1934, 1948, 1954b, 1956b, 1961, 1962a, 1963, daneben eine große Zahl von Texten der Zande: 1954a, 1955, 1956a, 1957, 1962a, 1962b, 1963 u. a.). Evans-Pritchards Feldforschungen weisen in manchem Übereinstimmung mit der kontinentalen Linguistik auf. Sein Hinweis auf »opposition«, wie er in »The Nuer« (1940) entwickelt wurde, erinnert an Saussure. Es besteht kein Zweifel, daß Evans-Pritchard das Studium der französischen Soziologie zu seinen Theoremen brachte (EVANS-PRITCHARD, 1962b, S. 61).

Evans-Pritchard gab den Anstoß, daß sich einige Autoren intensiv mit französischen Theoretikern auseinandersetzten (so

---

* Siehe dazu HELBIG, 1974, S. 265: »Die generative Grammatik ist im Grund nichts anderes als eine exakte Spezifizierung des Begriffs ›grammatisch richtiger Satz der Sprache L.‹.« Unter Transformation ist die Ableitung von Strukturen nach bestimmten Regeln aus zugrunde liegenden Strukturen zu verstehen (Näheres siehe bei HELBIG, 1974, Bd. 1, S. 209 ff.).

z. B. Needham, 1963). Die linguistische Intention Evans-Pritchards wurde durch wichtige exegetische und interpretatorische Arbeiten, die sich auf die Studien der englischen Sozialanthropologie bezogen, ergänzt.

Evans-Pritchards Interesse an mündlich überlieferten Texten fand in den Bänden, die durch ihn selbst herausgegeben wurden, ihren Niederschlag. Außerdem haben sich auf dem Gebiet der Linguistik von dieser Seite her in England (Oxford) Finnegan (1969, 1970), Beattie (1957, 1960, 1964 b), Needham (1954, 1960 a), Beidelman (1964), Ardener (1968), Beck (1969) u. a. betätigt. Evans-Pritchard war übrigens darauf bedacht, daß seine Schüler Sozialanthropologie und Linguistik auch wirklich miteinander verbanden.

Unter den Nachfolgern Malinowskis in Cambridge war es jedoch nur Leach, der es verstand, Ethnologie mit Linguistik zu verbinden (LEACH, 1957, 1958, 1964).

6. Zusammenfassende und abschließende Gedanken

Obiger Überblick will als Zugang zu den in der Kulturanthropologie wesentlichen Themen linguistischer Theorie und Praxis begriffen werden. (Die im Kontext dieses Kapitels erwähnten typischen linguistischen Begriffe mögen daher in der entsprechenden Fachliteratur näher eingesehen werden.) Es sollte bewußt gemacht werden, welche Relevanz die Linguistik bzw. Reflexionen sprachwissenschaftlicher Natur für die Ethnologie haben. Das Betonen von bestimmten Feldforschungsmethoden, wie der Ethnoscience oder der Komponentenanalyse, und das kompaktere Eingehen auf diese versteht sich als direkte Anleitung.

Die von der Romantik beeinflußten Gelehrten des frühen 19. Jahrhunderts fragten nach der Entstehung der Sprache – ein typischer Indikator für den Evolutionismus des 19. Jahrhunderts – und versuchten, Sprachfamilien zu erstellen. Herder, Condillac, Leibniz u. a. hatten den Grundstock zu dieser sich breit ausfächernden Diskussion gelegt. Interessant ist, daß vor allem auf das durch die Philosophie (z. B. Schopenhauer) aktuell gewordene indische Schriftgut zurückgegriffen wurde. Viele sich mit der Sprachproblematik auseinandersetzende Geister sind Übersetzer und Interpreten von Sanskrittexten. Daß diese Thematik vor dem Hintergrund des deutschen Idealismus zu begreifen ist, zeigt sich in der These W. v. Humboldts von der Sprache als der geistigen Kraft (Energeia) eines Volkes. Erste Versuche, Typologien zu erstellen, finden sich bei Humboldt, dann bei Pott und Schleicher, die so wertvolle Anstöße gaben. Typisch für diese Zeit ist auch die Auffassung, daß Rasse und Sprache in Konnex stehen. Widersprochen wurde diesen Tendenzen zunächst von Tylor und dann mit Vehemenz von Boas.

Kennzeichnend für die Linguistik des 19. Jahrhunderts war die Intention, Sprachbäume zu erstellen, um über die Klassifizierung von Sprachen zu ihrer Geschichte und Kultur vorstoßen zu können. Dabei wurde bereits auf die Gesetzmäßigkeit der Phonetik verwiesen.

Diese komparative Methode wurde schließlich nicht bloß auf die indo-europäischen Sprachen angewandt, sondern auch auf indianische und afrikanische Sprachen. Einer der ersten, der sich auf indianische Sprachen festlegte, war Powell.

Mit Franz Boas setzt die moderne Ethnolinguistik ein. Boas, der sich gegen jede Spekulation wendete, wie sie vor allem im Evolutionismus sich ausprägte, vertrat u. a., ähnlich wie sein Schüler Sapir, eine psychologische Prämisse, die ihn zu den unbewußten Hintergründen der Sprache führen sollte. Boas und Sapir waren einmal an den universellen Voraussetzungen der Sprache interessiert, vertraten aber auch die Maxime, die kulturellen Variablen der Sprache – jedoch nicht wertend im Sinne des Evolutionismus – zu reflektieren. Damit verbindet sich eine Absage an die These, die Rasse, kulturelle »Stufe« und Sprache miteinander in Kontext bringen wollte.

In der Tradition von Boas und Sapir ist Whorf zu begreifen, der die semantische Struktur der Sprache hervorhebt. Die Sprache ist nach Whorf ein vorgegebenes Schema, durch das der Mensch die Wirklichkeit sieht. Die Sapir-Whorf-Hypothese von der Begrenzung der Wirklichkeit durch die Sprache baut darauf auf.

Bloomfield geht im Gegensatz zu Boas, Sapir und Whorf von einem behavioristischen Modell aus, das die Sprache auf Reaktionen und auf Stimuli reduzieren will. Für ihn ist daher die Bedeutung (meaning) des Wortes oder eines Satzes in ihren kulturellen Kontexten unwesentlich.

Eine andere Ausgangsbasis als Bloomfield haben die Überlegungen, die auf Malinowski und Firth zurückgehen. Mit dem Postulat, die Sprache des zu untersuchenden Ethnos zu verstehen, verband sich bei diesen Autoren die methodische Pflicht, die Bedeutung (meaning) von Wörtern und Sätzen nach dem »Context of Situation« zu bestimmen. In dieser Tradition sind alle die Methoden zu begreifen, die versuchen, die Perspektive des Angehörigen der zu untersuchenden Kultur zu erfassen (Ethnoscience u. a.). Ganz deutlich zeigt sich hier der Ansatz einer »verstehenden« Soziologie. Die Nähe zur Phänomenologie wird also manifest (siehe dazu auch das Kap. zur »verstehenden Kulturanthropologie«).

Der Auffassung, daß Sprache mit Kultur gleichzusetzen sei, widerspricht Hymes. Hymes wendet sich dabei gegen eine Trennung von Sprache und Sprechen und postuliert zugleich eine Berücksichtigung des Sprechens als Variable der Sozialisation. Die Sprechsituation bzw. das Sprechereignis hat dabei, ähnlich wie bei Malinowski und Firth eine besondere Relevanz, die allerdings das Element der individuellen Persönlichkeit oder der Gesellschaft für die Aufrechterhaltung der Sprache besonders berücksichtigt. Es ist also nicht die Sprache bzw. die Kultur allein, wie bei Whorf, die den Sprechenden einengt und auf ein bestimmtes Feld verweist, sondern es ist auch der einzelne, der auf die Sprache einwirken kann.

Von der Sprache als System geht Saussure aus, deren unbewußte Struktur er reflektierte. Dies ist die Linie, an die Lévi-Strauss anknüpft. Er überträgt linguistisches Ideengut auf Mythen und andere Kulturvariablen. Auch Chomskys Überlegungen werden von Lévi-Strauss in seine Arbeiten integriert.

Für die englische Sozialanthropologie hat Evans-Pritchard linguistische Themen verarbeitet. Sein Verdienst lag vor allem darin, Linguistik mit Ethnographie und Sozialanthropologie, vorbildhaft für seine Schüler, verbunden zu haben.

Multilinguistische Problematiken mit ihren sozialen Implikationen waren Gegenstand der Arbeiten W. H. Whiteleys, E. Tonkins und D. Crystals (alle in ARDENER, 1971). Die Diskussion zur linguistischen Problematik ist noch nicht zu Ende, sie wird weiter zwischen den Extremen phänomenologischer (»verstehender«), behavioristischer und »strukturaler« Analyse verlaufen.

III. Der »Funktionalismus«

1. Erste Ansätze des »Funktionalismus«-Konzeptes

1.1. Reaktion und Rückgriff

Wohl als Reaktion gegen die um die Jahrhundertwende etablierten Richtungen des Evolutionismus und des Diffusionismus ist die funktionalistische Theorie von der Gesellschaft aufzufassen, die für die »social anthropology« Englands konstitutiv war. Das Konzept des Funktionalismus hat eine lange Tradition. So bediente die politische Philosophie sich seit jeher dieses Modells, wenn sie den Staat als Organismus beschrieb.

In Shakespeares ›Coriolan‹ z. B. erklärt der Senator Menenius den rebellischen Bürgern, daß die Hierarchie des römischen Staates mit dem Aufbau des menschlichen Organismus zu vergleichen sei. In besonders krasser Weise wird dieser Gedankengang verdeutlicht, als Menenius einen sich nicht beruhigenden Bürger mit den Worten anspricht: »Und du große Zehe in dieser Ratsversammlung ...« In ihrer modernen Form wurde die Theorie des Funktionalismus von H. Spencer, der allerdings noch die soziale Evolution betonte, und E. Durkheim vorbereitet (vgl. EVANS-PRITCHARD, 1968, S. 14 f.).

Die Beziehung von funktionaler Theorie und Organismus ist bei H. Spencer sichtbar, wenn er versucht, das Paradigma des Organismus auf die Gesellschaft als System zu übertragen. Die einzelnen sozialen Systemteile nennt Spencer »Organe« der Gesellschaft oder auch Institutionen, von denen er sechs Typen annimmt: familiäre, politische, kirchliche, industriell-ökonomische, zeremonielle und professionelle.

Für Spencer und auch für andere Gesellschaftstheoretiker, wie z. B. Schäffle, war der aus der Biologie übernommene Begriff des Organismus bzw. der aus der Physik entliehene Begriff des Systems Modell für die Analyse der Gesellschaft. »Soziale Physiologie«, »soziale Morphologie«, »sozialer Körper« oder »Organ«, »Funktion« sind Termini, die diese Konzeption deutlich machen. Auch in Comtes Hierarchiegesetz findet sich, phi-

losophisch legitimiert, eine ähnliche Thematik (vgl. dazu BUCK=
LEY, 1957, S. 236 f., und STEINBECK, 1964, S. 99).

Mit der Konzeption des Organismus bzw. des Systems wird
auch der Begriff und das methodische Mittel der Funktion in
den Sozial- bzw. Kulturwissenschaften übernommen. Der
Funktionsbegriff trägt dem Ganzheitscharakter der Gesellschaft
nun insofern Rechnung, als er das Verhältnis der Teile zum
Ganzen, die Art und Weise, wie die Elemente auf das System zu
beziehen sind, angibt (vgl. STEINBECK, 1964, S. 100). Damit
wird postuliert, das umfassende »Ganze« in seinen sozialen Tat-
beständen zu betrachten und es mit ihnen in Beziehung zu
setzen.

1.2. Der Einfluß von Emile Durkheim und Marcel Mauss

Es ist wohl Durkheim, der in geradezu programmatischer
Weise den Funktionsbegriff für die Analyse gesellschaftlicher
Tatbestände verwendet hat. Seine Überlegungen waren an den
Verhältnissen biologischer Organismen orientiert.

Die Funktion eines sozialen Phänomens wird nach Durkheim
als dessen Beitrag zur Erhaltung des normalen, »gesunden« Zustandes einer Gesellschaft bestimmt. Die funktionalistische
Analyse besteht nun darin, einen funktionellen Bezugspunkt,
also den »Normalzustand« der Gesellschaft, anzugeben. »Normal« ist der Zustand einer sozialen Organisationsform, der auf
der jeweiligen historischen Entwicklungsstufe den Milieubedingungen entspricht. Das Problem liegt allerdings darin, Indikato-
ren dieser Entsprechung zu finden. »Gesundheit« wäre also
nach Durkheim die Angepaßtheit der Gesellschaft an die materiellen Milieubedingungen, also das »Wünschenswerte« (DURK-
HEIM, 1965, S. 141 ff., 195 ff.). Durkheim, den Malinowski den
»Vater des Struktur-Funktionalismus« nennt (MALINOWSKI,
1913), bereitete bereits in seiner Dissertation über Montesquieu
(1892, 1953) methodisch den Funktionalismus vor. Er ging davon aus, daß man soziale Erscheinungen wie »Dinge« zu behandeln habe. Diese relativ stabilen »Dinge« sind die »Gewohnheiten« der Menschen, die, wie Montesquieu es beschreibt, ihren
Grund in der »Natur« der Gesellschaften der Menschen haben
(a. a. O., S. 41). Die verschiedenen Gesellschaftstypen werden
unterschieden 1. nach der Zahl ihrer Bevölkerung, 2. nach ihrer
Verteilung und 3. nach der Kohäsion ihrer Elemente (a. a. O.,
S. 58 ff.).

In der Reflexion dazu entwickelt Durkheim zum ersten Male seine strukturell-funktionale Analyse im Umriß, indem er das Verständnis der Institutionen aus ihrem vermeintlichen »Nutzen« zurückweist, wobei er die entwicklungsgeschichtliche Konzeption, nach der eben das Wissen um die Funktion einer Institution bei ihrer Entstehung Pate gestanden hat, durch die strukturell-funktionale Analyse ersetzt, wie sie aus der Lehre von den sozialen Typen kontinuierlich hervorwächst (KÖNIG, 1965, S. 26).

In seinem Werk über die »Arbeitsteilung« (1893, 1902) wird dieser Gedanke weiterverfolgt. Hier untersucht Durkheim das Verhältnis der individuellen Person zur sozialen Solidarität. Er stellt dabei zwei entgegengesetzte Systeme einander gegenüber: die »segmentären« und die »arbeitsteiligen« Gesellschaften. König meint, Durkheim hätte bei dieser Konzeption das Postulat verletzt, daß man soziale Erscheinungen immer nur im Rahmen konkomitanter Bedingungskomplexe bzw. sozialer Typen erfassen könne, die naturgemäß nie von allzu großer Allgemeinheit sein dürften (KÖNIG, 1976, S. 322).

Durkheims Begriff der »segmentären Gesellschaften« hat jedoch in der »social anthropology« wesentlich weitergewirkt und ist daher für unsere Überlegungen von einiger Relevanz. Die »segmentäre Gesellschaft« ist mit der »mechanischen Solidarität« verbunden, für welche wieder das »repressive Recht« charakteristisch ist. Diesen Gesellschaftstypus findet man weitgehend, aufrechterhalten durch ererbte Rechte, in primitiven, »undifferenzierten« sozialen Einheiten, die auf einer »Totalität von Glaubensvorstellungen und Empfindungen« basieren und die allen Mitgliedern der Gruppe »gemeinsam« sind. Durkheim nennt diesen den »kollektiven Typ«.

Wichtig ist, daß in »segmentären Gesellschaften« ein relativ konformes Bewußtsein ausgebildet wird und daß die einzelnen Segmente solcher Gesellschaften relativ selbständig sind. Durkheim hat nun verschiedene Typen dieser segmentären Gesellschaften herausgearbeitet, wobei er feststellte, daß je archaischer die Gesellschaften seien, desto vorherrschender sei das »Kollektivbewußtsein« und desto strenger das repressive Recht.

Als das »wirkliche soziale Protoplasma« hat Durkheim die »Horde« als die ursprünglichste monosegmentäre Gesellschaft identifiziert. Daran anschließend meint Durkheim, daß es ebensoviel fundamentale Typen der Gesamtgesellschaft gebe wie Möglichkeiten für die Horde, sich untereinander zu verbinden und neuen Gesellschaften zur Entstehung zu verhelfen. Diese »neuen« Gesellschaften wieder bilden die Grundlage für weitere Verbindungen und diese wieder für auf sie aufbauende usw. So kommt Durkheim zu dem Typus der »einfachen polysegmentären« Gesellschaft, die aus einer Wiederholung von Clans (Horden) gebildet wird, wie z.B. bei den Australiern und Irokesen. Zweitens auf den Typus der »einfach zusammengesetzten polysegmentären Gesellschaft«, in der sich mehrere Stämme zusammenfinden. Drittens auf den Typus der »doppelt zusammengesetzten polysegmentären Gesellschaft«, wie der Polis, der Vereinigung von mehreren Stämmen (DURKHEIM, 1965, S. 170 ff.).

Das Gegenstück zu den »segmentären Gesellschaften« sind die »arbeitsteiligen« Gesellschaften. Während in den »segmentären Gesellschaften« die Menschen durch ihre Ähnlichkeit vereint sind, so sind sie es hier auf Grund der Verschiedenheit. Durkheim spricht daher von der »organischen Solidarität«, die durch das »restitutive Recht«, welches auf die Wiederherstellung des verletzten Zustandes gerichtet ist, bestimmt wird. Die Individuen sind hier lediglich nach ihrer sozialen Tätigkeit gruppiert, d.h., die Gesellschaft ist nach dem Prinzip der Arbeitsteilung organisiert. Kritisch meint König zu dieser Konzeption Durkheims, daß die Problematik der Arbeitsteilung sich entscheidend verändert habe, insofern als die vermeintliche organische Solidarität durch die funktionale Interdependenz ersetzt worden sei und sich bürokratische Großorganisationen über die arbeitsteiligen Systeme geschoben und jenen vereinnahmt hätten (KÖNIG, 1976, S. 323). In eine andere Richtung zielt die Kritik von Gurvitch, der ähnlich wie Mauss feststellt, daß jede Gesellschaft sowohl organische als auch mechanische Solidarität besitze (GURVITCH, 1960, S. 84).

Unabhängig davon hat Durkheim durch seine Analysen des vor allem ethnographischen Materials wesentliche Anstöße zur Entwicklung des Funktionalismus gegeben. Dies zeigt sich schließlich darin, daß Durkheim jede der von ihm konstruierten Gesellschaftstypen mit bestimmten Formen der Wirtschaft, des Rechts und der Religion verbindet. So löst sich nach Durkheim in der organisierten Gesellschaft das Recht vollkommen von der Religion. Durkheim versucht also, das innere Gefüge der Gesellschaften, d.h. ihr soziales System – die Struktur –, zu reflektieren. Er schafft so einen Bezugsrahmen, um innerhalb dessen »normale« und »pathologische« Erscheinungen einwandfrei unterscheiden zu können, ohne deswegen Werturteile ins Spiel zu bringen.

In seiner Arbeit über den Selbstmord (1897) hält sich Durkheim allerdings weniger an die Struktur einer Gesellschaft, sondern vielmehr an die Strukturen einzelner Gruppen, etwa der Familie. Demnach kann man also zwischen Gesamt- und Teilstrukturen unterscheiden. In diesem Sinn sind die Überlegungen von Gurvitch zu interpretieren, der »Globalgesellschaften« entsprechend ihrer Strukturen – ähnlich wie Durkheim – zu klassifizieren versucht. So unterscheidet Gurvitch zwischen vier Typen »archaischer« und zehn Typen »zivilisierter« Gesellschaften (1955).

Entsprechend dieses strukturellen Ansatzes ist es für Durkheim nur konsequent, wenn er darauf verweist, daß es nicht auf den »Nutzen« einer Institution ankommt, sondern auf die Funktion. Das heißt also, daß Einrichtungen ihre Funktion ändern bzw. gleichzeitig verschiedenen Zwecken dienen können. Tatsächlich werden viele Institutionen nicht geschaffen um eines bestimmten Zweckes willen, sondern sie erwachsen aus den strukturell-funktionalen Zusammenhängen. So ist es die strukturelle Bedingtheit der Strafe, das Kollektivbewußtsein zu stärken:

> Verbrecherisches Verhalten verletzt das Kollektivbewußtsein, nämlich das allgemeine Bewußtsein von den geltenden Normen. Das intensive Kollektivbewußtsein erzwingt die Bestrafung des Verbrechers, es ist also Ursache der Strafe. Die Strafe hat wieder die Funktion, den Individuen die Norm erneut in Erinnerung zu bringen und damit auch die Intensität des kollektiven Bewußtseins von der Norm zu erhalten (DURKHEIM, 1965, S. 181 ff.).

In vielen Fällen besteht also die Funktion in der Erhaltung der strukturellen Voraussetzungen, aus denen sie erwachsen sind, sie dient also ihrer Weiterexistenz.

Wesentlich mit der Struktur der Gesellschaft ist für Durkheim das »Kollektivbewußtsein« verbunden, ein Begriff, der hier insofern interessant ist, als er den utilitaristischen Individualismus ausschaltet, der die Entstehung der Institutionen aus ihrem vermeintlichen Nutzen erklärt. Durkheim ersetzt den »Nutzen« durch die »Funktion«, womit impliziert wird, daß das »soziale Bewußtsein«, das Kollektivbewußtsein, die Quelle allen sozialen Seins ist. In seiner Auseinandersetzung mit Rousseau und dessen ›Contrat Social‹ (1918) geht Durkheim auf diese Problematik ein. Er zeigt dabei auf, daß der sogenannte »Gesellschaftsvertrag«, durch den die sozialen Gemeinwesen ursprünglich konstituiert wurden, nicht bloß vertraglicher Natur ist, sondern er ist einer Reglementierung unterworfen, die das Werk der Gesellschaft und nicht der einzelnen ist. Denn wenn der Vertrag respektiert werden soll, setzt Rousseau den sozialen Zustand bereits voraus, der damit das »nicht-kontraktuelle Element des Kontrakts« darstellt. Der Begriff des Kollektivbewußtseins, den Durkheim hier entwickelt, schwankt zwischen einer Entität sui generis und einer »Bedingung« sozialen Daseins überhaupt im Sinne gemeinsamer Glaubens- und Wertvorstellungen (KÖNIG, 1965, S. 33; 1976, S. 323). Das Kollektivbewußtsein ist also für die verschiedenen Formen der gesellschaftlichen Struktur verantwortlich, es ist notwendig, damit sie überhaupt »funktionieren« kann.

Wesentlich war für Durkheim, ebenso wie für Marcel Mauss, vorrangig Eigenschaften zu beschreiben, um so die Strukturen von Gesellschaften beschreiben zu können. Lévi-Strauss stellt dazu fest, daß Durkheim und Mauss hier in der Tradition von Frank Hamilton Cushing (1884) stünden, der nicht so sehr die Zuñi-Gesellschaft konkret beschreiben als vielmehr ein Modell entwickeln wollte, das ihm die Möglichkeit geben sollte, ihre Struktur und den Mechanismus ihres Funktionierens zu erklären (LEVI-STRAUSS, 1974, S. 237). Hinter diesem auch für Durkheim typischen Vorgehen stand die Intention des Evolutionismus, gesellschaftliche Entwicklungsstufen darzustellen, wie es Durkheim u. a. mit seiner Differenzierung von »mechanischer« und »organischer« Solidarität anstrebte. In diesem Sinn steht der Strukturalismus von Durkheim und Mauss in Widerspruch zu der Konzeption Malinowskis, der einem historisch-evolutionistischen Vorgehen grundsätzlich skeptisch gegenüberstand und der in seiner funktionalen Analyse wegen der Gefahr der Spekulation historischen Überlegungen grundsätzlich aus dem Weg ging (s. u.).

Es ist jedoch zu konstatieren, daß Durkheim durch die besondere Beachtung der Strukturen von Gesellschaften und der sie sichernden Institutionen stark auf die Entwicklung des Funktionalismus eingewirkt hat. So hat Radcliffe-Brown (1952) gezeigt, daß die »religiösen Tatsachen« als integrierender Teil der Sozialstruktur untersucht werden müßten.

Vielleicht noch intensiver als Durkheim hat sich Mauss mit diesem Thema der Struktur und ihrer integrierenden Teile auseinandergesetzt. In seiner Arbeit ›Die Gabe‹ (1923–24) unternimmt es Mauss, die »totalen gesellschaftlichen Tatsachen« zu untersuchen, das sind Tatsachen, die in einigen Fällen die Gesellschaft und ihre Institutionen in ihrer Totalität in Gang halten, wie z. B. einander besuchende Stämme, das Potlatchfest u. a.; aber auch eine große Zahl von Institutionen, bei denen Austausch und Verträge mehr das Individuum betreffen (MAUSS, 1975, S. 137f.). Mauss geht es darum, gesellschaftliche Systeme in ihrer »Ganzheit« zu erfassen, er wendete sich daher gegen eine Differenzierung von Recht, Mythos, Werten u. ä., da über diese nur Teilaspekte von Gesellschaften erfahrbar gemacht werden können.

Deutlich in der Tradition Durkheims steht Mauss in der Absicht, Tatsachen herauszuarbeiten, die universeller Natur sind, also eine allgemeine Funktionsfähigkeit besitzen. Sie stellt er den verschiedenen Institutionen oder Handlungsformen gegenüber, die eine mehr oder weniger zufällige lokale Färbung aufweisen. In diesem Kontext sieht sich Mauss als Gegner der Mehrzahl von Soziologen, die »allzusehr abstrahieren und die vielfältigen Elemente der Gesellschaft voneinander trennen«. Er sieht sich hier vielmehr einig mit den Historikern, die »das Gegebene beobachten«. Er meint: »Wir sollten ihnen folgen« (a. a. O., S. 139).

Charakteristisch für die Arbeit »Die Gabe« ist, daß Mauss in dieser wesentlich das Prinzip der »Gegenseitigkeit« (Reziprozität) herausarbeitete, ein Prinzip, das ungefähr zur selben Zeit auch Malinowski (1920 u. 1922) betont hatte (Mauss beruft sich explizit auf Malinowski). Anders aber als Malinowski, der mit dem Begriff der »Funktion« mehr oder weniger den praktischen Nutzen, den Bräuche und Institutionen für eine Gesellschaft haben, verbindet, faßt Mauss die »Funktion« im Sinne der Algebra auf, d. h. mit der Implikation, daß ein sozialer Wert als Funktion eines anderen begriffen werden kann. Wo Mauss ein konstantes Verhältnis zwischen Phänomenen ins Auge faßt, in welchem sie ihre Erklärung findet, fragt Malinowski bloß danach, wozu sie dienen, um eine Rechtfertigung für sie geben zu können (LEVI-STRAUSS, 1974, S. 29).

Als eines der Grundprinzipien »primitiver« Strukturen hat Mauss in Übereinstimmung mit Malinowski also das Prinzip der Gegenseitigkeit erkannt. Daß Mauss hier nicht bloß von

Malinowski beeinflußt wurde, sondern daß dieses Prinzip im Kreis der Durkheim-Schule bereits diskutiert wurde, zeigt sich in einer Erwähnung von Mauss in ›Die Gabe‹. Er weist darin auf seinen Freund Robert Hertz hin, der in einer Notiz »für Davy und Mauss« folgendes festhielt: »Es gab eine Art von Tauschsystem oder vielmehr eine Art, Geschenke zu machen, die zu einem späteren Zeitpunkt eingetauscht oder zurückgegeben werden müssen« (MAUSS, 1975, S. 23).

Nicht nur mit der Betonung der »Reziprozität« hat Mauss auf seine kulturanthropologische Nachwelt eingewirkt, sondern auch mit der Unterstreichung der Verwandtschaft, deren Struktur er analog zu den Regeln der Sprache sah (LEVI-STRAUSS, 1974, S. 29). Lévi-Strauss betont, daß für die Kulturanthropologie die Chance besteht, durch ihre immer größere Annäherung an die Linguistik von den unübersehbaren Möglichkeiten zu profitieren, die sich aus der Anwendung mathematischer Verfahren auf die Untersuchung von Kommunikationsphänomenen eröffnet haben (a. a. O., siehe dazu näher Kapitel II).

Unsere Ausführungen machen nun deutlich, daß Durkheim und Mauss essentielle Gedankengänge entwickelten, die schließlich für den Funktionalismus in der Tradition von Malinowski (Reziprozität!) und von Radcliffe-Brown (Funktion als Element der sozialen Integration von Institutionen) konstitutiv wurden. Auch für den »Strukturalismus« von Lévi-Strauss haben Durkheim und Mauss wichtige Anregungen gegeben. Dies wird deutlich, wenn Lévi-Strauss die Verwandtschaftssysteme analysiert, Heiratsregeln studiert und das Prinzip der Reziprozität betont. Letzteres wird auf drei Ebenen des Austauschs klargelegt: den Austausch von Frauen (und damit von Genen), den Austausch von Gütern und Dienstleistungen und den Austausch von Mitteilungen (LEVI-STRAUSS, 1967, S. 322; Näheres siehe dazu bei: BÜHL, 1975, S. 39 ff.).

Eng mit dem ganzheitlichen Gedanken der Konzeption der Struktur bei Durkheim und Mauss hängt der Begriff der »sozialen Morphologie« zusammen. Diese Bezeichnung wurde von Durkheim 1898 eingeführt, und sie soll die Wissenszweige abdecken, die sich mit dem »materiellen Substrat« der Gesellschaft befassen. Das Substrat einer Gesellschaft besteht vor allem in einer Menge von Individuen, die auf einem gegebenen Boden in einer gewissen Weise verteilt sind. Diese »Bevölkerung« kann dichter und weniger dicht sein, sie kann durch Wanderung, Heiraten usw. bestimmt sein. Marcel Mauss stellt fest, daß die soziale Morphologie für die allgemeine Soziologie wesentlich sei, weil alle Forschung entweder mit ihr zu beginnen oder zu enden habe. König bemerkte allerdings, daß z. B. Durkheim zwischen den Konfigurationen des materiellen Substrates und der »Struktur« im oben beschriebenen Sinn nicht immer klar unterschieden hat. Auch bei Mauss wird diese Gefahr, so König, bisweilen sichtbar, obwohl die »soziale Morphologie« eindeutig auf das »Substrat« der Gesellschaft bezogen ist, d. h., daß diese Elemente erst im Rahmen einer gegebenen Struktur ihren Sinn erhalten (KÖNIG, 1969, S. 281). Die soziale Morphologie beginnt mit der »Außenseite der Erscheinung«, um bis »in das Herz« der sozialen Erscheinung vorzustoßen. Die Aufgabe des Soziologen ist es also, diese Außenseite festzustellen. Es haben sich heute Disziplinen entwickelt, die in dieser Richtung arbeiten: die Soziogeographie, die Demographie und die Sozialökologie.

Eine wohl klassische Untersuchung im Sinne der »sozialen Morphologie« führte Marcel Mauss durch. Er zeigte, wie die Eskimofamilie je nach Jahreszeit sich ändert. So lebt während des Sommers jede Familie für sich allein im Rundzelt, das sie auf ihren Wanderungen mitnimmt. Im Winter dagegen leben die meisten Familien vereint als Großfamilie.

Forschungsintention der »sozialen Morphologie« ist jedoch keineswegs eine bloße Beschreibung, sondern die Erklärung der Ursachen für eine dichtere und lockere Siedlungsweise, für Städtebildungen usw. Wesentlich ist also der Fragestellung der »sozialen Morphologie«: Inwieweit besteht eine Beziehung zwischen materiellem Substrat und kulturellen Erscheinungen? Als Ergebnis seiner Untersuchung der Eskimogesellschaft faßt Mauss zusammen: »Bei ihnen (den Eskimos) sieht man wirklich in dem Augenblick, wo die Form der Gruppe sich ändert, mit einem Schlag die Religion, das Recht und die Moral sich umgestalten. Diese Erfahrung ... wiederholt sich jedes Jahr mit absoluter Unveränderlichkeit« (MAUSS, 1975, Bd. 2, S. 276).

Mauss sieht also zwischen den verschiedenen Siedlungsweisen der Eskimos und dem sozialen Leben eine echte Verbindung. Während im Winter die Individuen zusammenleben und eine Gruppe sich herausbildet, wobei die sozialen Aktionen vermehrt auftreten können, lockern sich während des Sommers die sozialen Bande. Einer intensiven Sozialität steht eine verkümmerte Sozialität gegenüber (a. a. O., S. 271). Mauss meint, daß ein ähnlicher Rhythmus auch in anderen Gesellschaften zu finden wäre, so z.B. in der europäischen Gesellschaft, die während der Sommermonate anderen sozialen Aktivitäten nachgeht als in den kalten Monaten (a. a. O., S. 273).

Diese Dichotomie von Zusammenziehung und Zerstreuung während des Jahres ist, so Mauss, ziemlich allgemein und dürfte den Bedürfnissen des Individuums entgegenkommen, das den Druck desselben sozialen Lebens nur eine Zeit ertragen kann. Dies führt Mauss zu der Frage, ob die eigentlichen Jahreseinflüsse nur Markierungspunkte sind, die anzeigen, wann der Wechsel in den sozialen Kontakten eintritt, den das Individuum zweifellos herbeisehnt (a. a. O., S. 274; siehe dazu auch HALBWACHS, 1938).

Für unsere Diskussion ist diese bei Durkheim und Mauss angeschnittene Problematik des Einflusses der Siedlungsform u. ä. auf das soziale Leben insofern relevant, als der Strukturgedanke in einer gewissen Hinsicht dieser Ergänzung bedarf, wie sie heute von der Demographie u. ä. Disziplinen angeboten wird. Was aber nicht heißen soll, daß die soziale Struktur notwendig vom materiellen Substrat abhängig ist.

2. Die soziale Institution – B. Malinowski

Der Funktionsbegriff bei Malinowski hat eine doppelte Aufgabe zu erfüllen. Einmal soll er als Werkzeug der empirisch-vergleichenden Forschung dienen, das andere Mal soll er eine anthropologische Kulturtheorie ermöglichen. Diese Kulturtheorie hat zweierlei zu leisten: erstens soll sie die Bedeutung des Funktionsbegriffes für die empirische Forschung begründen und zweitens den Ganzheitscharakter einer Kultur mit Hilfe des Funktionsbegriffes einsichtig machen. Hier zeigt sich schon die kritische Haltung gegenüber dem »Diffusionismus«, der den Ganzheitscharakter einer Kultur in keiner Weise erfassen kann (s. Kap. I). In geradezu polemischer Weise bewegen sich daher Malinowskis Äußerungen zum Thema des Diffusionismus. So bezeichnet er Graebner und Ankermann als »Museums-Maulwürfe«, die die physische Form des Artefakts ausschließlich zum Merkmal für die Identifikation von Kulturtatsachen machten (MALINOWSKI, 1949, S. 61).

Grundsätzlich läßt sich sagen, daß die Kritik, die Malinowski gegenüber manchen Schulen der Ethnologie vorbringt, sich auf deren Mangel im »ganzheitlichen« Denken gründet bzw. auf das Unterlassen, die Beziehung des einzelnen Kulturelementes in ihrem sozialen Zusammenhang zu sehen. Auch Frazer und Tylor werden in diesem Sinn von Malinowski kritisiert (vgl. MALINOWSKI, 1949, S. 66). Zu dieser Thematik erklärt Malinowski:

> Der einzige Punkt, auf den es ankommt, ist, ob wir imstande sind, eine Reihe von Phänomenen auf Grund einer wirklich wissenschaftlichen Analyse zu isolieren, oder ob das auf Grund einer bloßen Annahme geschieht. Und weiter ist der springende Punkt, ob wir Graebner folgen wollen, und das Hauptgewicht auf die Merkmale eines Elements oder Elementenkomplexes legen wollen, die äußerlich und irrelevant sind, oder ob wir im Gegenteil nur auf Beziehungen und Formen achten wollen, die durch Kulturkräfte, die tatsächlich wirken, bestimmt sind. Der zweite Weg ist der einzig wissenschaftliche zum Verständnis von dem, was Kultur in Wahrheit ist. Der erste, der gerade in entgegengesetzter Richtung läuft, kann also nicht wissenschaftlich sein. In diesem Punkt ist ein Kompromiß unmöglich. Da gibt es keinen Mittelweg (MALINOWSKI, 1949, S. 74).

Die Diffusionisten, die davon ausgehen, daß alte Kulturelemente, die ihre ursprüngliche Bedeutung verloren haben, als »Überlebsel« nicht mehr in den neuen kulturellen Rahmen passen, werden von Malinowski angegriffen. Nach Malinowski handelt es sich beim »Überlebsel« lediglich um ein Kulturelement, das wohl seine Entstehung einer früheren Epoche verdankt, das aber seine Funktion (!) den gegenwärtigen Zuständen entsprechend geändert hat. Von einem »Überlebsel« im rein etymologischen Sinn kann also nicht die Rede sein, auch wenn »seine Funktion in einem romantischen Motiv zu suchen ist« (MALINOWSKI, 1949, S. 68).

Malinowskis Verhältnis zur Geschichte ist ein diszipliniertes: Ein historischer Vorgang ist für eine Erklärung oder Analyse bedeutungsvoll, wenn man sich vergewissert, daß man auf der Zeitachse wirklich vergleichbare Dinge miteinander verbindet.

Wäre es möglich, die Veränderungen in der Geschichte der privaten Institutionen innerhalb ein und derselben europäischen Kultur über einen Zeitraum von fünfhundert Jahren zu verfolgen; wäre es zudem möglich, bei jedem Schritt zu zeigen, wie eine Veränderung eintrat und was sie bestimmte, dann dürfen wir mit Recht behaupten, wir hätten den Standpunkt einer exakt-wissenschaftlich erklärenden Historie (MALINOWSKI, 1949, S. 60).

Malinowski glaubt jedoch, daß es schwierig sei, die Geschichte wirklich wissenschaftlich zu konstruieren. Er stellt außerdem mit Nachdruck fest, daß der Funktionalismus weder gegen eine Untersuchung der örtlichen Verteilung noch gegen einen Rekonstruktionsversuch der Vergangenheit mit entwicklungsgeschichtlichen Mitteln feindlich eingestellt ist. »Das einzige, worauf er besteht, ist, daß, wenn wir die kulturellen Phänomene nicht nach Funktion und Form festlegen, wir zu solchen phantastischen Entwicklungsschemen kommen, wie die von Morgan, Bachofen oder Engels« (a. a. O., S. 44).

Es ergibt sich jedoch aus Malinowskis Überlegungen, daß er das evolutionistische Prinzip mit dem funktionalistischen – zumindest latent – zu verbinden sucht. Er führt nämlich aus: »Doch bleibt unser Bestreben, alle und jede Manifestation menschlichen Lebens bis zu den einfachsten Formen zu verfolgen ... Ich denke, wir werden zum Schluß dazu kommen, daß unter ›Ursprung‹ nichts anders zu verstehen ist, als der Wesenskern einer Institution wie Ehe oder Nation ...« (MALINOWSKI, 1949, S. 57).

Ein wichtiges Erkenntnisprinzip ist für Malinowski die psychologische Deutung von Sitten, Glaubenslehren und Ideen. Hier wird die Abhängigkeit von Wundt deutlich, aus der sich die Kritik an Durkheim erklären läßt: »Durkheim nun wieder wurde durch gewisse metaphysische Vorurteile gehemmt, vor allem dadurch, daß er jede introspektive, psychologische Grundlage des menschlichen Verhaltens strikte ablehnte« (MALINOWSKI, 1949, S. 60). Mit den Prämissen der Psychoanalyse fühlt sich Malinowski verbunden, obwohl er die Spekulationen in der Tradition Freuds ablehnt. Er ist von der Fruchtbarkeit der Zusammenarbeit mit ihr überzeugt, vor allem darum, weil der Analytiker gezwungen ist, organische Triebe als determinierende Bedingungen der Kultur anzusehen (MALINOWSKI, 1949, S. 63). Daher müssen nach Malinowski Ideen, Gedanken und

Emotionen zusammen mit allen anderen Kulturaspekten funktional und formal behandelt werden. Das funktionale Vorgehen erlaubt weiter, die mit einem Symbol in Verbindung stehenden nachweisbaren Tatsachen festzustellen und zu zeigen, daß in der kulturellen Wirklichkeit ein sprachlicher oder ein anderer symbolischer Akt einzig durch die Effekte, die er hervorruft, real wird (MALINOWSKI, 1949, S. 64). Wichtig für die Konzeption Malinowskis ist also die Annahme, daß jedes kulturelle Element funktional bestimmbar ist.

Bei seiner Begriffsbestimmung der Funktion geht Malinowski von den Begriffen der Anwendung oder der Nützlichkeit und der Bezogenheit aus. Denn bei jeder Tätigkeit »sehen wir«, daß die Benutzung eines Dings als Teil eines technologisch, legal oder rituell bestimmten Verhaltens den Menschen zur Befriedigung irgendeines Bedürfnisses verhilft.

> Früchte und Wurzeln werden gesammelt, Fische gefangen, Wildtiere auf der Jagd oder in Fallen erlegt, Vieh gemolken oder geschlachtet, um als Rohmaterial in der Speisekammer des Menschen zu dienen ... All das gipfelt in der Mahlzeit eines einzelnen oder auch einer ganzen Gemeinschaft ... Das einzige, was der Funktionalist noch weiter dazu zu sagen hat, ist, daß alle Motive, die Teile dieses Prozesses beherrschen, und die, aufgespalten als Vorliebe für Gartenbau oder Jagd, als Lust und Gier nach günstigem Tausch und Handel, aber auch als Trieb zur Freigebigkeit und Wohltätigkeit auftreten, in Zusammenhang mit dem Grundtrieb, dem Hunger, betrachtet werden müssen. Die Gesamtfunktion all dieser Prozesse, die in ihrem Zusammenspiel das kulturelle Verpflegungswesen einer Gemeinschaft darstellen, ist die Befriedigung des grundlegenden biologischen Bedürfnisses nach Ernährung (a. a. O., S. 27).

Es ist eine Selbstverständlichkeit, so betont Malinowski, daß nichts so schwer zu erkennen ist wie das Selbstverständliche. Malinowski wendet sich offen gegen die Richtungen, die versuchen, »magische und wirtschaftliche Einstellungen in ihrem Zusammenspiel zu sehen« und so in einen wissenschaftlichen Totalitarismus abrutschen. Die Grundlage jeder sinnvollen Kulturanalyse besteht nun darin, Einzelphänomene in einen Zusammenhang zu stellen. Diese Einzelphänomene des Funktionalismus nennt Malinowski Institutionen. Sie unterscheiden sich von Kulturkomplexen dadurch, daß ihre Elemente aufeinander bezogen sind und in einem notwendigen Zusammenhang stehen. Die Institution hat also eine Struktur, die die Einzelelemente der Institution zusammenfaßt. So sind die Elemente der Familie: Sittenkodices, Personal, Lebensführung u. ä. Der Begriff der Funktion ist eng mit der Analyse der Institutionen verbunden. Die Funktion der Familie ist es z. B., die Gemeinschaft mit Mitgliedern zu versorgen.

Malinowski gibt zu, daß die funktionalistische Analyse zwei Einwänden ausgesetzt ist; einmal dem, sie liefere nur Tautologien und Selbstverständlichkeiten, zum andern dem, sie beruhe auf einem Circulus vitiosus: »Wenn wir nämlich die Funktion bestimmen als Befriedigung eines Bedürfnisses, so kommt man leicht auf die Vermutung, dieses Bedürfnis sei lediglich eingeführt, um das Bedürfnis der es befriedigenden Funktion zu befriedigen«. Dazu erklärt Malinowski, daß er hier nicht allzu dogmatisch verstanden werden möchte. Denn der Funktionsbegriff sei als Instrument zu begreifen, das vor allem der empirischen Forschung die Berücksichtigung der Bedeutung sozialer Elemente für den Menschen nahelege (vgl. o., a. a. O., S. 27 ff.).

Die Funktion definiert Malinowski also als die Leistung einer sozialen Institution in bezug auf ein menschliches Bedürfnis. Mit der Funktion einer Institution ist nun immer ihre bedürfnisbefriedigende Wirkung gemeint. Für die empirisch verfahrende Ethnologie (oder »Sozialanthropologie«), wie sie von Malinowski eingesetzt wurde, ist dieser Funktionsbegriff programmatisch gewesen, denn die Bedeutung des Funktionsbegriffes sieht Malinowski in der Schaffung eines Instruments für den praktisch arbeitenden Feldforscher. Außerdem zeigt sich in dieser für die Sozialanthropologie neuen Betrachtungsweise eine deutliche Alternative zu den vergangenen evolutionistischen und diffusionistischen Erklärungsversuchen (s. o.).

Das Vorgehen des »funktionalistisch« orientierten Feldarbeiters ist also ein vergleichend analytisches. Demnach sind die zu vergleichenden Elemente verschiedener Kulturen zunächst zu isolieren und in einer bestimmten Hinsicht zu vergleichen. Bestimmte soziale Einrichtungen wie Religion, Familie, Recht u. a. in verschiedenen Gesellschaften müssen also zuverlässig identifizierbar sein. Diese Identifikation hat der Funktionsbegriff zu leisten (vgl. STEINBECK, 1964, S. 102). Als isolierbares soziales Element wird die Institution und als allen Institutionen gemeinsames Merkmal ihre Funktionalität, d. h. ihre Bedürfnisbezogenheit, in Malinowskis Kulturtheorie manifest. Da nun Malinowski die Kultur als die Gesamtheit der sozialen Äußerungen des Menschen, zu denen Objekte, Artefakte, Symbole, Verhaltensweisen und Aktivitäten gehören, begreift, ist es klar, daß die Funktionalität zum Wesensmerkmal der Institution gehört (MALINOWSKI, 1949, S. 37 ff., 102 ff.; und MALINOWSKI, 1951, S. 92).

Die Kulturtheorie Malinowskis macht seine Konzeption des Funktionalismus verständlich. So zählt Malinowski als allgemeine Kultur-Axiome auf:

1. Kultur ist im wesentlichen ein instrumenteller Apparat, durch den der Mensch in die Lage versetzt wird, mit den besonderen konkreten Problemen, denen er sich in seiner Umwelt und im Lauf der Befriedigung seiner Bedürfnisse gegenübergestellt sieht, besser fertig zu werden.
2. Sie ist ein System von Gegenständen, Handlungen, Einstellungen, innerhalb dessen jeder Teil als Mittel zu einem Zweck existiert.
3. Sie ist ein Ganzes, dessen mannigfaltige Elemente in gegenseitiger Abhängigkeit stehen.
4. Solche Handlungen sind rings um wichtige vitale Aufgaben zu Institutionen organisiert, wie beispielsweise die Familie, der Clan, die Ortsgemeinde, der Stamm, und die organisierten Vereinigungen zur wirtschaftlichen Zusammenarbeit, zur politischen, gesetzlichen oder erzieherischen Tätigkeit.
5. Vom dynamischen Gesichtspunkt aus, das heißt nach der Art der Tätigkeit, lassen sich eine Anzahl von Aspekten in der Kultur unterscheiden, wie beispielsweise Erziehung, gesellschaftliche Überwachung, Wirtschaft, Wissenssysteme, Moral und Glaube, Arten des schöpferischen und künstlerischen Ausdrucks.

Der Kulturprozeß, wie ihn Malinowski betrachtet, setzt stets menschliche Wesen voraus, die in bestimmten Beziehungen zueinander stehen, die also organisiert sind, die Artefakte handhaben und die miteinander durch die Sprache oder einen andersartigen Symbolismus verkehren (MALINOWSKI, 1949, S. 22 f.).

Artefakte, organisierte Gruppen und Symbolismen sind nun die drei Dimensionen des Kulturvorganges, die in engster Verbindung miteinander stehen. Malinowski fragt, welcher Art diese Verbindung sei. Bei jedem einzelnen Schritt spielen nun alle drei Dimensionen der kulturellen Wirklichkeit mit. Das Artefakt ist so ein Gegenstand für einen bestimmten menschlichen Zweck. Dadurch, daß es auf den Menschen bezogen ist, ist Gesellschaft mit ihren Symbolismen, die notwendig für die Übernahme der Kenntnis zur Herstellung des Artefakts sind, wesentlich beteiligt. Jede soziologische Realität hat Form und Funktion. Die Form in einer bestimmten Kultur ist die Art, in der ein bestimmter gesellschaftlicher Prozeß durchgeführt wird. Die Funktion ist der Prozeß. Die einzelnen Bestandteile der Kultur sind mittelbar oder unmittelbar Instrumente zur Lebenserhaltung und Bedürfnisbefriedigung des Menschen und durch ihre Funktionen aufeinander bezogen. Durch wechselseitige Zweck-Mittel-Relationen miteinander verbunden, bilden sie das Ganze der Kultur.

Das Totalitätsproblem stellt sich aber unter zwei Aspekten: der Verknüpfung der Teile einer Kultur zu einem Ganzen und der Rückwirkung des Ganzen auf die Teile. Diese Rückwirkung des Ganzen auf die Teile denkt Malinowski wieder in den Begriffen Bedürfnis und Funktion. Der kulturelle Apparat entwickelt selbst Bedürfnisse, die darin bestehen, daß bestimmte notwendige Voraussetzungen für seine Aufrechterhaltung und sein adäquates Funktionieren erfüllt sein müssen. Das System der Kultur legt dem handelnden Menschen »kulturelle Imperative« auf. Diese Bedürfnisse des kulturellen Systems sind nichts anderes als »abgeleitete« menschliche Bedürfnisse: Der Bestand des Menschen ist plastisch und formbar; er erweitert sich dadurch, daß das Mittel zur Bedürfniserfüllung selbst zum Gegenstand eines neuen Bedürfnisses wird, denn die Bedingungen der Befriedigung werden genauso erstrebt wie die Befriedigung selbst. So werden die kulturellen Einrichtungen, ursprünglich Mittel zur Bedürfniserfüllung, nun als »Werte« erstrebenswert. Die Bedürfnisse des Kultursystems macht sich der Mensch zu eigen als seine Bedürfnisse. Mit dieser Überlegung wird die Einheitlichkeit des Funktionsbegriffes erhalten. Wo Institutionen Funktionen erfüllen, befriedigen sie (primäre oder abgeleitete) menschliche Bedürfnisse (MALINOWSKI, 1949, S. 102 ff., S. 118).

Nach Steinbeck geht Malinowski zu weit, wenn er in die Totalität des Kultursystems sogar die organische Natur des Menschen einbezieht. Außerdem sei die nicht eindeutige Zurechenbarkeit von Institution und Bedürfnis hinsichtlich der empirischen Feldforschung problematisch (STEINBECK, 1964,

S. 104). Diese kritische Position übersieht jedoch, daß Malinowskis Prämisse die ist, daß eine Institution auf mehrere menschliche Bedürfnisse und ein Bedürfnis auf mehrere Institutionen bezogen sein kann (MALINOWSKI, 1949, S. 102 ff.). Dadurch wird der analytische Charakter von Institution und Funktion manifest. Als Feldforscher wies Malinowski daher auf die Notwendigkeit hin, für die »Unterschiedlichkeit der einzelnen konkreten Manifestationen«, d.h. für die abweichenden Formen derselben Institution in verschiedenen Gesellschaften, eine zusätzliche Erklärung in der »speziellen kulturellen Kausalbedingtheit« zu suchen (MALINOWSKI, 1951, S. 176 f.).

Malinowski zielt, wie deutlich wurde, auf einen »universellen Funktionalismus« ab, nach dem jede Institution eine Funktion hat. Merton hat gezeigt, daß diese Konzeption Malinowskis problematisch ist. Eine soziale Einrichtung ist nicht prinzipiell als funktional zu begreifen, sondern die Möglichkeit ihrer Funktionalität ist durch die Untersuchung der historischen gesamtgesellschaftlichen Bedingungen erst zu erweisen. Nur wenn die gesellschaftliche Bedingtheit der Funktionalität beachtet wird, kann das Funktionskonzept von vorschnellen und letztlich nicht begründbaren Verallgemeinerungen befreit werden (MERTON, 1957, S. 32 ff.).

2.1. Die funktionalistische Rechtstheorie Malinowskis

Es ist noch auf die Rechtstheorie Malinowskis zu rekurrieren, denn sie exemplifiziert deutlich das »funktionalistische« Prinzip. Malinowski geht in ihr nicht von einer selbstlosen Loyalität aus – im Gegensatz zu Durkheim, Hartland und Rivers –, die den einzelnen an die Gruppe bindet. Sondern er deutet die primitive Ordnung aus dem Grundsatz: »do, ut des«. In ›Crime and Custom in Savage Society‹ (1926) versuch er zu beweisen, daß Rechtstheorien, die die Gesellschaft der »Primitiven« von Mystik, Laune oder anderen Irrationalitäten beherrscht sehen, einfach falsch sein müssen. »Die Primitiven«, so stellt er fest, »haben keine Gruppe von Regeln mit Zwangscharakter, die mit einer Art mystischer Kraft ausgestattet sind, die im Namen Gottes eingesetzt sind, sondern es kommt ihnen ausschließlich bindender, sozialer Zwang zu« (MALINOWSKI, 1949, S. 18).

Das Prinzip der Gegenseitigkeit bestimmt das Leben und läßt

außerdem eine scharfe Grenze zwischen Recht und Strafrecht nicht zu.

Der Gesichtspunkt der Einwilligung beim Brauchtum der Primitiven, die Tatsache, daß auf gehorsamer Beobachtung der Regeln Belohnungen stehen, daß die Beachtung vergolten wird durch Gegendienste, ist nach meiner Auffassung so wichtig wie die Strafsanktionen. Und diese werden nicht bewußt zu einem bestimmten Zwecke auferlegt, sondern liegen vielmehr in der natürlichen Vergeltung, die in der Nichtleistung des Gegendienstes entspringt, in der Kritik und den unbefriedigten Verhältnissen innerhalb der Verwandtschaft und der Institutionen. Gegenseitigkeit ist eines der Elemente bei legaler Durchsetzung (MALINOWSKI, 1934, S. XXXVII).

Dieses Prinzip der Gegenseitigkeit, das geradezu typisch für das funktionalistische Denken Malinowskis ist, durchzieht eines seiner umfangreichen Werke (MALINOWSKI, 1922). In diesem schildert er den zeremoniellen Kreistausch (Kula) zwischen den Inseln des Archipels der Trobriand Islands in seinem engen Zusammenhang mit Technik und Wirtschaft, Familien- und Rangordnung, Zauberei und Mythologie. Andere Studien widmen sich der Familie, die er als Knotenpunkt gefühlsmäßiger, sozialer und wirtschaftlicher Beziehungen sieht (MALINOWSKI, 1926, 1927). In Auseinandersetzung mit der Psychoanalyse legt Malinowski in diesem Zusammenhang dar, daß für die mutterrechtliche Gesellschaft der Trobriander eine seelische Konstellation typisch ist, die weit vom Freudschen Schema abweicht. Die geheime Spannung und Rivalität, die in vaterrechtlichen Gesellschaften so häufig zwischen Vater und Sohn anzutreffen ist, besteht hier zwischen dem Mutterbruder und seinem gesetzlichen Erben, dem Schwestersohn. Vater und Sohn haben keine rechtlichen Ansprüche aufeinander, da die physiologische Vaterschaft unbekannt ist und der Vater nicht als Blutsverwandter gilt. Trotzdem ist hier eine herzliche Zuneigung zu sehen, und der Vater sucht, was er dem Sohne hinterlassen kann, ihm schon bei Lebzeiten zuzuwenden.

2.2. Kritik

Eingewandt wird gegen die »Neuartigkeit« der Methode Malinowskis, daß dieses Verfahren von jeher geübt worden sei. Was bei anderen Feldforschern systemlos auftrat, das Suchen nach den Motiven des Handelns in seinem konkreten Zusammenhang, bildet bei Malinowski den Kern der gesamten Feldforschung (MILKE, 1937, 513 ff.). Malinowski war allerdings überzeugt, das letzte Wort im völkerkundlichen Methodenstreit gesprochen zu haben und keiner anderweitigen Erklärungsmöglichkeiten zu bedürfen. Dabei verfällt er mitunter in »erstaunliche Plattheiten« (MILKE, a. a. O.).

Sehr schroff wandte sich Radcliffe-Brown gegen Malinowski: »... the greater part of his statements are commonplaces of social sciences, only made to appear novel and profound by a novel and obscure use of words« (RADCLIFFE-BROWN, 1935, S. 47 f.).

Steinbeck meint schließlich, daß die konstante Natur, von der Malinowski ausgeht und die für die Schaffung einzelner Institutionen verantwortlich sei, als theoretischer Ansatz mit dem Theorem der Formbarkeit selbst biologischer Triebe und der Neubildung menschlicher Bedürfnisse durch die Kultur nicht in Einklang zu bringen ist (STEINBECK, 1964, S. 104).

3. Radcliffe-Brown und die Kategorie der »Struktur«

Auch Radcliffe-Brown (zunächst nannte er sich A. R. Brown) verdankt seine Grundhaltung der Beschäftigung mit Durkheim, unter dessen Einfluß er zweifellos steht, und einer intensiven Auseinandersetzung mit psychologischen Problemen, die sich ihm während seines Studiums bei Rivers stellten. Das für den Funktionalismus bedeutsame Jahr 1922 brachte neben dem Werk Malinowskis ›Argonauts of the Western Pacific‹ Radcliffe-Browns Buch ›Andaman Islanders‹, welches das Ergebnis einer Feldforschung bei den Pygmäen der Andamaneninseln im Indischen Ozean darstellt. In diesem Werk wendet sich Radcliffe-Brown mit Vehemenz gegen das traditionelle Vorgehen der Ethnologie, welches damals noch in den Konzeptionen des Evolutionismus und Diffusionismus befangen war. Die Neuorientierung versuchte Radcliffe-Brown durch eine Verlagerung des Augenmerkes auf die Bedeutung eines kulturellen Elements für das Ganze der Gemeinschaft (RADCLIFFE-BROWN, 1922,

S. 229 ff.). Danach besteht die »soziale Funktion« der Zeremonien der Andamesen darin, gewisse gefühlsmäßige Einstellungen, von denen die Existenz der Gemeinschaft abhängt – wie Gemeingefühl und Freizügigkeit –, zu befestigen und zu tradieren. Die Funktion ihrer Mythen wieder bezieht sich darauf, bestimmte Naturerscheinungen, Handlungen und »Sachen« im Bewußtsein des Volkes zu fixieren.

Radcliffe-Browns eingehende Studien in Australien zeigen deutlich Intention und Methode seiner funktionalistischen Konzeption auf (RADCLIFFE-BROWN, 1913, 1931). Seine theoretischen Konzeptionen, die diesen Forschungen zugrunde lagen, wurden in mehreren Aufsätzen (1932, 1935) und schließlich in dem Buch ›Structure and Function in Primitive Society‹ (1952) ausgeführt.

Während seiner Lehrtätigkeit in Chicago und Oxford unterschied er innerhalb der Völkerkunde zwei Wissenschaften: die »ethnology«, welche die Völker in ihren historischen und geographischen Beziehungen untersucht, und die »social anthropology«, die durch Vergleich der verschiedenen Gesellschaftsformen die Natur der menschlichen Gesellschaft erforscht. Erstere ist im wesentlichen, da ihr historisches Material fehlt, auf Rekonstruktionen angewiesen. Die »social anthropology« hingegen wendet auf die Erscheinungen des sozialen Lebens die generalisierende Methode der Naturwissenschaften an und erklärt Einzelerscheinungen aus einem universalen soziologischen Gesetz. Die kulturellen Einrichtungen werden als Beispiele allgemein menschlicher Erscheinungen erklärt und dargestellt. Die »social anthropology« untersucht nun die Funktionen dieser in ihrer Wirkung für das gesamte Kultursystem, dem sie angehören (RADCLIFFE-BROWN, 1932, S. 148 ff., 150 ff.).

Das »richtige« Verfahren besteht nach Radcliffe-Brown darin, zunächst Gesetze zu finden, aus denen die Einzelerscheinungen ableitbar sind, um dann die Grundlage dieser Gesetze in psychophysischen Gesetzmäßigkeiten zu suchen. Einer rein psychologischen Deutung hat sich jedoch die Sozialanthropologie (oder »comparative sociology«, wie sie Radcliffe-Brown auch nennt) zu enthalten. Es ist nämlich nach Radcliffe-Brown verfehlt, Kulturerscheinungen auf die seelischen Regungen (mental activity) der Individuen zurückzuführen (RADCLIFFE-BROWN, 1932, S. 149 ff.).

Hier macht sich bereits die Distanzierung von Malinowski deutlich, für den die Funktion einer kulturellen Institution in der Befriedigung eines menschlichen Bedürfnisses liegt. Für Radcliffe-Brown dient vielmehr die einzelne Kulturerscheinung der Förderung eines überindividuellen objektiven Zweckes der Gesamtkultur. Demnach ist die Funktion des Kulturganzen die Integration sozialer Gruppen und die Funktion der einzelnen Kulturerscheinungen ihr Beitrag zu dem System der sozialen Integration (a. a. O., S. 152, s. a. MILKE, 1963, S. 98). Da es sich um bewußtseinstranszendente Zweckzusammenhänge handelt, können Angaben der Eingeborenen über den Sinn ihrer Sitten und Einrichtungen für den Forscher nicht maßgebend sein (RADCLIFFE-BROWN, 1932, S. 156). Zwei Methoden sieht hier Radcliffe-Brown als möglich und gangbar an: das mehr intuitive Urteil des Feldforschers aus der lebendigen Kenntnis des ganzen Kulturzusammenhanges heraus, das sich in Zukunft vielleicht durch eine besondere Methode der Interpretation objektiv darstellen lassen werde, und das vergleichende Studium einer Einrichtung bei einer größeren Anzahl von Kulturen des gleichen Grundtypus (a. a. O., S. 157, 163).

3.1. Der Einfluß Radcliffe-Browns

C. H. Wedgwood schreibt, daß jede soziale Einrichtung eine Funktion habe und dieser ihren Bestand verdanke. Sie unterscheidet weiters bereits zwischen »offenbaren« und »latenten« Funktionen, wie es ähnlich später auch Merton (Social Theory and Social Structure, 1949) tut. Unter den »offenbaren« Funktionen versteht Wedgwood die seelischen Antriebe, die auf die beteiligten Personen einwirken und sie zu bestimmten Handlungen veranlassen. Die »latenten« Funktionen dagegen sind mit den sozialen Funktionen Radcliffe-Browns identisch und bleiben im allgemeinen dem Handelnden unbekannt. Nach den Forschungen Wedgwoods haben die »latenten« Funktionen von Geheimgesellschaften es dem Individuum zu ermöglichen, seine Eigenart zu behaupten und Geltung zu gewinnen, ohne die Gemeinschaft zu gefährden (WEDGWOOD, 1930/31 b, S. 129 ff.). Eine andere Analyse bringt sie zu dem Schluß, daß der Krieg den Zweck hat, ein Volk zusammenzuhalten, seine Aggressionen gegenüber einem anderen abzubauen und die Bande, die es zusammenhalten, zu stärken bzw. wiederherzustellen. Diese Funktionen sind jedoch nach der Autorin in den modernen Kriegen zurückgetreten (WEDGWOOD, 1930/31 a, S. 5 ff.).

Etwas komplizierter machte es ein anderer Schüler Radcliffe-Browns, nämlich W. L. Warner, der bei den Murgin in Nordaustralien Forschungen durchführte. Für ihn hat der Krieg die Wurzeln in der Vielweiberei, da er durch Tötung zahlreicher Männer den notwendigen Frauenüberschuß erzeugt. Da nun die Vielweiberei mit den mit ihr verbundenen Institutionen des Levirats und des Sororats viel zur Stärkung des sozialen Zusammenhanges beiträgt, ist also der Krieg teilweise für die Aufrechterhaltung der gesellschaftlichen Ordnung verantwortlich (WARNER, 1930/31, S. 457 ff.).

Kritisch äußerte sich zu diesem methodischen Konzept W. Milke, für den jede Kulturerscheinung, »wenn man weder nichtssagende Allgemeinheiten noch Absurditäten scheut«, auf eine soziale Funktion zurückführbar ist, die auf eine Stärkung der Gruppensolidarität hinausläuft. Milke selbst spricht von einer merkwürdigen Macht, die »über die Köpfe der blinden Menschen hinweg«, unbekümmert um ihr Leid und Glück, »zweckmäßige« Einrichtungen ins Leben ruft und die nutzlos gewordenen wieder verschwinden läßt (MILKE, 1963, S. 100).

3.2. ›Structure and Function in Primitive Society‹

Nach diesem Hinweis auf einige Schüler Radcliffe-Browns wollen wir Radcliffe-Browns klassisches Werk ›Structure and Function in Primitive Society‹ reflektieren, welches 1952 erschien und seine Intention methodisch klar präzisiert. Der Funktionsbegriff ist in diesem nur ein Teil eines breiten Begriffsinstrumentariums, im Gegensatz zu Malinowski, der mit ihm allein seine anthropologische Kulturtheorie ausarbeitete. Der Ganzheitscharakter in Malinowskis Kulturtheorie wird durch die Funktion fixiert, bei Radcliffe-Brown kommt der Begriff der Struktur hinzu, auf welchen er sich allerdings erst in seinen späteren Werken konzentriert. Unter »sozialer Struktur« versteht er die geordnete Einrichtung von Teilen oder Komponenten. Die Personen sind dabei diese Teile oder Komponenten, die untereinander in nicht zufälligen Beziehungen stehen. Geregelt sind diese sozialen Beziehungen durch die Institutionen als die festgelegten und anerkannten Normen des Verhaltens (RADCLIFFE-BROWN, 1952, S. 10 ff.).

Die soziale Struktur ist also ein Arrangement von Personen in institutionell kontrollierten oder definierten Beziehungen. Rad-

cliffe-Brown geht dabei, wie er selbst betont, von der Organis-
musanalogie aus, nach der jeder einzelne Teil des Organismus,
oder der »Struktur«, eine bestimmte Aktivität ausübt. Jede dieser Aktivitäten hat eine Funktion. Die Kontinuität in der Struktur wird durch die Kontinuität des Funktionierens aufrechterhalten, also durch das soziale Leben (RADCLIFFE-BROWN, 1952,
S. 179 f.). Dieses soziale Leben besteht aus Aktivitäten und
Interaktionen der menschlichen Wesen und organisierten
Gruppen. Das soziale Leben der Gemeinschaft wird durch das
Funktionieren der sozialen Struktur definiert. So ist die Funktion einer wiederkehrenden Aktivität, z. B. die Bestrafung eines
Verbrechers, Teil des sozialen Lebens als Ganzheit und daher
der Beitrag, den es zur Aufrechterhaltung der strukturellen
Kontinuität leistet (a. a. O., S. 180 ff.; vgl. oben Durkheim).

Struktur wird sowohl als konkrete Realität als auch als abstra-
hierte strukturelle Form bzw. als »actual« und »general structure« verstanden. Insofern das strukturelle Muster unabhängig
von den konkreten Handelnden betrachtet werden kann,
schafft es einen Aspekt, unter dem verschiedene Gesellschaften
und Organisationsformen vergleichbar sind. Definiert wird die
»soziale Funktion einer sozial standardisierten Handlungs- und
Denkweise als ihre Beziehung zur sozialen Struktur, zu deren
Existenz und Kontinuität sie einen Beitrag leistet« (RADCLIFFE-
BROWN, 1952, S. 200).

Diese Konzeption eröffnet die Möglichkeit, die Funktionalität eines Elements als bedingte Funktionalität zu begreifen, sie
verstellt nicht den Blick für die unterschiedliche Funktion, die
die gleichen sozialen Institutionen in verschiedenen Gesellschaften haben können. Auch verlangt diese Fassung nicht die
Voraussetzung der universellen Funktionalität, sie dient vielmehr dazu, des Forschers Aufmerksamkeit auf die mögliche
Funktion einer Institution zu lenken (a. a. O., S. 200; STEIN-
BECK, 1964, S. 109).

Radcliffe-Brown beklagt sich, daß der Terminus Funktion oft
»mißbraucht« werde, da er bisweilen für mehr gewöhnliche
Worte wie »Gebrauch«, »Zweck« und »Bedeutung« verwendet
wird. Es ist nach Radcliffe-Brown daher eher richtig, vom
Zweck z. B. eines Aktes der Rechtsprechung zu sprechen als
von der Funktion. Funktion soll die sozial standardisierte Form
der Aktivität oder des Denkens in ihrer Beziehung zur sozialen
Struktur heißen (a. a. O.).

Kritisch wird gegen die Konzeption Radcliffe-Browns eingewandt, daß es problematisch ist, wenn der biologische Organismus mit dem sozialen verglichen wird. Nach Steinbeck ist der Funktionsbegriff, der bei der Erforschung biologischer Organismen sich bewährt haben mag, in Frage gestellt, wenn es nicht gelingt, für die wesentlichen Merkmale des Organismus Entsprechungen in der sozialen Wirklichkeit zu finden. Beim Organismus wird die Wirkung eines Organs als Funktion bezeichnet, die eine Voraussetzung der gesunden Verfassung des Organismus erfüllt. Übertragen auf soziologische Tatbestände würde dies nach Steinbeck bedeuten, »daß die Wirkung eines sozialen Elements erst dann als eine Funktion, als eine strukturerhaltende Wirkung also, identifiziert werden kann, wenn der normale Zustand einer gesellschaftlichen Struktur und die Bedingungen, unter denen er herbeigeführt bzw. erhalten wird, angegeben werden können«. Der Gedankengang Radcliffe-Browns zeigt, nach Meinung dieser Autorin, »beispielhaft, wie die begrifflichen Voraussetzungen der Analyse den zu untersuchenden Gegenstand in bestimmter Weise präformieren können. Das Bild von Gesellschaft als einem System relativ konfliktfrei und harmonisch kooperierender Teile, das Radcliffe-Brown als normal entwirft, scheint weniger von empirischer Einsicht als von dem Willen geprägt zu sein, den Funktionsbegriff zu einem möglichst leistungsfähigen Konzept zu machen« (a. a. O., S. 109 f.).

Ein anderer Autor, John Rex, wirft Radcliffe-Brown vor, er hätte das Konzept der Ursache durch das Konzept der Funktion ersetzt (Rex, 1970, S. 75). Dies weise auf die Akzeptierung bestimmter metaphysischer Annahmen hin, die keinen Platz in der empirischen Wissenschaft haben (a. a. O.). In diese Richtung u. a. bewegen sich die Auseinandersetzungen mit dem Funktionalismus, wie er von Radcliffe-Brown konzipiert worden war. Eine umfassende Kritik, die z. T. auf Merton aufbaut, wollen wir am Ende dieses Abschnittes bringen. Bevor wir jedoch auf Autoren eingehen, die den Funktionalismus im anglo-amerikanischen Raum weitertradierten, müssen wir uns zunächst einem deutschen Ethnologen widmen, der das Gedankengut des »Funktionalismus« willig aufgenommen und entsprechend verarbeitet hat, nämlich Richard Thurnwald.

4. Richard Thurnwalds »psychologischer Funktionalismus«

Während Malinowski und Radcliffe-Brown lediglich eine Darstellung des »Systems« Gesellschaft und eine Methode ihrer
Transparentmachung zu finden suchten und in ihren verschiedenen Konzeptionen von Funktionalismus auch fanden,
versuchte der Berliner Jurist Richard Thurnwald vorrangig, die
Regelmäßigkeiten geschichtlichen Ablaufes und die Ursprünge
von gesellschaftlichen Erscheinungen zu erarbeiten. Den Ausgang nahm er – hier ähnelt er Malinowski – in der Psychologie.
Seine großartigen Monographien zeugen davon (THURNWALD,
1912, 1913, 1921, 1935a). In ihnen werden die Verwandtschaftsbeziehungen und die aus ihnen entspringenden Rechte und
Pflichten analysiert. Milke wirft Thurnwald allerdings Mangel
an Einfühlungsfähigkeit vor, der besonders in seinem Werk
›Psychologie des primitiven Menschen‹ (1922) spürbar werde.
Die Methode Thurnwalds läuft nach Milke darauf hinaus, die
»Subjektivität des emotions- und wertbetonten ›Verstehens‹
auszuschalten« und die »sozialen, zivilisatorischen und kulturellen Vorgänge zu studieren als Naturvorgänge« (THURN-
WALD, 1935, S. 3; MILKE, 1937, S. 110). Dadurch stehe er Rad-
cliffe-Brown näher als Malinowski, meint Milke (a.a.O.).

Thurnwalds Arbeiten waren vorrangig durch das Prinzip geprägt, die Einheit von Ethnologie und Soziologie zu fixieren.
Thurnwald nahm seinen Ausgang von der Vorstellung, daß die
Erscheinungen des Gesellungslebens nicht unmittelbar mit den
Sinnen wahrnehmbar seien. Denn eine Vielheit von Menschen
wird erst durch uns zur Ansammlung oder zu einem Auflauf,
zu einer Schule oder einer Gerichtsversammlung. Daher seien
im Gesellungsleben Deutungen notwendig (THURNWALD, 1957,
S. 82).

Seine zentrale Frage ist: Wie und warum gesellen sich bestimmte Individuen und andere nicht, welcher Art ist ihre wechselseitige Beeinflussung, die die Leute zueinanderführt und die
Gesellungen und Einrichtungen entstehen läßt? (a.a.O., S. 83).
Den Ausgangspunkt sieht er dazu auf biologischem und psy-
chologischem Gebiet liegen. Aus dem Zusammenwirken beider
entsprießt die »eigenartige« Persönlichkeit. Die Personen sind
»heterogen« und streben einer Vergesellschaftung zu, trotz ihrer Verschiedenheit (THURNWALD, 1933a). Das Gesellungsleben beruht auf einer Ergänzung der Tätigkeiten, sowohl in der

einfachsten Form, der Ehe, als auch in komplizierten, wie Staaten (THURNWALD, 1932, S. 79 ff.).

Auf das Prinzip der Gegenseitigkeit, das auch Malinowski kennt (s. o.), ist alles gesellschaftliche Leben reduzierbar. Dies zeigt sich in den Heiratsordnungen und den Gebräuchen bei der Eheschließung der »Naturvölker«. Thurnwald bezog sich dabei vorrangig auf die von ihm untersuchten Stämme in Neu-Guinea. Sie waren für ihn geradezu die Anregung, die Bedeutung der Gegenseitigkeit zu erfassen. Die Geschenke bei der Hochzeit stellen in diesem Sinn Leistungen dar, die im Geiste des künftigen Zusammenlebens die Kette von Leistungen und Gegenleistungen »anzetteln« (THURNWALD, 1957, S. 85). Ähnlich sieht Thurnwald das Prinzip der Gegenseitigkeit in der Sorge der Eltern für die Kinder, im Ahnenkult u. ä. Dieses Schema gewährleistet das Funktionieren der Gesellschaft und gibt ihr inneren Halt.

Was manche Autoren als primitiven Kommunismus deuteten, führt Thurnwald auf das Prinzip der Gegenseitigkeit zurück. So führt es aus:

Der Mann »A«, der (etwa unter den Eskimos) heute einen erbeuteten Seehund nach Hause bringt, gibt an den »B« und den »C« je ein Stück ab, nicht weil ihnen allen der Seehund, den »A« erbeutet hat, gemeinsam gehört, sondern weil »B« gestern dem »A« ein Stück von dem durch ihn erlegten Seehund zuteilte, und weil »A« darauf rechnet, daß »C« morgen auf die Jagd geht und dann bei der Verteilung der Beute auch seinen Teil zugewiesen erhält. Dieses Exempel kann in den mannigfachsten Varianten, je nach geographischer Breite und den Besonderheiten der Länder wiederholt werden (a. a. O., S. 87 f.).

Die Gegenseitigkeit spinnt demnach eine Wirkungskette, die für uns oft nur wirtschaftlich zu sein scheint, in Wirklichkeit aber gemäß dem theoretischen System Thurnwalds psychische Reaktionen der Vergesellschaftung auslöst (siehe dazu THURNWALD, 1932, Bd. 2, S. 101 ff., Bd. 3, S. 115 ff., und 1933, S. 118 ff.). Das Geld hat die Funktion, soweit es vorhanden ist, die Kette von Gegenseitigkeiten zu verstärken. Es war ursprünglich als Gedächtnishilfe und Verpflichtungszeichen bedeutungsvoll (THURNWALD, 1934, S. 56 ff.).

Schichtung und Staffelung der Gesellschaft ist das Resultat

besonderer sozialer Wertung, die einzelnen Personen, Familien, Sippen oder Sippensplittern zuteil wird. Geraten nun »Gesellungseinheiten« verschiedener Lebensführung miteinander in Berührung, so kommt es zu fundamentalen Änderungen in den Gruppen. Es entsteht ein Konflikt von Wertungen, der endlich zu »Verzahnungen« führt (THURNWALD, 1957, S. 91). Zu einer solchen »Verzahnung« kommt es z. B. beim Zusammentreffen von Hirten und Feldbauern. Zunächst stören Hirten und Feldbauern einander nicht, weil jede Lebensführungsgruppe ein anderes Gelände benötigt. Die Hirten suchen sich eine Weide, die Feldbauern sind an für das Anpflanzen günstigen Bodenstellen interessiert.

Zu einem Konflikt kommt es, wenn für die Hirten das Getreide der Feldbauern und andere Produkte, wie Baukunst u. ä., interessant werden. Von den Feldbauern werden wieder Fleisch und Milch der Hirten geschätzt. Nun wird zunächst Leistung gegen Leistung, Gegenstand gegen Gegenstand abgewogen. Jeder Teil geht von der Bewertung aus, wie es seiner Lebensführung und Versorgungsart entspricht. In erster Linie kann relativer Überschuß des einen Partners gegen den des anderen vergolten werden. Während hier eine »Verzahnung« Platz greift, setzt ein anderer Prozeß ein, der oft desintegrierend auf die beteiligten Sippen wirkt. Die erwähnten Verzahnungsvorgänge vollziehen sich nämlich unter Einzelpersonen (oder Familien). Die Gier solcher einzelner nach Gegenleistung ist geeignet, sie ihrer Gruppe zu entfremden, aus ihrem Sippenverband loszureißen, zu individualisieren. Die Rivalität unter den Hirten, die gewöhnlich die Initiative ergreifen, lockert sich daher, während die Verzahnung mit den Feldbauern wächst. Damit geht eine beiderseitige zivilisatorische Anreicherung Hand in Hand. Durch die Rivalitäten der verselbständigten Hirtenfamilien vergrößert sich die Kampfesgefahr unter den neu verzahnten Einheiten. Dadurch erlangen die losgelösten Hirtenfamilien die politische Führung, was sich den Feldbauern gegenüber als Schutz erweist. Die soziale Leistung des Schutzes wird von den Feldbauern durch wirtschaftliche Hilfe in Form von Getreide entgolten, zumal ihre Felder sonst vielleicht verwüstet worden wären (dazu THURNWALD, 1932, S. 15 ff.; 1935 a, S. 15–35, 40 ff.).

Thurnwald stellt es als möglich hin, daß dieses Schutz-gegen-Leistung-Verhältnis der Verzahnung unter Eheleuten nachgebildet ist. Durch die geschilderten Vorgänge, die sich zunächst einmal nur unter Einzelpersonen abspielen, wird der ältere Vergesellungsgrund, die Verwandtschaft, zerstört und der politische Zusammenschluß auf durch Gegenleistungen gestützte Befreundung gestellt.

Durch diese Befreundung, die sich unter nach Herkunft und Lebensweise verschiedenen Menschen vollzieht, wird die wechselseitige Abhängigkeit der so verzahnten Personen erhöht, woraus eine institutionelle Gebundenheit erwächst, die eben verschiedene Formen annehmen kann. Die Dauer einer solchen Institution hängt vom Gleichgewicht des Systems und von Leistungserwiderungen ab, die von einem Wertsystem getragen werden. Ändern sich die Wertungen, bleibt aber das Vergeltungssystem konstant, so wird letzteres als ungerecht empfunden.

Die historischen Vorgänge, die diesem Schema zugrunde liegen, erstrecken sich über Jahrhunderte, oft Jahrtausende, und sie verliefen an verschiedenen Stellen des Erdballs zu verschiedenen Zeiten und mit anderen Varianten und in anderen Rhythmen: »Da die menschliche Psyche gleich ist, waren sie überall mit großen Machtverschiebungen verknüpft, und ihre Abfolge zeigte stets dieselbe Tendenz, wo immer sich die Ereignisse zutrugen, die sie gestalteten« (THURNWALD, 1957, S. 93). Durch die institutionelle »Verzahnung«, die sich zunächst durch ethnische Überschichtung äußert, kam es zu neuen Beziehungen, die schließlich die alten Sippenzusammenhänge lockerten und auflösten. Damit ist die Entstehung des Privateigentums verbunden, in dessen Folge sich plutokratische Tendenzen geltend machten (THURNWALD, 1934, Bd. 5, S. 39 ff.).

Die Bewertung der Gegenseitigkeit bekam dadurch natürlich einen neuen Akzent. Vor allem trat dadurch das wirtschaftliche Kalkül des einzelnen in den Vordergrund. Mit diesem »Individualismus« verknüpft Thurnwald die Vorstellung von einem Übergangsstadium zu einer neuen Gruppenbildung, die auf eine andere Wertungsbasis des Zusammenschlusses zurückgeht. In einer geschichteten Gesellschaft begegnen die Einzelpersonen einander auf Grund ihrer Zugehörigkeit zu der Schicht, der sie entstammen. Daran werden Leistungen und Gegenleistung gemessen. Bei dauerndem Zusammenleben erlangt aber die rein menschliche Orientierung innerhalb der Kultur Übergewicht gegenüber den Schranken, durch welche die Schichten gestaffelt sind, d. h. gegenüber den Bewertungen, die zu Anfang des Zusammenschlusses maßgebend waren.

Thurnwald betont in seinen Ausführungen immer wieder, daß es die Einzelmenschen sind, die die »Gegenseitigkeiten« setzen. Er löst die Gruppe in ihre Einzelbestandteile auf, um zu zeigen, daß sie nicht ein Körper ist, der gleichsam losgelöst von seinen Elementen denken und handeln kann. Hierin unterscheidet er sich wesentlich vom Ganzheitsdenken der strukturalfunktionalistischen Richtungen. Sein von der Psychologie kommender Funktionalismus verbietet ihm dies geradezu.

Das Prinzip der Gegenseitigkeit wird von Thurnwald, hier steht er in der Tradition Malinowskis, auf das ganze Gebiet des gesellschaftlichen Lebens anzuwenden versucht. Die Konzeption der Gegenseitigkeit findet sich nach Thurnwald bis hinauf in die Regierungsfunktionen einer Gruppe. Die Machthaber werden in ihren Handlungen durch eine besondere Form der Gegenseitigkeit bestimmt, denn Führung und Gefolge bedingen einander, die einen sind vom anderen abhängig, sind einander komplementär. Wirkliche Unbeschränktheit gibt es nicht, wenigstens nicht auf Dauer. Immer wieder wird eine Gleichgewichtslage von Leistung und Gegenleistung auf Grund der herrschenden Wertungen angestrebt (THURNWALD, 1957, S. 95 ff.). In komplizierten Gemeinwesen wird das Funktionieren der Gegenseitigkeit durch eine Art »Siebungsmechanismus« bedingt. So wurden ursprünglich bestimmte ausgewählte Personen mit der Ausführung der gesellschaftlich notwendigen Aktionen betraut, wie es sich in der Besetzung von Verwaltungs- und Kriegsämtern durch Verwandte zeigt. In reiferen Gesellschaften sind jedoch die Kriterien der Freundschaft eher für eine solche Besetzung maßgebend als die Verwandtschaft. Jede Macht baut sich nach Thurnwald auf einer »glücklichen« Verbindung verteilter Rollen auf, zum Zweck gemeinsamen und erfolgreichen Zusammenlebens (THURNWALD, 1957, S. 95). Er nimmt an, daß gewisse Einrichtungen und Maßnahmen überall und immer im Laufe der Zeit die gleiche Beantwortung erhalten. Die Uniformität der Abläufe ist psychisch in der Eigenart des Menschentums verankert. Er nennt sie daher auch »gesetzmäßige« (ders., 1934, Bd. 4, S. 286 ff.). Egoistische Nutzung privilegierter Positionen stören das Gleichgewicht, welches durch die Reaktionen der Mehrheit zu erhalten versucht wird. Der Schlüssel zu den Tiefen des Gesellungslebens liegt in der Kenntnis des interindividuellen Wirkungsspiels, das eben sozialpsychisch bedingt ist.

Um die Konzeption Thurnwalds zu verstehen, ist es wichtig,

zu wissen, daß Leistung und Gegenleistung nicht bloß nach wirtschaftlich-materiellen Gesichtspunkten beurteilt werden und daß die Phänomene nicht bloß statisch, als »Beziehungen«, aufgefaßt werden dürfen, sondern dynamisch als Prozesse oder »Abläufe«, ferner daß die Individualisierung für die Entstehung des Privateigentums verantwortlich ist. Außerdem wird durch diese Individualisierung der Gesellschaft, welche auf den Zerfall der früheren Verbände zurückzuführen ist, der Übergang zu neuen Verbänden möglich gemacht. Schließlich vollziehen sich die Veränderungen der Wertungen der Gegenseitigkeit im »interindividuellen« Wirkungsspiel (THURNWALD, 1957, S. 96). Die Relevanz der »Gegenseitigkeit« drückt sich in »vergesellenden« Funktionen aus, wodurch sie an der Wurzel des Zusammenschlusses der Gemeinwesen steht. Diese »Gegenseitigkeit« kann nur so lange funktionieren, als das Gleichgewicht im Gemeinwesen aufrechterhalten bleibt. Zu Störungen des Gleichgewichts (Thurnwald spricht vom »gerechten« Gleichgewicht) kommt es besonders dann, wenn Einflüsse von außerhalb in das jeweilige Kultursystem eindringen. Gewöhnlich werden nur einzelne Institutionen betroffen, wie z. B. die Polygamie durch das Eindringen des Christentums. Andererseits können sich einzelne Institutionen oft in einem geänderten Wertsystem, wenn entsprechende soziale Faktoren gleichbleiben, erhalten. Dies war so z. B. bei der Tradierung der Blutrache in Sardinien (THURNWALD, 1934, Bd. 4, S. 245, 282, 283, 286f.).

Thurnwalds Konzeption des »Funktionalismus« wurzelt, wie wir sahen, im Prinzip der Gegenseitigkeit, welches für das Funktionieren eines kulturellen Systems verantwortlich gemacht wird. Der Untergang einer Kultur bzw. einer Gruppe wird demnach durch das Nichtfunktionieren eines ausbalancierten Gegenseitigkeitssystems herbeigeführt. Ideen, Techniken, Einrichtungen stimmen nicht mehr zueinander und verlangen eine neue Ordnung. Thurnwald teilt die »Gegenseitigkeiten« in zwei Kategorien: 1. Entgeltung bzw. Vergeltung und 2. »Verzahnung«. Zur ersten Gruppe zählen Blutrache, Frauentausch und Kauf, alle Handelsgeschäfte, zu denen »Geld« notwendig ist, u. ä. Zur zweiten gehören das Verhältnis Gatte zur Gattin, Meister zum Schüler, Herr zum Knecht, Siedlungsaggregate, Schichtungen ethnischer und sozialer Natur u. ä. (THURNWALD, 1957, S. 102f.).

Thurnwald, der als der große und erste Repräsentant des Funktionalismus im deutschen Sprachraum anzusehen ist, steht zwischen Malinowski und Radcliffe-Brown. Von Radcliffe-Brown übernimmt er das Ganzheitsdenken, also das Hervorheben der Bedeutung der Funktion eines Kulturelements für das Ganze. Der Gedanke der »Gegenseitigkeit« läßt sich wieder auf Malinowski zurückführen. In Widerspruch steht er zu beiden hinsichtlich der Vorstellung über die Entstehung von Geheimgesellschaften. Denn diese beruhen nach Thurnwald ebenso wie das Phänomen der Stammesteilung (in zwei exogame Hälften) auf Völkerkontakt (THURNWALD, 1932, Bd. 2, S. 308). Für Malinowski ist dies »das Ergebnis der inneren Symmetrie aller sozialen Verrichtungen« (MALINOWSKI, 1926, S. 25). Radcliffe-Brown wieder meint, daß eine Systematisierung der Verwandtschaftsordnung dafür verantwortlich gemacht werden müsse (RADCLIFFE-BROWN, 1930/31, S. 440). Thurnwald nähert sich nach Milke nun der diffusionistischen Richtung, da er dem Völkerkontakt größere Beachtung schenkt, aber auch mit dem Evolutionismus verbindet ihn einiges, wie die Annahme weitgehender Entwicklungsgleichläufe (MILKE, 1963, S. 112).

Thurnwalds Beitrag zur Etablierung der funktionalistischen Methode zeigt sich darin, daß er festgestellt hat, durch die Notwendigkeiten einer vorübergehenden Situation könne es zur Schaffung und Abweichung von Einrichtungen kommen. Eine Tatsache, die von Malinowski und Radcliffe-Brown im wesentlichen übersehen wurde, da sie von annähernd konstanten sozialen Strukturen ausgegangen waren.

5. Die englische »social anthropology«

Auf den Konzeptionen Malinowskis und Radcliffe-Browns bauen beinahe drei Generationen englischer »Ethnologen« auf. Für sie gilt die funktionale Methode als ein geradezu idealer Weg der Feldforschung. Ihre Aufgabe sieht die »social anthropology«, wie die in der Tradition Malinowskis und Radcliffe-Browns stehende Richtung bezeichnet wird, darin, die gesellschaftlichen Einrichtungen, Religion, Magie und Wirtschaft der Völker, die unter »primitiven Bedingungen« leben – also die Schrift nicht kennen –, zu untersuchen. Zu den Zielen der »social anthropology« – hier wollen wir Piddington folgen, der die

Programmpunkte der »social anthropology« festhält und dabei die Konzeptionen Malinowskis und Radcliffe-Browns synthetisch verbindet – gehören vor allem die Analysen, die darauf gerichtet sind, einfache Formulierungen, wie alle Menschen seien »egoistisch« oder »kommunistisch«, zu untersuchen. Durch Studien »primitiver« Verhaltensformen sollen solche Vorstellungen geprüft werden. Ein weiteres Ziel der »social anthropology« ist auf die Untersuchung von Kulturkontakten gerichtet. Sie geht davon aus, daß die menschliche Kultur eine organische Einheit ist, in welcher jedes Element zueinander bezogen ist. Alle Phasen menschlicher Tätigkeit werden dadurch erfaßt – ökonomische Institutionen, politische und soziale Organisation, Magie und Religion – und in Beziehung zueinander gebracht, in der Absicht, die biologischen, psychologischen und sozialen Bedürfnisse des Menschen zu verstehen (PIDDINGTON, 1950, S. 14 f.).

Das Ganzheitsdenken, welches vor allem von Radcliffe-Brown propagiert und methodisch erfahren wurde, bleibt das wesentliche Merkmal der »social anthropology«. Dies zeigt sich deutlich in der ablehnenden Haltung den »Ethnologen« gegenüber, die versuchten, soziale Faktoren, also Familienleben, Verwandtschaft u. ä., als Überbleibsel vergangener Epochen zu interpretieren. Gegenüber den Diffusionisten und Evolutionisten wird festgehalten, daß die Funktion wesentlicher sozialer Elemente früher ignoriert wurde. Wohl habe man Bände über die Technologie, also über Werkzeuge, Waffen u. ä., geschrieben, die Beziehungen dieser zum allgemeinen gesellschaftlichen Rahmen aber vernachlässigt. Diese Kritik geht auf Malinowski zurück, sie gibt für die »social anthropologists« die Notwendigkeit einer funktionalen, ganzheitlichen Forschungsausrichtung an. Dieses Vorgehen wendet sich gegen die Tendenz, die Unterschiede zwischen den menschlichen Gesellschaften herauszuheben und die Gemeinsamkeiten zu ignorieren. Demgegenüber will die funktionale Theorie die fundamentalen menschlichen Bedürfnisse, welche in allen Kulturen in verschiedenen Institutionen feststellbar sind, deutlich machen; dies in der Absicht, die verschiedenen Möglichkeiten der Befriedigung von Bedürfnissen in den verschiedenen »primitiven« Gesellschaften aufzuzeigen.

Die im Sinne der »social anthropology« zu untersuchenden fundamentalen Bedürfnisse lassen sich nach Piddington in drei Klassen teilen:

1. in die »primary needs«, welche in der biologischen Struktur des menschlichen Organismus gegründet sind. Dazu zählen Hunger und der Geschlechtstrieb. Aber auch Schwangerschaft und Geburt. Außerdem bedarf das schutzlose Kind der Fürsorge. Durch das jeweilige System werden diese biologischen Bedürfnisse befriedigt.

2. in die »derived needs«, welche sich zeigen, wenn ein Haus zu bauen ist, Fische zu fangen sind, zu jagen ist u. a. m. Um diese Bedürfnisse zu befriedigen, nimmt der Mensch Werkzeuge, baut sich Waffen oder er trainiert Hunde.

3. in die »integrative needs«, welche entstehen, wenn der in einer Gesellschaft lebende Mensch der anderen Gesellschaftsmitglieder bedarf, um mit ihnen zu arbeiten und Waren auszutauschen. Diese Bedürfnisse benötigen eine Organisationsform, die es dem Menschen möglich macht, miteinander zu arbeiten und zu leben. Zu diesen Bedürfnissen zählt in einem weiteren Sinn auch die Religion (PIDDINGTON, 1950, S. 15 f.).

Die Institutionen als Systeme menschlicher Aktivität sind die wirklich signifikanten Elemente einer Kultur, denn sie sind die Mittel, welche die Menschen gebrauchen, um ihre fundamentalen Bedürfnisse befriedigen zu können. Irgendeine isolierte Sitte, oder ein materielles Objekt wie eine Waffe, kann nur als Teil der Institution, zu der es gehört, verstanden werden. Da nun eine menschliche Institution als Ganzheit zu verstehen ist, ist es wichtig, daß sie in allen Aspekten studiert wird. Früheren Feldforschern wird von der englischen »social anthropology« in diesem Kontext vorgeworfen, nur isolierte Objekte beschrieben zu haben. So konnte man z. B. Berichte lesen, in denen nur die sexuellen Sitten beschrieben wurden, ohne daß über das Familienleben ein Wort verloren worden wäre. Daher wurde es der »social anthropology« zur Richtschnur, mit einem theoretischen Schema auf Feldforschung zu gehen, wodurch garantiert blieb, das wirklich Relevante zu erfassen. Dieses theoretische Schema basiert auf einer generellen Einsicht in die menschliche Gesellschaft, welche bestimmte Aspekte der Kultur betont, die in jeder Gemeinschaft gefunden werden, weil sie in der biologischen Struktur des menschlichen Organismus und in der Konstitution der menschlichen Gesellschaft verwurzelt sind (vgl. PIDDINGTON, 1950, S. 17).

Um nun im Sinn der funktionalistischen Theorie vorzugehen,

hat sich der Feldforscher zunächst von den geographischen Gegebenheiten ein Bild zu verschaffen. Dazu gehört die Art des Nahrungserwerbes, des Rohmaterials und des Klimas. Dadurch bekommt er Einsicht in das ökonomische System, welches die materiellen Bedürfnisse befriedigt, die Verteilung der Güter kontrolliert und die Rechte und Ansprüche bezüglich des Eigentums in der Gemeinschaft determiniert (vgl. PIDDINGTON, 1950, S. 18).

Am Beispiel der Magie kann man leicht zeigen, wie der »social anthropologist« sie in die gesellschaftliche Struktur einbaut. Die Magie hat für den »primitiven« Menschen eine ungeheure Bedeutung, sie gibt ihm Vertrauen, wenn ihm Gefahr und Probleme in seinen täglichen praktischen Aktivitäten drohen. Es wird verständlich, daß der Magier oft zugleich Techniker und Spezialist sein kann. Er ist mit dem Verhalten der Tiere und den Veränderungen des Wetters vertraut. Seine Macht als Magier verstärkt seine Autorität als Führer, was wieder der Gesamtheit nützt, deren Aktivitäten entsprechend kontrolliert werden können.

Ebenso ist die Sprache für den »social anthropologist« wichtig, denn in ihr sind die Legenden und Mythen verfaßt, die bestehende Institutionen rechtfertigen.

Mit der Analyse der Kultur in der oben gezeigten Form hat die »social anthropology« eigentlich nur halb ihre Aufgabe erfüllt. Der wichtigste Teil ihres Vorgehens jedoch ist, die gefundenen Kulturelemente zu einem organischen Ganzen, welches die lebende Wirklichkeit der menschlichen Gesellschaft wiedergibt, zu verbinden. Dies kann nur getan werden durch die Vorstellung, daß jeder Aspekt der Kultur zu den anderen Aspekten in Beziehung steht. Diese Beziehungen sind zu untersuchen und darzustellen. An der Institution des Rechts kann dies am besten illustriert werden. Die Frage ist nun: Warum wird die Rechtsnorm eingehalten? Diese Frage führt zum Studium des Rechts als einen Teil der Sitte, zu den ökonomischen Druckmitteln, welche die Leute zum Gehorsam zwingen, zu der Methode, in welcher die Kinder erzogen werden, um die Tradition zu respektieren, und zu den magischen und religiösen Sanktionen der übernatürlichen Strafandrohung, welche dem Recht oft zwingenden Charakter geben.

Das Recht beeinflußt das ganze Leben und gibt Institutionen und Symbolen ihre Legitimation. Die funktionale Analyse des Rechts zeigt, wie weitreichend dieses ist. Das materielle Substrat der Exekution, der Speer, die Axt oder die Pistole des Polizisten demonstrieren die Beziehung zu den linguistischen Aspekten ebenso wie die verbale Formulierung der Richtersätze. Die ethische Bedeutung des Rechts macht die Verbundenheit mit den sozialen Gruppen, die in der Rechtsausübung tätig sind, offenbar. So oder ähnlich läßt sich die Verwobenheit der rechtlichen Normen mit dem ganzen gesellschaftlichen System zeigen. Ein Teil der »social anthropologists« steht prinzipiell in der Tradition der Malinowskischen Kulturanalyse: Die Bedürfnisse sind es, die für die Institutionen bestimmend sind. Die systematische Studie der diversen Institutionen in ihrer Beziehung zu den menschlichen Bedürfnissen einerseits und die universellen Aspekte der Kultur andererseits führen uns zum Verständnis ihrer strukturellen Charakteristika und ihrer Beziehung zur Kultur als Ganzem.

Dies exemplifiziert R. Firth an einem Mannschaftsspiel, welches auf der Insel Tikopia mit einem Wurfspieß ausgetragen wird. Firth betont, daß ökonomische, erzieherische, magischreligiöse und andere Elemente des Wissens und Glaubens in diesem Spiel zum Ausdruck gebracht werden, was die funktionelle Bedeutung des Spiels offenkundig macht. Nach Firth ist festzustellen, daß dieser Speerkampf den Bedürfnissen des Volkes nachkommt. Als wichtigstes Bedürfnis, das er befriedigt, zeigt sich das der sozialen Integration (FIRTH, 1929).

5.1. S. F. Nadel – Institution und Zweck

Eine Reflexion und einen Weiterausbau der Konzeptionen der »social anthropology« versucht S. F. Nadel. Für ihn sind Institutionen aus Mustern des Handelns zusammengesetzt, die nur in Verbindung miteinander wirken und deren Zwecke sich gegenseitig voraussetzen. Die Institution erscheint also als ein Muster des Handelns, welches eine Gruppe von Zwecken bzw. eine Reihe von Verhaltensmöglichkeiten u. ä. darstellt. Die Institution ist für den Handelnden Richtschnur oder Norm und hat für ihn Wirklichkeitscharakter (NADEL, 1951, S. 107).

Diese Definition der Institution wird nicht von allen Autoren geteilt. Radcliffe-Browns Definition ähnelt ihr, die Malinowskis weicht jedoch insofern ab, als sie den Begriff des »Bedürfnisses« im Vordergrund sieht.

Nach Nadel stellt also die Institution zweierlei dar: Zusammenfassungen von Verhaltensformen und Regeln für das Verhalten. Um aufzuzeigen, daß eine bestimmte Institution existiert, ist festzustellen, ob in den beobachtbaren Situationen Menschen einer bestimmten Art regelmäßig in einer ganz besonderen Weise handeln. Eine völkerkundliche Beschreibung einer Institution, z. B. der Blutrache, liest sich dann etwa wie folgt: Wenn ein Nuba von einem anderen Nuba getötet wird, üben die Verwandten des Opfers Rache, und zwar in der Art, wie sie als »ius talionis« bekannt ist, d. h., sie werden aus der Verwandtschaft des Mörders einen Menschen töten, der gleiches Alter und den gleichen Status wie der Ermordete besitzen muß (NADEL, 1963, S. 183). Nadel nennt solche Situationen »Wenn-Situationen«. Das aus solchen Situationen folgende standardisierte Verhalten ist nun die »Institution«.

Nadel glaubt, eine Institution statistisch aufbereiten und in einer Kurve darstellen zu können, nach der der »mittlere Wert« am häufigsten vorkommt. Bei einer korrekt gedeuteten Institution müssen die Verhaltensreaktionen, die als »typisch« definiert werden, mit einem solchen »mittleren Wert« einer »normalen Fehlerkurve« übereinstimmen und die atypischen Reaktionen mit Werten, die vom Mittelwert abweichen (a. a. O., S. 189).

Die Institution, wie die der Blutrache der Nuba, kann man also in einer Kurve darstellen, die die Abweichungen und Einhaltungen der Normen deutlich macht. Voraussetzung für die Aufstellung solcher Kurven ist freilich das Vorliegen von genügend Informationen. Die Standardisierung in einem statistischen Sinn hat aber auch eine subjektive Bedeutung, welche auf den Erwartungen, durch welche die Handelnden geleitet werden, wenn sie sich in der standardisierten Weise verhalten, beruht. Die Institution muß also, neben der statistischen Wahrscheinlichkeit, für den Handelnden selbst eine »Erwartungschance« bedeuten (a. a. O., S. 187). Jedes Individuum handelt nicht nur in der Wenn-Situation, deren Ergebnis der Beobachter voraussagen kann, sondern es besitzt auch Kenntnis dieser Situation, handelt nach dieser Kenntnis und kann auch Äußerungen darüber machen. Diese Kenntnis gibt die Norm für das Handeln. Die Wenn-Situation muß also so lauten: »Wenn sich das und das ereignet, vertraut man darauf, daß sie heute in einer vorgegebenen Weise handeln werden.« Wenn wir nicht sagen können »man vertraut darauf«, sondern »sie werden vielleicht handeln« oder »man erwartet von ihnen, daß sie handeln«, dann haben wir es nicht mit tatsächlichen Institutionen zu tun. Diese Unterscheidung von »Erwartungscharakter« und »Vertrauens-charakter« übernimmt Nadel allerdings von Radcliffe-Brown (NADEL, 1963, S. 190).

Nadel macht nun den Unterschied zwischen zwei Gruppen-typen, für die eine Institution relevant ist. Die eine Gruppe setzt die Norm einer Institution, die andere Gruppe handelt nach der Norm, für sie gilt die Norm. Manchmal ist es nötig, meint Nadel, »Handelnde« von »Zusammen-Handelnden« zu unter-scheiden und eine weitere Gruppe einzuführen, nämlich die Gruppe, welche die Geltung der Norm anerkennt, ohne daran beteiligt zu sein (a. a. O., S. 190).

Der qualitative Charakter von Institutionen wird durch die Zielinhalte begründet. Die meisten Institutionen sind aber zu-sammengesetzter Art, denn sie schließen verschiedene Zielin-halte und eine ganze Reihe von mehr oder weniger getrennten Aufgaben ein. Solche Institutionen können in ihre Teilaufgaben oder Elemente zerlegt werden, von denen jedes in der Anlage einer Institution entspricht, die auf einen einzelnen Zielinhalt gerichtet ist. So können wir z. B. die Ehe in bestimmten primiti-ven Gesellschaften in folgende Elemente zerlegen: Werbung, Brautpreis, Hochzeitsfeier, Beziehungen zwischen den Ge-schlechtern, Arbeitsteilung u. ä. Die Elemente einer Institution stellen also verhältnismäßig geschlossene Arten des Handelns dar, indem sie verhältnismäßig konkrete Ziele realisieren. Inso-fern sie geschlossen sind, kann man sie kategorial beschreiben; da sie zusammenhängen, machen sie ständige Querverweise und Umgruppierungen notwendig. Nun hängen die Elemente einer Institution auf zwei verschiedene Weisen zusammen: sie setzen einander voraus (»pragmatisch«) zur Verwirklichung ihrer ver-schiedenen Ziele, und gehören daher zu einer funktionalen Ein-heit; sie fügen sich ein oder dienen als Teil-Zwecke bzw. Teil-Handlungen einer großen Zweckorientierung, die der Institu-tion als solcher anzuhaften scheint (a. a. O., S. 197f.).

Die umfassende Zweckgerichtetheit von Institutionen ist aus den Elementen demnach nicht zu ersehen, wenn man sie ge-trennt betrachtet. Die Frage, ob sich die Handelnden des aus der Institution resultierenden Zweckes bewußt sind, beantwor-tet Nadel mit »Ja« (a. a. O., S. 200). Zu einer Klassifizierung der Institutionen kommt es durch die Deutlichmachung der Zwecke. Nadel versucht nun, eine Liste der Institutionen klassi-fikatorisch zu erarbeiten. Er gibt die Institutionen als solche

nicht an, sondern lediglich ihre Prädikate. Diese Prädikate ordnen sich zwischen den beiden Klassifikationstypen »operativ«
und »regulativ«.

Typisch »operativ« ist demnach »somatisch« (bezieht sich auf
alle Verhaltensweisen, die mit der physischen Existenz zu tun
haben, wie Alter, Circumcisio u. ä.). Typisch »regulativ« ist
»verwandtschaftlich«. Zwischen diesen beiden bestehen graduelle Übergänge, wie wirtschaftlich, erzieherisch usw. (a. a. O.,
S. 208 f.). Zwischen so qualifizierten Institutionen bestehen
Wechselwirkungen in der Weise, in der sie oder Klassen von
Institutionen miteinander »pragmatisch« verbunden sind. Nadel meint damit, daß Institutionen (wie ihre »Elemente«) einander bedürfen können, da manche von ihnen so geartet sind, daß
sie das Wirken anderer unterstützen oder kontrollieren (a. a. O.,
S. 209 f.).

Ähnliche Überlegungen treffen übrigens auch E. A. Ross, der
Institutionen als Formen »gesellschaftlicher Praxis« und als
»Mittel der Kontrolle« definiert (ROSS, 1911, S. 247, 254), und
Becker-Wiese. Beide sprechen von »operativen« Institutionen
(sie leisten der Gesellschaft einen bestimmten Dienst) und von
»regulativen« Institutionen (sie betonen den normativen
Aspekt) (BECKER-WIESE, 1932, S. 404 ff.). Nadel, der auf diesen
aufbaut, sieht in der »operativen« Institution einen vorgegebenen Zweck erfüllt; die Institution erreicht in sich selbst die
Erfüllung ihrer Aufgabe und leistet so auf eine verhältnismäßig
geschlossene Weise ihren besonderen »Dienst«. Die »regulative« Institution übt einen Druck auf die Wirkung anderer Institutionen aus; sie erreicht ihren Zweck oder ihre Aufgabe dadurch, weil sie es möglich macht, daß der Zweck und die Aufgabe anderer Institutionen durchgeführt werden; dies bedeutet,
daß die regulativen Institutionen nicht bloß die »Formen und
Kanäle« für das Verhalten darstellen (denn das ist ein Charakteristikum aller Institutionen), sondern auch, daß sie diese
schützt. Die Grenze zwischen »operativen« und »regulativen«
Institutionen ist, wie schon angedeutet, fließend. »Regulative«
Institutionen haben die Funktion, den »gesellschaftlichen
Wert« von Verhaltensweisen herzustellen oder zu unterstrei-
chen, der für andere, »operative« Institutionen notwendig ist,
und zwar in der gleichen Weise wie z. B. bei einer religiösen
Zeremonie ein Objekt oder eine Verhaltensweise behandelt und
der Gemeinde vor Augen geführt wird, daß das Objekt oder die
Verhaltensweise gut, wünschenswert oder wertvoll (bzw. das

Gegenteil) ist (RADCLIFFE-BROWN, 1933, S. 264). Mit dieser von Radcliffe-Brown übernommenen Formulierung will Nadel deutlich machen, daß das institutionelle Verhalten zum »Wohlergehen der Gesellschaft« beiträgt (NADEL, 1963). Daß Nadel »verwandtschaftlich« als Prädikat unter den Typ »regulativ« subsumiert, hat seinen Grund in der Auffassung, daß verwandtschaftliche Institutionen darauf abzielen, das Verhalten zu kontrollieren.

5.2. Die »Residual-Kategorie« Nadels

Da nun nach Nadel Institutionen nicht das ganze gesellschaftliche Feld beherrschen und es noch andere standardisierte Handlungen gibt, konzipierte er den Begriff der »Residual-Kategorie«. Zu diesen »Residual-Kategorien« gehören Verhaltensweisen, die standardisiert, aber nicht auf einen bewußten Zweck hin orientiert sind (das sind Bräuche, Konventionen und »mores«; SUMNER und KELLER, 1927, S. 88, interpretieren letztere als »niedrigste Form der Institutionen«). Weiters zählen zu den Residual-Kategorien nicht voraussagbare, spontane Handlungen von Individuen und Gruppen, aber auch zweckhafte Verhaltensweisen, welche für den Beobachter wiederkehren und in einem statistischen Sinn standardisiert sind, die aber von den Handelnden nicht als »normal« oder »typisch« akzeptiert werden (NADEL, 1963, S. 216ff.).

In ›The Theory of Social Structure‹ (1957) versucht Nadel den Begriff der Struktur zu erfassen, welche er als eine Anordnung von Teilen definiert, die als invariant anzusehen ist, während die Teile selbst variabel sind. Diesen aus der Logik bzw. Mathematik übernommenen Strukturbegriff glaubt Nadel allerdings kaum auf die Gesellschaft übertragen zu können, denn es ist schwierig, so meint er, zu deuten, was eine Gesellschaft ist. Diese besteht aus Leuten, die zwar unter der Herrschaft bestimmter Normen stehen, welche aber nicht ausreichen, um das ganze Handeln des Menschen zu regulieren. Nadel legt daher auch das Hauptgewicht seiner Auseinandersetzung auf das soziale Element der Beziehung. Er greift auf die von Parsons und Barnes entwickelten Begriffe »network« und »pattern« zurück. Diese beiden Modelle bezeichnet er als »Typen der Strukturierung«, wobei ersteres Modell von »interactions«, letzteres von »distributions« abstrahiert ist. Durch den Begriff »pattern« will

Nadel irgendeine Verteilung der Beziehungen nach ihrer Ähnlichkeit oder Unähnlichkeit zum Ausdruck bringen. Exemplifiziert ist dies durch die »segmentäre« Gesellschaft Durkheims, d. i. eine Gesellschaft, die durch eine Mehrzahl gleicher Aggregate (z. B. Klans) charakterisiert ist. Mit dem Terminus »network« will Nadel die Verbindung der Beziehungen untereinander bezeichnen, die dadurch sich auszeichnen, daß die Interaktionen, die in einer Beziehung implizit vorhanden sind, nicht in anderen vorkommen können (NADEL, 1957, zit. in MANNERS und KAPLAN, 1969, S. 220 ff.).

Nadel steht klar in der Tradition des »Funktionalismus«, was durch den wiederholten Hinweis auf Radcliffe-Brown deutlich wird. Seine Überlegungen stellen daher eine Art Kulmination des funktionalistischen Denkens dar.

6. Der Gegensatz zwischen »social anthropology« und amerikanischer »cultural anthropology«

Die englische »social anthropology« unterscheidet sich traditionell von der sogenannten »cultural anthropology« dadurch, daß sie auf das Verstehen der sozialen Beziehungen bzw. auf die Systeme, in denen sie sich figurieren, besonderen Wert legt. Von den vielen Aspekten einer Kultur ist der Aspekt der Gesellschaft und ihrer Struktur, entsprechend dem Prinzip der englischen »social anthropology«, der wichtigste. Demnach steht nicht das Individuum im Mittelpunkt, sondern das institutionalisierte und standardisierte Handeln in seinen gesellschaftlichen Beziehungen. Im Vordergrund ist also das Studium der sozialen Struktur. Oft wurde dazu allerdings kritisch eingewandt, daß die »strukturale« Methode neben der gesellschaftlichen Kategorie auch andere kulturelle Phänomene berücksichtigen müsse (vgl. BEATTIE, 1955).

Von der »Ethnologie« hebt sich die »social anthropology« durch die übliche Auffassung ab, die »Ethnologie« sei mit der Prähistorie verwandt und habe daher mit Rekonstruktionen zu arbeiten. Diese Einstellung erfuhr allerdings in den Nachkriegsjahren eine deutliche Modifikation. Denn nun fand man Interesse an historischem und sozialem Wandel (auch moderne Gesellschaften wurden in die Betrachtungsweise miteinbezogen), der nach dem »positivistischen« Modell des Funktionalismus wegen der Gefahr der Spekulation (vgl. o. die Konzeption Malinowskis) ursprünglich aus den Überlegungen fiel. Da aber nun das synchronische Denken des Funktionalismus deutlich auf Widerstand innerhalb der englischen Sozialanthropologie gestoßen war, entwickelten sich nun Konzeptionen, die dem Problem des gesellschaftlichen Wandels gerecht zu werden hofften, was sich in einigen sozialanthropologischen Arbeiten durch die Einbeziehung der Geschichte äußerte.

6.1. Die Kritik am »starren« Funktionalismus

Zu den Kritikern eines »starren« Funktionalismus gehört neben Nadel, Firth u. a. E. Evans-Pritchard, der Professor für Anthropologie in Oxford war. In seinem 1951 erstmals erschienenen Buch ›Social Anthropology‹ reflektiert er über das Ziel und die Aufgaben der »social anthropology«. Zwar versucht er eine Differenzierung der »social anthropology« von der »Ethnologie« (oder »cultural anthropology«), doch sein Abgehen vom starren Funktionalismusmodell seiner Vorgänger und das Einbeziehen der Geschichte in den Forschungsprozeß macht das Einlenken auf die Richtung der amerikanischen »cultural anthropology« deutlich. Er weist darauf hin, daß der Terminus »social anthropology« in England und in bestimmter Weise auch in den USA verwendet wird. Von der reinen Ethnologie grenzt er die »social anthropology« daher so ab, daß erstere die Aufgabe hat, die Völker nach ihren rassischen und kulturellen Charakteristika zu klassifizieren, wobei ihr das diffusionistische Erklärungsmodell hilft. Die »Ethnologen« versuchen nach Meinung Evans-Pritchards, die Geschichte primitiver Völker zu rekonstruieren, wenn entsprechende Quellen über ihre Geschichte fehlen. Ethnologie ist demnach nicht Geschichte im gewöhnlichen Sinn, denn Geschichte »erzählt uns nicht, was geschehen sein kann, sondern was geschehen ist«. Im wesentlichen ist Evans-Pritchard also der Meinung, daß die »Ethnologie« sich mit der Vergangenheit »primitiver« Völker beschäftigt und Spekulationen gegenüber sehr aufgeschlossen ist (EVANS-PRITCHARD, 1951, S. 3 ff.).

Die »social anthropology« befaßt sich dagegen lediglich mit dem sozialen Verhalten (social behavior), wie es sich in den instutionalisierten Formen, also der Familie, dem Verwandtschaftssystem, der politischen Organisation, den religiösen Kulten, den Rechtsnormen u. ä., manifestiert. Und nur solche Gesellschaften sind interessant, die kontemporär, also der direkten Untersuchung offen sind. Historische Gesellschaften werden nur untersucht, wenn entsprechende Informationen vorhanden sind.

Die Argumentation Evans-Pritchards gegen eine spekulative Ethnologie und für die Sozialanthropologie ist auf dessen Aversion gegenüber der diffusionistischen Methode zurückführbar. Wie er betont, ist nicht bloß eine ethnische Bewegung oder der frühere Kontakt zwischen Völkern der maßgebliche Interessensgegenstand des Sozialanthropologen, sondern vor allem das gesamte soziale Leben (whole social life) in der Gegenwart (a. a. O., S. 6). Die bloße Wahrscheinlichkeit der Weitergabe von Kulturgütern ist für den Sozialanthropologen uninteressant. So ist z. B. für manche ostafrikanischen Völker die Sonne Symbol für Gott: für den Ethnologen wäre dies Beweis für den ägyptischen Einfluß; der Sozialanthropologe aber, der weiß, daß diese Hypothese nicht bewiesen werden kann, beschäftigt sich daher mit der Beziehung dieses Sonnensymbols zum ganzen Glaubenssystem des betreffenden Volkes. Dieselben ethnographischen Daten werden von beiden »Schulen« also verschieden interpretiert.

Für die »social anthropology« – d. h. für die Richtung der Sozialwissenschaft, die funktionalistisch arbeitet – stehen im Vordergrund des Interesses die sozialen Institutionen als interdependente Teile des sozialen Systems. Am einfachsten sind diese Systeme in solchen Gesellschaften zu studieren, die strukturell einfach und kulturell homogen sind, so daß sie direkt beobachtet werden können. Daher ist das Studium primitiver Gemeinschaften geradezu die Voraussetzung für das Studium komplexer, zivilisierter Gesellschaften, wo eine direkte Beobachtung methodisch nicht möglich ist. Demnach interpretiert Evans-Pritchard die »social anthropology« als einen Zweig der Soziologie, der sich zwar hauptsächlich mit primitiven Völkern auseinandersetzt, theoretisch aber für alle Gemeinschaften zuständig ist.

Der Unterschied zur Soziologie ist also ein bloß gradueller (EVANS-PRITCHARD, 1951, S. 10 f.). Nämlich: Der Sozialanthropologe lebt unter den Leuten, deren soziale Struktur er untersucht, der Soziologe dagegen geht bei seiner Forschung von Dokumenten und statistischen Angaben aus. Außerdem studiert der Sozialanthropologe die Gesellschaften als Ganzheiten. Er studiert die Ökologie, die Wirtschaft, die politischen Institutionen usw. Der Soziologe wieder ist gewöhnlich nur an sehr spezialisierten Problemen interessiert, wie Scheidung, Verbrechen, Industrie usw. Der Unterschied zwischen Kultur und Gesellschaft ist durch die Tatsache aufgehoben, daß der »social anthropologist« die Realität beschreibt, in welcher ja beide enthalten sind. Nach Evans-Pritchard ist es also Aufgabe des »social anthropologist«, z. B. den »Respekt eines Menschen gegenüber seinen Vorfahren« zu zeigen und diesen in seiner Beziehung zur Familien- oder Verwandtschaftsstruktur zu interpretieren. Die rein kulturelle Gestaltung des Ahnenkults, wie das Darbringen von Opfern, verlangt jedoch eine andere Art der Interpretation, die historisch oder psychologisch sein kann (a. a. O., S. 17 f.).

Diese Auseinanderhaltung des soziologischen und des kulturmethodischen Aspekts drückt sich in der Auseinandersetzung zwischen englischen und amerikanischen Anthropologen bis in die 50er Jahre aus. Wie wir gesehen haben, tendieren die englischen Anthropologen zur soziologisch orientierten »social anthropology«, die in der Tradition Malinowskis und Radcliffe-Browns steht. Für sie ist das funktionale Moment charakteristisch, während die amerikanische »cultural anthropology« die »Kultur« als die von der Gesellschaft unabhängige Einheit ansieht (vgl. RADCLIFFE-BROWN, 1947).

Evans-Pritchard, der zwar die englische »anthropologische« Schule auf die Funktionalisten Radcliffe-Brown und Malinowski zurückführt, identifiziert sich jedoch nicht mit dem von ihnen konzipierten Funktionalismusmodell. (Auf diese Problematik wollen wir unten noch näher eingehen.) Evans-Pritchard meint nämlich, daß die »social anthropology« eher zu den »humanistischen« Wissenschaften gehört als zu den Naturwissenschaften. Das Studium der Geschichte wäre demnach für das volle Verstehen des sozialen Lebens unbedingt notwendig (EVANS-PRITCHARD, 1951, S. 60). Er nähert sich hier also den Konzeptionen seiner amerikanischen Kollegen. Bidney fragt jedoch, warum eigentlich Evans-Pritchard die Trennung zwischen englischer und amerikanischer Richtung damit erkläre, daß den amerikanischen »Anthropologen« wegen ihrer Beschäftigung mit desintegrierten und desorganisierten Indianergemeinschaften nur Studien der Kultur und nicht der sozialen Struktur möglich gewesen seien, »er spreche, als ob Boas, Kroe-

ber, Sapir, Lowie, Linton u. a. bekannte amerikanische Kulturanthropologen niemals existiert hätten« (BIDNEY, 1953, S. 98 f.).

6.2. Gesellschaft oder Kultur?

Der Hauptgrund des ursprünglichen Antagonismus von »englischer« und »amerikanischer« Methodik liegt, wie wir sahen, in
unterschiedlichen intellektuellen Traditionen. Die soziologische
Tradition der »social anthropology« geht vom Primat der Gesellschaft und des gesellschaftlichen Verhaltens aus. Kulturelle
Daten werden daher als Funktionen eines sozialen Systems aufgefaßt. Der kulturmethodische bzw. »ethnologische« Weg dagegen basiert auf der Annahme, daß soziale Produkte, die eben
Kultur genannt werden, sich in der Geschichte manifestieren.
Murdock versteigt sich sogar zu der Auffassung, daß die britische Schule der »Anthropologie« nicht durch Anthropologen,
sondern durch »professionals« anderer Kategorien repräsentiert
wird. Er meint, daß die »social anthropologists« mit den Soziologen verwandt sind; denn wie andere Soziologen sind sie primär an sozialen Gruppen und der Struktur der interpersonalen
Beziehung interessiert. Synchronische Untersuchungen interes-
sieren sie daher eher als diachronische (MURDOCK, 1951,
S. 465–473). Firth fügt dem hinzu, daß diese Entdeckung nichts
Neues sei, er glaubt aber, daß die Theorie der »Anthropologen«
sich kaum in ihrer Perspektive von der der Soziologen unterscheidet (FIRTH, 1951, S. 474–489).
  Firth, der die »social anthropology« mit anderen sozialen
Wissenschaften wie der Soziologie, Psychologie, Jurisprudenz
und Geschichte zu verbinden sucht, scheint die Versöhnung
zwischen Sozialanthropologen und Kulturanthropologen geradezu gewaltsam herbeiführen zu wollen:

  Die Termini Gesellschaft und Kultur werden gebraucht, um
  die Idee der Totalität auszudrücken, aber jeder Terminus
  kann nur wenige der Qualitäten des Gegenstandes deutlich
  machen. Beide tendieren dazu, sich zu kontrastieren, obwohl
  sie verschiedene Faceten oder Komponenten in derselben
  menschlichen Situation repräsentieren. »Gesellschaft« betont
  die menschliche Komponente, die Leute und die Beziehungen zwischen ihnen; »Kultur« betont die Komponente der
  akkumulierten Ressourcen, nichtmaterielle und materielle,

welche die Leute zu erwerben, zu gebrauchen, zu modifizieren und zu verändern gelernt haben. Aber das Studium jeder dieser Kategorien muß das Studium der sozialen Beziehungen und Werte beinhalten (FIRTH, 1951, S. 483).

Ähnlich äußert sich auch Nadel (1951, S. 21), nach dem der Gegenstand der »Anthropologie« zweidimensional ist: sowohl »kulturell« als auch »sozial«. Demnach darf die soziale Struktur nicht ohne Bezug auf das kulturelle Inventar studiert werden.

Firth, Nadel und auch Fortes opponieren nun gegen die Kollegen, die die »social anthropologists« von den »cultural anthropologists« separieren möchten. So versucht auch der oben erwähnte Murdock, das Studium der sozialen Struktur und der sozialen Systeme aus der »Anthropologie« auszuscheiden (MURDOCK, 1951, S. 471). Von sich selbst behauptet Murdock, ein »cultural anthropologist« zu sein, obwohl sein bekanntestes Buch den Titel ›Social Structure‹ trägt.

Bidney statuiert schließlich, daß kulturelle und soziale Phänomene miteinander verbunden sind, eine Einstellung, die den Weg für eine holistische Forschung vorbereitet, welche »menschliche« und »kulturelle« Phänomene als funktionale Ganzheiten studiert. »Social anthropology« und »cultural anthropology« sind so als zwei Zweige einer gemeinsamen Disziplin, nämlich der »Anthropologie«, zu verstehen, welche sich mit dem Studium des Menschen und seiner Kulturen befaßt. Das Studium vom Menschen hat, so Bidney, durch die eher »philosophische« Auseinandersetzung bezüglich des Primates von Gesellschaft oder Kultur gelitten. In der Zukunft soll eine »vereinte Anthropologie«, die die »social anthropology« und die »cultural anthropology« (bzw. Ethnologie) umfaßt, diese sich gegenseitig voneinander absetzenden »Pseudowissenschaften« ersetzen (BIDNEY, 1953, S. 102f.).

7. Die Übernahme der »social anthropology« in den USA

Seit dem zweiten Weltkrieg zeigt sich im amerikanischen Raum ein steigendes Interesse an der Übernahme sozialanthropologischer Perspektiven und Konzeptionen für das Studium des sozialen und kulturellen Lebens vor allem der amerikanischen Indianer. Der direkte Anstoß zur Übernahme sozialanthropologischer Modelle war der Aufenthalt Radcliffe-Browns in den USA, wo er von 1932 bis 1937 als Professor für Anthropologie an der Universität von Chicago wirkte. Nach Robert Redfield war es ein Verlust für die amerikanische Anthropologie, als er 1937 die Staaten verließ, um seine Lehrtätigkeit an der Universität Oxford aufzunehmen (REDFIELD, 1955, S. IX).

Radcliffe-Brown wirkte auf Amerika belebend, da er Methoden brachte, die sich gründlich von denen der amerikanischen Anthropologen unterschieden; er befand sich also in der Position eines Herausforderers. Denn beinahe jeder Anthropologe, der sich mit methodischen Problemen auseinandersetzte, mußte auf Radcliffe-Brown eingehen. Wie oben ersichtlich gemacht, versuchte man, seine Konzeptionen allerdings nur zum Teil zu übernehmen. Kritisch stand man seiner ahistorischen Betrachtungsweise gegenüber, die er als die eigentlich wissenschaftliche ansah.

Das Hauptgewicht des amerikanischen Interesses lag in der Beschreibung der Verwandtschaftstypen, für die sich die neue Methode als geeignet anbot. Radcliffe-Browns Erfolg lag in seinen generellen »Rezepten«, die er seinen Schülern mitgab. Seine große Bedeutung ist also in erster Linie darin zu suchen, andere zur Feldarbeit stimuliert zu haben. Zu denen, die Radcliffe-Browns Gedanken in modifizierter Form weiterführten, gehören Sol Tax, Eggan, Opler, Gilbert, Nash u. a. Thematisch wurden die Sozialorganisationen und die Verwandtschaftssysteme der Cheyenne, der Arapaho, der Kiowa-Apachen, der Fox, der Eastern Cherokee u. a. behandelt. Daneben finden sich aber auch theoretische Analysen über die Probleme der Sozialorganisation und der Religion.

7.1. Die Vorläufer der »Sozialanthropologie« der USA – das Konzept der Verwandtschaft

Die ersten Ansätze »sozialanthropologischer« Reflexionen lassen sich allerdings bis in das vorige Jahrhundert, das Zeitalter des Evolutionismus, zurückverfolgen. Sie finden sich u. a. in den Werken des Amerikaners Lewis H. Morgan. Sein großes Verdienst war die Entdeckung der Verschiedenheit der Verwandtschaftsterminologien. Mit ihnen erhoffte er sich, die Geschichte der Gesellschaft zu rekonstruieren. Ähnlich arbeiteten mit der Verwandtschaftsstruktur Bachofen, Maine und McLennan, doch ist ihre Bedeutung für die amerikanische Anthropologie nicht so groß, daß sie an die von Morgan heranreichen könnte.

Lewis H. Morgan arbeitete über das Verwandtschaftssystem der Irokesen (MORGAN, 1851) und entdeckte 1858, daß die Ojibwa, obwohl sie einer ganz anderen linguistischen Familie als die Irokesen angehörten, dasselbe Verwandtschaftssystem hatten. Diese Tatsache regte ihn an, weiter zu forschen. Mit Hilfe des U.S. State Department sandte er an über die ganze Welt verstreute Regierungsbeamte und Missionare Fragebögen mit der Bitte, ihm die Verwandtschaftstermini, die in der jeweiligen Region in Gebrauch standen, zu nennen. Morgan selbst sammelte eine Unzahl von Verwandtschaftsterminologien amerikanischer Indianer. Die Ähnlichkeit von Verwandtschaftssystemen veranlaßte ihn, an genetische Beziehungen zwischen den jeweiligen Ethnien zu glauben (vgl. MORGAN, 1862). Sol Tax definiert Morgan bereits als einen Anthropologen, der sich durch die Beschäftigung mit Verwandtschaftsstrukturen vom Evolutionismusmodell abgewandt hatte (TAX, 1955b, S. 457).

Morgan begann also, Terminologien systematisch zu studieren. Er brachte die Termini in Relation zum Sprecher, was auch heute getan wird. Das erste große Resultat seiner tabellarischen Studien war die Unterscheidung zwischen zwei großen Systemen, welche er »klassifikatorisch« und »deskriptiv« nannte. Innerhalb dieser Systeme machte er wieder Unterschiede. Sein Hauptproblem war nun, die Unterschiede zu erklären. Er glaubte, daß das »klassifikatorische« System für kleine Stämme typisch sei, nicht aber für unsere modernen Gemeinschaften. Er erkannte auch, daß Verwandtschaftssysteme nicht immer funktional an die Sozialstruktur gebunden werden können (MORGAN, 1870, S. 15ff.).

Morgan war von Anfang an an der Rekonstruktion der Geschichte interessiert, und er war daher überzeugt, daß Verwandtschaftssysteme in Verbindung mit sozialen Systemen entstehen. Um das Vorhandensein von identischen Verwandtschaftsterminologien in verschiedenen Kulturen zu erklären, meint Morgan, daß diese ihren Entstehungsgrund überleben können (TAX, 1955b, S. 460).

In seinem großen Werk ›Ancient Society‹ brachte Morgan

eine Menge Material, um seine Thesen zu stützen. Mit dieser Arbeit hatte er großen Erfolg. McLennan, Robertson, Smith, Howitt, Spencer, Gillen u. a. nahmen die Anregungen Morgans dankbar auf und entwickelten für ihre Spezialbereiche Verwandtschaftsterminologien.

Aber noch ein anderer Ethnologe bzw. Anthropologe bereitete die »sozialanthropologische« Richtung vor und gilt daher auch als ihr Vorläufer, nämlich Rivers, der sich auch intensiv mit Verwandtschaftsstrukturen auseinandersetzte. Sein großer Beitrag liegt auf dem Gebiet der ethnographischen Methode, der er durch seine Forschung über die soziale Organisation diverser Stämme entscheidende Impulse gab. Rivers, der von der Psychologie kommt, stellte während der britischen Torres-Strait-Expedition Genealogien auf, um bestimmte psychologische Tests durchzuführen (RIVERS, 1904). Die Publikationen über die Torres-Strait-Expedition enthalten vielleicht die ersten wissenschaftlichen Berichte über »eingeborene« Gesellschaften. Die hier angewandte genealogische Methode findet sich dann auch in der Arbeit von Rivers über die Todas Südindiens (RIVERS, 1906).

Rivers zweites Verdienst als direktes Resultat dieser ersten Ergebnisse ist die Herstellung der Beziehung von Verwandtschaftstermini zur sozialen Struktur. Er sah bereits die Verbindung zwischen dem System dieser Termini und Klans, Moieties und Heiratssitten. So stellt er fest, daß die Terminologie der Verwandtschaft deutlich durch soziale Bedingungen determiniert ist und daß die Verwandtschaftssysteme uns mit einem wertvollen Instrumentarium versehen, um die Geschichte der sozialen Institutionen studieren zu können (RIVERS, 1914). Hier nähert sich Rivers Morgan, der ihn zu seinen Überlegungen veranlaßt haben dürfte. Rivers beklagt, daß die Anthropologen den Konzeptionen Morgans nicht gefolgt seien: »Jene, die glauben, das klassifikatorische System ist ein bloß unwichtiger Kode gegenseitigen Grüßens, kümmern sich wahrscheinlich nicht um die relativ genau abgegrenzten Differenzen in den Gebräuchen« (RIVERS, 1914, S. 19).

Rivers hatte als Evolutionist begonnen, davon zeugt seine Arbeit über den Ursprung des »klassifikatorischen« Systems der Verwandtschaft (RIVERS, 1907); er übernahm jedoch auch die Hauptkonzeptionen der diffusionistischen Methode. Dies zeigt sich in seiner Studie ›The Ethnological Analysis of Culture‹ (1911), in der er zu dem Schluß kommt, Migration und

Diffusion seien zur Erklärung von bestimmten Typen der Sozialorganisation in Melanesien heranzuziehen. Rivers versuchte, allerdings vergebens, Evolutionismus und Diffusionismus miteinander auszusöhnen (vgl. RIVERS, 1914).

Seine wichtigen Beiträge zur Forschungsgeschichte sind jedoch nicht die Überlegungen zu Evolutionismus und Diffusionismus, sondern die ethnographische Methodik, die Erkenntnis der Wichtigkeit der Verwandtschaftsterminologie für die soziale Organisation und der Versuch, aus Elementen der Verwandtschaftsterminologie auf die Geschichte eines Stammes zu schließen.

Eine treue Schülerin fand Rivers in Brenda Seligman, die seine Methode vom melanesischen Raum nach Afrika transferierte. In kleinen Arealen versuchte sie, sowohl Verwandtschaftssysteme als auch Heiratsbräuche zu interpretieren (SELIGMAN, 1917, 1924). Dabei zeigte sie sich von Malinowski beeinflußt, dessen funktionale Methode sie mehr faszinierte als die rein historische (dies bringt sie in ihrem Artikel ›Incest and Descent‹, 1929, zum Ausdruck).

7.1.1. Die »Sozialorganisation« als Thema »vorsozialanthropologischer« Studien in den USA

Das Studium der »Sozialorganisation« in den USA kann nach Sol Tax (1955 b, S. 474), dem wir aus didaktischen Gründen hier folgen wollen, in vier Phasen geteilt werden:

1. Die Periode des Evolutionismus, die mit Morgan beginnt und ungefähr um 1900 ihr Ende hat.
2. Die Ära des historischen Indeterminismus von ca. 1900 bis 1915, in der die Verwandtschaftsterminologie als linguistisches Phänomen betrachtet wurde.
3. Die »Verwandtschaftsphase« von 1915 bis 1935, in der die Betonung der Beziehung der Verwandtschaftsterminologie zu den sozialen Institutionen dominiert. Und
4. die Periode des dynamischen Strukturalismus, in welcher Verwandtschaftsstrukturen in einer Zeitdimension unter dem Aspekt der Akkulturation gesehen werden.

Die erste Periode wurde durch Franz Boas, einen emigrierten Deutschen, zum Abklingen gebracht. Seine Arbeit ›The Limitation of the Comparative Methode of Anthropology‹, die 1895 das erste Mal erschien, enthält bereits heftige Angriffe gegen den Evolutionismus. Da seine Emigration nach Amerika vor die Zeit der Kulturkreiskonzeption fällt, ist sein Denken im Stil geographischer, psychologischer und gemäßigt historistischer Natur.

Die für die zweite Phase wesentliche Beschäftigung mit der Sozialorganisation geht auf John R. Swanton zurück. Er falsifizierte die Evolutionstheorien mit Daten aus amerikanischen Stämmen (SWANTON, 1905), indem er zeigte, daß, soweit Geschichte mit sicheren Daten in Nordamerika zurückverfolgt werden kann, matrilineare Deszendenz von den Tsimshian zu anderen, mehr patrilinearen Stämmen der Nordwestküste sich ausbreitete; auch führte er aus, es sei falsch, zu glauben, die matrilinearen Irokesen, Cherokee, Hopi und Tsimshian wären primitiver als die patrilinearen Stämme. Außerdem wies er auf die Wichtigkeit der Diffusion hin (SWANTON, 1905, S. 663 ff.). Diese zweite Periode war in erster Linie durch ethnographische Feldarbeit geprägt. Man wandte sich gegen voreilige spekulative Schlüsse und versuchte, durch sorgfältige Forschungen Einzelheiten der berichteten oder rekonstruierten Geschichte herauszuarbeiten. Die amerikanischen »Anthropologen« dieser Epoche erbrachten nun Berichte über Sozialorganisationen und Verwandtschaftsterminologien, wobei vorrangig versucht wurde, durch Vergleiche die historische Verwandtschaft der Stämme oder bestimmter »traits« aufzuzeigen. Verwandtschaftssysteme wurden dabei aber kaum entsprechend im Sinne der Sozialanthropologie gewürdigt, vielmehr wurde ihr linguistischer Wert hervorgehoben (die besten Arbeiten dazu sind vielleicht: LA FLESCHE u. FLETCHER, 1911; DORSEY, 1884; SWANTON, 1916; LOWIE, 1912).

Mit dem Problem der Verwandtschaftsterminologie befaßte sich bereits in diesem Sinn Kroeber. In dem Artikel ›Classificatory Systems of Relationship‹, erschienen im ›Journal of the Anthropological Institute‹ (1909), ersetzte er die von Morgan angebotene Unterscheidung zwischen »klassifikatorischer« und »deskriptiver« Verwandtenbezeichnung durch eine Analyse von acht Prinzipien der Verwandtschaftsklassifikation. Kroeber schlug vor, Verwandtschaftssysteme gemäß den Prinzipien, unter denen sie angenommen wurden, zu beschreiben. Dieser Vorschlag hatte auf die amerikanische Anthropologie großen Einfluß. Kroeber machte klar, daß die Prinzipien, die in einem sozialen System in Gebrauch stehen, eine Sache der »Psychologie« der Leute seien: wenn z. B. zwei Verwandte durch denselben Terminus bezeichnet werden, so einfach darum, weil von ihnen geglaubt wird, sie hätten manches gemein. Da nun jede Sprache aus Klassifikationen von Phänomenen besteht, die als zusammengehörig empfunden werden, argumentiert Kroeber, daß Verwandtschaftstermini vorrangig als Teil der Sprache und nicht als Teil der sozialen Organisation aufzufassen sind (1909, S. 83).

Für viele Jahre war diese Auffassung Kroebers im amerikanischen Raum vorherrschend. So lange, bis Lowie, der stark von Rivers – ähnlich Radcliffe-Brown – beeinflußt war, die Wichtigkeit der Verwandtschaftsterminologie für die Sozialorganisation sah. Allerdings wird in seinen Arbeiten dem diffusionistischen Moment viel Platz eingeräumt (LOWIE, 1914, 1916).

Immer mehr wurde nun den amerikanischen Anthropologen klar, daß Verwandtschaftssysteme sich auf soziale Institutionen beziehen, so z. B. als Moieties, als Klans, als Levirat und als Crosscousin-Heirat. Damit war Amerika in den 30er Jahren offen für das für den englischen Raum typische funktionale Denken, in dessen Mittelpunkt vor allem das Verwandtschaftssystem und seine Terminologie standen. Die Konzeption Radcliffe-Browns, das Verwandtschaftssystem und das mit diesem zusammenhängende Verhalten mit der Sozialstruktur zu verbinden, fiel nun auf fruchtbaren Boden.

7.1.2. Zur Problematik und zum Begriffsinhalt des Terminus »Funktionalismus«

Sol Tax meint, es sei gerechtfertigt, den Terminus »Funktionalisten« Malinowski und seinen Schülern, zu denen Raymond Firth, Evans-Pritchard, Fortune u. a. gehören, zu überlassen. Während die Bezeichnung »comparative sociology« dem Denken Radcliffe-Browns gerecht werde, nach dem durch Vergleich der Institutionen vieler Ethnien die Hauptfunktion einer Institution erkannt werden solle (TAX, 1955 b, S. 481).

Sol Tax unternimmt einen interessanten Versuch, wenn er die oben genannten Autoren, vor allem Malinowski, Lowie, Kroeber, Sapir und Radcliffe-Brown, miteinander vergleicht. Folgende Unterschiede und Ähnlichkeiten zwischen ihnen stellt er fest:

1. Malinowski, Lowie, Kroeber, Sapir und Radcliffe-Brown ähneln sich in ihrer Opposition gegenüber den Evolutionisten und Diffusionisten. Sie sind daran interessiert, das »innere Arbeiten« einer Kultur und die Beziehung ihrer Teile zueinander zu studieren.
2. Malinowski, Lowie, Kroeber, Sapir u. a. unterscheiden sich von Radcliffe-Brown in ihrem Interesse, die Beziehung der Individuen zueinander zu studieren und soziale Phänomene psychologisch zu erklären.
3. Malinowski und Radcliffe-Brown stimmen darin überein, daß soziale Institutionen, als Teile einer Kultur, die Funktion haben, die Kultur aufrechtzuerhalten. Die Amerikaner dagegen, die zwar nicht verneinen, daß die einzelnen »culture traits« bestimmte Funktionen haben, beschäftigen sich jedoch kaum mit den Funktionen von Institutionen.
4. Ferner gehen Malinowski und Radcliffe-Brown darin konform, vorrangig Funktionen herauszuarbeiten, um von diesen zu theoretischen Aussagen zu kommen. Geschichte ist dabei nicht notwendig. Die »Amerikaner« dagegen verneinen die Möglichkeit, Funktionen ohne Einbeziehung von Geschichte bestimmen zu können, und zeigen die Gefahr von Verallgemeinerungen auf, wenn der historische Bezugsrahmen fehlt. Eine rekonstruierte Geschichte ist besser als keine Geschichte.
5. Malinowski und Radcliffe-Brown stimmen nicht in der Bedeutung der Termini »Funktion« und »Funktionalismus« überein (s.o.). Malinowski betrachtet etwas als »Funktion«, wenn es »etwas tut« (does something) für ein anderes Element der Kultur, ein Individuum oder einen Stamm. Radcliffe-Brown dagegen unterscheidet genau zwischen »Funktion für ein Individuum« und »sozialer Funktion«. Sein Interesse gilt nur letzterer. Während sich Malinowski mit einer Zahl von nicht aufeinander bezogenen Funktionen für Kulturphänomene zufriedengibt, hat Radcliffe-Brown ein System ausgearbeitet, nach dem es eine große Funktion, Subfunktionen und eine unzählige Anzahl von unteren Funktionen, die alle miteinander in einer Hierarchie stehen, gibt (Tax, 1955b, S. 478).

7.2. Soziales System und Kultur

Die Anthropologie Amerikas entwickelte Radcliffe-Browns methodisches Denken weiter, der Anstoß dazu war sein Lehraufenthalt in den dreißiger Jahren (s.o.). Nach M. Fortes z.B. leiten sich die führenden Ideen bei der Analyse der Sozialstrukturen von Radcliffe-Brown ab (FORTES, 1953, S. 25). Eggan fügt dem hinzu, die Kulturanthropologie Amerikas hätte durch die Übernahme struktureller und funktionaler Aspekte aus der britischen »social anthropology« ein breiteres Fundament erhalten (EGGAN, 1954). Nach Eggan ist heute die Unterscheidung zwischen amerikanischer Ethnologie und englischer Sozialanthropologie nicht mehr so ohne weiteres zulässig. Er meint, daß in den Studien nach dem zweiten Weltkrieg beträchtliche Übereinstimmungen der beiden Schulen sich finden. Interessant ist, daß es eigentlich bereits in den Arbeiten von Boas zu einer Verquickung beider Methoden gekommen ist.

Die zwei Aspekte des sozialen Verhaltens, Sozialstruktur und Kultur, können nach Eggan jedoch nicht unabhängig voneinander in der menschlichen Gesellschaft gesehen werden. Gesellschaft und Kultur sind interdependent, und soziale Beziehungen können nur innerhalb eines kulturellen Rahmens existieren. Soziale Institutionen nehmen so an beiden Aspekten teil: Sie sind von Individuen eingesetzt und durch wiederholende soziale Beziehungen innerhalb einer sozialen Struktur mit Attitüden, Glaubensvorstellungen und Verhaltensmustern, also durch Elemente der Kultur organisiert. In bestimmter Hinsicht differieren jedoch Gesellschaft und Kultur: Sozialstrukturen haben nur eine bestimmte Anzahl von Formmöglichkeiten, wenn nicht nonkonformes Verhalten zur Änderung der Struktur führt. Kulturelle Muster dagegen haben eine größere Varietät möglicher Formen, da offensichtlich der Zwang zur Anpassung an Glaubensmuster und andere kulturelle Praktiken geringer ist. Ähnliche soziale Beziehungen können von verschiedenen kulturellen Bedingungen abgeleitet sein und umgekehrt. Dieser Umstand deutet die Wichtigkeit an, sozialen und kulturellen Wandel zu studieren, um eben die Beziehungen zueinander sehen zu können. Oft kann man nämlich finden, daß soziale Formen weiter bestehen, obwohl ihr kultureller Hintergrund durch einen anderen ersetzt wurde. Soziale Beziehungen sind demnach eher abstrakt als kulturelle Formelemente (EGGAN, 1955, S. 493; ähnlich auch MURDOCK, 1949, S. 250).

Um zu allgemeinen Aussagen und entsprechenden Erklärungen zu gelangen, kreierte Radcliffe-Brown die »comparative method«, die für die amerikanische Anthropologie einen Ausweg aus dem »Malinowskian Dilemma« versprach (vgl. GOLDSCHMIDT, 1966), nach dem jede Kultur in ihren eigenen Termini zu verstehen sei und welches Vergleiche, also Verallgemeinerungen, weitestgehend ausschloß. In den USA stand man dieser Methode zwar zunächst skeptisch gegenüber, doch hob man ihre Bedeutung gerade für die »cultural anthropology« hervor (vgl. ACKERKNECHT, 1954, S. 125).

Für Radcliffe-Brown gab es den Unterschied zwischen Kultur und Gesellschaft nicht, denn er war allein an dem »process of social life« interessiert, welcher sowohl die Kultur als auch die Gesellschaft umfaßt. Die Hauptaufgabe der »social anthropology« ist es demnach, Vorstellungen über die Bedingungen der Existenz sozialer Systeme zu formulieren und Regelmäßigkeiten, die im sozialen Wandel beobachtbar sind, festzustellen (RADCLIFFE-BROWN, 1951; 1952, S. 4f.; 39).

7.3. Geschichte und »social anthropology«

Wie schon angedeutet, fehlte der Konzeption der »social anthropology« das historische Moment. Dieses wurde nun durch die amerikanische Anthropologie hinzugefügt. So teilt zwar Eggan mit Radcliffe-Brown die Auffassung über den Wissenschaftscharakter der »social anthropology«, die historischen Spekulationen gegenüber immun ist, doch ist es nach Eggan »falsch«, den historischen Rahmen, in dem der soziale Prozeß abläuft, außer acht zu lassen (EGGAN, 1955, S. 499). Die »struktural-funktionale« Methode gibt also die Dimension an, in welcher das soziale Leben gewöhnlich gesehen wird. Sie ermöglicht uns, soziokulturelle Einheiten als Ganzheiten zu sehen. Dazu kann nun durch vergleichende Untersuchungen auch der historische Hintergrund der sozialen Phänomene berücksichtigt werden; d.h., es können sowohl die Phänomene, die zur selben Gattung gehören, als auch jene, die sich aus derselben historischen Quelle ableiten, untersucht werden. Der historische Rahmen blieb also für die amerikanische »social anthropology« erhalten (EGGAN, 1955, S. 500).

Der Fehler der britischen »social anthropology« war nach Meinung der amerikanischen Ethnologie das Vernachlässigen historischer Fakten, denn »die besten Einsichten in die Natur der Gesellschaft und der Kultur können nur durch historische Einblicke gewonnen werden«. Die Ansätze vieler britischer »social anthropologists« waren jedoch grundsätzlich dann vorbildlich, wenn nur ein oder zwei Gesellschaften studiert und auf diesen Ergebnissen Hypothesen aufgebaut wurden, welche man wieder an anderen Gesellschaften testete. Diese Methode nennt Evans-Pritchard die »experimentelle« (1951, S. 90). Sie ist auch im Sinne der amerikanischen Anthropologie, die allerdings bei diesem methodischen Vorgehen noch das historische Moment mitberücksichtigt. So sagt z. B. Kroeber, daß die zu untersuchenden Phänomene zu klassifizieren seien und ihr historischer Wandel nachzuvollziehen sei. Ähnlich stellt aber auch Radcliffe-Brown fest, daß ein »wirkliches« Verstehen der Entwicklung(!) menschlicher Gesellschaften nur durch kombinierte Studien, in welchen Geschichte und Soziologie miteinander im Forschungsprozeß verbunden sind, zu erreichen sei (RADCLIFFE-BROWN, 1951, S. 501). In den ›Notes and Queries in Anthropology‹, zum Teil in Radcliffe-Browns ›African Systems of Kinship and Marriage‹ (1950) und in Eggans ›Social Organization of the Western Pueblos‹ (1950) wurden beispielhafte Arbeiten vorgelegt, an denen sich die amerikanische Anthropologie orientieren konnte.

In diesem Kontext sind die bei Eggan (1955, S. 501 ff.) angeführten, sozialanthropologisch ausgerichteten Feldstudien im nordamerikanischen Raum interessant, die überblickshaft nun reflektiert werden sollen, da in ihnen Forschungsziel und Forschungsintention der durch die Konfrontation von englischer »social anthropology« und amerikanischer »cultural anthropology« entstandenen Arbeiten gut zum Ausdruck kommen.

7.4. Sozialanthropologische Feldstudien in den USA

Sozialanthropologische Methoden wurden in den USA dankbar aufgenommen, da man beim Studium nordamerikanischer Stämme Verwandtschaft und Sozialorganisation in den Mittelpunkt des Forschungsinteresses stellte. Die führenden Konzepte in der Analyse der Sozialstruktur, wie sie von Radcliffe-Brown in seinen Strukturprinzipien – vorrangig dem Lineage-Prinzip und dem Prinzip der Einheit und Solidarität der »sibling group« – entwickelt wurden, waren Gegenstand von Arbeiten und zeigten die Richtung weiterer Forschungsarbeit an. Sol Tax, der die Sozialstruktur der Fox-Indianer untersucht hatte, versuchte auf diese Weise, eine Erklärung für die Sozialorganisation der Fox-Indianer zu finden (TAX, 1933, S. 277ff.).

Über die Zentral-Sioux und über die Algonkins wurden ähnliche Studien verfaßt. Eggan selbst brachte eine vorläufige Klassifikation des »Lineage«-Systems der Plains-Indianer (1952, S. 41). Es erscheint danach erwiesen, daß die genannten Gruppen nach dem Lineage-Prinzip organisiert sind, obwohl Unterschiede in der Deszendenz von Norden nach Süden zu sehen sind.

Über die Omaha und ihre Nachbarn berichtete Fortune, der die patrilinearen Klans, die in Subklans und Lineages geteilt und als Moietie strukturiert sind, in Form eines Lagerrundes (campcircle) und nach dem Kosmos organisiert deutet. Die permanenten Dörfer aus Erdhäusern sind nach der matrilokalen Residenz geordnet und bilden »extended matrilocal families« (FORTUNE, 1932). Nett deutet die matrilokale Residenz als relativ alt unter den Zentral-Sioux (NETT, 1952). Komparative Studien, so Eggan, könnten diese Erkenntnisse erweitern, da verschiedene Stämme außerhalb des Omaha-Areals in matrilinear organisierten Dörfern residierten. Gruppen, wie die Pawnee, antworteten solchen Einflüssen indem sie vom Klan zu einer eher bilateralen Organisationsform wechselten, ähnliches fand sich bei den Wichita (SCHMITT und SCHMITT, 1952) und bei den Crow.

Murdock, der Leslie White folgt, glaubte, der Omaha-Typ repräsentiere eine frühe Form der patrilinearen Deszendenz. Murdock charakterisiert nämlich die heutigen Omaha als »Neo-Omaha«, die an der Basis der neolokalen Residenz mit matrilokalen Alternativen organisiert sind (MURDOCK, 1949, S. 239–241).

Die parallele Verteilung der in Dörfern wohnenden matrilinear organisierten Stämme der Prärie-Plains sind ein interessantes Problem für historische und funktionale Forschungen. Ein Vergleich zwischen dem Omaha- und Crow-Typ im Gebiet des Missouri zeigt die Wichtigkeit der strukturalen und funktionalen Bedeutung der Deszendenzregeln. Mit diesem Problem setzte sich allerdings nicht nur Eggan auseinander (EGGAN, 1952).

Die Stämme des Südostens, die Creek, Choctaw, Chikasaw, Cherokee und Seminolen, bieten ein interessantes Studienfeld für die Untersuchung matrilinearer Lineage-Systeme, vor allem unter dem Aspekt der Auseinandersetzung mit den Weißen. Auch hier lassen sich historische und funktionale Studien verbinden (SWANTON, 1946).

Alle oben angeführten Gemeinschaften haben eine ähnliche Kultur, sie sind in matrilinearen Klans und Phratrien oder Moieties organisiert und leben in Dörfern in »extended matrilocal families«. Es ist vorstellbar, daß die amerikanische Sozialanthropologie in diesen Verwandtschaftstypen ein vielfältiges Gebiet fand. Extensive Feldstudien, die stets mit historischen Rekonstruktionen gekoppelt waren, waren die Folge dieses Interesses. Bereits 1938/39 führte Spoehr in Florida und Oklahoma eine Feldforschung durch, die zeigen sollte, daß das Verwandtschaftssystem der Crow durch zuwandernde Creek stufenweise modifiziert wurde. Da sich die Seminolen von den Creek nachweislich im 18. Jh. getrennt hatten, hatte Spoehr eine ausgezeichnete Forschungssituation vor sich, die beinahe Laboratoriumsbedingungen entsprach. Auf der Basis seiner Resultate stellte er Hypothesen für weitere Forschungen auf. Spoehrs Studien zählen zu den besten komparativen Studien über sozialen und kulturellen Wandel der amerikanischen Indianerstämme (SPOEHR, 1942, 1944, 1947).

Studien von Dozier über die Hopi-Tewa zeigen uns den kulturellen Wandel dieser wenig bekannten Pueblo-Indianer seit ca. 1700 auf (DOZIER, 1951, 1954a, 1954b). Über den Südwesten außerhalb des Pueblogebietes gibt es eine Anzahl von Studien, die auf Anregungen Oplers und McAllister zurückgehen (OPLER, 1936 u. 1955; MCALLISTER, 1935; GOODWIN, 1942; BELLAH, 1952). Bellahs Studie über das Verwandtschaftssystem der Apachen ist von großer Bedeutung, da er alle Verwandtschaftssysteme der Apachen von einem struktural-funktionalen Aspekt aus sieht und zu Ergebnissen kommt, die z.T. die Thesen Murdocks und Oplers in Frage stellen.

In den Plains leisteten Strong, Wedel, Lehmer und Provinse gute Arbeit (STRONG, 1929; WEDEL, 1953; LEHMER, 1954; PROVINSE, 1955). In seiner Studie über die Plains führt Eggan aus, daß der Großteil der Stämme eine Sozialstruktur habe, die nach dem Lagerrund zentriert und nach dem Prinzip der Äquivalenz der »siblings« organisiert ist (1955, S. 89ff.).

Gute Studien über die Komanchen, die Gros Ventre, Blackfoot, Teton und Wichita erweiterten das Verständnis der Plains-Indianer. Wallace und Hoebel versuchten Verbindungen zwischen Sioux und Shoshonen herzustellen (1952). Regina Flannery zeigte, daß die Gros Ventre nicht patrilineare Klans, wie früher festgestellt worden war, haben (1938). Hanks und Richardson erarbeiteten bei den Nördlichen Blackfoot-Indianern verschiedene Subsysteme für Männer und Frauen (1945).

Der Wandel in sozialen und religiösen Institutionen unter den Blood wurde von Goldfrank untersucht (1945). Lewis Studie über die Blackfoot, die deren Kontakt mit den Weißen aufzeigen will, hilft uns den sozialen Wandel besser zu sehen (1942). Die Caddoan-Indianer der Plains wurden von Schmitt und Schmitt untersucht, die das Verwandtschaftssystem von 1870–75 rekonstruierten und seinen Wandel durch das moderne Reservationssystem reflektierten (1952).

Ökologische Studien in den Plains durch Wedel demonstrierten die Bedeutung klimatischer Veränderungen für das Wirtschaftsleben und die Bevölkerungskonzentration (1953). Die Verwandtschaftsorganisation der Teton Dakota wurde von Hassrick analysiert, der sie auf Neigung und Respekt innerhalb der Familie basieren läßt (1944). Radcliffe-Brown (1952) und Murdock (1949, S. 272 ff.) haben über das Phänomen der »joking relationship« reflektiert. Radcliffe-Brown meint, sie sei eine bestimmte Form der Allianz, ähnlich der des Geschenkaustausches. Murdock wieder gibt eine Erklärung, die mehr psychoanalytischer Natur ist. Auch Eggan (1955, S. 75 ff.) versucht eine Erklärung für dieses Phänomen zu finden, das er vom System der Cross-Cousin-Heirat abhängig macht.

Über das Rechtswesen der Plains-Indianer wurde Wesentliches erarbeitet (durch HOEBEL 1940; RICHARDSON 1940 und LLEWELLYN und HOEBEL 1941). Ethnohistorische Dokumente wurden gesammelt, um den kulturellen und sozialen Wandel berücksichtigen zu können (NASH, 1955, S. 377 ff.). Barnett reflektierte das soziokulturelle System an der Nordwestküste und das Potlatchfest (1938).

Eggan versuchte, die Bedeutung der Cross-Cousin-Heirat darzustellen, von der er meinte, daß sie alleine oder in verschiedenem Grade mit Lineage-Strukturen, wie Klans und Moieties, vorkomme (EGGAN, 1955, S. 519). Die Studien Radcliffe-Browns in Australien scheinen Eggan recht zu geben (RADCLIFFE-BROWN, 1931). Ähnliche Ergebnisse erbrachte Lévi-Strauss (1949). Die erste Arbeit Eggans über die Cross-Cousin-Heirat bei den Mayas (1934) setzte die Diskussion über die Cross-Cousin-Heirat und ihre Beziehung zur Sozialstruktur fort bzw. sie intensivierte sie. Das moderne theoretische Überdenken der Problematik dieser Heiratsform findet sich schon bei Rivers (1914). An der Diskussion waren Murdock 1949, S. 123, 222, Hallowell 1930, 1937, Strong 1929, Flannery 1938, Rossignol 1938, Mandelbaum 1940 u. a. beteiligt.

Über die Bedeutung von Familienjagdterritorien bei den Nördlichen Algonkins arbeitete Hallowell, der, auf Speck zurückgehend (SPECK, 1915, 1918), ökologische Faktoren für die soziale Organisation verantwortlich macht (HALLOWELL, 1949). Auch Cooper (1942) nahm diesen Gedanken auf und entwickelte ihn weiter.

Umfassende Darstellungen über die Ojibwa des südlichen Kanada lieferte Ruth Landes (1937), die die Sozialorganisation studierte und nachwies, daß weder patrilokale noch matrilokale Tendenzen in diesem Ethnos existieren, sondern die Präferenzen des einzelnen Individuums für die Residenz verantwortlich sind. Den Studien über die Nördlichen Algonkins fügte Steward einige Modifikationen bezüglich der Ökonomie und Soziologie hinzu (1936). Zwischen psychologischen Charakteristika und der sozialen Struktur stellt Hallowell für den Nordosten Beziehungen auf (1937). Die komplexe Sozialstruktur der Nordwestküste, die an der Basis matrilinearer exogamer Moieties organisiert und durch Cross-Cousin-Heirat und durch avunkulokale Wohnfolge charakterisiert ist, wurde zum Gegenstand ausführlicher Studien (MURDOCK, 1949, S. 72; DE LA= GUNA, 1954; MCCLELLAND, 1954).

Komparative Studien zum Verwandtschaftssystem der Sioux, bei denen er auf Morgan und Rivers aufbaute, machte Lesser, der mögliche funktionale Beziehungen und Erklärungen zu finden hoffte (LESSER, 1930). Zum Verwandtschaftssystem der Teton Dakota macht Hassrick Beiträge, da es ihm gelang, aufzuzeigen, daß Cross-Cousins sich wie »siblings« verhalten und daß die Dakota durch den Wechsel ihres Wirtschaftssystems die Institution der Cross-Cousin-Heirat aufgegeben haben (HASS-RICK, 1944). Historische Studien über den Wandel des Verwandtschaftssystems der Oneida wurden von Basehart durchgeführt der die Iroquois-Dakota-Terminologie bis ins Jahr 1724 zurückzuführen versuchte (1952).

Archäologische und ethnohistorische Forschungen sollten nach dem Postulat der amerikanischen Sozialanthropologen zu einer ausreichenden Erklärung des Verwandtschaftssystems und anderer Elemente der sozialen Struktur beitragen. Die Sozialanthropologie der USA versuchte also, die Konzeptionen der englischen Sozialanthropologie mit dem historischen Moment zu verbinden. Dies sollte der kurze Überblick über die amerikanische Literatur, die in diesem Sinne verfaßt worden ist, deutlich machen.

8. Synchronie und Diachronie in der englischen »social anthropology«

Radcliffe-Brown hatte die Ethnologie der USA verändert, indem er sozialanthropologisches Denken mit dem Effekt vertrat, daß dieses mit den typisch historisch orientierten Konzeptionen eines Boas oder Kroeber verwoben wurde. Die oben skizzierten Feldforschungen machen dies deutlich. Unter den Autoren des von Forde und Radcliffe-Brown herausgegebenen Werkes ›African Systems of Kinship and Marriage‹ (1950) findet sich jedoch nur einer, der sich an die »komparative« Methode anlehnt, nämlich Audrey Richard. Als für »einen einzelnen Mann unmöglich« sah Evans-Pritchard zunächst die »komparative« Methode an, denn dieser »eine Mann« stehe unter der Verpflichtung, »die Resultate von zwei oder drei Feldforschungen zu veröffentlichen« und »er würde den Rest seines Lebens für ›komparative‹ Überlegungen aufbrauchen«. Evans-Pritchard fügte außerdem zur Problematik historischer Rekonstruktionen hinzu: »In einer Feldstudie über ein primitives Volk hat man keine Mittel zur Hand, die es möglich machen, die Hypothese, daß dieses Volk einmal matrilinear war oder nicht oder in einem Status von sexueller Promiskuität lebte, zu falsifizieren oder zu verifizieren« (EVANS-PRITCHARD, 1956, S. 89 f.).

Evans-Pritchard, der in späteren Werken zu einem Verfechter der Berücksichtigung historischer Erkenntnisse und Rekonstruktionen wurde, erweist sich in seinen Frühwerken als Vertreter eines eher engen funktionalen Konzeptes. So versuchte er in seiner ersten Studie ›Witchcraft, Oracles and Magic Among the Azande‹ (1937) – das im Gegensatz zu Margret Meads Werk ›Coming of Age in Samoa‹ (1929) steht, in welchem bloß ein Kulturelement, nämlich die Erziehung junger Mädchen, behandelt wird –, das Glaubenssystem zu anderen sozialen Aktivitäten und der Sozialstruktur in Beziehung zu setzen. Zauber,

Orakel und Magie bilden ein komplexes System von Glaubensmustern und Riten, die zu betrachten nach Meinung Evans-Pritchards nur dann einen Sinn hat, wenn sie in Beziehung zum Ganzen und als seine interdependenten Teile gesehen werden.

In seinem zweiten Buch ›The Nuer. A Description of the Modes of Livelihood and Political Institutions of a Nilotic People‹ (1940) wird diese Konzeption weitergeführt. Durch die soziale Struktur der Nuer, die eine sehr »einfache« Kultur haben, ist auch das politische System vorgegeben. Evans-Pritchard weiß sich in einer Tradition, in der auch Firths ›We, the Tikopia‹ (1936), Hunters ›Reaction to Conquest‹ (1936), Schaperas ›A Handbook of Tswana Law and Custom‹ (1938) und Richards ›Land, Labor and Diet in Northern Rhodesia‹ (1939) stehen (EVANS-PRITCHARD, 1956, S. 96).

Arensbergs ›The Irish Countryman‹ (1937) ist für Evans-Pritchard unmittelbares Vorbild, denn Arensberg gibt, so Evans-Pritchard (1956, S. 105), »ein exzellentes Beispiel einer strukturalen Analyse«. Arensberg geht davon aus, daß die kleinsten Bauern einer irländischen Region die größten Familien haben und sich erst in reifem Alter verehelichen. Letzteres führt er auf die geringe Größe der jeweiligen Bauerngüter zurück, die gewöhnlich nur eine Verheiratung von einem Sohn und einer Tochter zulassen. Da das Bauerngut nicht unter den Kindern geteilt werden kann, müssen die übrigen entweder in die Stadt ziehen oder einen anderen Beruf ergreifen. Arensberg zeigt so deutlich, wie Heirat, Erbschaft, soziale Kontrolle und Migration interdependente Teile des sozialen Systems dieser kleinen irischen Bauerngemeinschaften bilden. Diese Methodik, die von Evans-Pritchard weitergeformt und weitergetragen wird, ist für die synchronische Durchführung von Studien typisch. Evans-Pritchard verfolgte damit das Ziel, »romantische« Denkmuster aus der anthropologischen Wissenschaft auszuschließen. Er nähert sich jedoch Kroeber, wenn er die Historiographie mit den Zielen der »social anthropology« identisch erklärt (BIDNEY, 1953, S. 260 f.).

Das »Ende« der synchronischen Methode wurde durch die jüngere Generation britischer und amerikanischer Anthropologen herbeigeführt, die diachronische und synchronische Elemente miteinander verbanden. Harris meint, daß es Radcliffe-Brown selbst war, der 1937 durch seine Rückkehr nach Oxford aus den USA dieses Vorgehen stimulierte (HARRIS, 1968, S. 539).

Wie wir oben gesehen haben, war Radcliffe-Browns Wirken

in Chicago von großem Einfluß auf das Denken Eggans, der die strukturalen Prinzipien mit historischen Daten zu verbinden verstand und auch so wieder auf die englische Szene einwirkte. 1954 sagte Eggan voraus, daß die »social anthropology« Englands bald intensiv an diachronischen Studien interessiert sein werde: »Letztlich werden die britischen Anthropologen die Zeit-Perspektive als wichtig entdecken und archäologische und historische Forschungen verstärken« (EGGAN, 1954, S. 755).

9. Die »social anthropology« und die Erweiterung ihres methodischen Rahmens

In dem 1966 von M. Banton herausgegebenen Sammelband ›The Anthropology of Complex Societies‹, welcher »in memoriam« Radcliffe-Brown gewidmet ist, wird versucht – so sagt es die von Gluckman und Eggan gemeinsam verfaßte Einleitung –, amerikanische und britische Sozialanthropologen einander näherzubringen und ihre Betrachtungsweisen miteinander zu verbinden. Gluckman weist darin auf die Spezialisierung des klassischen britischen Sozialanthropologen zu einem bloßen »sociological-social-anthropologist« hin, der archäologisches und psychologisches Interesse anderen Disziplinen überläßt. Dieser Prozeß, so Gluckman und Eggan, endete um 1960, als die Sozialanthropologen sich mit Soziologen und Sozialpsychologen zusammentaten, um eine neue »Sociology Section of the British Association for the Advancement of Science« zu bilden. Daneben partizipieren Sozialanthropologen an anderen Sektionen, z.B. an der archäologischen.

1962 hatte nun Raymond Firth die Idee, amerikanische Sozialanthropologen einzuladen, da er fand, daß der Horizont des Anthropologen in den USA sich so ganz von dem des britischen Anthropologen unterschied. Fred Eggan von der Universität Chicago nahm dankbar diesen Vorschlag auf. Bei der im Juni 1963 in Cambridge abgehaltenen Konferenz wurden Referate zur Relevanz sozialanthropologischer Modelle, zu der Verteilung von Macht in politischen Systemen, zum Problem der Religion und zur Anwendung der Sozialanthropologie in komplexen Gesellschaften gehalten. Die Referate wurden als vierbän-

dige Reihe veröffentlicht. Im ersten Band sieht etwa Eric Wolf
›Kinship, Friendship, and Patron-Client Relations‹ von ökonomischen und ökologischen Aspekten aus. Er knüpft hier an
Firth an, der als ausgebildeter Wirtschaftswissenschaftler in seiner ›Primitive Polynesian Economy‹ (1939) und in ›Malay Fishermen‹ (1946) Maßstäbe für das Studium ökonomischer Bedingungen in primitiven Gesellschaften setzte. Das meist zitierte
Werk des zweiten Bandes, der die politische Sozialanthropologie reflektiert, ist Eastons Arbeit ›The Political System‹ (1953)
und sein Artikel über ›Political Anthropology‹ in ›Biennial Review of Anthropology‹ (1959). Easton kritisiert hier das Vorgehen vieler Anthropologen, die es sorgsam vermeiden, breitere
Orientierungen durch die Hereinnahme von Nachbarwissenschaften anzustreben. Melford Spiro – im dritten Band – verlangt in seinem Essay ›Religion: Problems of Definition and
Explanation‹ für die Erklärung des Phänomens Religion sowohl
psychologische als auch soziologische Variablen. Im vierten
Band werden komplexe Gesellschaften reflektiert, z.B. in
Adrian Mayers ›The Significance of Quasi-Groups in the Study
of Complex Societies‹.

Wie in der Einleitung von Gluckman und Eggan hervorgehoben wurde, hat dieses Symposion gezeigt, daß die britische Sozialanthropologie sich enger mit anderen Wissenschaften liiert
hat.

Resümierend läßt sich am Ende unserer Überlegungen zur
Entwicklung der Sozialanthropologie festhalten, daß ein tat-
sächlicher Ausgleich zwischen der amerikanischen und der englischen Schule stattgefunden hat.

10. Die Geschichte als neue Kategorie der englischen »social
    anthropology«

1951 anläßlich der »Marett Lecture« in Oxford stellte Evans-
Pritchard fest, daß die Sozialanthropologie näher der Geschichte als den Naturwissenschaften stehe. Er stimmt hier mit
Kroeber überein, wenn er lediglich einen technischen, aber keinen grundsätzlichen Unterschied zwischen Geschichte und Sozialanthropologie macht. Evans-Pritchard forderte damit die in

der Tradition Malinowskis und Radcliffe-Browns stehenden Sozialanthropologen heraus, denen eine Beschäftigung mit der Geschichte wegen der Gefahr spekulativer Ergebnisse suspekt war. Die orthodoxen Funktionalisten hatten ja den Evolutionisten und den Diffusionisten vorgeworfen, sie schrieben »schlechte Geschichte«. Nicht das Eingehen auf die Geschichte ist demnach problematisch, sondern die Tatsache einer spekulativen Geschichtsauslegung als Resultat oberflächlicher Rekonstruktionen.

Evans-Pritchard wollte nun nicht einer spekulativen Geschichte das Wort reden, sondern er intendierte vielmehr, die vernachlässigte historische Dimension verstärkt heranzuziehen. Die Vernachlässigung der Geschichte ist auf die bei Malinowski aufgeworfene Frage zurückzuführen, ob eine Geschichte, wie sie vom Evolutionismus oder Diffusionismus geschrieben wurde, überhaupt Geschichte sein könne. Die Antwort war negativ, was dazu führte, daß streng synchronisch gearbeitet wurde, um der Gefahr der historischen Spekulation zu entgehen. Man wollte mit anthropologischen Arbeiten nicht »Pseudo«-Geschichte schreiben, wie Radcliffe-Brown sich ausdrückte (vgl. HARRIS, 1968, S. 524). Da wir über die Entwicklung sozialer Institutionen bei »primitiven« Völkern wie z.B. den Australiern nichts wüßten, liefen andere als synchronische Darstellungen Gefahr, von pseudohistorischen, pseudokausalen Interpretationen verfälscht zu werden (RADCLIFFE-BROWN, 1952, S. 3). Die in diesen Sätzen eingeschlossene Kritik wendet sich in erster Linie gegen das Denken der Evolutionisten, die wie Spencer davon ausgingen, daß jede menschliche Gesellschaft überall dieselbe Abfolge von Kulturstufen hätte und daß es nur die Gesetze hinter der Evolution herauszufinden gälte (vgl. MAIR, 1972, S. 36 f.).

Mit den Konsequenzen, die durch den Bruch mit der Geschichte sich zeigten, befaßte sich 1962 eingehend Evans-Pritchard, der in den 50er Jahren und am Anfang der 60er Jahre die Legitimation der Sozialanthropologie, exakte geschichtliche Fakten verwenden zu dürfen, bereits deutlich gemacht hatte. Evans-Pritchard greift in diesem Bemühen auf Boas zurück, von dem der Satz stammt: »We have to know not only what is, but also how it came into being.« (BOAS, 1936, S. 137.) Neben der ethnographischen Geschichte hebt Evans-Pritchard aber auch die »traditional history« hervor, die im Denken und den Vorstellungen der zu einem Ethnos zusammengefaßten Personen existent sei. Vom bloßen Faktum eines historischen Ereignisses ist also der wissenssoziologische Aspekt, nämlich die Bedeutung dieses Ereignisses für das soziale Leben und in der Erinnerung der betroffenen Personen, zu trennen. Beide spielen für die Erforschung der sozialen Struktur jedoch eine eminente Rolle. Evans-Pritchard bedauert, daß viele Anthropologen – mit Ausnahme Malinowskis – nicht zwischen Geschichte, Mythe, Legende und Anekdote unterschieden haben (EVANS-PRITCHARD, 1962, S. 53). Er vertritt auch den Standpunkt, historische Daten über soziale Fakten könnten zum Testen von Ergebnissen verwendet werden, die aus Studien »primitiver« Gesellschaften stammten. Offensichtlich seien viele Historiker sehr wohl auch gute Soziologen (a. a. O., S. 54). Die Überbewertung der funktionalen Methode im Studium »primitiver« Gemeinschaften und die Ignorierung historischer Fakten schließlich hielten uns davon ab, etwa die Gültigkeit solcher Fundamentalannahmen, wie »Gesellschaft« zu überprüfen. Gesellschaft sei nicht so etwas Ähnliches wie ein biologischer Organismus – Analogien aus der Biologie seien irreführend –, denn zwar lasse sich Anatomie und die Physiologie etwa des Pferdes aus seiner Abstammung vom fünfzehigen Vorfahren erklären – ähnlich wie die Struktur der Gesellschaft und das Funktionieren ihrer Institutionen nur aus ihrer Geschichte erklärt werden könnten –, der wesentliche Unterschied des »Organismus« der Gesellschaft zu einem biologischen Organismus liege aber doch wohl darin, daß letzterer ein solcher bleibe; ein Pferd bleibt ein Pferd, während sich die Gesellschaft von einem Typ in einen anderen wandeln könne; dennoch aber spräche man nicht von verschiedenen Gesellschaften, sondern von einer. Geschichte, meint Evans-Pritchard, sei die Bewegung, durch welche eine Gesellschaft sich selbst als das zeige, was sie sei (EVANS-PRITCHARD, 1962, S. 55 f.).

Da nun das Ziel des Historikers und des Soziologen bzw. Sozialanthropologen das gleiche sei – beide übersetzen fremde Ideen in ihre eigene Termini – und da der Unterschied in der Methode ein unwesentlicher sei: der eine verwende Dokumente, der andere nehme direkt am Leben der zu untersuchenden Leute teil, sei es schwer, eine Grenzlinie zwischen Sozialanthropologie und Geschichte zu ziehen (vgl. a. a. O., S. 60). Die wesentliche Differenzierung scheine in der Orientierung des Forschungsganges zu liegen. So z. B. sei die Krone von England für den Historiker beim Studium der Königswürde von Relevanz, während für den Sozialanthropologen eher die mit der Krone verbundenen sozialen Beziehungen von Interesse seien.

10.1. Soziale Fakten und historischer Kontext

Im wesentlichen versucht also heute der Sozialanthropologe, von den gegenwärtigen sozialen Fakten ausgehend, auch ihre Entwicklung in seine Untersuchung einzubeziehen. Daher ist es für ihn wichtig, herauszufinden, ob eine soziale Institution über eine längere Zeit hindurch dieselbe Struktur hatte. Die Termini »diachronisch« und »synchronisch« verweisen auf die Verschiedenheit funktionalistischen und historischen Denkens. Evans-Pritchard postuliert nun, diese beiden methodischen Grundhaltungen zu kombinieren, also funktionalistisches Vorgehen mit historischem Verstehen zu verbinden. Sozialanthropologie und Geschichte sind demnach Zweige der Sozialwissenschaft, die miteinander derart verwoben sind, daß »einer vom anderen lernen kann«. Ein essentieller Unterschied zwischen soziologischer Geschichtsforschung und dem Studium sozialen Wandels oder prozessualer Analyse, deren Gegenstand diachronisch-soziologische Fakten sind, läßt sich nicht herausarbeiten (EVANS-PRITCHARD, 1962, S. 61 ff.). Typisch historisches Denken im Aufbau sozialanthropologischer Arbeiten zeigen im Sinne Evans-Pritchards Barnes (1951) und Cunnison (1951).

10.2. Endgültige Überwindung des synchronischen Modells in England

Nach Radcliffe-Brown sollte die Anthropologie den Naturwissenschaften ebenbürtig sein; er bezieht sich dabei auf das Organismusmodell Durkheims, welches aber im Gegensatz zur Konzeption Radcliffe-Browns historische Reflexionen zuläßt: es gibt hier bereits das Problem des »Sozialen Wandels«. In seiner »Introduction à la Sociologie de la Famille« (1888) betont Durkheim ausdrücklich die Wichtigkeit der Geschichte für die Soziologie (vgl. BELLAH, 1959).

Evans-Pritchard schließt nun an diesen Vorvater des struktural-funktionalen Gedankens an. Die statischen Arbeiten der Sozialanthropologie werden mit der historischen Methode in Verbindung gebracht, die soziale Systeme nicht als bloß »natürliche«, sondern als »moralische oder symbolische Systeme« begreift (vgl. MAIR, 1972, S. 39).

Viele der Kollegen Evans-Pritchards reagierten auf diese Herausforderung. So bemerkt Fortes, daß die Generalisierungen der Sozialanthropologie ohne Bezugnahme auf Zeit und Ort »rücksichtslos« seien. Geschichte sei nämlich notwendig, um Sequenzen und Kombinationen darzustellen, wobei selbstverständlich die Vergangenheit berücksichtigt werden müsse. Bloße soziale Gesetze dagegen könnten nur in Termini der Wahrscheinlichkeit ausgedrückt werden (FORTES, 1953, S. 30 ff.). Ähnlich geht Firth auf die Möglichkeit der Unterscheidung von »Gesetzen« im Sinn der Naturwissenschaften und den »regularities« des sozialen Systems ein. Beide klassifiziert er als »statements of probability« (zit. in: MAIR, 1972, S. 44). Lévi-Strauss betrachtet Geschichte und Anthropologie als verwandt. Denn für das Verstehen sozialer Phänomene sei das Verständnis der Vergangenheit wichtig (1972). Ähnlich stellte Beattie fest, daß »synchronische« Studien uns nichts über den kulturellen oder sozialen Wandel aussagen können. Die feststellbare Geschichte erleichtere uns dagegen den Weg zum »Verstehen« des fremden Ethnos (BEATTIE, 1955). Ganz in diesem Sinn schrieb Evans-Pritchard sein Buch über die Anuak, deren Könige er chronologisch darstellt und in ihren sozialen Beziehungen untersucht (1940 a). Er bemüht sich dabei, die orale Tradition der Anuak möglichst vollständig auszuschöpfen. Geschriebene Berichte benützte in einer ähnlichen Intention ungefähr zur selben Zeit Nadel, als er über das Nupereich in Nigeria schrieb (1942). Auf die Geschichten, die die Leute von Tikopia über ihre Vergangenheit erzählten, wendete Firth die historische Methode an, indem er sie mit anderen Methoden konfrontierte, um so die Wahrscheinlichkeit der Geschichten im »Lichte des relevanten allgemeinen Wissens« zu überprüfen. Er hatte all das, was die Leute von Tikopia als wahr und als bedeutend für die soziale Struktur und die Organisation ihrer Angelegenheiten ansahen, zusammengetragen (FIRTH, 1961). Historisches Vorgehen findet sich auch bei Leach, der sich in seiner Arbeit über die politischen Systeme in Burma gegen das statische Modell der Sozialanthropologie aussprach (1954).

Der Streit, ob Geschichte als relevant für die Sozialanthropologie anzusehen ist, ging somit zugunsten ersterer aus. Zwar wurde nie bestritten, daß der Funktionalismus der historischen Methode widerspräche (MALINOWSKI, 1945), doch fand man, daß die Gefahr einer pseudowissenschaftlichen Auseinandersetzung mit historischem Material bestand, wie sie negativ durch den Evolutionismus bzw. den Diffusionismus vorexerziert worden war. Der Rückkehr zur Beachtung des historischen Momentes entspricht aber auch zugleich das Postulat nach exakter historischer Methode.

10.3. Historische und komparative Methode

Eng mit der Frage verbunden, ob Sozialanthropologie historisch orientiert zu sein hat (also in welchem Rahmen das Attribut »Wissenschaft« auf sie anwendbar ist), steht das oben angeschnittene Problem der komparativen Methode. Es sei »paradox«, so L. Mair (1972, S. 42), daß die charakteristische Methode der Anthropologie des 19. Jh. sowohl »komparativ« als auch »historisch« genannt wurde.

Die »komparative« Methode geht u. a. auf H. Spencer zurück, der Sitten und Wertvorstellungen vieler Regionen und aus vielen Perioden sammelte, um so zu einer Aufstellung von Entwicklungschemata zu kommen, die jedoch durchaus spekulativ waren (vgl. GOLDENWEISER, in BARNES, 1925, S. 215). Auch Tylor versuchte sich in komparativen Prämissen, indem er statistische Korrelationen durchführte. Als er seine Überlegungen dem »Royal Anthropological Institute« präsentierte, wies er darauf hin, daß sie auf Daten basieren, die in 350 Gesellschaften verschiedenster Kulturstufen gesammelt worden seien. Seine Schlüsselvariable war die der Deszendenz. Mit dieser brachte er die verschiedenen Sitten und Verhaltensmuster in Verbindung, wie die Kouvade – das Männerkindbett – oder den Frauenraub zwecks Ehe. Durch die Ausarbeitung der Verteilung dieser Sitten kam er zu dem Schluß, daß das »matrilineare« System dem »patrilinearen« vorausgegangen sei. Klanexogamie findet sich nach Tylors Untersuchungen an beiden »Enden des Prozesses«, denn die Exogamie übertrug sich vom maternalen zum paternalen System (TYLOR, 1889). Die komparative Methode findet sich aber auch bei Frazer, der mit Fragebögen arbeitete, um das Vorherrschen bestimmter ritueller Komplexe nachweisen zu können. Spätere Anthropologen wandten sich gegen diese Art der komparativen Methode, weil sie meinten, damit würde die jeweilige Verhaltensform aus ihrem Kontext gerissen werden. Trotz dieser Kritik hat die komparative Methode gute Arbeit geleistet, da sie über die Ähnlichkeiten in verschiedenen Kulturen Regelmäßigkeiten zwischen einzelnen Faktoren nachweisen konnte. So gelang es Frazer, die Religion mit der Fruchtbarkeit, und Van Gennep, Änderungen des sozialen Status einer Person mit bestimmten rituellen Komplexen zu verbinden.

Van Gennep, unterscheidet sich von frühen Vertretern der »komparativen« Methode dadurch, daß er gesellschaftliche Entwicklungsstufen nicht herausarbeitete. Letzteres Vorgehen nannte er die »historische Methode«, gegen die er durch seine Suche nach Regelmäßigkeiten, die unabhängig von Raum und Zeit sind, opponierte. Van Gennep spricht in diesem Zusammenhang sogar von der »historischen Manie« des 19. Jh. (VAN GENNEP, 1924).

Die Kritik von Boas ist der Van Genneps hinsichtlich der Entwicklungstheorien ähnlich; Boas verwarf die komparative Methode, wie sie in der Tradition von Spencer u. a. sich manifestiert, und vertrat eine »historische« Methode, die das Prinzip der Diffusion und der unabhängigen Evolution in den Vordergrund stellte. Gegen die komparative Methode wandte er ein, daß sie uniforme Linien der Evolution für alle Gesellschaften aufzustellen versuche und historische Fakten mißachte. Die vorrangige Aufgabe des Anthropologen besteht nach Boas darin, die verschiedenen Elemente einer Kultur in ihren Ursprüngen darzustellen. Neben dieser ersten wesentlichen Aufgabe der Rekonstruktion der Geschichte einer Kultur, sah Boas aber auch eine zweite Aufgabe, nämlich »Gesetze« zu suchen, die das Leben regeln, wodurch Erklärungen für Ähnlichkeiten verschiedener Kulturen, zwischen denen keine historische Verbindung besteht, möglich werden (vgl. MAIR, 1972, S. 44).

10.4. Die komparative Methode in der »social anthropology«

In seiner Huxley 1951 gewidmeten Vorlesung gibt Radcliffe-Brown eine Illustration der komparativen Methode, wie sie vielleicht Van Gennep verstanden hätte. Er ging von der Tatsache aus, daß sowohl die Aborigines von New South Wales und die Haida-Indianer British-Columbias sich in vier exogame Gruppen gliedern, die nach Vogelnamen benannt sind. Nicht nur die Benennung ist ähnlich, sondern auch die Geschichten, die die Feindseligkeiten zwischen den exogamen Gruppen legitimieren. Radcliffe-Brown kommt nun zu der Feststellung, daß die Anthropologen, die diese Eigentümlichkeiten erklären wollen, nicht in die Vergangenheit zurückstoßen sollten, sondern die parallelen Erscheinungen als Beispiele genereller Phänomene anzusehen hätten. Im zitierten Fall etwa handele es sich bei den Australiern um Totemismus und bei den Haidas um eine bloße Teilung der Gesellschaft in untereinander verfeindete Gruppen; beidemal jedoch handele es sich um die Integration einer Gesellschaft durch die Opposition ihrer Gruppen. Durch die komparative Methode können wir, so Radcliffe-Brown, vom Besonderen zum Allgemeinen fortschreiten. Die Aufgabe der Sozialanthropologie ist es demnach, Feststellungen über die Bedingungen der Existenz sozialer Systeme und die Regelmäßigkeiten, die im sozialen Wandel erkennbar sind, zu formulieren und zu verifizieren. Dies kann nach Meinung Radcliffe-Browns nur die komparative Methode leisten, für die allerdings bisweilen die Kombination mit historischen Studien notwendig sei (RADCLIFFE-BROWN, 1951). Einen Schritt weiter im komparativ-methodischen Denken macht W. Goldschmidt. Für ihn steht nicht die Institution im Vordergrund seiner »neuen Sicht der Kultur«, sondern die Funktion. Das komparative Studium von Institutionen hat nach Goldschmidt die komparative Analyse sozialer Funktionen miteinzuschließen. Die komparativ-funktionale Analyse soll aus der Sackgasse herausführen, in die sich die Anthropologie zurückgezogen hat, da sie eine wissenschaftliche »Diagnose« des Charakters des »man-in-society« nicht ermöglichte. Eine solche »Diagnose« kann nach Meinung Goldschmidts nur entwickelt werden, wenn man vom Modell der Universalität von Funktionen ausgehe, denen bestimmte Institutionen gegenüberständen. So ein Modell muß innerhalb eines Kontextes gesehen werden, der die Natur des Menschen als Lebewesen, die Eigentümlichkeiten seiner Umwelt und das kulturelle Inventar umfaßt. Durch die funktionale Analyse kommen wir zur Kenntnis der Umstände, in welchen die Gesellschaft operiert (GOLDSCHMIDT, 1966, S. 7). Goldschmidt geht von der Kritik am »Vergleich quer durch die Kulturen« der Institutionen aus, ein für ihn falsches Vorgehen, welches er das »Malinowskian dilemma« nennt (a.a.O., S. 8; vgl. o. Kap. II). Institutionen seien als unvergleichbar zu definieren, da sie Produkte jeweils bestimmter Kulturen sind und jede Kultur nur in ihren eigenen Termini zu begreifen sei. Der Weg aus diesem Dilemma ist der des »comparative functionalism«, postuliert daher Goldschmidt.

Goldschmidt greift auch Evans-Pritchard, Leach u. a. an, die von Institutionen ausgehen, um so deren Universalität zu zeigen. Daß dieser Weg nicht richtig sei, zeigt er z. B. an Leachs Definition der Ehe. Goldschmidt meint, daß die ca. 10 Kriterien, die Leach für die Ehe anführt, keinesfalls gemeinsam in allen Gesellschaften auftreten (GOLDSCHMIDT, 1966, S. 18). Nicht die Institutionen seien es also, die sich in den Kulturen glichen, sondern die sozialen Probleme und ihre Lösungen (a. a. O., S. 31). Goldschmidt, der sich nun um ein Modell der Gesellschaft bemüht, sieht zwei Klassen von Funktionen: Die erste enthält die Funktionen, die direkt mit den menschlichen Bedürfnissen zusammenhängen, wie Nahrungserwerb, Schutz usw. Die zweite Klasse umfaßt die Funktionen, die auf die interne Harmonie der Gesellschaft abzielen (a. a. O., S. 57 ff.). Die Institutionen unterscheiden sich von Gesellschaft zu Gesellschaft, die Funktionen jedoch sind universal (a. a. O., S. 92). Goldschmidts Konzeption enthält auch die Feststellung, daß nicht jede Institution in jeder Gesellschaft eine Funktion verrichte, daß also viele Funktionen eliminiert werden können, ohne daß z. B. der politische Apparat zusammenbricht. Goldschmidt nimmt nicht für sich in Anspruch, der erste gewesen zu sein, der auf komparativem Weg mit funktionaler Grundlage soziale Verhältnisse studierte. Er verweist auf Huxley, 1955; Almond, 1960; Whiting und Child, 1953; Cohen, 1961, 1964 und auf die Linguisten, die für ihr Sprachstudium die funktionale komparative Analyse anwenden, wie z. B. Greenberg, 1963.

11. Das Problem des sozialen Wandels in der »social anthropology«

Die Anthropologie des 19. Jh. näherte sich dem Problem des sozialen und kulturellen Wandels eher spekulativ; ihr Ansatz war evolutionistisch oder diffusionistisch bestimmt. Die Bedeutung, die der soziale oder kulturelle Wandel für das 19. Jh. hatte, wurde durch die auf dem struktural-funktionalen Denken fußende Methode überwunden. Historisches Vorgehen mußte ahistorischem weitgehend Platz machen.

Als einer der ersten Sozialanthropologen hat sich Hunter mit dem Problem des sozialen Wandels näher auseinandergesetzt (1936). Hunter, der den Einfluß europäischer Kultur auf Afrikaner analysierte, versuchte, die Kulturelemente je nach ihrem Ursprung voneinander zu trennen. Die Kultur bezeichnet er als ein »mixture«. Drei Dimensionen hat seiner Meinung nach der Forschungsgang zu durchlaufen: das Studium der höheren Kultur, das Studium der autochthonen Kultur und das Studium des autonomen Wechsels (HUNTER, 1936).

Zwischen den Weltkriegen vergab die Rockefeller Foundation und das »International African Institute« Aufträge, um die Probleme des »changing Africa« zu erfassen und zu beleuchten (vgl. MAIR, 1972, S. 237). Das Ideal der Sozialanthropologen bis in die 40er Jahre war und blieb jedoch die »harmonische« Gesellschaft, die nicht als Objekt ungelöster Konflikte definiert wurde. Diese Prämisse blieb auch, als Goldfrey und Monica Wilson 1945 ein Buch über das Problem des »sozialen Wandels« herausgaben. Diese Autoren beschäftigten sich vorrangig mit sozialen Konflikten und ihren Lösungen in Nordrhodesien. Der Terminus »Konflikt« kommt in diesem Kontext in zweifacher Bedeutung vor. Einmal bezieht er sich auf Interessenkonflikte zwischen afrikanischen und europäischen Arbeitern, weil letztere höhere Löhne bei gleicher Arbeit bezogen. Zum zweiten beschreibt er die Verstimmung von Afrikanern über Europäer, weil diese sie u. a. der Zauberei anklagten. Die beiden Wilsons stehen in der Tradition Radcliffe-Browns und halten daher daran fest, daß jede Gesellschaft einem Gleichgewichtszustand zustrebe. Der Prozeß des sozialen Wandels dauert demnach bis zur Erreichung eines neuen Gleichgewichtszustands fort (G. und M. WILSON, 1945).

Durch die Ausdehnung des Konzepts des »sozialen Wandels« auf die gesellschaftlichen Beziehungen zwischen den Mitgliedern verschiedener kultureller Gruppen wirkten die Wilsons auf mehrere Autoren ein. Ähnlich arbeitete so H. Kuper über das Schicksal der Swazi (1947). Mit dem sozialen Wandel in Afrika, und zwar mit der Institution der Ehe und der Politik, beschäftigte sich Barnes (1951, 1954). Über die Bemba-Ehe reflektierte Richards (1939), und über den Wandel in chinesischen Familien erzählt uns Freedman (1957).

Die Auswahl der Verhaltensmöglichkeiten trifft die Kultur. Ergeben sich vollkommen neue Bedingungen, die in kleinen Gesellschaften von außen kommen, so müssen jeweils neue Alternativen gesetzt werden. Diese Konzeption, daß kleine, also »primitive« Gesellschaften nicht statisch sind, wie oft von Sozialanthropologen angenommen wird, wird vehement von Leach in seiner Studie über die Kachins in Burma vertreten (1954). Leach führt aus, daß manchmal der »headman« eines Kachin-Dorfes sehr wohl Akte setzen kann, die neue Normen schaffen.

Durch die Einsetzung von neuen Institutionen, wie Schulen und Spitälern, werden die Personen einer »primitiven« Gruppe immer mehr von Verwandtschaftsbindungen unabhängig. Durch diese »Unabhängigkeit« kommt es also zum sozialen Wandel (MAIR, 1972, S. 243 ff.).

Einen anderen Standpunkt nimmt Gluckman ein, der davon ausgeht, daß das Verhalten der Leute eine Antwort auf die Situation ist, die sie vorfinden. Wenn z. B. der eingewanderte Arbeiter die städtischen Verhaltensmuster übernehmen lernt, so ist dies eine Frage der Konfrontation des Verhaltens mit einer Situation (a. a. O., S. 247).

Der politische Wandel ist wohl der in diesem Jahrhundert bedeutendste Typ des sozialen Wandels, wie L. Mair hervorhebt (a. a. O., S. 247). Kleine politische Einheiten wurden in Kolonien umgewandelt. Nach dem Zurückziehen der Kolonialherren entstand ein neues Nationalgefühl. Diese neuen Staaten sind jedoch in ihrer Struktur ihren europäischen Vorbildern nicht ähnlich. Nur über ein Verstehen der alten Traditionen kann daher der »kulturelle Wandel« interpretiert werden. In diesem Kontext ist der Gedanke von E. A. Shils interessant, nach dem in diesen neuen Staaten Leute an die Regierung kamen, die ihre alten Werte und Traditionen verworfen haben (vgl. MAIR, 1972, S. 249 f.).

Über industrielle Probleme, die auf kulturellen Wandel zurückführbar sind, reflektiert A. L. Epstein (1958). Er geht dabei vor allem auf städtische afrikanische Einheitsbewegungen ein. Ähnlich beschreibt J. C. Mitchell (1959) die Solidarität der Städter, die aus demselben Stammesgebiet kamen, sowie deren Beziehungen zu gesamtafrikanischen Bewegungen.

Wohl der interessanteste »Sozialanthropologe«, der sich mit dem sozialen Wandel befaßt und diesen eingehend reflektiert hat, ist R. Firth, Firth hat in seinem Werk ›Social Change in Tikopia‹ (1959) Skepsis gegenüber der rein synchronisch arbeitenden Sozialanthropologie deutlich zum Ausdruck gebracht, nachdem er in mehreren vorangegangenen Arbeiten auf das Problem des Wandels und der Geschichte verwiesen hatte.

In einer Arbeit aus dem Jahre 1951 stellt Firth fest, daß sich die britische Anthropologie seit langem mit Problemen des sozialen Wandels beschäftige (1951, S. 488), sie aber, wie er später erklärte, keine allgemeine Theorie des sozialen Wandels geschaffen hätte (FIRTH, 1964, S. 7). In demselben Zusammenhang weist er darauf hin, daß es unwahrscheinlich sei, zu einer Theorie des sozialen Wandels zu gelangen, wenn »wir nicht ernsthaft die Konzeption von Karl Marx bezüglich der Wichtigkeit der materiellen Bedingungen der Produktion in unsere Betrachtungen einbeziehen« (a. a. O., S. 29; auch bei HARRIS, 1968, S. 542). R. Firth betont, daß die fundamentalen Beziehungen in einem System nicht unbedingt ausbalanciert sein müssen. Sie seien vielmehr oft »unbalanced«, dies zeige, daß die rein funktionalistisch ausgerichtete Sozialanthropologie einem Irrtum erlegen sei.

Für Firth gibt es einen Unterschied zwischen organisationellem und strukturellem Wandel. Im ersten Fall wandeln sich die Verhaltensmuster nur langsam, wodurch die »basic relations« zwischen den Mitgliedern einer Gesellschaft nicht wesentlich geändert werden. Durch strukturellen Wandel kommt es dagegen zu einer Neuorientierung in den Aktivitäten der Gesellschaftsglieder. Eine frühere »basic relation« büßt dadurch ihre Bedeutsamkeit und ihren »Zwang« ein, da sie neuen Formen der Beziehungen weichen mußte (FIRTH, 1964, S. 84 f.). Firth führt als Beispiel die Einführung von Kartoffeln und Schweinen bei den Maoris an, wodurch die ökonomische Struktur nachweisbar radikal geändert wurde. Denn durch diese neuen Nahrungsmittel reduzierte sich die Arbeitsleistung, die auf die Erschließung anderer Nahrungsmittel aufgewendet werden mußte. Ein strukturaler Wandel dieser Art kann nicht durch ein Individuum alleine herbeigeführt werden, aber auch nicht per se, sondern stets ist er ein Produkt der sozialen Interaktion, die im Rahmen einer Gesellschaft mit geeigneter Plastizität einen größeren Freiraum für die Aufnahme neuer Kulturelemente und Werte haben muß. Dabei unterscheidet Firth zwei Formen des Prozesses: »social convection« und »social conduction«. Von »social convection« spricht Firth bei gesellschaftlichem Wandel durch Änderung des Verhaltens; »social conduction« greift dann Platz, wenn neue Situationen gegeben sind, die neue Organisationsprobleme aufwerfen. Der Prozeß des sozialen Wandels kann demnach durch innere oder durch äußere Kräfte initiiert werden (FIRTH, 1964, S. 86).

In diese implizite Kritik der klassischen struktural-funktionalen Schule stimmt auch Max Gluckman ein, der vor allem mit seiner Konflikttheorie die Vorstellungen von Malinowski über den sozialen Wandel zu falsifizieren bzw. zu schwächen sucht. Gluckman zeigt auf, daß das Problem des sozialen Konflikts zu den Rahmenbedingungen einer sozialen Organisation gehört, in der alle Institutionen integriert sind (GLUCKMAN, 1949, S. 8, 29; 1963, S. 2). Gluckman versucht jedoch, den Königsgedanken der britischen Sozialanthropologie weiterzutragen, indem er ihn auf die Institution anwendbar macht. Er meint, um eine Institution zu studieren, sei es wesentlich, ihre »strukturelle Dauerhaftigkeit« (structural duration) zu analysieren. Dies ließe sich nur mit einem »Gleichgewichtsmodell« machen, welches allerdings das historische Moment zu berücksichtigen habe (GLUCKMAN, 1968, S. 219). Für Gluckman ist das »Gleichgewichtsmodell« *ein* Modell, das das Studium des sozialen Wandels berücksichtigt. Er sieht sich dabei in Gemeinschaft mit Fortes (1945) und Barnes, die ähnlich wie er davon ausgehen, daß das »Gleichgewichtsmodell« sehr wohl dynamischen Charakter haben könne (a. a. O., S. 220). Dieses Modell ist als Rahmen gedacht, innerhalb dessen wir Vorstellungen über die Interdependenz von Elementen einer Institution formulieren können. Das Zeitelement muß in die Untersuchung einbezogen werden, da alle Wirklichkeit ein Prozeß innerhalb der Zeit ist (a. a. O., S. 221).

Gluckman gibt aber zu, daß das ganze soziale Leben so untersucht werde, »als ob« es für eine längere Periode, als dies tatsächlich der Fall sei, unverändert existiere. Auch um »revolutionären Wandel« zu verstehen, sei von der »strukturellen Dauerhaftigkeit« auszugehen, die das »Gleichgewichtsmodell« abbilde (a. a. O., S. 224). Keinen Widerspruch sieht er hier zum marxistischen Modell, das auch von einem relativ stabilen Gesellschaftsbild, welches sich über mehrere Jahrhunderte gehalten hat, ausgeht (a. a. O.). Gluckman beklagt sich schließlich über die Vieldeutigkeit der Termini »Gleichgewicht« (equilibrium) und »Stabilität« (stability). Er weist dabei auf Leach hin, der feststellte, daß die meisten Anthropologen von einem »stable equilibrium« ausgingen: Malinowski, Firth und Evans-Pritchard schrieben so, als ob die Trobriander, die Tikopier und die Nuer immer so wie zur Zeit der Untersuchung gelebt hätten (LEACH, 1954, S. 7). In bezug auf Evans-Pritchard allerdings ist Gluckman anderer Meinung als Leach: seine Arbeiten und die von Goody (1962), Mitchell (1961), Pospisil (1958a, 1958b,

1960), Reay (1959), Brookfield und Brown (1963) und Meggitt (1965) verführen synchronisch und bezögen aber auch radikalen Wandel mit ein, indem sie die »strukturellen Dauerhaftigkeiten« berücksichtigten (GLUCKMAN, 1968, S. 226 ff.). Das Studium des institutionellen Wandels, um den es Gluckman hier geht, lasse sich methodologisch schließlich nur dann durchführen, wenn man sich auf die Institutionen konzentriere, und dies führe einen zurück zu der Fiktion, »als ob das Equilibrium gegeben wäre« (a. a. O., S. 230). Hier zeigt sich auch der Gegensatz zu Leach, der spöttisch behauptet, daß die Konzeption des »Systems« auf die Beziehung zwischen Begriffen abgestellt sei, nicht aber auf wirklich existierende Elemente (LEACH, 1954, S. 4). Nach Gluckman ist jedoch dieses »ordered system« innerhalb der institutionellen Wirklichkeiten real. Die »geordneten Systeme« seien »strukturelle Dauerhaftigkeiten«, welche in den sozialen Institutionen angelegt seien. Diese Institutionen seien relativ stabil und sogar radikalem Wandel gegenüber immun (GLUCKMAN, S. 231). Die Argumentation läuft bei Gluckman also auf die Formel hinaus, daß die Institutionen die Tendenz zeigen, ihre Kontinuität durch die systematische Beziehung der Positionen, Rollen, Werte u. ä. zu erhalten. Diese Auffassung kulminiert in der Vorstellung, daß ein stetiger Wechsel innerhalb und zwischen den Institutionen stattfindet und daß er plötzlich »radikal« werden kann.

Es ist offenkundig, daß Gluckman in der Tradition Radcliffe-Browns steht, nicht jedoch in der Malinowskis, dessen Theorie er als trivial darstellt (1949, S. 21; siehe auch HARRIS, 1968, S. 559). Aus der Konzeption Gluckmans ergibt sich, daß zwei Positionen, die ursprünglich als unvereinbar erschienen, miteinander verbunden werden, nämlich: das struktural-funktionale Element, das in der Literatur als ahistorisches angesprochen wird, und das historische Element. Fiktiv geht zwar Gluckman vom »Gleichgewichtsmodell« aus, nach dem eine Gesellschaft keinen Veränderungen unterliegt, aber durch die Hereinnahme des sozialen Wandels öffnet sich Gluckman der historischen Maxime.

Eine eher marxistische Einstellung zum Problem des sozialen Wandels nimmt Harris ein, der sich an Firth (1964) und Worseley (1961) anschließt: Der Klassenkampf führe Veränderungen in der Evolution klassenstrukturierter Gesellschaften herbei (HARRIS, 1968, S. 561).

Dieser Überblick über die Konzeptionen des sozialen Wandels und der Geschichte in der späteren britischen Sozialanthropologie zeigt uns deutlich den Weg, den diese Richtung der Anthropologie gegangen ist, nachdem sie sich zuerst gezwungen gesehen hat, mit den bis in den Beginn dieses Jahrhunderts vorherrschenden, eher spekulativ arbeitenden historischen Methoden, dem Evolutionismus und Diffusionismus, zu brechen. Für die Sozialanthropologie Englands handelte es sich bei letzteren Methoden um pseudohistorische Konzeptionen, die es zunächst auszuschalten galt. Wie wir gesehen haben, konnte diese neue ahistorische Position nur begrenzt aufrechterhalten werden; denn bereits in den dreißiger Jahren begann man, historisches Denken in die Überlegungen miteinzubeziehen. Von da bis zur Hinwendung zum Problem des sozialen Wandels war es dann nur ein Schritt.

12. Der Einfluß der amerikanischen »anthropology« auf die Soziologie

Der Aufenthalt Radcliffe-Browns in den USA in den dreißiger Jahren war, wie wir sahen, von nicht zu unterschätzendem Einfluß auf das Denken der amerikanischen Sozialwissenschaftler. So übernahmen die amerikanische Ethnologie und Soziologie das strukturell-funktionale Denken, um es in etwas gewandelter Form weiterzuführen. 1936 erschien ein Buch eines Ethnologen, das für die Soziologie als Wissenschaft geradezu wegweisend wurde, insofern als viele Soziologen im Stile dieses Ethnologen ihre Theorien aufzubauen bzw. zu erweitern versuchten. Es war dies Ralph Linton, der in seinem Buch ›The Study of Man‹ einen weiteren Schritt tat, um einer allgemeinen sozialwissenschaftlichen Systemtheorie auf die Beine zu helfen; er gab darin Anregungen für die spätere strukturell-funktionale Theorie und Handlungslehre von Parsons. Wesentlich an seiner Arbeit ist für uns die Herausarbeitung der Begriffe »Status« und »Rolle«. Unter »Status« versteht er die Position in einem bestimmten sozialen Zusammenhang, unter »Rolle« den dynamischen Aspekt des Status. Die Positionen können nach Linton auf Grund bestimmter Konventionen oder Traditionen zugestanden sein (ascribed positions) oder durch eigene Tätigkeit erworben werden (achieved positions) (Linton, 1936, S. 103 ff.).

Vom sozialen System trennt Linton die »Gesellschaft« scharf: »A society is an organization of individuals; a social system is an organization of ideas. It represents a particular arrangement of statuses and roles, which exist apart from the individuals« (a. a. O., S. 253).

Die Anwendung des Funktionsbegriffes bei Linton erscheint vielen Autoren zu universell. Linton schreibt nämlich, daß man von jedem Teil eines sozialen Systems sagen könne, daß er eine Funktion habe. Weil nämlich die Teilhabe an einer gemeinsamen Kultur es deren Mitgliedern möglich mache, als Gesellschaft zu existieren, trage jedes Element, einfach weil es gemeinsames Gut für viele ist, zur sozialen Solidarität bei (Linton, 1936, S. 406; vgl. Jonas, 1969, S. 148). In diesem Kontext steht die Bemerkung von Lévi-Strauss, nach der es sich um eine Banalität handle, wenn man sage, die Gesellschaft funktioniere, daß es sich jedoch um eine Absurdität handle, zu sagen, alles in einer Gesellschaft funktioniere (1967, S. 25). Linton sieht allerdings sehr wohl, ähnlich wie die Gegner der funktionalen Methode, daß die funktionale Erklärungsweise problematisch ist: Man könne nämlich mit ihr praktisch alles erklären (vgl. Jonas, a. a. O.), wenn sie nicht gerade dazu verwendet werde, ganz spezifische Fragen zu analysieren.

Durch die Begriffe »System«, »Status« und »Rolle« hat Linton jedoch einen bedeutenden und wichtigen Beitrag zur strukturell-funktionalen Theorie geleistet. Die rein der englischen Sozialanthropologie zugehörigen Begriffe der Funktion und des Systems versucht Linton durch die Hinzunahme weiterer Elemente auf eine neue Erklärungsebene zu stellen. Zum sozialen System gehört demnach eine geschichtliche Basis, zum Begriff der »Funktion« die »Bedeutung«, die der Funktion eine bestimmte Richtung gibt; zur Vorstellung eines in sich interdependenten sozialen Systems gehört außerdem die Kategorie des Verhaltensmusters, das den materiellen Inhalt der in dem System integrierten Handlungen darstellt. Zum Begriff des Systems oder der Struktur zählt darum auch die Idee eines »Esprit de Corps, which provides motion power for the expression of these patterns« (Linton, 1936, S. 107). Bei seiner eingehenden und kritischen Beschäftigung mit dem Funktionalismus kommt er schließlich zu dem Schluß, daß die funktionale Theorie durch Hypothesen über das Werterhaltungssystem, mit dem das Entstehen und der Zusammenhalt einer bestimmten Kultur erklärt werden könne, ergänzt werden müsse. Hier trifft sich Linton mit Psychologen, vor allem mit A. Kardiner, für dessen Buch ›The Individual and his Society‹ (1939) er zwei Kapitel schrieb. Die funktionale Erklärungsweise wird dabei zum »basic personality structure approach« weiterentwickelt. Die Psychologie, die z.T. aus der funktional-strukturalen Methode ausgeschaltet worden war, bekommt hier plötzlich das Übergewicht. Damit im Zusammenhang ist auch die Strömung des Neofreudianismus der 50er Jahre zu verstehen. Es zeigt sich also auch, daß das funktionale, eher apsychologische Denken der englischen Sozialanthropologie mit dem eher psychologisch ausgerichteten Verfahren amerikanischer Anthropologen und Soziologen eine Symbiose einging.

Gegen die psychologische Methode war vorher oft eingewendet worden, daß die Gesellschaft eine eigene Realität sei, die nicht aus der Perspektive individueller Handlungen erfaßt werden könne (vgl. JONAS, 1969, S. 150). Diese Auffassung fußt auf dem Spencerschen Organismusdenken, nach dem die Gesellschaft einen, dem natürlichen Organismus analogen Körper darstellt, der nach eigenen Prinzipien funktioniert.

13. Parsons und Merton

Das Funktions- bzw. Strukturkonzept wurde schließlich von Parsons übernommen und zu einer großen soziologischen Theorie ausgebaut. Es ist der Stabilitätszustand der Gesellschaft, den er als leitenden Gesichtspunkt der funktionalen Analyse sieht. Parsons geht dabei von drei Systemen aus: dem Persönlichkeits-, dem sozialen und dem kulturellen System. Diese drei Systeme sind verschiedene Abstraktionen von dem wirklich gegebenen konkreten Verhalten des Menschen. Sie sind deshalb nicht aufeinander reduzierbar. Das spezifische Erkenntnisobjekt für die Soziologie ist demnach das soziale System. Es besteht aus Interaktionsbeziehungen zwischen mindestens zwei Aktoren. Nicht der Handelnde, sondern die Handlung ist in das System der strukturell-funktionalen Theorie einzubeziehen. Zu jedem sozialen System gehört als Richtpunkt der Orientierung eine Kultur, ebenso wie zu jedem personalen System ein soziales System gehört. Die Werte, von denen die Orientierung und Stabilität der Handlung abhängen, sind Teil einer bestimmten Kultur. Parsons definiert Kultur »as a shared symbolic system which functions in interaction« (PARSONS, 1954, S. 228 ff.).

Mit diesen kurzen Sätzen sind wir dem umfassenden großen Werk Parsons freilich nicht gerecht geworden, doch es mögen die Hinweise für unsere Zwecke genügen.

Ein anderer Autor, R. K. Merton, unterstrich die begriffliche Problematik der struktural-funktionalen Theorie. Nicht das große theoretische System, sondern die Entwicklung von »special theories applicable to limited ranges of data« (MERTON, 1948, S. 166) müsse die gegenwärtige Aufgabe des Soziologen sein. Es käme darauf an, »theories of the middle range« (MERTON, 1965, S. 5) zu erarbeiten. Sie stehen, so meint Merton, zwischen Arbeitshypothesen, die der täglichen Forschung zugrunde liegen, und den alles umgreifenden Spekulationen, von denen man erwartet, daß sie eine große Zahl von Gleichförmigkeiten beobachtbarer Sachverhalte darstellen. »We have many concepts but few confirmed theories; many points of view but few theories: many approaches but few conclusions. Perhaps a shift in emphasis would be all the good« (a. a. O., S. 9). Besonders wendet sich Merton gegen den aus der Physiologie übernommenen Begriff des »Funktionalismus«, der seiner Meinung nach anders zu beurteilen sei als der in der Soziologie oder Anthropologie. Außerdem sei nicht bewiesen, daß alle soziokulturellen Prozesse positive Funktionen haben müßten.

Mertons Beitrag zur soziologischen Theorie ist groß, vor allem durch die Einführung der Begriffe der »manifesten« und der »latenten« Funktion, die aber bereits lange vor ihm von C. H. Wedgwood, der Schülerin Radcliffe-Browns, konzipiert worden waren (s. o.). Den Funktionen stellt Merton die Dysfunktionen entgegen. Durch Einführung des Terminus »self-fulfilling prophecy« hat er außerdem einen neuen interessanten Aspekt in die Soziologie gebracht.

Als »Funktionen« definiert Merton: »Diejenigen beobachteten Folgen, die die Anpassung eines gegebenen Systems fördern« (MERTON, in HARTMANN, 1967, S. 141 f.). Merton ist also gleichzeitig als Verteidiger und Kritiker des Funktionalismus aufzufassen.

Eine Verteidigerin des Funktionalismus im amerikanischen

Raum ist Francesca Cancian, die auf Nagels Funktionsbegriff eingeht, von welchem ihrer Meinung nach viele nützliche methodische Regeln und terminologische Unterscheidungen abgeleitet werden können. So besteht nach Nagel das funktionale System aus zwei Typen von Variablen. Die einen gehören zum stabilen System, während die anderen die Präsenz oder Absenz der ersteren determinieren, also für die Aufrechterhaltung ersterer dienen. Mit dieser Konzeption gelingt es Cancian, die Vorstellungen Radcliffe-Browns, Parsons u. a. in Übereinstimmung zu bringen, um sich so schließlich dem Problem des sozialen Wandels zu nähern. Sie gelangt so zu dem Schluß, daß sozialer Wandel sehr wohl mit der funktionalen Theorie zu vereinbaren sei (CANCIAN, 1960, S. 826 f.).

14. Kritische Überlegungen zur »struktural-funktionalen« Methode

Ergänzend zu den oben reflektierten Auseinandersetzungen mit Konzepten der sozialanthropologischen Richtung – z.B. wegen der Nichtberücksichtigung historischer Fakten beim Studium »primitiver« Kulturen – wollen wir nun noch andere kritische Stellungnahmen diesem Problemkomplex hinzufügen.

Der bedeutendste Kritiker des »Funktionalismus« unter den Anthropologen mag wohl E. R. Leach gewesen sein (so CANCIAN, 1960). In seinem Buch ›Political Systems of Highland Burma‹ (1954) verurteilt er die statische Betrachtungsweise, die von der Vorstellung eines »Gleichgewichtszustandes« (equilibrium) der jeweiligen Gesellschaft ausgeht. Er entschuldigt sie zwar, weil die Forschungsarbeit durch Beobachtung nur einen bestimmten Zeitpunkt erfassen könne, beharrt aber darauf, daß keine Gesellschaft sich jemals im Stadium eines Gleichgewichtszustandes befinden könne (ähnliches wurde allerdings auch von Firth und anderen oben erwähnten Autoren vertreten). Leach zeigt diese Auffassung auch theoretisch klar in seiner Untersuchung über die Bevölkerung des Hochlandes in Burma (LEACH, 1954, S. 285).

In einem in der ›American Sociological Review‹ 1959 erschienenen Aufsatz spricht Kingsley Davis von ›The Myth of Functional Analysis as a Special Method in Sociology and Anthropology‹ – so der Titel des Aufsatzes. Nach Ansicht von Davis ist die »funktionale Analyse« aufzugeben, weil sie auf der falschen Annahme aufbaue, daß sie eine spezielle Methode oder ein System von Theorien sei, die von anderen Methoden in der Soziologie oder Sozialanthropologie unterschieden werden könnten. Davis gesteht der funktionalen Analyse gewisse Verdienste in der Vergangenheit zu, glaubt aber, daß der wissenschaftliche Fortschritt durch sie nicht gefördert werde. Man solle sich außerdem klarmachen, so meint Davis, daß über die Definition der struktural-funktionalen Analyse kein Konsensus existiere, wie wir es auch oben an den verschiedenen Richtungen – wie die auf Malinowski oder die auf Radcliffe-Brown zurückgehenden – deutlich machen konnten.

Aus Davis Ausführungen geht hervor, daß seiner Meinung nach die struktural-funktionale Analyse mit der soziologischen Analyse gleichzusetzen sei (1959, S. 771). Schließlich gibt er Gründe für ein Abgehen vom Konzept des »Funktionalismus« an (a.a.O., S. 771 f.). So legt er dar, daß es die »Funktion« des Herzens sei, Blut durch den Körper zu pumpen. Aber wenn jeder, der diese Beziehung feststellt, sagen müsse: »Die Funktion von etwas ist es, das und das zu tun, so wird die Diskussion darüber mühsam. Warum sagt man nicht einfach, daß das Herz Blut durch das System pumpt?« (a.a.O., S. 772). Damit will Kingsley Davis wohl die Unnötigkeit des Funktionsbegriffes für die wissenschaftliche Diskussion ausdrücken.

Eine Erwiderung fand der Aufsatz von Kingsley Davis in der ›American Sociological Review‹ 1961, in der Ronald Philip Dore unter dem Titel ›Function and Cause‹ seine Gedanken zu dem angeschnittenen Problem niederlegte.

Dore kritisiert das Vorgehen von Davis, der seiner Auffassung nach einen zu speziellen und zu engen Blickpunkt zeige. Dore expliziert, daß zwischen Funktion und Ursache ein Unterschied bestehe. So stellt er fest, daß die Auffassung des Physiologen, »die Funktion des Herzens ist es, Blut zu pumpen«, eine summarische Generalisierung von Feststellungen über die kausale Beziehung zwischen den einzelnen Ereignissen des Herzpumpens und des Blutflusses in speziellen menschlichen Körpern sei. Soziologische Untersuchungen sollten sich daher daran orientieren (DORE, 1961, S. 843 ff.). Zu dem in diesem Kontext relevanten Satz: »Die Ursache eines sozialen Phänomens kann eine andere sein als die Funktion, die es erfüllt«, der

188

auf Durkheims ›Regeln der soziologischen Methode‹ zurückgeht und von Dore uminterpretiert wurde, meint Merton, daß er »suspekt« sei und die Unklarheit des Funktionsbegriffes nur unterstreiche. Merton beharrt außerdem auf der Ansicht, daß die Analogie zwischen biologischem und sozialem »Organismus« verschiedene unbewiesene Voraussetzungen habe. Denn das Postulat der funktionalen Einheit sei wohl in einem konkreten Organismus vorhanden, könne aber nicht bei einer Gesellschaft vorausgesetzt werden (siehe auch CARLSSON, 1962).

Der Funktionalismus in der Physiologie sei – so Merton – anders zu beurteilen als der in der Soziologie. Außerdem sei die Annahme eines positiv funktionalen Objekts unbewiesen und müsse durch die Vorstellung funktionaler Äquivalente ergänzt werden. Um in einem empirischen Sinne falsifizierbar zu sein, müsse die funktionale Analyse auch Dysfunktionen und funktionale Elemente zulassen. Merton geht es im wesentlichen darum, zu zeigen, daß die Soziologie, im Gegensatz zur Physiologie, keine klaren Konzepte, keine systematisch gesammelten Tatsachen und auch keine vergleichbaren Verfahren der Gültigkeitsprüfung habe. Den standardisierten Konzepten, Verfahren und analytischen Vorschriften in der Physiologie stehe eine Vielheit von Konzepten, Verfahren und analytische Vorschriften gegenüber, die, wie es scheine, von den Interessen und den Neigungen des jeweiligen Soziologen abhänge (MERTON, 1967, S. 49).

In seinem Aufsatz ›The Bearing of Empirical Research upon the Development of Social Theory‹ (1948) verficht Merton die Meinung, die Soziologie könne nicht auf zweifelhaften abstrakten Konzepten aufbauen, sie solle vielmehr zur Entwicklung neuer theoretischer Hypothesen und Konzepte beitragen.

Der Kritik Mertons schloß sich C. Wright Mills an. C. Wright Mills wendet sich gegen die Wirklichkeitsfremdheit des Theoretikers und gegen das begrenzte Verfahren des Empirikers (MILLS, 1959).

Von anthropologischer Seite macht M. Harris deutlich, daß der Funktionalismus kulturellen Wandel mit diachronisch-synchronischen Prinzipien nicht erklären könne. Harris zeigt ferner, daß der Hauptfehler aller Typen des Funktionalismus in der Intention liegt, Differenzen und Ähnlichkeiten in Form von Konstanten erklären zu wollen. Radcliffe-Brown wirft er speziell vor, systematisch die kausalen Beziehungen zwischen technisch-umweltlicher Adaption, produktiven und distributiven Anordnungen und der Sozialstruktur gesucht zu haben, was nach seiner Meinung illusorisch sei. Malinowski wird von Harris die Weite seines Funktionsbegriffes vorgehalten, die Resultat eines anti-ökonomischen Determinismus sei (HARRIS, 1968, S. 561 ff.).

Für George C. Homans ist der Funktionsbegriff zu unrealistisch, weil der oft von den Funktionalisten gebrauchte Satz: »Wenn eine Gesellschaft fortbestehen soll, muß sie Merkmale des Typs haben«, einfach den Tatsachen nicht gerecht werde. Außerdem lasse sich nicht aufzeigen, daß gewisse Aktivitäten für das Fortbestehen der Gesellschaft wichtiger seien als andere. Homans stützt seine Auffassung von der sozialen Wirklichkeit auf der Bedeutung der Belohnung, die eine Person bekommt, wenn sie Aktivitäten gesellschaftlicher Natur übernimmt. Homans greift dabei einen Satz G. Lenskis auf, der sagt: »Die Verteilung von Belohnungen in einer Gesellschaft ist eine Funktion der Machtverteilung, nicht eine Funktion der Bedürfnisse des Systems« (HOMANS, 1972, S. 64 ff.).

Von den deutschen Kulturhistorikern wird der Einwand eingebracht, daß die »materielle« Kultur von den britischen Sozialanthropologen zumeist vernachlässigt worden sei (siehe MÜHLMANN, 1968, S. 222).

In dem einleitenden Aufsatz der ›Strukturalen Anthropologie‹ beschreibt und kritisiert Lévi-Strauss den funktionalistischen Ansatz aus der Perspektive seines Verhältnisses zur historischen Analyse. Sein wesentlicher Einwand besteht darin, daß der Funktionalismus, dort, wo er sich vom Verfahren des Historikers unterscheidet, eine Voraussetzung über die Universalität bestimmter Funktionen und über den durchgängig-funktionsgerechten Aufbau von Gesellschaften mache, die in einem latenten Widerspruch zu den konkreten Analysen stehe, die die erste Etappe des funktionalistischen Vorgehens charakterisieren. »Denn zu sagen, eine Gesellschaft funktioniere, ist eine Banalität; aber zu sagen, alles in einer Gesellschaft funktioniere, ist eine Absurdität« (LEVI-STRAUSS, 1967, S. 21 ff.).

Godelier, der sich in der Tradition von Lévi-Strauss sieht, meint, daß für Radcliffe-Brown und Nadel eine soziale Struktur nur die »Anordnung«, die »Disposition« der sichtbaren Beziehungen der Menschen untereinander sei, während für Lévi-Strauss die Strukturen keine unmittelbar sichtbaren und beobachtbaren Wirklichkeiten seien (GODELIER, 1973, S. 61). Godelier kritisiert schließlich den Großteil der Funktionalisten dahingehend, daß sie »nicht der Empfehlung von Firth« gefolgt seien, »der unaufhörlich daran erinnerte, daß man mit wissenschaftlicher Strenge die ökonomische Basis der Gesellschaft analysieren müsse, weil die soziale Struktur eng von den spezifischen ökonomischen Verhältnissen abhängt ...« (a.a.O., S. 45f.).

Leach beurteilt den Funktionalismus der britischen Sozialanthropologie mit der Feststellung, daß die Funktionalisten ihr Programm einer »vergleichenden Analyse sozialer Strukturen« immer weniger einlösten und statt dessen »historische Ethnographien einzelner Völker« vorlegten (LEACH, 1966). Hinter diesem Statement steht die Behauptung, der Funktionalismus habe sich zur historischen Ethnographie »zurückgebildet«, weil er das Problem »vergleichender Generalisierung« nicht lösen konnte. Dem entspricht die Unmöglichkeit, das ethnozentrische Vorurteil methodisch durch vergleichende Generalisierung außer Kraft zu setzen. Die »vergleichende Verallgemeinerung«, wie sie vom Funktionalismus postuliert worden war, ist nämlich – so die These von Leach – unfähig, die dogmatischen Reste einer ethnozentrischen Orientierung zu tilgen (a.a.O., S. 1f., 27). Bei Lévi-Strauss findet Leach schließlich einen Typus von Generalisierung, der diesen Einwänden nicht ausgesetzt ist (vgl. LEPENIES und RITTER, 1970, S. 30).

15. Zusammenfassende und abschließende Gedanken

Die Ausführungen zur Thematik der »struktural-funktionalen« Methodik versuchten aufzuzeigen, daß durch das Organismusmodell, wie es bereits von Spencer und Durkheim auf die Gesellschaft übertragen worden war, zunächst Möglichkeiten für die Feldforschung sich erschlossen. Es war vor allem Radcliffe-Brown, der auf den »Organismus« sich berief, um das gesellschaftliche System analysieren zu können. Die vor diesem Hintergrund konzipierten »funktionalistischen« Überlegungen verstanden sich jedoch auch als Reaktion auf die z.T. spekulativen Konzeptionen des Evolutionismus und des Diffusionismus. Radcliffe-Brown unterscheidet sich von dem anderen großen

Repräsentanten des Funktionalismus Malinowski in der Forschungsprämisse wesentlich. Während Malinowski vom menschlichen Bedürfnis ausgeht, das über die »Funktion« der Institution zu befriedigen ist, verbindet Radcliffe-Brown mit dem Funktionsbegriff die Kategorie des Systems, bzw. der Struktur. Für Radcliffe-Brown manifestiert sich die Funktion eines sozialen Elements darin, daß es für das Ganze des gesellschaftlichen Systems einen bestimmten Beitrag leistet. Der sich bei Malinowski findende Ganzheitsbegriff dagegen wird mit einer Kulturtheorie verbunden und von der Gesamtheit der Bedürfnisse des kulturellen Systems abhängig gemacht. Malinowski unterscheidet sich von Radcliffe-Brown also vor allem dadurch, daß er die Institutionen mit menschlichen Bedürfnissen verknüpft, wobei eine Institution mit mehreren Bedürfnissen bzw. ein Bedürfnis mit mehreren Institutionen in Verbindung stehen kann. Diese Kategorie des Bedürfnisses fällt nun bei Radcliffe-Brown weg. Das soziale System ist für Radcliffe-Brown ein ausgewogenes strukturiertes Ganzes, in dem jeder Teil eine ganz bestimmte Funktion in Hinblick auf das »Ganze« hat, wobei die Funktionen – im Gegensatz zu Malinowski – miteinander verwoben sind und in einer Hierarchie stehen.

In der Tradition dieser beiden Funktionalisten steht die englische Sozialanthropologie, die, z. T. beide Konzeptionen synthetisierend, zunächst ahistorisch (also synchronisch) reflektierte. Diese Ahistorizität brachte die Sozialanthropologie in Auseinandersetzung mit der klassischen, historisch orientierten Ethnologie, wie sie für die amerikanische »cultural anthropology« typisch war. Das zunächst als Feldforschungsmethode konzipierte funktionalistische Vorgehen wurde schließlich durch die Lehrtätigkeit Radcliffe-Browns in den USA während der dreißiger Jahren von der amerikanischen »cultural anthropology« übernommen. Diesem Übernahmeprozeß kam das ohnehin intensive Interesse an Verwandtschaftsuntersuchungen, das mit Morgan einsetzt, entgegen. Das Resultat war schließlich eine historisch ausgerichtete und mit sozialanthropologischen Prämissen arbeitende »cultural anthropology«. Diese Kontaktierung hatte auch zur Folge, daß in der englischen »social anthropology« die Diskussion über die Notwendigkeit historischer Reflexion einsetzte. Wie es sich vor allem in den jüngsten Arbeiten von Evans-Pritchard zeigt, leitete diese Diskussion eine Übernahme der historischen Perspektive in die Intention der »social anthropology« ein. Wobei jedoch einem historisch spekulativen Vorgehen, wie es im Zeitalter des Evolutionismus legitim war, weiter die Absage erteilt wurde.

Die durch die englische »social anthropology« beeinflußte amerikanische Ethnologie war für die Soziologie von großer Relevanz. So konzipierte der Ethnologe Ralph Linton die für die moderne Soziologie essentiellen Begriffe »Status« und »Rolle«. Außerdem finden sich in den Begriffen »latente« und »manifeste« Funktionen bei Merton Konzeptionen, die C. H. Wedgwood einige Zeit vor Merton – allerdings in einer nur wenig beachteten Arbeit – bereits vorbereitet hatte. Kritisch wurde zur struktural-funktionalen Theorie eingewandt, daß ihre Konzeption banal sei (Lévi-Strauss) oder daß man schon immer so gearbeitet hätte bzw. der Funktionsbegriff unnötig sei (K. Davis). Schließlich wurde statuiert, daß gerade die Methode Malinowskis von einem Zirkelschluß ausgehe, wenn sie einmal die Institution mit dem Bedürfnis verbinde und das andere Mal die Institution aus dem Bedürfnis ableite.

Unbestritten bleibt jedoch das Verdienst der struktural-funktionalen Theorie der englischen »social anthropology« in der Tradition von Malinowski und Radcliffe-Brown, der soziologischen Theorie (so vor allem den Konzeptionen Mertons, Parsons', aber auch Luhmanns u.a.) Anregungen und Forschungskonzepte vorgelegt zu haben.

IV. Das »Verstehen« in der Kulturanthropologie

1. Das »Verstehen« als methodisches Problem

1.1. Der Anstoß durch den Neukantianismus

Die »verstehende« Ethnologie ist dort aktuell, wo der Forscher sich mit intentionalen Akten, Mythen, religiösen Phänomenen und auch allgemein mit historischen Interpretationen auseinanderzusetzen hat (vgl. MÜHLMANN, 1968, S. 144 ff., 150 f.). Sie ist in der Tradition des Neukantianismus zu begreifen, denn das »Verstehen« als spezifisches Instrument der Geistes- bzw. der Kulturwissenschaften verdankt seine methodische Legitimation den Überlegungen der neukantianischen Schule des 19. Jahrhunderts. Neukantianer, wie Dilthey, Windelband und Rickert, hatten die auf Kant zurückgehende Unterscheidung übernommen, nach der der mathematisch-naturwissenschaftliche Bereich von jenem Bereich zu trennen ist, der sich auf die moralische Sphäre der Freiheit bezieht, in der der Mensch sein eigener Gesetzgeber ist.

Für die an einem historischen Erkennen interessierten Neukantianer war nun Geschichte Ausdruck der menschlichen Freiheit und ihrer Werte. Auf diesem Ansatz basierend, unterschieden Dilthey und Windelband zwischen zwei Arten von Wissenschaft, nämlich einer »nomothetischen«, welche sich mit universellen Naturgesetzen auseinanderzusetzen hat, und einer »idiographischen«, welche sich mit dem »Individuellen« befaßt und rein deskriptiv ist. Dilthey begreift diese als »Geistes«- und »Naturwissenschaften«. Eine Unterscheidung, die von Rickert kritisiert und durch den Dualismus »Kultur«- und »Naturwissenschaft« ersetzt wurde. Nach Rickert drückt nämlich der Begriff »Kultur« besser die Gesamtheit der Prozesse der Auseinandersetzung mit der Umwelt und der Wertsetzung aus als der Begriff »Geist«.

Im Sinne dieser Autoren ist es Aufgabe der »Geistes-« bzw. »Kulturwissenschaft«, Lebensformen und die darin enthaltenen Werte durch »Verstehen« erfahrbar zu machen. Im Gegensatz dazu stehen die Naturwissenschaften, die »wertfreie« Phänomene kausal erklären wollen. Entsprechend der neukantianischen Konzeption ist es die Methode der »Kulturwissenschaften«, durch »Verstehen« und konkrete »idiographische« Einsicht die geistige Symbolwelt zu umreißen. Eine genuine historische Erkenntnis, wie sie auch für den Ethnologen bzw. Kulturanthropologen wesentlich ist – jedoch nicht bloß auf vergangene Fakten bezogen –, ist daher nur über ein »inneres Erleben« des »eigenen Objekts« – nämlich der Geschichte, die auch uns einschließt – möglich. Dilthey drückt diesen Akt des Verstehens in dem Satz aus: »In dem Grade als die geschichtlichen Lebensmächte in uns wirken, können wir die Historie verstehen« (DILTHEY, 1923ff., Bd. 5, S. 281).

Zentral ist dieser kulturwissenschaftlichen Methode das Erfassen des »Lebens durch Leben« (Dilthey). Damit sollte für die Geisteswissenschaften (bzw. Kulturwissenschaften) das erreicht werden, was schon für die Naturwissenschaften galt, nämlich die Spekulation der Geschichtsphilosophie durch eine exakte Geschichtswissenschaft zu überwinden. In Analogie zur kantischen Fragestellung fragte also Dilthey, so auch Windelband und Rickert, nach den Kategorien der geschichtlichen, also der durch den Menschen geformten Welt. Die historische, also kulturwissenschaftliche Erkenntnis, wird nun durch die Gleichartigkeit von Subjekt und Objekt für möglich erklärt: »Die erste Bedingung für die Möglichkeit der Geschichtswissenschaft liegt darin, daß ich selbst ein geschichtliches Wesen bin, daß der, welcher die Geschichte erforscht, derselbe ist, wie der, der die Geschichte macht« (DILTHEY, Bd. 7, S. 278).

1.2. Hermeneutik und Ethnologie

Die für die »Geisteswissenschaften« typische Methode des Verstehens, welche »Hermeneutik« genannt wird und auf Schleiermacher zurückgeht, wird gerade bei Dilthey – aber auch bei Windelband und Rickert – zur »historischen Methode« schlechthin. Etymologisch leitet sich das Wort »Hermeneutik« aus dem Griechischen ab und meint soviel wie das Auslegen von Göttersprüchen. Derselbe Begriff findet sich schließlich in der mittelalterlichen Theologie, die mit »Hermeneutik« das Interpretieren kanonischer Texte bezeichnete. Wesentlich ist für die Methode der Hermeneutik, daß sie von dem Schema von »Ganzem« und »Teil« ausgeht – hier steht sie in der Tradition des

Historismus –, um so das »Ganze« des Zusammenhangs der Geschichte der Menschheit zu verstehen. Der einzelne Text dient dem Historiker lediglich als Quelle für die Erkenntnis des »geschichtlichen Zusammenhanges«.

Der für die Ethnologie fruchtbare Ansatz des »Verstehens« des geschichtlichen Lebens wird durch Dilthey insofern begrenzt, als er seine Methode auf die Auslegung von Schriftdenkmälern limitiert (DILTHEY, Bd. 5, S. 319 f.).

Von ethnologischer Seite ist auf diese Einengung der »verstehenden Methode« zu erwidern, daß Schriftdenkmäler nur einen Zugang, unter mehreren möglichen, zum Verstehen des menschlichen Handelns anbieten. Es bleiben demnach die elementaren Formen menschlicher Ausdrucksform, wie die Mimik und die Gestik, die wohl unmittelbarer sind als die geschriebene Sprache, vollkommen unberücksichtigt. Einer der bedeutendsten Nachfolger Diltheys, Eduard Spranger, macht daher die Einschränkung der verstehenden Methode auf Schriftdenkmäler nicht mehr mit (vgl. auch MÜHLMANN, 1938, S. 102).

In der Ethnologie haben sich nun Richtungen etabliert, die den Anspruch des »Verstehens« der Hermeneutik auch auf andere intentionale Akte, als schriftlich niedergelegte, übertragen.

Der Ansatz Diltheys, über die Hermeneutik – als der Methode des »Verstehens« von Schriftdenkmälern – die Vergangenheit durch Erforschung der Überlieferungen für die Gegenwart darzustellen und zu übermitteln, wird von Gadamer weitergeführt. Gadamer spezifiziert die Konzeption Diltheys durch die Erkenntnis, daß die Geschichte nicht uns gehöre, sondern wir der Geschichte. Denn lange bevor wir uns in der Rückbesinnung selber verstehen, verstehen wir uns in selbstverständlicher Weise in Familie, Gesellschaft und Staat, in denen wir leben. Schließlich stellt Gadamer fest: »Darum sind die Vorurteile des einzelnen weit mehr als seine Urteile die geschichtliche Wirklichkeit seines Seins« (GADAMER, 1965, S. 261). Damit spricht Gadamer von einer philosophischen Position her die wissenssoziologische Thematik an, wobei er explizit die soziologische Determination des Erkennens als legitim begreift. (Gadamer will jedoch diese »legitime« Art des Vorurteils vom Vorurteil der »Übereilung«, welche unreflektiert ist, unterschieden wissen.) Demnach wird das Verständnis des Textes von der vorgreifenden Bewegung des »Vorverständnisses« bestimmt. Diese Antizipation von Sinn, die das Verstehen des Textes leitet, ist nun nach Gadamer nicht eine subjektive Leistung, sondern sie ist durch die Gemeinsamkeit bestimmt, die uns mit der Überlieferung verbindet (a. a. O., S. 277). Es ergibt sich daher bei Gadamer, daß der Zirkel des Verstehens kein »methodischer« Zirkel, sondern ein onotologisches Strukturelement des Verstehens ist. Es ergibt sich daraus eine »Unabgeschlossenheit« der Geschichte, denn jeder Historiker – auch der Ethnohistoriker – befindet sich in der Rolle des jeweils letzten Historikers, der im Rahmen der eigenen Lebenspraxis den historischen Sachverhalt interpretiert. Die Bedeutung eines Moments der Vergangenheit wird also durch seine Beziehung zum »Ganzen«, zur Gegenwart und der antizipierten Zukunft durch den Historiker festgestellt (vgl. DILTHEY, Bd. 7, S. 233).

Nach Gadamer muß jedes wirklich historische Denken die eigene Geschichtlichkeit mitdenken. Gadamer steht hier im Widerspruch zum Historismus, der davon ausging, daß, ohne die eigene Geschichtlichkeit zu kennen, der historische Gegenstand dargestellt werden könne; denn der wirkliche Sinn eines Textes sei immer durch die historische Situation des Interpreten mitbestimmt (GADAMER, 1965, S. 283). Daraus ergibt sich die Unabschließbarkeit des Sinnhorizontes des Interpreten, denn der Fortgang der Ereignisse kann neue Aspekte der Bedeutung hervorkehren. Die Vorurteile, die wir mitbringen, bilden also den Horizont der Gegenwart.

Diese auf Dilthey zurückgehende und von Gadamer ausgeführte Methode des Verstehens auf die Ethnohistorie angewandt würde bedeuten, daß wir die überlieferten Texte nur nach der Bedeutung, die wir ihnen im historischen Moment beimessen, interpretieren können. Durch das »Vorurteil« gebunden, gelangt das Verstehen nur zu einer sozial vorbestimmten Grenze. Dies impliziert, daß der ethnologisch relevante Text immer verschieden verstanden werden »muß«. Eine in der Ethnohistorie angelegte Quellenkritik kann daher auch nur unabgeschlossenen Charakter haben. Die Hermeneutik in der Ethnohistorie wäre daher nach Gadamer eigentlich nie kritisch, da sie die jeweiligen Vorurteile, mit denen die jeweiligen Historiker an die Quellen herangehen, als legitim ansehen muß. Ein kritisches Hinterfragen früherer Interpretationen von ethnologisch relevanten Texten würde nämlich heißen, daß wir am Endpunkt der Entwicklung angelangt seien und den wahren Sinn eines Textes deuten könnten.

Der sich im Laufe der Geschichte erweiternde »Horizont« des Historikers gibt ihm die Möglichkeit, den Sinn einer in einem Text beschriebenen Handlung von einer anderen Perspektive zu sehen, als es z.B. der Chronist tun konnte. Dieser Erkenntnisprozeß zeigt sich deutlich bei der Analyse von Dokumenten aus der Entdeckungsgeschichte, als man Sitten und Verhaltensformen mit einem für uns heute unverständlichen Sinn belegte.

Die Aufgabe des Ethnohistorikers ist, entsprechend der Einsicht Gadamers, die Perspektiven, unter denen Texte interpretiert wurden, miteinander zu verbinden, um den für die Ethnologie heute relevanten Sinn zu finden. Es ist also kein kritisches Hinterfragen früherer Interpretationen zulässig, sondern lediglich ein Verschmelzen früherer Sinnhorizonte mit dem eigenen, wobei man sich des eigenen ablösbaren Horizontes bewußt zu sein hat, um so ein Zurückfallen in die Zeit des Historismus, in der der Historiker sich als absolute Instanz verstand, zu verhindern (so Gadamer). Die wesentliche Leistung Gadamers war also, »Vorurteile« für die Geschichtswissenschaft als wesensmäßig definiert und sie ihres negativen Charakters entkleidet zu haben. Denn, wie Gadamer es expliziert, besteht das »Verstehen« eines Textes in einem Eingehen auf den Horizont des Verfassers eines Textes und des eigenen sowie in einer hypothetischen Antizipation der zukünftigen Entwicklung.

Die von Gadamer vorgenommene Implikation, daß der Textsinn irgendwie unabhängig von einem individuellen Bewußtsein existieren könne, erfährt durch die Phänomenologie Husserls insofern eine Kritik, als diese sich allein auf den vom Autor »gemeinten Sinn« bezieht. Aber auch jüngere Autoren wie E. D. Hirsch stehen der Konzeption Gadamers mit Mißtrauen gegenüber, weil sie nicht die »geschichtliche Situation des Interpreten« als den »wirklichen« Sinn eines Textes anerkennen wollen (HIRSCH, 1972, S. 309). Hirsch meint auch, daß die »Lehre von der radikalen Historizität« des Verstehens ein »Glaubensakt« sei (a. a. O., S. 312 f.). Hirsch, der mit Gadamer auch Heidegger kritisiert, wendet sich vor allem gegen den »Antiintentionalismus« Gadamers, der eine Suche nach dem »wirklichen«, von der sozialen Umwelt unabhängigen Sinn, den der Autor im Text niederlegt, nicht zuläßt. Entsprechend der Konzeption Gadamers ist der Autor eines Textes historisch determiniert. Seine »Intentionen« sind daher innerhalb eines historischen Horizontes zu begreifen. Man kann daher der Terminologie Hirschs nicht ganz zustimmen, wenn er von einem »Antiintentionalismus« Gadamers spricht; es ist richtiger festzuhalten, daß nach Gadamer die »Intention« des Autors historisch bestimmt ist.

Die auch von Mühlmann betriebene Ausdehnung der »verstehenden« Methode auf andere menschliche Akte als bloß auf Schriftdenkmäler läßt es zu, soziale Verhaltensformen und religiöse Riten hermeneutisch zu deuten. Das »Sinnverstehen« Diltheys und auch Gadamers wird so zu einem »Deuten« von ethnologisch relevanten Kategorien (vgl. M. Webers Konzeption der Soziologie, die soziale Handlungen »deutend verstehen« soll). Das von der Hermeneutik Diltheys aufgestellte Postulat der »Ganzheit« (s. o.) wird in der Ethnologie am besten so verwirklicht, wie es Mühlmann feststellt: eine Mythe in der Hand eines Forschers, der diese selbst unmittelbar aus Eingeborenenmund erfahren hat, verbürgt unter Umständen ein zuverlässigeres Verstehen, als »wenn ein Schreibtischgelehrter an den ausgeformten Text einer Mythe herangeht« (MÜHLMANN, 1968, S. 151). Diese Unmittelbarkeit verbürgt auch ein »Verstehen«, das über das »Verstehen« eines Textes (oder Nachricht) hinausgeht. Die Totalität des Geschehens wird hier dem Erkennenden eher möglich, die Forderung Diltheys so eher erfüllt, nach der »Leben durch Leben« zu erfassen ist.

Die Aufgabe einer verstehenden Ethnologie liegt nun wohl vorrangig darin, Verhaltens- und Denkformen ihrem Sinngehalt nach zu deuten. Es sind nämlich nicht behavioristisch-mechanische Abläufe, die gesetzmäßig das Leben der »Primitiven« oder der Menschen überhaupt bestimmen, sondern Traditionen, Autoritäten und spezifische, dem Menschen inhärente Strukturen, die für die Intentionen, also den Sinn einer Handlung verantwortlich sind.

Diese Hinorientierung hermeneutischen Verstehens auch auf das soziale Handeln des Menschen (MÜHLMANN, 1968, S. 151), um dieses als etwas z. T. Fremdes zu erfassen, ist schließlich Zentralpunkt der mit Husserl einsetzenden Phänomenologie, die in einem gewissen Sinn die Hermeneutik Diltheys weiterführt.

2. Die Phänomenologie Husserls und ihre Relevanz für die Sozialwissenschaften

In der Tradition der Phänomenologie Husserls stehen jene sozialwissenschaftlichen Orientierungen, die vom »Verstehen« her zur Erkenntnis sozialen Handelns zu gelangen versuchen.

Husserl geht u. a. von der Frage nach der »Konstitution der Welt durch Erfahrung« aus, dabei kommt er zu dem Schluß, daß die »objektive« soziale Realität durch die subjektive Erfahrung in und von der Welt fundiert wird. An diesen Gedanken schließt die »verstehende« Sozialwissenschaft an, deren Thema vor allem darin liegt, die Konstitution von Sinnstrukturen objektiv überprüfbar zu machen (BRAUNER, 1978, S. 27 ff.).

Der Sinngehalt »seelischer Akte« ist nun nach Husserl durch die »Wesensschau« zu erfahren, wodurch alles Zufällige und Besondere abgestreift wird, um das »Wesen« des Gegenstandes »zur Evidenz« zu bringen. Husserl geht es also darum, das Bewußtsein von irgendwelchen Verflechtungen zu lösen (vgl. Mühlmanns Überlegung). Um nun zu den »Sachen selbst« (Husserl) zu kommen, bedarf es der verschiedenen Formen der »Reduktion« (HUSSERL, Ges. Werke Bd. VIII). Der wesentliche Begriff bei Husserl ist der der »Internationalität«, den Husserl als das besondere Gerichtetsein des Bewußtseins und als sinnkonstituierende Leistung beschreibt.

Damit in Zusammenhang steht die für die Sozialwissenschaft wichtige Konzeption der »Intersubjektivität«.

Husserl war nämlich deutlich geworden, daß sich das Ego mit seinem intentionalen Bewußtsein nur im »Erlebnisstrom« konstituieren kann, der in der raumzeitlichen Welt eingebunden ist.

Die Subjektivität des »Ego« wird schließlich von Husserl als ein Pol bei der Konstitution des Bewußtseins gedeutet, dem der andere der »Intersubjektivität« gegenübersteht. Die Welt kommt zwar in verschiedener Weise ins Bewußtsein, aber dennoch ist sie als allen gemeinsame Welt über die Akte des Erscheinens und Erkennens intersubjektiv erfahrbar. Die individuelle Welt wird zur intersubjektiven Welt, in der es zu einem »intersubjektiv gemeinsamen Bewußten« (a.a.O., S. 42) kommt.

Die Welt ist also für Husserl ein Gebilde der miteinander in Kommunikation stehenden Subjekte. Die Erfahrung des »Ich« ist demnach nur im Feld der kommunikativen Gemeinschaft (der Lebenswelt) möglich.

Diese auf das »Soziale« bezogene phänomenologische Prämisse, nach der die »objektive« Welt durch jedermann konstituiert« ist (dazu näher: SZILASI, 1959, S. 111 ff.), wird schließlich zum Ansatzpunkt einer »verstehenden« Sozialwissenschaft.

Als Phänomenologen verstehen sich auch die noch zu besprechenden Religionsethnologen, bzw. Kulturanthropologen, die an der Interpretation religiöser und magischer Inhalte interessiert sind. Diese sind jedoch nicht durch ein einheitliches methodisches Vorgehen miteinander verbunden, sondern sie sind z. T. auch »strukturpsychologisch« orientiert, so etwa Bleeker, 1959. Nach Bleeker hat die Religionsphänomenologie gerade wegen dieser Unklarheiten Kritik hervorgerufen, was eine Begrenzung des Arbeitsfeldes und präzise Methoden notwendig mache.

Grundsätzlich beschäftigt sich die für die Ethnologie relevante Religionsphänomenologie als solche nicht mit dem Kern der Religion, sondern mit den Strukturen der religiösen Phänomene. Dazu bedarf es allerdings eines engen Konnexes zur Religionsgeschichte (so Eliade), um die religiösen Folgerungen verschiedener universeller Aspekte der Religion wie Opfer, Beten u. ä. »verstehen« zu können.

Wesentlich ist für die Konzeption Husserls der Begriff der »Lebenswelt«. Unter »Lebenswelt« ist das Ganze zu verstehen, in das wir als geschichtlich Lebende »hineinleben«, also eine gemeinschaftliche Welt. »Das reflektierende Ich weiß sich selber als ein in Zweckbestimmungen lebendes, für die die Lebenswelt den Boden darstellt« (GADAMER, 1965, S. 233 ff.). Hier zeigt sich die Beziehung zu Diltheys Begriff des »Erlebniszusammenhanges«.

Der für die verstehende Soziologie bestimmende Alfred Schütz übernimmt den Gedanken Husserls, wenn er meint, daß die »Umgebung des Ich und die Umgebung des Du, unsere Umgebung also, eine einheitliche und gemeinsame ist. Die Welt des Wir ist nicht etwa meine oder deine Privatwelt, sie ist unsere Welt, die eine uns gemeinsame intersubjektive Welt, die uns da vorgegeben ist« (SCHÜTZ, 1972, S. 123).

Vor dem Hintergrund des amerikanischen Pragmatismus gelingt Schütz die Revision des statisch aufgefaßten Subjekt-Objekt-Gegensatzes, um an seine Stelle die Balance von Subjekt und Objekt zu setzen. Für Schütz wird das phänomenologische Wesen durch die Tatsache gebildet, daß die »Menschen von Müttern geboren und aufgezogen« werden, womit die Intersubjektivität und die Wirbeziehung die Grundlage aller anderen Kategorien der menschlichen Existenz bilden (a. a. O., S. 25 f.). Diese »Intersubjektivität« und »Wirbeziehung« deckt sich mit der »Lebenswelt« bei Husserl, die durch phänomenologische Reduktion thematisierbar ist. Diese Welt, in die wir »einfach hineinhandeln, ist unsere Welt im Sinne eines intersubjektiven Geltens nicht für mich allein, sondern für jedermann« (SCHÜTZ, 1966, S. 82; vgl. auch BÜHL, 1972, S. 25 ff.). Mühlmann stellt dazu die Frage: »Ob diese intersubjektive Geltung transzendental begründet werden muß oder nur weltlich, ist seit Husserls ›Cartesianischen Meditationen‹ eines der schwierigsten philosophischen Probleme, dessen noch ausstehende Lösung für die Kulturanthropologie nicht von unmittelbarer Bedeutung, wenn auch nicht geradezu gleichgültig ist« (MÜHLMANN, 1966 a, S. 37).

Trotz dieses Verweises in die Philosophie hat die Diskussion um die Phänomenologie für die Kulturanthropologie erhebliche Bedeutung, denn der Kulturanthropologe hat bei der »Materialerhebung, der Darstellung und der Interpretation immer wieder ›phänomenologische Reduktionen‹ (im Sinne Husserls)« vorzunehmen; »durch dieses Verfahren werden ihm seine unwillkürlichen Wertvoraussetzungen, statt verdrängt zu werden, selber thematisch und als Bestandteil seiner eigenen, mitgebrachten Kulturvoraussetzungen durchsichtig. Auch dies ist dann ein Fortschreiten zu einem neuen Horizont, in welchem die neu anvisierte Kultur im Reflex der soeben verlassenen erscheint. Der gesamte Entdeckungsprozeß der Ethnographie ist kulturanthropologisch nichts anderes als ein Weiterschreiten« (MÜHLMANN, 1966 b, S. 158; siehe auch 1968, S. 157).

Die phänomenologische Reflexion, die sich ihrer »mitgebrachten« Werte bewußt zu sein hat, macht so ein »Verstehen« der für mich fremden »Lebenswelt« möglich. Die ganze »Kunst« des Feldforschers besteht demnach darin, die fremde »gemeinsame subjektive Welt« (Schütz) stufenweise zu erfahren, um »verstehend« das kulturell relevante Handeln der Angehörigen des zu untersuchenden Ethnos analysieren zu können.

In der Soziologie, wie sie vor allem in den USA entstand und wie sie von Cicourel, Garfinkel, Goffman u. a. tradiert wird, findet sich dieser Bezug auf die »Lebenswelt« bzw. die »Alltagswelt« durchaus in der Intention von Husserl und Schütz. In der soziologisch orientierten ethnologischen Feldforschung

wird daher als wesentliche Methode der Datenerhebung die
»teilnehmende Beobachtung« gefordert, da erst durch direkten
Kontakt die noch fremde »Lebenswelt« »verstanden« werden
könne (vgl. BLUMER, 1973). Die »phänomenologische Reduktion« verhindert dabei – dies wird vor allem von Mühlmann
betont –, daß eigene Wertungen in die Reflexion miteinbezogen
werden.

3. Ethnomethodologie und Ethnoscience

Als Beispiele für die phänomenologische Reflexion in der Tradition von Husserl und Schütz sollen nun zwei Orientierungen
dargestellt werden, die für die kulturanthropologische (soziologische) Feldforschung einige Relevanz haben (zum Thema
»Phänomenologie und Empirie« siehe H. BRAUNER, 1978,
S. 104 ff.). Sie wurden zwar schon im II. Abschnitt behandelt,
doch hier ist beabsichtigt, diese Methoden vor allem unter der
Perspektive des »Verstehens« darzustellen.
  Der Ausdruck »Ethnomethodologie« geht auf Garfinkel zurück, der diese als »die Erforschung der rationalen Züge der
indexhaften Ausdrücke und anderer praktischer Handlungen
als der von Fall zu Fall sich weiterentwickelnden Vollzüge der
organisierten Praktiken des Alltagslebens« definiert (vgl. PSA-
THAS, 1972, S. 291). Das will heißen, daß die praktischen All-
tagsaktivitäten der vergesellschafteten Menschen, die sich auf
ihre Alltagsangelegenheiten beziehen, und die Methoden, die
diese Angelegenheiten zustande bringen und kontrollieren, Gegenstand der Ethnomethodologie sind. Psathas fügt dem hinzu,
daß eben die Beschäftigung mit den Alltags- und Routineaktivi-
täten »sicher im Sinne der Phänomenologie« liegt (a. a. O.).
  Ähnlich wie in der Ethnoscience sind die Anstrengungen des
Ethnomethodologen darauf gerichtet, die Welt zu verstehen,
wie sie von den Menschen im Alltagsleben aufgefaßt wird. Na-
tanson stellt in diesem Sinn in seiner Einleitung zu den ›Collected Papers‹ von Schütz fest: »Die Aufgabe des Sozialwissenschaftlers ist die Rekonstruktion der Art und Weise, in der die
Menschen im Alltagsleben ihre eigene Welt interpretieren« (zit.
bei PSATHAS, 1972, S. 292). Diese vor allem für die Ethnologie

interessante Ausgangsposition geht auf die Unterscheidung zwischen Natur- und Sozialwissenschaften zurück, wie sie von Schütz u. a. herausgestellt wird. Gemäß dieser Konzeption sind die Menschen nicht nur in der »natürlichen Welt« lebende und wissenschaftlich beliebig zu beobachtende Objekte, sondern auch Schöpfer einer eigenen kulturellen Welt. Indem sie diese Welt schaffen, interpretieren sie ihre eigenen Aktivitäten. Das Phänomenologische liegt an dieser methodischen Ausrichtung der Sozialwissenschaften nach Psathas in dem Vorgehen des Forschers, den Sinn(!) der Handlung aufzudecken. Dies kann er nur, wenn er seine eigenen Unterstellungen und Vorurteile bezüglich der zu beobachtenden Phänomene »einklammert« und wenn er versucht, diejenigen Unterstellungen zu ermitteln, die die Handelnden in situ selbst machen. Außerdem hat er in einem zweiten Schritt auch diese Unterstellungen einzuklammern, um so zu einer vorurteilslosen Analyse der Phänomene selbst zu kommen. Wesentliche Aufgabe des Sozialwissenschaftlers soll ja sein, die Sinndeutungen der Handlungen, die ihnen von den Handelnden selbst unterlegt werden, zu ermitteln, denn ein Zurückgreifen auf eigene Theorien und Kategorien muß am Ziel vorbeiführen. Diese Postulate sind gerade in der Ethnolinguistik aktuell, denn sie ermöglichen es dem Forscher, zu einem »Verstehen« gesellschaftlicher Fakten zu gelangen, deren Sinn er als Wesen schließlich darstellt. Hier merkt man deutlich die Nähe der beiden Richtungen, der Hermeneutik (Verstehen) und der Phänomenologie (Wesen), wie sie auch von Mühlmann (1968, S. 150 ff.) gesehen wird.

Die Ethnoscience als linguistisches Forschungsmodell der Ethnologie führt, ebenso wie die Ethnomethodologie auch, zu einer kulturrelativistischen Deutung sozialer Phänomene. So wird der Ethnologe, der das Krankheitssystem der Subanun untersucht, das gefundene Klassifikationssystem nicht auf andere Kulturen anwenden. Psathas meint, die phänomenologische Wesensschau setze voraus, daß die Forschungsprobleme so definiert und angelegt werden, daß sie zur Erforschung der wesentlichen und d. h. invariablen Grundzüge der analysierten sozialen Phänomene führen können (PSATHAS, 1972, S. 293). Die Ethnomethodologie entspricht nun am ehesten diesem Postulat. Als Beispiel führt Psathas an, daß ethnomethodologische Untersuchungen über die Entscheidungsbildung von Geschworenen auch für die Ermittlung der Prinzipien der Entscheidungsbildung im Alltagsleben überhaupt nützlich sein können

(a. a. O., S. 294). Psathas folgert demnach, daß die »natürliche Einstellung« und die »intersubjektive Welt des Alltagslebens« (Schütz) dann so dargestellt werden könne, daß die daraus gewonnenen Ergebnisse nicht nur für den westlichen Menschen, sondern wahrscheinlich für alle vergesellschafteten Menschen Gültigkeit beanspruchten.

Dadurch, daß sich der Ethnomethodologe auf den Standpunkt stellt, die »Lebenswelt« sei die Grundlage aller anderen Schichten der sozialen Wirklichkeit, nähert er sich dem phänomenologischen Ansatz, wie ihn Schütz vertritt, mehr als der Ethnoscientist. Damit ist nach Psathas die phänomenologische Forderung »zu den Dingen selbst« erfüllt: man will zu den sozialen Phänomenen vordringen und nicht nur im voraus entwickelte Theorien durch die Formulierung davon abgeleiteter Hypothesen testen (a. a. O., S. 295).

Der Ansatz der Ethnoscience ist allerdings nicht so weit entfernt vom Ansatz der Ethnomethodologie, wie man vermuten könnte, denn er erforscht die »Komponenten« eines sozialen Komplexes, die mit den »Hintergrunderwartungen« der Ethnomethodologie in gewisser Weise übereinstimmen. Beide beschäftigen sich mit Methoden, die die Menschen anwenden, um ihre Welt sinnvoll zu machen. Trotz des mehr relativistischen Zuges der Ethnoscience erfüllt auch diese das Programm der Phänomenologie, nämlich »zu den Sachen selbst«, also zu den Kategorien der sozialen Gestaltung vorzudringen bei »Einklammerung« der eigenen sozialen Theorien.

Dieses »Sich-in-den-anderen-Versetzen«, wie es typisch für die beschriebenen Methoden ist, findet sich auch in der von der Phänomenologie eingesetzten Ethnomethodologie und dem aus dem amerikanischen Pragmatismus abgeleiteten »symbolischen Interaktionismus«, der in der Tradition von G. H. Mead, C. H. Cooley, W. I. Thomas u. a. steht. In diesem Rahmen versuchte Cicourel, die Schwierigkeiten, die sich bei der Datenermittlung ergeben, zu reflektieren. Erkenntnistheoretisch lassen sich die Objektbereiche des Handelnden, der durch sie interpretiert wird, nur über einen in der Rolle eines kommunizierenden Mitspielers auftretenden Forschers erfahrbar machen (vgl. HABER=MAS, 1971, S. 202 ff.).

4. Die »verstehende Religionswissenschaft«

Die Hermeneutik und die Phänomenologie, die eine Interpretation des »Sinns« gleichermaßen zum Ziel haben, werden bei Ricœur synthetisch verbunden. Hierbei bezieht sich Ricœur auf die Vertreter einer »Phänomenologie der Religion«, wie van der Leeuw, Otto und Eliade, die, alle von ethnologischen Daten kommend bzw. auf sie zurückgreifend, die »Phänomenologie als das Instrument des Hörens, der Sammlung, der Wiederherstellung des Sinns« verwenden (RICŒUR, 1972, S. 259). Blickrichtung einer solchen Phänomenologie ist das »im Ritus, Mythos und Glauben gemeinte Etwas« (a. a. O., S. 260). Das Thema der Religionsphänomenologie ist demnach darauf gerichtet, das in der rituellen Handlung, dem mythischen Wort, dem Glaubensinhalt oder dem mythischen Gefühl implizierte »Objekt« aus den verschiedenen Intentionen des Verhaltens, der Rede oder des Affekts herauszulösen. Und dieses gemeinte Objekt, das bei Rudolf Otto als »tremendum numinosum«, bei van der Leeuw als das »Mächtige« und bei Eliade als das »Temps fondamental« auftritt, läßt sich mit Ricœur einfach als das »Heilige« bezeichnen (a. a. O.). Demnach ist jede Phänomenologie der Religion, wie sie sich von der Ethnologie bzw. Kulturanthropologie her manifestiert, eine Phänomenologie des »Heiligen«. Das »im Ausdruck Gemeinte« (Husserl) steht im Vordergrund der Reflexionen, die den »intentionalen Charakter des Logos« (MÜHLMANN, 1938, S. 125) zum Gegenstand haben (so z. B. bei van der Leeuw).

Van der Leeuw stellt fest, »daß der Mensch das ihm gegebene Leben nicht einfach hinnimmt. Er sucht im Leben Macht. Findet er diese nicht oder nicht in genügendem Maße, so sucht er die Macht, die er glaubt, in sein Leben hineinzuziehen. Er sucht sein Leben zu erhöhen, zu steigern, ihm einen tieferen und weiteren Sinn abzugewinnen. Damit befinden wir uns auf der horizontalen Linie: Religion ist auch Ausweitung des Lebens bis zu seiner äußersten Grenze. Der religiöse Mensch wünscht ein reicheres, tieferes, weiteres Leben, er wünscht sich Macht. Mit anderen Worten: Der Mensch sucht in und an seinem Leben eine Überlegenheit, sei es, daß er sich dieser zu bedienen, sei es, daß er sie anzubeten begehrt« (VAN DER LEEUW, 1933, S. 643 f.). Demnach ist es die Macht, die als innerster Sinn, nicht nur des religiösen Handelns, sich manifestiert. Der religiöse

Sinn ist nach van der Leeuw »derjenige, dem kein weiterer und tieferer folgen kann. Er ist der Sinn des Ganzen. Er ist das letzte Wort« (a. a. O., S. 644). »Wort« und »Macht« sind dabei phänomenologisch voneinander nicht zu trennen. Van der Leeuw meint daher: »Machtanspruch und Gebet lassen sich nicht auseinanderhalten ... Das Wort ist an sich mächtig« (a. a. O., S. 398). Hier findet sich der Bezug auf den »intentionalen Charakter des Logos«, »das Faktum, daß das Wort die Sache meint« MÜHLMANN, 1938, S. 139). Aufgabe des Religionsphänomenologen ist demnach die »epoché« oder die Einklammerung der »absoluten Realität«, wodurch im Glauben an der Realität des religiösen Objektes teilgenommen wird, jedoch auf neutralisierte Weise. Das heißt, daß mit dem Gläubigen geglaubt wird, aber ohne das Objekt seines Glaubens absolut zu setzen (vgl. RICŒUR, 1972, S. 260).

Die bei van der Leeuw explizit werdende Verbindung von Macht und Wort in der Religion als phänomenologische Prämisse übernimmt Mühlmann und verbindet sie mit der Konzeption von K. Th. Preuss, der den Mythos als »notwendigen Bestandteil des Kults, insofern ein Anfang in der Urzeit als notwendig für die Gültigkeit angesehen wird«, definiert (MÜHLMANN, 1938, S. 139). Mühlmann meint nun, daß sich für den Ethnologen daraus die Notwendigkeit ergibt zu fragen: »Worin sieht ein Volk die Begründung, den Anfang dessen, was schlechthin gültig ist? Das ist zugleich auch die Frage nach dem göttlichen Worte, welches andererseits das ›letzte Wort‹ ist« (a. a. O.). Der Ethnologe hat den »Logos«, der nach Mühlmann sich auch in nichtliterarischen Religionen manifestiert, herauszufinden. Denn dieser kann Aufschluß über die Vorstellungen der Völker geben, also darüber, wie ihre Welt ihren Sinn empfängt. Es ist nicht die Welt der »Realitäten«, die der Mensch als wesentlich begreift, sondern eben diese durch den Mythos konstituierte Welt. Die »Kraft zum Sein und sogar zum Fortschritt« erhält der Mensch aus ihr. Das historische Bewußtsein des »Eingeborenen« läßt sich so über die Sichtbarmachung des Mythos darstellen (a. a. O., S. 140 f.).

4.1. Rudolf Otto und der Begriff des Numinosen

Rudolf Otto stellt – durchaus in Übereinstimmung mit Mühlmann – fest, daß die Mythenforschung die »Augen vor dem ganz Eigenen des religiösen Erlebens, wie es sich auch in seinen primitivsten Äußerungen regt, schließt« (OTTO, 1917; 1971, S. 4).* Ottos Zentralbegriff ist das »Numinose«, ein Begriff, den er nicht als einen genau definierbaren Terminus verstanden wissen will, der vielmehr die »Unterarten und Entwicklungsstufen« dessen ausdrücken soll, was schlechthin als das »Heilige« begriffen wird (a. a. O., S. 6).

Es handelt sich hier um eine Methode, die aus verschiedenen Kulturen das für diese Thematik Wesentliche abstrahiert. Momente des Numinosen sind nach Otto das »Kreaturgefühl«, das »Mysterium tremendum«, die numinosen Hymnen, das »Fascinans« und das »Ungeheuerliche«. Das »Kreaturgefühl« drückt das Abhängigkeitsgefühl aus, das der Mensch gegenüber einem nicht faßbaren Übermächtigen hat. Das Numinose ist objektiv gegeben und bewirkt eine Abwertung des erlebenden Subjektes hinsichtlich seiner selbst (a. a. O., S. 11 f.). Es ist angebbar nur durch eine besondere Gefühlsreaktion, »die es im erlebenden Gemüte auslöst« (a. a. O., S. 13). Diese Gefühlsreaktion wird von Otto als Ausfluß des »schauervollen Geheimnisses«, nämlich des »Mysterium tremendum«, interpretiert (a. a. O.). Dieses Mysterium ist durch das Schauern, das Moment des Übermächtigen (majestas) und das Moment des Energischen gekennzeichnet. Es manifestiert sich als das »ganz Andere«, als das Fremde und Befremdende, das aus dem Bereich des Gewohnten fällt. Der Gehalt des Numinosen, der zunächst durch das Moment des Tremendum mit der »majestas«, dem numinosen Überwertigen, umrissen wird, bekommt durch das Moment des »Fascinans« schließlich einen zu ersterem stehenden Kontrast. Otto zitiert dazu einen Vers, der diese Konzeption gut wiedergibt: »Vor dem mir graut – zu dem michs drängt« (a. a. O., S. 42). Otto meint, daß dieser Doppelcharakter des Numinosen sich in der ganzen Religionsgeschichte verdeutlicht. Um dem Numinosen gerecht zu werden, kommt Otto also zu der Dichotomie des »Mysterium tremendum et fascinans«. Aus diesem leitet sich konsequent die Irrationalität der »Idee des Göttlichen« ab, da nach Otto »das Wie und Was des beseligenden Gegenstandes« nicht aus dem »Dunkel des Gefühls in den Bereich begreifenden Verstehens zu bringen« ist (a. a. O., S. 76).

---

* Für die Religionsethnologie ist R. Ottos Konzeption insofern von Bedeutung, als Eliade u. a. auf ihn zurückgreifen. Ein Eingehen auf Ottos Überlegungen erscheint jedoch nicht nur aus diesem Grund als relevant.

Das Heilige ist für Otto eine zusammengesetzte Kategorie. Die sie zusammensetzenden Merkmale sind irrationale und rationale Bestandteile. Im Stile Kants bezeichnet Otto diese Kategorie als eine Kategorie »rein a priori«, da sie nicht aus der Erfahrung entspringt, sondern nur durch sie veranlaßt wird (a.a.O., S. 137f.).

Die ersten Regungen dieses Gefühls des Numinosen, das a priori, also außerhalb der Erfahrung schon vorhanden ist, findet sich, so Otto, in der frühen Menschheitsgeschichte und bei den »Primitiven« in den Elementen des Zaubers, des Totenkults, der in Pflanzen oder Tieren existierenden »Macht«, in »Natur«-Gottheiten, in Märchen und Mythen, im Dämonenglauben u.ä. Otto bezeichnet diese Beispiele als »Vorreligion«, die aus einem a priori vorgegebenen religiösen »Grundelement« erst begreifbar seien (a.a.O., S. 141ff., 150). Ottos Vorstellung ist insofern ethnozentristisch, als er das Christentum allen anderen Religionen und »Vorreligionen« überordnet, da es »das rationale und das irrationale Moment« miteinander in einer entsprechenden Weise zu vereinigen wisse: »Daß in einer Religion die irrationalen Momente immer wach und lebendig bleiben, bewahrt sie davor, Rationalismus zu werden. Daß sie sich reich mit rationalen Momenten sättige, bewahrt sie davor in Fanatismus oder Mystizismus zu versinken oder darin zu beharren, befähige sie erst zu Qualitäts-, Kultur- und Menschheitsreligion. Daß beide Momente vorhanden sind und in gesunder und vollkommener Harmonie stehen, ist wieder ein Maßstab, woran die Überlegenheit einer Religion gemessen werden kann, und zwar als an einem eigentlich religiösen Maßstab. Auch nach diesem Maßstab ist das Christentum die schlechthin überlegene über ihre Schwesterreligionen auf der Erde« (a.a.O., S. 170f.).

Das Christentum wird von Otto von den sogenannten »Vorreligionen« außerdem durch die besondere Form der »Divination« unterschieden. Unter »Divination« versteht er das Vermögen, »das Heilige in der Erscheinung echt zu erkennen und anzuerkennen« (a.a.O., S. 173). Otto meint, daß das christliche Gefühl die lebendigste Anwendung der Kategorie des »Heiligen« vollzogen und damit die tiefste religiöse Intuition hervorgebracht habe, die je auf dem Gebiet der Religionsgeschichte zu finden gewesen sei (a.a.O., S. 200).

Ganz im Sinne seiner Phänomenologie steht bei Ottos Überlegung zur christlichen Religion das »Heilige« im Vordergrund und nicht das soziale oder kulturelle Moment. Dadurch setzt sich Otto nicht nur dem Vorwurf des Ethnozentrismus aus, da er das Erkennen des »Heiligen« allein in die christliche Religion hineinverlagert, sondern auch der Kritik – die auch andere Religionsphänomenologen trifft –, daß der soziale Stellenwert der Religion gänzlich übergangen werde (vgl. u. Durkheims Gedankengang, der die Religion als »soziale Tatsache« beschreibt).

Als spezifisch phänomenologisch versteht sich jede Methode, die das »primitive« Denken spekulativen Überlegungen entzieht, um eben das hervorzukehren, was fremde Ethnien wirklich »meinen«. In dieser Richtung sind auch die Gedanken Shirokogoroffs zu verstehen, der davor warnt, mystifizierende und fehldeutende Termini, wie »Magie«, »Zauber« u. ä. in ethnologische Untersuchungen einzubeziehen, da sie nicht die Wahrheit fremder Kulturen, sondern unsere eigene »meinen« (MÜHLMANN, 1938, S. 145).

Die Relevanz der Gedanken Ottos zeigt sich übrigens darin, daß Religionsphänomenologen, wie P. W. Schmidt, Frazer, Marett und J. W. Hauer, sich seiner Methode nähern (vgl. MÜHLMANN, 1968, S. 207). Inspiriert von Otto ist auch W. Lange-Eichbaum (1928), der in der Geniebildung und im Genie-Mythos die Logisierung eines Strebens nach dem Numinosen sieht.

4.2. Ernst Cassirer

Phänomenologisch interessante Überlegungen zum »mythischen Denken« verdanken wir Ernst Cassirer, der sich in der Tradition von Husserl sieht und der in bestimmter Hinsicht Gedankengänge Ottos übernimmt. In Übereinstimmung mit Husserl legt Cassirer fest, daß die Phänomenologie sich nicht in der Analyse der Erkenntnis erschöpfe, sondern daß sie neben den »Strukturen ganz verschiedener Gegenstandsbereiche« auch die mythische Welt zu untersuchen habe, wobei ohne Rücksicht auf die »Wirklichkeit« der Gegenstände, die »Bedeutungen« herauszuarbeiten seien (CASSIRER, 1924; 1964, S. 16). Das heißt nun, nicht durch Induktion aus der Mannigfaltigkeit der ethnologischen und völkerpsychologischen Erfahrungen sind die entsprechenden Konzeptionen abzuleiten, sondern durch »ideierende« Analyse.

Der Neukantianer Cassirer geht von der Kritik an klassischen empirischen Mythenvergleichen aus, die wohl nach der »Einheit des Mythos« fragten, jedoch tatsächlich den Betrachtungsgegenstand »Mythos« in Elemente, wie »Naturmythologie« und »Seelenmythologie«, aufsplitterten. Cassirer beklagt daher, daß »die gesuchte Einheit« nicht »in der charakteristischen Form gesucht« werde, die »aus diesen Elementen ein neues geistiges Ganzes, eine Welt der symbolischen ›Bedeutung‹ hervorgehen läßt« (a. a. O., S. 26). Ganz im Sinne des phänomenologischen Prinzips geht es Cassirer um die »Ganzheit«, die nicht durch Feststellung einer bloßen empirischen Regelmäßigkeit zu erkennen, sondern die in der »ursprünglichen Gesetzlichkeit des Geistes zu suchen ist, auf den diese Regelmäßigkeit zurückgeht« (a. a. O., S. 27).

Cassirer nimmt seinen Ausgang von der Erkenntnis, daß es sich beim Mythos, auch in seiner »primitivsten« Äußerung, nicht um eine bloße Spiegelung des Seins handelt, sondern um eine »echte geistige Aktion«, denn der Mensch stelle zwischen sein »Innen« und »Außen« »ein neues mittleres Reich«. Der Sachwelt wird eine eigenständige Bildwelt entgegengestellt. Aller Anfang des Mythos ist nun von dem Glauben an die objektive Kraft des Zeichens durchdrungen, d. h., Wortzauber, Bildzauber und Schriftzauber bilden »den Grundbestand der magischen Betätigung« und der magischen Weltansicht (a. a. O., S. 31).

Der Mensch erhebe sich zwar hiermit geistig über die Dingwelt, aber in den Bildern und Gestalten setze er eine neue Gebundenheit, die, da es sich um »eine geistige Macht« handele, »unzerreißbarer« sei als jede »physische Macht« (a. a. O., S. 32). Zu einer Auflösung dieses Zwanges komme es erst, wenn der Mensch den Fortschritt von der »magisch-mythischen« Weltansicht zur »religiösen Weltansicht« tatsächlich vollziehe (a. a. O.). Der Mythos stellt also eine bestimmte Realität dar, die der Mensch durch sein »Wirken«, also durch Tätigsein, schafft. Das heißt also: »Dinge« und »Kräfte« sind für das mythische Bewußtsein, sowenig wie für das theoretische, von vornherein »gegeben«. Cassirer meint nun, daß die »ersten mythischen Gebilde« nicht als Erzeugnisse einer bloßen Betrachtung von Dingen entstünden, sondern als Ausdruck einer einmaligen Bewußtseinslage bzw. aus einer momentanen Spannung oder Entspannung des Bewußtseins. Der Volksglaube bestätige, wie noch heute die Urkraft des mythischen Vorstellens unmittelbar lebendig und unmittelbar wirksam sei. Hier wurzle der Glaube an die unübersehbare Fülle der Naturdämonen, »die das Feld und die Flur, die den Busch und den Wald bewohnen. Im Rauschen der Blätter, im Wehen und Brausen der Luft, in tausend unbestimmbaren Stimmen und Tönen, im Spielen und Flimmern des Lichts: in alledem wird für das mythische Bewußtsein das Leben des Waldes zuerst vernehmbar – vernehmbar als die unmittelbare Äußerung der zahllosen Elementargeister, die den Wald bevölkern, der Waldmänner ... der Baum- und Windgeister« (a. a. O., S. 240).

Im Laufe der Entwicklung, d. h. mit Aufgabe der »Wald- und Feldkulte« usw., wachse dieser Mythos über diese Gestalten hinaus und geselle ihnen andere hinzu, die einer anderen Schicht des Denkens und Fühlens entstammen. Eine Mythenwelt reiht sich an die andere. Einen entscheidenden Wendepunkt stelle der Übergang zum Ackerbau dar. In dieser Periode fühle sich der Mensch noch eins mit der Natur, er stehe ihr noch nicht als freies Subjekt gegenüber. Aus den jeweiligen Antrieben des Tuns entstünden Götter. Für das fortschreitende »Selbstbewußtsein der Kultur« würden schließlich die Gestalten relevant, die als Kulturheroen oder Heilbringer geschildert werden. Charakteristisch dafür sei, daß der Mensch sein Tun nach außen projiziere und so diese Heilbringergestalten schaffe. Die religiöse Verehrung folge nicht einfach dem praktischen Gebrauch, sondern sie sei es, die diesen Gebrauch, z. B. das Feuer, dem Menschen habe zukommen lassen (a. a. O., S. 244). Schließlich manifestiere sich dieser kulturelle Fortgang in der Gestalt eines höchsten Schöpfergottes. In ihm erscheine die Mannigfaltigkeit des Tuns gleichsam in eine einzige Spitze zusammengefaßt: Das mythisch-religiöse Bewußtsein »steht nun in der Anschauung des reinen Aktes selbst« (a. a. O., S. 253).

Für Cassirer ist die Tatsache wesentlich, hier schließt er explizit an Hegel an, daß über das Werkzeug des Menschen sich allmählich das Bewußtsein des vermittelten Tuns entfaltet. Bereits im Bereich der mythischen Weltansicht beginne der Mensch gegenüber dem Objekt zurückzutreten. Der mechanischen Funktion entspreche eine geistige, die sich nicht nur aus der ersteren entwickelt habe, sondern die sie von Anfang an bedinge. Das Werkzeug diene niemals der bloßen Bewältigung der Außenwelt, sondern mit seinem Gebrauch stelle sich für den Menschen auch das Bild dieser Außenwelt, ihre geistigideelle Form, her. Mit anderen Worten: Der Mensch vergrößere im fortschreitenden Wissen sein »Selbstbewußtsein«. In diesem Sinn bedeuten auch die Göttergestalten des Mythos nichts anderes als die sukzessiven Selbstoffenbarungen des mythischen Bewußtseins.

Mit der von Cassirer reflektierten Wandlung im Gottesbegriff sind also jeweils neue Auffassungen des Menschen und seiner »geistig-sittlichen Persönlichkeit« verbunden. Der Mensch kann sein eigenes Sein nur so weit erfassen, als er sich im Bilde seiner Götter sichtbar zu machen vermag (a.a.O., S. 259 ff.).

Die phänomenologische Konzeption Cassirers, die die Religion bzw. den Mythos eng mit der Bewältigung der Außenwelt und ihrer geistigen Verarbeitung verknüpft, widerspricht nun Überlegungen der Mythenforschung, die auf Grund von Vergleichen bestimmte Formen als für Religion und Mythos ursprünglich annahmen und meinten, diese gegenständlich fassen zu können. Cassirer hielt dem jedoch entgegen, daß die miteinander verglichenen Begriffe, wie das »Mana« der Polynesier mit dem »Wakanda« der Sioux oder dem »Manitu« der Algonkin, inhaltlich voneinander notwendig differierten, daß ihnen allen vielmehr das »Staunen«, mit dem der Mythos wie die wissenschaftliche Erkenntnis ansetzt, zugrunde liege. Hier führt Cassirer deutlich die Gedankengänge R. Ottos weiter, der mit besonderer Schärfe den Doppelcharakter des »Heiligen« herausgearbeitet hat. Das »mysterium tremendum« und das »mysterium fascinans« (R. Otto) bewirken, daß das »profane« Dasein fortschreitend vom »Heiligen« durchdrungen wird. Das heißt, das im mythischen und religiösen Sinn Geheiligte ist dadurch zu einem Verbotenen und zu einem Gegenstand der Scheu geworden (a.a.O., S. 99 f.). Cassirer steht mit seinen Überlegungen durchaus in der Tradition von R. Otto, doch geht er über ihn hinaus, da er das Christentum nicht ethnozentristisch als die Vervollkommnung der Religionen wertet, es vielmehr als eine Religion unter anderen in seine Untersuchung der »symbolischen Formen« einbezieht.

Ein Problem ergibt sich jedoch im Werk Cassirers, nämlich daß in seiner Konzeption von der fortschreitenden Selbstentfaltung des Bewußtseins, die an Hegel erinnert, das mythische Denken der Menschheit in eine Art »prälogische Epoche« fällt, wie auch Ashley Montague impliziert (1966, S. 262). Cassirer trifft sich hier mit Lévy-Bruhl, der die »primitive Mentalität« als einer Welt zugehörig interpretiert, die durch »unzählige okkulte Mächte«, die überall gegenwärtig seien, bestimmt und die daher »prälogisch« bzw. mystisch sei. Lévy-Bruhl meint mit dem Begriff »prälogisch« keineswegs, wie oft gefolgert wird, daß die »Primitiven« nicht »logisch« denken könnten, sondern vielmehr, daß »die Objekte, die Wesen oder die Phänomene in einer für uns unverständlichen Weise zugleich sie selbst und etwas anderes sein können« (Levy-Bruhl, 1926, S. 67ff.), was auch heißt, daß das Mitglied eines Stammes, eines Klans o.ä. sich mit seiner Gruppe mystisch vereinigt fühlt (a.a.O., S. 69). Wesentlich ist dabei die »Kollektivvorstellung«, die Lévy-Bruhls Beziehung zu Durkheim andeutet. Lévy-Bruhl hält fest, daß ursprünglich die Seelen und die Geister nicht individualisiert worden seien und daß das individuelle Bewußtsein mit dem kollektiven Bewußtsein aufs engste solidarisch verbunden gewesen sei, es bilde mit ihm eine Einheit. Erst später, wenn das menschliche Individuum zum Bewußtsein seiner selbst als eines Individuums komme, wenn es sich von der Gruppe, der es sich zugehörig fühlt, ausdrücklich unterscheide, dann begännen ihm auch die äußeren Wesen und Gegenstände als mit individuellen Seelen und Geistern ausgestattet zu erscheinen (a.a.O., S. 327). Hier deutet Lévy-Bruhl eine gewisse Nähe zu Cassirer an, die sich vor allem in der Vorstellung von der Entfaltung bzw. Entwicklung des Bewußtseins aus »primitiven« Anfängen hin zu vollkommenen Kategorien äußert.

Beiden Konzeptionen liegt also zweifellos ein evolutionistisches Schema zu Grunde, wenn sie verschiedene Bewußtseinsformen und Typen religiösen bzw. mythischen Denkens, die ihrer Geschichte und ihrer kulturellen Struktur nach eine Entwicklungsreihe bilden, konstruieren.

Entgegnet wurde einem solchen Denken u.a. von Malinowski, der solche Überlegungen als problematisch verwirft, da in sogenannten »primitiven« Kulturen sehr wohl durchaus rationale Techniken des wirtschaftlichen, sozialen und religiösen Handelns geübt würden. Die Funktion der Magie müsse darin gesehen werden, nicht beherrschbare Ereignisse einer Art rationaler Pseudo-Kontrolle zu unterwerfen, um so die als unerwünscht empfundenen Folgen dieser Unbeherrschbarkeit (Angst, Unsicherheit) auf ein Mindestmaß zu reduzieren (Malinowski, 1955).

Malinowski widerspricht mithin den Ausgangsprämissen von Cassirer und Lévy-Bruhl auch wahrscheinlich darum, weil er in einem solchen, Kulturen verschieden wertenden Verfahren eine echte Gefahr sah. Ein anderer Kritiker ist Durkheim, der die Religion als soziale Tatsache begreift. Cassirer meint daher, Durkheims Vorgehen wäre »einseitig«, und außerdem könne man fragen, »ob die Kategorien, die bei ihm aus dem Sein der Gesellschaft abgeleitet werden sollen, nicht vielmehr Bedingun-

gen eben dieses Seins sind« (CASSIRER, 1964, S. 230. Näheres zu
Durkheims Überlegungen s. u.).

4.3. Mircea Eliades Verbindung von Religionsphänomenologie und Religionsgeschichte

In der Tradition R. Ottos stehen zweifellos auch die Arbeiten
Mircea Eliades, der Religionsphänomenologie und Religionsgeschichte als notwendig miteinander verbunden ansieht. Ähnlich
wie R. Otto stellt Eliade fest, daß das Heilige sich immer als
eine Macht ganz anderer Ordnung als die natürlichen Kräfte
präsentiert und sich als eine Kraft bzw. als eine Gewalt kundtut.
Letzteres wird von Eliade mit dem Terminus »Hierophanie«
bezeichnet. Als Historiker stellt er fest, daß die Geschichte der
Religionen – von den einfachsten bis zu den am höchsten entwickelten – aus einer Reihe von Hierophanien, den Kundge-
bungen heiliger Wirklichkeiten, besteht: »Ein ungebrochener
Zusammenhang verbindet die niedrigste Hierophanie – zum
Beispiel die Kundgebung des Heiligen in einem beliebigen Gegenstand, einem Stein oder einem Baum – mit der letztgültigen
Hierophanie, der Fleischwerdung Gottes in Jesus Christus«
(ELIADE, 1961, S. 178 f.). Damit ist ausgedrückt, daß die Hierophanie immer die Kundgebung von etwas »ganz Anderem« ist,
nämlich einer Wirklichkeit, die nicht von dieser Welt ist, in
Gegenständen, die ihrem Wesen nach durchaus unserer »natürlichen«, »profanen« Welt angehören. Neben der Kundgebung
beschränkt sich das Heilige also auch auf ein bestimmtes Objekt, sei es auf einen Stein oder einen Menschen (a. a. O., S. 180).
Dadurch kommt es zur »Vergeschichtlichung« des Mysteriums.
Eliade meint weiter, daß jede Hierophanie eine »Kratophanie«
ist, nämlich eine Kraftoffenbarung, wie sie sich z. B. in dem
melanesischen Terminus »Mana« findet (a. a. O., S. 181). Mit
diesen und ähnlichen Gedanken versucht der Religionshistoriker Eliade, entsprechend der phänomenologischen Methode das
Thema des Mythos zu behandeln. Der Mythos, der in »primitiven« Gesellschaften als »absolute Wahrheit« begriffen wird, erzählt also eine »heilige Geschichte« und ist daher Vorbild und
wiederholbar (a. a. O., S. 19 f.). Der Mythos hat die Aufgabe,
das »Chaos« in »Kosmos« zu verwandeln, um ein menschliches
»Dasein« zu gewährleisten. Die Welt wird verständlich.
Interessant ist der Rekurs Eliades auf das Unbewußte, wie es

in Träumen und Phantasiegebilden zum Ausdruck kommt: sie stehen seiner Meinung nach in Beziehung zu den Strukturen der religiösen Welt. Nach Eliade gibt es kein mythisches Motiv und keinen Einweihungsritus, die nicht auch in den Träumen und Dichtungen der Phantasie wiederkehren (a.a.O., S. 9). Von den Vorstellungen einer ahistorisch argumentierenden Traumpsychologie distanziert sich der Historiker Eliade, der den Mythos sowohl als eine Struktur der Wirklichkeit als auch eine Begründung menschlichen Verhaltens definiert; denn der Mythos erzähle immer, was wirklich geschehen sei, und daß ein Ereignis immer im strengen Sinn stattgefunden habe (a.a.O.). Für die moderne Welt hat nach Eliade der Mythos jedoch nicht mehr die reflektierte Wirklichkeit, da er in die »zweitrangigen« Tätigkeiten der Gesellschaft verdrängt wurde (a.a.O., S. 39). Die Funktion der Vorbildlichkeit erfüllt er daher nicht mehr. Nichtsdestoweniger ist das »Verständnis des Mythos« wesentlich, meint Eliade, denn »wir müssen uns bewußt werden«, was in einem modernen Dasein an »Mythischem« noch lebendig sei »und was eben deshalb weiterlebt, weil auch diese Verfassung mit der menschlichen Natur als solcher gegeben ist, insofern sie die Angst vor der Zeit zum Ausdruck bringt« (a.a.O., S. 40).

Gegenüber der Psychologie, die nach Eliade u.a. Krankheitsbilder definiert, oder der Soziologie bzw. Ethnologie, die lediglich auf die soziale bzw. kulturelle Funktion eines »heiligen« Objektes rekurrieren, grenzt Eliade die Religionsgeschichte dadurch ab, daß sie Psychologie, Soziologie und Ethnologie integriere. Die Aufgabe des Religionshistorikers sei es demnach, alle Einzeluntersuchungen, z.B. über den Schamanismus, zur Synthese zu bringen und eine Sicht des Ganzen zu geben, die »zugleich Morphologie und Geschichte« des religiösen Phänomens sei (Eliade, 1954, S. 3). Der wesentliche Schritt, den der Religionshistoriker schließlich zu vollziehen habe, sei, den »tiefen Sinn der religiösen Phänomene« zu entziffern (a.a.O., S. 5).

Im Gegensatz zum »reinen« Phänomenologen ist es also, so Eliade, die Methodik des Religionshistorikers, sich dem »Sinn« durch das Vergleichen von ähnlichen oder verschiedenen Phänomenen zu nähern.* Das heißt, daß er alle historischen Kund-

---

* Ähnlich versteht Hultkrantz die Intention der Religionsphänomenologie (HULTKRANTZ, 1970). Er versucht übrigens auch, von der Ökologie her sich der Religionsphänomenologie zu nähern. Er verbindet dabei ökologische Adaption mit bestimmten Religionstypen, wie z.B. arktische Religionen mit bestimmten Jagdritualen usw. (HULTKRANTZ, 1966, 1974).

gebungen eines religiösen Phänomens benützt, um zu entdecken, was dieses Phänomen »sagen will«. Er hält sich also einmal an das historische Konkrete und andererseits bemüht er sich um die Entzifferung dessen, was ein religiöses Faktum durch die Geschichte hindurch zum Übergeschichtlichen macht. Eliade, der seine Religionshistorie nicht als beschreibende Disziplin definiert, trägt ihr ein »Sinnverstehen« auf, das sowohl »hermeneutisch« in seinem Interesse am konkreten historischen Objekt ist, aber auch »phänomenologisch«, wenn es in den »religiösen Fakten« »eine ewige Rückkehr zu einem zeitlosen Augenblick« oder »eine Neuschaffung der Welt« (a. a. O., S. 6) sieht. Der Historiker dagegen hat nach Eliade die »Freiheit«, den spezifischen und übergeschichtlichen Sinn eines religiösen Faktums zu »übersehen«. Nicht jedoch der Religionshistoriker als Phänomenologe, der die überzeitliche religiöse Bedeutung eines Faktums zu entziffern sucht.

Der phänomenologische, aber auch hermeneutische Ansatz Eliades zeigt sich also zunächst in der Interpretation des religiösen Phänomens in seinem historischen Kontext, um so zu seinem von der Geschichte abgelösten Sinn zu gelangen. In seinem Buch ›Schamanismus und archaische Ekstasetechnik‹ vollzieht Eliade genau diesen Schritt, wenn er die einzelnen Manifestationen des Schamanismus in den verschiedenen Regionen reflektiert und das »Überzeitliche« darzustellen versucht.

Ähnlich wie M. Eliade hat auch P. Radin versucht, die Strukturen des Mythos zu analysieren. Radin, der von der Sozialpsychologie her kommt – psychoanalytischen Überlegungen steht er grundsätzlich negativ gegenüber –, unternimmt es, das in den religiösen Akten Intendierte herauszuarbeiten. Er stützt sich dabei u. a. auf umfangreiches Material, das er bei den Winnepago-Indianern gesammelt hatte (RADIN, 1927).

5. Beispiele der klassischen Religionsforschung*

Wie schon gezeigt, setzte mit dem ausgehenden 19. Jahrhundert ein eminentes Interesse an Fragen der Religion ein. Die Literatur zu diesem Thema ist mannigfaltig. Es ist hier nicht die Absicht, auf diese nur annähernd vollständig und detailliert einzugehen, da hier die Frage nach der Methode des »Verstehens« im Vordergrund der Betrachtung steht. Trotzdem erscheint es angebracht, auf einige Autoren zu verweisen, da diese beispielhaft entweder im Sinne der Religionsphänomenologie vorgingen oder doch religiöse Phänomene zu deuten versuchten.

Von wesentlicher Relevanz war zunächst Edward Tylor, der sich mit Fragen des Ursprungs der Religion – entsprechend seines evolutionistischen Ansatzes – auseinandersetzte. Zur Frage der Entstehung von Mythen meint er, daß sie im menschlichen Intellekt entstanden seien, als dieser sich noch auf kindlicher Stufe befunden habe. Mythen seien demnach »unreife«, aber im wesentlichen rationale Versuche »kindlicher« Völker, ihrer Umwelt und ihren Erfahrungen einen Sinn zu geben. Tylor glaubt nun, über Mythen bzw. Legenden einen Zugang zur »primitiven« Philosophie finden zu können. Da Tylor davon ausgeht, daß Mythen kindliche Interpretationen natürlicher Phänomene seien, läßt sich sein Vorgehen insofern als ein »phänomenologisches« verstehen, als er versucht, durch gedankliche »Einsicht« zu Erkenntnissen zu kommen.

Tylors großer Verdienst liegt in der Konzeption des »Animismus« (1871), einer Theorie, die die Literatur um 1900 und danach wesentlich bestimmte. Nach dieser Überlegung ist der Glaube an Geister die Quelle jeder Religion. Tylor unterschied im Animismus »primitiver« Völker zwei Hauptvorstellungen: die Vorstellung von der »Seele« und den abgeleiteten Glauben an andere »Geister«. Der Animismus beruhe auf der sehr einfachen Vorstellung, daß es Geisterwesen geben müsse, da Menschen nachts träumten, bei Tag phantasierten und da Menschen stürben. Entsprechend dieser Überlegung verläßt die Seele nach dem Tod des Menschen seinen Körper. Aus dem Umstand, daß dem Menschen im Traum Individuen erscheinen, die entweder

---

* Einen guten Überblick über die verschiedenen Religionstheorien der Kulturanthropologie, von denen zwei wesentliche als Paradigmen hier dargestellt werden, gibt EVANS-PRITCHARD, 1965.

in einiger Entfernung leben oder tot sind, schließe nun der Angehörige »primitiver« Völker, daß es vom Körper des Menschen eine Geistkopie gebe, die den Körper verlassen könne und selbständige Erfahrung mache. Zwischen der Geistkopie und der Seele stelle nun der Mensch eine Verbindung her und bringe sie in einer wesenlosen Seele oder Geist-Seele zusammen. Diese Geist-Seele sei für Tod, Träume, Visionen, Schlaf, Krankheit usw. verantwortlich. Sie sei der Schlüssel zur gesamten Psycho-Biologie des Menschen. Sie sei fähig, den Körper zu verlassen und sich, in großer Entfernung von ihm, schnell von einem Platz zum anderen zu bewegen. Sie sei unfühlbar und unsichtbar, sie erscheine jedoch auch wachenden oder schlafenden Menschen als »Geist«. Nach dem Tod des Menschen vermöge die Geist-Seele, die ja weiterexistiere, in die Körper anderer Menschen und Tiere und auch Dinge einzudringen, sich ihrer zu bemächtigen und in ihnen zu handeln.

Als nächste Stufe in der Entwicklung des Animismus beschreibt Tylor die natürliche Ausdehnung von Seelen und Geistkopien auf Tiere. Nicht nur das Leben der Menschen, sondern auch das Leben der Tiere wird so erklärbar. Dazu zitiert Tylor eine Reihe von Tieropfern, die diese These stützen, wie die Bestattung von Pferden mit Menschen. Schließlich wird die Geist-Seele auf nicht belebte Gegenstände ausgedehnt. Auch Dinge erscheinen in Träumen und müssen daher Geistkopien besitzen.

Tylor leitet aus diesen drei frühen Formen des Animismus drei allgemeine Glaubensvorstellungen ab, die die Geist-Seelen nach dem Tod betreffen:

1. die Überzeugung, daß die Geist-Seelen um die Erde herum schweben, Interesse am Leben bekunden und manchmal ihre Wohnstätte besuchen,
2. den Glauben an Seelenwanderung, die Übersiedlung von Seelen in andere menschliche Wesen oder sogar in Tiere, Pflanzen und Dinge,
3. die Vorstellung von einer speziellen Wohnstatt in einer anderen Welt, wie etwa auf Inseln, in der Unterwelt, auf Bergen und im Himmel.

Diese Vorstellungen führen weiter zu dem Glauben an Geisterwesen, die einen höheren Rang einnehmen, die »Manen«. Diese sind Seelen von Individuen, die im wirklichen Leben Autorität besaßen. Oft handelt es sich dabei um einen Elternteil. Die toten Vorfahren beschützen so weiter ihre Familie und nehmen deren Huldigung und deren Bittgesuche weiter entgegen, wie zu ihren Lebzeiten. Die Manen stellen für Tylor ein Zwischenglied zwischen den gewöhnlichen Seelen und den übermenschlichen Dämonen und Gottheiten in der Hierarchie der Geisterwelt dar. Der Heiligenkult der modernen Religion wird in diesem Sinn von Tylor als Manenkult identifiziert.

In der Entwicklung der »primitiven« Religion – so Tylor – sei die »Inkarnation« der Geister wichtig; denn ebenso wie die Seele seien auch die Geister frei, belebte oder unbelebte Gegenstände zu besetzen bzw. wieder zu verlassen. Das Phänomen der »Besessenheit« sei so zu erklären, gegen das der Exorzismus einzusetzen ist. Eng verbunden damit sei der Fetischismus; denn es sei auch möglich, einen nützlichen Geist zum eigenen Vorteil zu manipulieren, was schließlich zum Götzendienst führe, wenn der Fetisch so gestaltet werde, daß er zur Wohnstatt eines Geistes werde. Seele und Geist sind verkörpert im Götzen.

In der nächsten Entwicklungsstufe stelle der »primitive« Verstand die Analogie zwischen menschlichem Verhalten und dem Verhalten der Natur im ganzen her. Der menschliche Körper funktioniere durch die Kraft der in ihm wohnenden Geist-Seele, und ebenso scheine auch die Natur durch Kräfte beseelt zu sein. Der Animismus werde so zu einer umfassenden Philosophie der Natur. Die »Ursachen« für alle natürlichen Phänomene seien die Naturgeister. Sie lassen den Wind blasen, den Himmel regnen, die Flüsse fließen, Vulkane ausbrechen usw. Aus den Naturgeistern seien schließlich Spezialgottheiten entstanden: die Götter des Waldes usw. Ihnen folgten die Götter, die dem Menschen helfen sollten, wie die Gottheit des Ackerbaus, des Kriegs, des Friedens, des Guten usw. Damit zeige sich der Höhepunkt des Polytheismus, der durch die Vorstellung von einem obersten Gott erweitert und schließlich durch den Monotheismus ersetzt werde.

Tylor gelingt es, mit seiner evolutionistischen Religionstheorie den Monotheismus aus einer »primitiven« Vergangenheit zu entwickeln, ihn also als historisch – und nicht durch eine Offenbarung – bedingt darzustellen (TYLOR, 1871). Seine Theorie hatte einen ziemlich großen Einfluß auf seine Zeit, und bei vielen Autoren finden sich Spuren, die auf Tylor hindeuten, so auch bei Cassirers evolutionistischem Ansatz. Für die moderne Diskussion hat Tylor aber keine Relevanz.

Eingewirkt hat Tylor auch auf James Frazer, der in seinen Arbeiten ›The Golden Bough‹ (1890) und ›Totemism and Exogamy‹ (1910) die »Magie« der Religion vorangehen läßt. In ›The Golden Bough‹ reflektiert Frazer einen Mythos, in dem von dem Priesterkönig eines heiligen Hains berichtet wird, der mit gezogenem Schwert unter einem bestimmten Baum steht. Sein Priesteramt hatte er dadurch errungen, daß er seinen Vorgänger mit dem Schößling eines Mistelzweiges, der hoch oben am Baum wuchs, ermordete. Er selbst war durch das Schicksal seinerseits bestimmt, durch einen erfolgreichen Herausforderer ermordet zu werden. Er verteidigte sich nur so lange erfolgreich, wie seine Wachsamkeit und Geschicklichkeit nicht nachließen. Sobald seine Aufmerksamkeit erlosch, wurde er ermordet, und sein Mörder nahm seinen Platz ein.

Frazer war von diesem Mythos derart fasziniert, daß er sich zwei Fragen stellte: Warum mußte Dianas Priester, der König des Waldes (in dem geschilderten Mythos handelt es sich um den geheiligten Hain der Diana in Nemi in den Albaner Bergen in Italien bzw. um die Regeln der priesterlichen Nachfolge in diesem), seinen Vorgänger erschlagen, und warum mußte er, bevor er ihn ermordete, den Zweig von einem bestimmten Baum abbrechen, der nach Meinung der Alten mit dem Goldenen Zweig des Vergil gleichgesetzt wurde?

Im ersten Teil von ›The Golden Bough‹ unterscheidet Frazer zwischen Magie und Religion. Unter Magie versteht er den Versuch des »primitiven« Menschen, die Natur zu manipulieren. Der »primitive« Mensch glaube, daß die Regeln seiner magischen Kunst identisch seien mit den Gesetzen der Natur und daß er durch eine bestimmte Handlung ein damit in Verbindung stehendes Ereignis in der Natur auslöse. Der Magier sei also »Herr über die Natur«, ohne eine höhere Macht anflehen zu müssen. Er müsse sich jedoch streng an die Regeln halten. Die Religion dagegen basiere auf der Vorstellung, daß die dem Menschen überlegenen Mächte ausgesöhnt, angefleht, überredet werden könnten. Religion konnte nach Frazer erst auftreten, nachdem der Mensch zu einem Zustand der höheren Intelligenz fortgeschritten und in der Lage war, seine eigene Ohnmacht zu erkennen. Deshalb muß nach Frazer die Religion in der Entwicklung des Menschen auf die Magie gefolgt sein. In dem Moment, in dem sich die Vorstellung von den dem Menschen überlegenen Mächten herausgebildet hätten, seien geheiligte Führer oder Könige hervorgetreten, die vom Volk mit göttlicher Kraft ausgestattet worden seien. Der Priesterkönig zu Nemi und die Göttin Diana waren nach Frazer Naturgottheiten und für das Wohl der Menschen verantwortlich. Ihre Vereinigung sei wesentlich für die Fruchtbarkeit der Erde, des Viehs und der Menschen gewesen. Es seien schließlich Tabus von den Anhängern des Priesterkönigs aufgestellt worden, um dessen Leben zu sichern.

Der zweite Teil von ›The Golden Bough‹ trägt den Titel ›Taboo and the Perils of the Soul‹ und behandelt die Formen und die Funktionen des Tabus. Anknüpfend an Tylor beschreibt Frazer die Seele – das »mannikin« – als das Prinzip des Lebens für den »primitiven« Menschen, sie ist flüchtig, kann durch Eindringen in einen körperlichen Gegenstand einen Ortswechsel erfahren und kann sich schnell von Ort zu Ort bewegen. Die Tabus sollten dabei das Leben bzw. die Seele des Gott-Menschen schützen, sie seien jedoch auch für die gewöhnlichen Menschen wirksam gewesen. Während letzteren selbst die Einhaltung der Tabus überlassen geblieben wäre, sei hinsichtlich des Gott-Menschen die gesamte soziale Einheit daran interessiert gewesen, daß dieser keine Tabus bräche, denn dieses hätte zu seiner Vernichtung geführt. Die Gesundheit und das Überleben des Gemeinwesens sei nämlich vom Gott-Menschen abhängig gewesen, weshalb keine Anstrengung gescheut worden sei, dessen Vernichtung hinauszuschieben.

Im dritten Teil, der den Titel ›The Dying God‹ trägt, zeigt Frazer schließlich, warum der König von seinem Nachfolger ermordet werden müsse, obwohl dies offensichtlich in Widerspruch zu der Sorge der Gruppe steht, das Wohlergehen des Königs zu sichern. Frazer fiel auf, daß in vielen Ethnien der König entweder von seinem Volk getötet wurde oder sich selbst umbrachte. Meist geschah dies, wenn der König alt geworden war und anfing, seine Macht zu verlieren. Als Indikator wurde das Schwinden seiner sexuellen Kräfte angesehen, d. h. die Zeugungskraft wurde in Verbindung mit dem Wohlergehen des Volkes gebracht. Eine Entkräftung würde zum Sterben des Viehs, zu Hunger, Krankheit u. ä. führen. Wenn jedoch der König in der Blüte seiner Kräfte getötet würde, so könnte die Seele zur Zeit ihrer größten Kraft befreit werden und durch Vererbung oder Übertragung in einen Nachfolger eingehen. Mit diesen Überlegungen glaubte Frazer, die Legende vom ›Goldenen Zweig‹ richtig gedeutet zu haben.

Interessant sind noch Frazers Ausführungen in den weiteren

Teilen seiner Arbeit. So geht er auf die Mythologie des östlichen Mittelmeerraums ein, um die Bemühungen des Menschen zu verfolgen, die Natur zu verstehen und zu beherrschen. Zunächst geschieht dies durch Magie und dann durch Verehrung von Göttern, deren Leben man sich als mit den Kräften der Natur verbunden vorstellte.

Schließlich reflektiert Frazer das Sündenbock-Phänomen, das er dadurch erklärt, daß die Übel eines ganzen Gemeinwesens auf ein Invidiuum übertragen werden können und durch den Opfertod eines Individuums das Gemeinwesen vom Elend befreit werden könne. Frazer schließt hier an Tylors Überlegung an, daß in manchen Völkern böse Geister von einem leidenden Körper in einen anderen versetzt werden können.

Das Werk ›The Golden Bough‹ hat zwar keine wesentliche Bedeutung für die weitere Religionsethnologie, doch zeigt es das charakteristische Denken des ausgehenden 19. Jahrhunderts, das noch versuchte, eine Evolution menschlichen Denken und Handelns zu erforschen. Diese Evolution zeigt eine allmähliche Entwicklung durch die Zeitalter der Magie, Religion und Wissenschaft, wobei allerdings die Wissenschaft ähnlich wie die Magie verfährt, nur mit anderen Methoden.

Dieser etwas eingehendere Rekurs auf Tylors und Frazers religionsphänomenologisch relevante Arbeiten erschien angebracht, da durch diese Konzepte eine Reihe von Autoren beeinflußt wurden und sie gleichzeitig die Basis dafür boten, dieses Denken im Kern zu überwinden. Interessant ist an den Arbeiten Tylors und Frazers, daß Philosophen wie Cassirer in gewisser Hinsicht sich in deren Traditionen bewegen, obwohl gerade Cassirer durch Hereinnahme der Konzeption des »Numinosen« (R. Otto) einen Schritt darüber hinaustat, wodurch das »religiöse Erleben« in den Vordergrund gerückt wurde.

6. Die Relevanz der Religion in den Arbeiten von Emile Durkheim und Marcel Mauss

In Emile Durkheim und Marcel Mauss finden sich zwei Soziologen bzw. Kulturanthropologen, die die oben zitierten sogenannten »animistischen« Theorien wegen ihres vor allem entwicklungspsychologischen Charakters kritisierten. Entsprechend dem Postulat Durkheims, daß »Soziales nur durch Soziales« erklärt werden könne, versuchten diese beiden Autoren, aus einer soziologischen Perspektive die Religion in den Griff zu bekommen.

In Zusammenarbeit mit Henri Hubert unternahm es Marcel Mauss, Theorien zur »Religion« und »Magie« zu entwerfen, die ganz im Stil Durkheims konzipiert waren (1897/98, 1902/03). Den Ausgang nimmt er davon, daß die Religionstheoretiker des 19. Jahrhunderts kaum wirklich umfassende Theorien, die auf alle relevanten Fälle anwendbar wären, konzipiert hätten. So wirft er Frazer Einseitigkeit vor, da dieser einfach Einzelphänomene ausgewählt hätte, ohne die Legitimität der Auswahl bewiesen zu haben (MAUSS, 1974, S. 47 f.). Auf Grund eines umfangreichen ethnographischen Datenmaterials definiert Mauss Magie bzw. den magischen Ritus als »Ritus, der nicht Teil eines organisierten Kultes ist, sondern privat, heimlich, geheimnisvoll und zum verbotenen Ritus als seinem Extrem tendiert« (a. a. O., S. 58). Im Kontext seiner Auseinandersetzung rekurriert er auch auf Vorstellungen, die z. T. von Tylor und Frazer ausgearbeitet wurden (a. a. O., S. 105), doch bleibt er dabei nicht stehen und stellt fest – hier kommt er in Gegensatz zu Frazer und Tylor –, daß die magischen Vorstellungen nicht a priori im individuellen Verstand gegeben, sondern nur auf Grund der Existenz der Gesellschaft vorhanden seien, so wie die Ideen der Gerechtigkeit und des Wertes. Dem fügt er hinzu: »Wir wollen damit sagen, daß es eine Kategorie des kollektiven Denkens ist« (a. a. O., S. 151).

Magie unterscheidet Mauss streng von Religion. Die Religion ist in allen ihren Teilen wesentlich ein kollektives Phänomen – alles ist hier Produkt der Gruppe und unter dem Druck der Gruppe entstanden. Die Überzeugungen und die Praktiken sind hier von Natur obligatorisch. Dem öffentlichen Moment der Religion steht das »private, geheime« (s. o.) des magischen Ritus gegenüber. Beim religiösen Ritus, z. B. dem Opfer, ist die Gesellschaft allseits immanent und gegenwärtig (HUBERT und MAUSS, 1897/98). Daß aber auch Magie einem kollektiven Akt bzw. Bedürfnis entspringt, ähnlich wie die Religion, stellt Mauss durch die Überlegung fest, daß alle Individuen einer Gruppe gleichzeitig dasselbe Einverständnis haben müssen, will die Magie ihr Ziel erreichen (MAUSS, 1974, S. 158). Damit Magie existieren kann, muß die Gesellschaft präsent sein.

In diesem Zusammenhang ist die Auseinandersetzung von Mauss mit den »manuellen Riten«, zu denen die Opferrituale als wesentlichste zählen, relevant. Mauss geht davon aus, daß das Opfer in der Magie eine Leitvorstellung darstellt; so findet man in den griechischen Alchemiebüchern wiederholt die Verwandlung des Kupfers in Gold durch eine Opferallegorie erklärt (a. a. O., S. 85). In der Magie gibt es also Opfer, doch nicht in allen Magien. Grundsätzlich hält Mauss jedoch fest, daß dort, wo das magische Opfer fehlt, ebenso das religiöse Opfer fehlt, und daß die Opfer in der Magie nicht wie in der Religion eine abgeschlossene Klasse von Riten bilden, die hochspezialisiert sind (a. a. O., S. 86). Dem Heiligen als religiösem Phänomen, dem Gebet als kollektiver religiöser Aktion und dem Opfer als religiösem Ritus steht die Magie mit ihren individuellen, aber auf das Kollektiv direkt oder indirekt gerichteten und von diesem »akzeptierten« Techniken wie Zauberei und Beschwörung gegenüber.

Marcel Mauss – gemeinsam mit Henri Hubert – hat in seinen Überlegungen zur Religion und Magie einen Standpunkt eingenommen, der sich gegen den offenen Ethnozentrismus der Hochreligionen auflehnt und deren Relativität feststellt.

Eine ähnliche Ausgangsbasis nimmt der Onkel von M. Mauss, Emile Durkheim, auf den der oben reflektierte Gedanke vom »Kollektivbewußtsein« (s. Kap. I) zurückgeht und auf den sich Mauss, Lévy-Bruhl u. a. beziehen. Durkheim vertrat wie Mauss die Überzeugung, daß religiöse Phänomene in sozialen Kategorien zu erklären sind und nicht auf individualpsychologische oder natürliche Faktoren reduziert werden sollten. In Verbindung mit seiner Untersuchung über die Religion der australischen Eingeborenen stellt er fest, daß religiöse Überzeugungen nicht falsch sein könnten, da sie Ausdruck des sozialen Lebens selbst seien. Nach Durkheim ist Religion ein universales soziales Phänomen, das uns in allen menschlichen Gesellschaften begegnet. Mit dieser Thematik setzte sich Durkheim bereits in der 1899 erschienenen Abhandlung ›De la définition des phénomènes religieux‹ (L'Année Sociologique 2) auseinander.

R. König stellt zu dem Vorgehen Durkheims fest, daß er in universaler Weise nach den Kriterien des religiösen Phänomens frage, eben weil Religion nach Auskunft der Völkerkunde überall vorkomme. Die zentrale Frage richte sich dabei nach der Struktur der Gesellschaft. Es sei also nicht von den spezifischen Formen einer einzelnen historischen Religion auszugehen –

z. B. der christlichen – und diese Formen als Kriterien für die Ermittlung religiöser Phänomene absolut zu setzen, ein Vorgehen, das an R. Otto erinnere, der in der christlichen Religion den Höhepunkt der Religionsentwicklung sieht. Der Religionsbegriff müsse so gestaltet sein, daß er allen Religionen entspreche, auch denen, die keine Götter haben. Das Interesse Durkheims richte sich daher auf die »universale Verbreitung eines strukturell-funktionalen Zusammenhanges (Religion), der nun vermittels der vergleichenden Methode herausgearbeitet wird, um die Variationen der gleichen Struktur in verschiedenen sozialen Typen zu vergleichen« (KÖNIG, 1966, S. 39).

Für die moderne Diskussion irrelevant sind Durkheims Überlegungen zum Totemismus, den er im Sinne seines evolutionistischen Denkens als ursprüngliche Religion, und zum totemistischen Klan, den er als ursprüngliche Sozialverfassung der Familie interpretiert.

In seiner wichtigsten frühen religionssoziologischen Arbeit (1899) befaßt sich Durkheim mit der »Definition« der religiösen Phänomene. Das religiöse Phänomen wird dabei als soziale Tatsache mit bestimmten Arten des sozialen Handelns verbunden, welches zu einer besonderen Art von Gegenständen – den sogenannten »heiligen« Dingen – in Bezug stehen. Diesen »heiligen« Dingen stellt Durkheim die »profanen« Dinge gegenüber. Den ersteren gebührt ein besonderes Verhalten, nämlich das »religiöse«, welches in Riten, wie dem Opfer- oder Reinigungsritus, sich äußert.

Durkheim fragt nach den universellen Kriterien des religiösen Phänomens. König meint dazu, daß Durkheims Vorgehen Parallelen in der »viel später entstandenen phänomenologischen Religionswissenschaft« finde, sofern diese nicht »in Metaphysik oder Religionsersatz ausarten«. Denn solche Phänomenologien machen den »typischen Fehler«, »indem sie gar nicht das Heilige und das Gebet in wirklich universaler Weise auf ihre strukturell-funktionale Bedeutung hin darstellen, sondern nur ihre christlichen Formen verabsolutieren, also das Wesen setzen«, womit eben die Gefahr der Ideologisierung verbunden sei (KÖNIG, 1966, S. 39), wie es sich z. B. bei R. Otto zeige. Durkheim versucht nun – wie auch Mauss – den religiösen Tatbestand so zu erfassen, »wie er ist«. Demnach sei das religiöse Verhalten eine besondere Form des Verhaltens, das sich auf die umfassende Kategorie der heiligen Dinge beziehe (DURKHEIM, 1899, S. 13). Durkheim sucht also nach äußeren Anzeichen, an denen die religiösen Phänomene zu erkennen sind. Er kommt dabei auf den »Kult« als den »Inbegriff der Praktiken, die sich auf heilige Dinge beziehen« (a.a.O., S. 17). Mit diesem verbunden seien die Glaubensvorstellungen, die vom religiösen Handeln genausowenig getrennt werden könnten, wie man den Ritus und den Mythos auseinanderreißen könne. Beide seien nur zwei Aspekte ein und derselben Wirklichkeit (a.a.O., S. 21).

Charakteristisch für den sozialen Charakter der religiösen Phänomene sei, daß ihre Verletzung mit entsprechenden Sanktionen bedroht sei. Die religiösen Phänomene hätten also obligatorischen Charakter, der gleichzeitig das Grundkriterium allen sozialen Daseins überhaupt sei (KÖNIG, 1966, S. 41). Das heiße nicht, daß religiöses Verhalten auf soziales reduziert werde, sondern daß dieses »nicht etwa eine bloße Phantasiewelt neben der wirklichen Welt darstellt, sondern eine Wirklichkeit eigener Natur mit einem eigenen Gesetz« sei (a.a.O.).

In seinem religionssoziologischen Hauptwerk über ›Die Elementarformen des religiösen Lebens‹ (1912) geht Durkheim auf die Bedeutung der Symbole für die Religion ein. Er stellt fest, daß der Mensch »über die reale Welt, in der sein profanes Leben sich abspielt, eine andere, die in einem bestimmten Sinn nur in seinem Denken existiert, setzt« (DURKHEIM, 1912, 1970, S. 43). Um nun entsprechend handeln zu können, brauche der Mensch religiöse Symbole, die die Welt der Religion »als höchsten Ausdruck sozialer Regelung« (KÖNIG, a.a.O., S. 44) absichern. Durkheim meint, daß die sozialen Gefühle ohne Symbole nur eine »prekäre« Existenz haben würden. Die Funktion der Symbole liege also darin, daß sie das Überdauern des sozialen Zusammenhangs in der Zeit garantierten, was rein auf Grund der sozialen Interaktionen nicht sein könnte. Der soziale Zusammenhang bedürfe der Sicherung. Das religiöse Symbol sei also wesentlich für die Kontinuität des mit der Religion verbundenen sozialen Handelns (a.a.O., S. 45), es habe unter allen Symbolen die höchste Interaktionskraft.

An den oben zitierten Gedankengang von Marcel Mauss zur Abgrenzung der Religion von der Magie erinnert die Frage Durkheims: »Wenn nun die Religion ein Produkt sozialer Ursachen ist, wie soll man dann den individuellen Kult und den universalistischen Charakter bestimmter Religionen erklären?« (DURKHEIM, 1912, 1970, S. 45). Durkheim antwortet, daß »die religiösen Kräfte, an die die individuellen Kulte sich halten, nur individualisierte Formen kollektiver Kräfte« seien ... »Eine

Philosophie läßt sich wohl in der Stille innerer Meditation erarbeiten, nicht aber der Glaube« (a. a. O., S. 46). Durkheim betont damit den kollektiven Charakter der Religion, die sich eben auch dadurch von der Magie unterscheidet. Durkheim erkennt der Religion also eine soziale Realität zu. Um Mißverständnissen zu begegnen, hält er dabei fest, daß die Wissenschaft nicht die Daseinsberechtigung der Religion streitig mache, sondern vielmehr ihr das Recht nehme, »über die Natur der Dinge dogmatisch zu urteilen« (a. a. O., S. 53).

In diesen Gedanken liegt ein aufklärerisches und humanistisches Moment, welches dem Ethnozentrismus mancher Religionsphänomenologen notwendig widerspricht. Auch R. König weist in diesem Sinn darauf hin, daß die Religionssoziologie »jegliche Teilnahme am Leben der Religion im Erkenntnisakt ausschließt, weil Religionssoziologie eben zunächst und vor allem eine Analyse religiöser Phänomene zum Inhalt hat und weder eine Fortsetzung des Lebens der Religion mit Einmischung anderer Mittel (der Wissenschaft) noch eine soziologische Erweiterung einer notwendig immer dogmatischen Theologie sein kann« (KÖNIG, 1976, S. 335).

Durkheim hat mit seinem religionssoziologischen Ansatz auf eine Reihe religionssoziologischer und religionsethnologischer Arbeiten eingewirkt, besonders auf die amerikanische Szene (vgl. MATTHES, 1967, S. 18).

Einer Kritik wurde Durkheim durch Malinowski unterzogen, der die Religion mit individuellen und kollektiven Bedürfnissen verbindet. Malinowski meint, daß die Religion nicht bloß kollektiv bestimmt sei, wie Durkheim festhält, sondern daß, »wer die Religion tief empfunden hat, der weiß, daß die stärksten religiösen Momente in der Einsamkeit, in der Abkehr der Welt, in der Konzentration und geistigen Losgelöstheit und nicht in dem Getöse der Volksmenge kommen« (MALINOWSKI, 1955, S. 77).

Die versuchte Auseinandersetzung mit der klassischen Religionsethnologie der Jahrhundertwende, wie sie vorrangig durch Frazer und Tylor bestimmt worden war, intendiert, diese auf spekulativen und psychologischen Gedankenführungen, denen schließlich Mauss und Durkheim widersprachen, beruhenden Konzeptionen in ihrem Kerngehalt aufzuzeigen. Der Rekurs auf Durkheim und Mauss schien insofern notwendig, da sie all den »religionsphänomenologischen« Orientierungen begegneten, die die soziale Determination der Religion zugunsten einer nach ihrem »Wesen« fragenden »verstehenden« Kulturwissenschaft vernachlässigt haben. Die Feststellung der Religion als einer »sozialen Tatsache« durch Durkheim und Mauss war für die Religionssoziologie bzw. die Religionswissenschaft ein wesentlicher Anstoß, der das Eingehen auf die Konzeptionen dieser beiden Autoren im Rahmen der Diskussion um eine »verstehende« Kulturanthropologie mehr als rechtfertigt. Schließlich ist die Konzentration von Durkheim und Mauss auf das »Heilige« bzw. die »heiligen Dinge« bereits eine Art »phänomenologisches« Vorgehen, das anderen phänomenologischen Versuchen auf dem Gebiet der Religionswissenschaft vorgreift, wie König feststellt (KÖNIG, 1978, S. 242). Durch ihren Rekurs auf »das Soziale« begegnen sie jedoch Ideologisierungen und Verabsolutierungen.

7. Zusammenfassende und abschließende Gedanken

Die auf neukantianische Konzeptionen zurückgehende »verstehende« Wissenschaft, die »Geistes-« bzw. »Kulturwissenschaft«, hat sich auf eine nach dem »Sinn« sozialer Handlungen fragende Soziologie und Ethnologie (Kulturanthropologie) richtunggebend ausgewirkt. Der von Husserl erhobene Ruf »zu den Sachen selbst« zeigt sich in mehreren Arbeiten seit den zwanziger Jahren dieses Jahrhunderts. Postulate einer solchen Methodik finden sich zunächst vehement von Shirokogoroff vorgetragen, der den Zugang zu den intentionalen Daten nichtsprachlicher Akte forderte. Nach ihm gilt das Fehlen von Termini bei »primitiven« Ethnien nicht als Anzeichen für das Fehlen von Begriffen (conceptions) (SHIROKOGOROFF, 1935, S. 50). Er kommt daher zu einer Kritik an einer sich an unsere Maßstäbe anlehnende Klassifikation ethnographischer Phänomene. Er befaßt sich also folgerichtig mit dem »positiven« Wissen der Eingeborenen über Erde, Sterne u. ä. und mit deren »Hypothesen«. Dabei wird von Shirokogoroff das empirische Wissen der Eingeborenen zu ihren Interpretationsversuchen in Beziehung gesetzt.

Diese von Shirokogoroff vorgetragene Methodik vertritt schließlich auch Mühlmann, der sie explizit als phänomenologische versteht. Sie geht in ihren Prämissen auf die Hermeneutik und die Phänomenologie Husserls zurück. Mit der Hermeneutik hat sie den Rekurs auf den »Erlebniszusammenhang« (Dilthey) bzw. das Verstehen durch »inneres« Erleben gemeinsam. Die von Gadamer versuchte Reduzierung der Hermeneutik auf eine Methode, die den ursprünglichen Sinn des »Schreibers« nicht herausfinden kann, also immer wieder neue Interpretationen liefern muß, hat zwar, wie wir sehen konnten, für die Ethnohistorie eine gewisse Relevanz, wenn sie die einzelnen Interpreten ethnologischer Berichte nach ihrem sozialen Kontext einordnet, sie versperrt jedoch den Zugang zum »wirklichen« Sinn eines Textes bzw. einer Handlung. Es kommt daher, so bei Ricœur und Hirsch, zu einer Infragestellung der Methode Gadamers und zu einer intensiven Auseinandersetzung mit dem im »Ausdruck« Gemeinten, also der »Sache selbst«.

Diese phänomenologische Perspektive basiert auf einer »Einklammerung« (epoché) des »Unwesentlichen«, um das »Wesen« bzw. das »Gemeinte« erfahrbar zu machen. Die phänomenologischen Schulen der Soziologie, wie Ethnoscience oder Ethnomethodologie, die in ihrem Gehalt auf die Überlegungen von A. Schütz zurückgehen, werden diesem methodischen Vorgehen gerecht, da sie nach dem »Gemeinten«, also im Wort oder in der Handlung Intendierten fragen.

Die für die Religionsethnologie relevanten Phänomenologen gehen ähnlich von religiösen Phänomenen aus, deren Bedeutung bzw. deren »Sinn« sie zu interpretieren versuchen. Dabei kann es sich auch um einen für den einzelnen nicht rational erfahrbaren »Sinn« handeln, den z. B. das »Numinose« oder das »Heilige« hat. Nach Otto, Eliade u. a. ist nicht das vom Individuum unmittelbar bewußt »Gemeinte« Ziel und Gegenstand des Forschungsprozesses, sondern das ihm inhärente »Gefühl«, das die Religion einsetzt. Damit stehen sie auch zweifellos in der Tradition von Husserl, dessen Begriff der »Intentionalität« auch das »Unbewußte« umfaßt.

Die Beschäftigung mit Durkheim in diesem Rahmen war schließlich von einiger Gewichtigkeit, da Durkheim – ebenso auch Mauss – durch Rückgriff auf reichhaltiges ethnographisches Material die soziale Komponente der Religion im Gegensatz zu den Religionsphänomenologen Husserl, Otto, Cassirer, Eliade u. a. als wesentlich herausstrich. Für die kulturanthropologische Forschung hat jedoch die auf Husserl zurückgehende Phänomenologie mit ihrer Betonung der »Lebenswelt« zu der

Forderung beigetragen, in die Fremdintentionalität einzutreten, was »ich« nur kann, wenn »ich« die von mir an den Gegenstand herangetragenen Werte aufgebe (vgl. MÜHLMANN, 1968, S. 157). Mühlmann meint dazu, daß die »besten kulturanthropologischen Monographien in letzter Zeit die waren, in denen die intentionalen Gehalte nicht in einer ›wissenschaftlichen‹ Sprache dargeboten wurden, sondern in einer Sprache, die die innere Thematik der betreffenden Menschen selber so adäquat wie möglich wiedergab« (a.a.O.).

Die hier behandelte »verstehende« Ethnologie strebt Erkenntnis in bewußter Umgehung solcher Kategorien an, wie sie die Naturwissenschaften kennt, um so den vom Menschen gewollten »Sinn« eines sozialen Aktes fixieren zu können. Die Forschungsprämissen der Hermeneutik und der Phänomenologie finden dabei ihre folgerichtige Anwendung.

V. Kulturanthropologie, »cultural anthropology« und philosophische Anthropologie

1. Die Notwendigkeit der Kulturanthropologie[*]

Es wird heute davon gesprochen, daß die Kulturanthropologie sich in einer neuen Entwicklungsphase befindet bzw. einen neuen Höhepunkt erlebt (vgl. KÖNIG, 1972, S. 8). Dies wird, so der Soziologe und Kulturanthropologe René König, in dem Zwang zu ethnologisch fundierten Kulturstudien über Länder der Dritten Welt deutlich. Denn gerade die Entwicklungsproblematik dieser Ethnien zwingt uns »von neuem zu einer differentiellen Erforschung von Werteinstellungen, nachdem sich eine tiefe Kluft zwischen den Werteinstellungen der Dritten Welt und denen der Industrienationen in West und Ost aufgetan hat« (KÖNIG, a. a. O.). Eine praxisorientierte Kulturanthropologie könnte im Sinne des Autors, der die Notwendigkeit einer Renaissance der Kulturanthropologie vertritt, eine möglichst reibungsfreie und gegenseitige Integration bzw. Akkulturation möglich machen. Denn über eine detaillierte Kenntnis fremder Verhaltensweisen und Wertvorstellungen wird der Weg zu einer nur schwer zu erreichenden, aber durchaus möglichen, konfliktlosen Kommunikation mit den Trägern fremder Verhaltensmuster erst möglich. König führt als Beispiel dazu an, daß in den Industrienationen schriftliche Verträge dazu dienen, mündlich Vereinbartes zu bestätigen. In Nordafrika und in einem großen Teil des mittleren Ostens gilt das Umgekehrte. Hier muß das schriftlich Festgehaltene mündlich bestätigt werden (a. a. O.). In der Intention solcher Feststellungen ist ein humanisierender Aspekt enthalten, der das Produkt des Viktorianismus bzw. des Imperialismus, nämlich den Ethnozentrismus, beseitigen hilft.

---

[*] Dieser Abschnitt ist in gewisser Hinsicht eine Fortsetzung des 1. Kapitels, in dem vor allem versucht wurde, einen historischen Überblick über die Entwicklung der Kulturanthropologie unter der Perspektive des »Fremden« zu geben. Hier soll dagegen die Problematik der inhaltlichen Seite der Kulturanthropologie diskutiert werden.

2. Kulturanthropologie und die Relativierung der Werte

Es ist nicht unverständlich, daß die ersten Überlegungen einer auf Toleranz sich gründenden Kulturanthropologie in den USA ihren Anfang nahmen. Die Toleranz war und ist für die USA von essentieller Bedeutung, da in dem amerikanischen Schmelztiegel der verschiedensten Rassen und Kulturen nur ein auf der Anerkennung der anderen Rassen und Kulturen basierendes Menschenbild die Existenz dieses Gebildes sichern kann. Aus diesem Bewußtsein heraus etablierte sich die »Kulturanthropologie«* in der Zwischenkriegszeit an den amerikanischen Universitäten.

Der Terminus »cultural anthropology« trat im Laufe der Entwicklung an die Stelle von »ethnology«. Die »cultural anthropology« zeigte sich jedoch, anders als ihre europäische Schwester, die »Ethnologie«, an interdisziplinären Fragen interessiert. Dies bewirkte, daß psychologische und biologische Fragen in die Diskussion mit einflossen. Wie unten noch aufzuzeigen sein wird, hatte dieses »Miteinanderinbeziehungsetzen« der Disziplinen im europäischen Raum auch die Entstehung der »philosophischen Anthropologie«, wie sie z.B. Gehlen verstand, zur Folge.

Wesentlich war und ist u.a. für die »cultural anthropology« und z.T. auch für die »philosophische Anthropologie« die Absicht, die eigenen europäisch-amerikanischen Werte zu relativieren, um so zu zeigen, daß die von uns depravierten Kulturen der Dritten Welt unserer Kultur in nichts nachstehen und wir keine Legitimation haben, unsere durch die Technologie erreichte kulturelle Position als die höchste und wertvollste zu definieren. Dieses aus dem Evolutionismus »herübergerettete« Denken, nach dem wir Europäer an der Spitze der Völker zu stehen scheinen, äußerte sich in seiner Brutalität im Ethnozentrismus. Studien, wie die von Margret Mead oder Ruth Benedict, widersprachen dem und zeigten die Relativität unserer Kultur und unserer Wertvorstellungen. Die Kulturanthropologie, die zur Zeit der Kolonisation gewissermaßen die Funktion hatte, den Kolonialbeamten zu unterstützen, entwickelte sich jetzt zu einer den Kolonialismus kritisierenden Disziplin, in-

---

* Der Terminus »Kulturanthropologie« wird in diesem Kontext synonym mit »cultural anthropology« verwendet.

dem sie die Wertsetzungen unserer Kultur relativieren konnte. Dieser neue Trend der Kulturanthropologie bewirkte nun, daß nicht nur fremde Populationen in ihrer Qualifikation bestätigt wurden, sondern daß auch die eigenen Minoritäten wie Einwanderer, Juden, Neger, »Gastarbeiter« u. a. in diese Reflexionen mit einbezogen wurden.

Es ist daher verständlich, wenn heute der Ruf nach einer Erneuerung der Kulturanthropologie erhoben wird, die empirisch arbeitend die Kulturen der Völker miteinander gleichsetzt, um so zu einer Humanisierung des Menschen beizutragen. König drückt die Notwendigkeit einer Renaissance der Kulturanthropologie so aus:

> Warum heute wieder Kulturanthropologie? Ich finde sie nötiger als jemals vorher und wundere mich nur, wie man sich darüber wundern kann. Die Renaissance der empirischen Kulturanthropologie entspricht in der Tat einem neuerlichen Differentiationsprozeß des öffentlichen Bewußtseins, der die Anbetung allgemeiner Trends für die differentielle Betrachtung zahlloser Untergruppen selbst in relativ kleinen Gesellschaften aufgegeben hat. Das wäre die existentielle Konstellation, aus der ein neuer Entwicklungsimpuls entstanden ist (KÖNIG, 1972, S. 10).

Diese in der modernen Kulturanthropologie sich findende kulturrelativistische und daher humanisierende Tendenz hat ihren Ursprung in Überlegungen, die physische, psychologische, kulturelle und philosophische Momente in sich vereinigt. Mit der Differenzierung der anthropologischen bzw. sozialwissenschaftlichen Disziplin wurde jedoch grob eine Trennung vollzogen, die bewirkte, daß der Mensch in seiner »Ganzheit« nicht mehr gesehen, sondern nur an der entsprechenden Perspektive gemessen wurde. Heute versucht man, dieses Dilemma im europäischen Raum zu beseitigen, indem man im Stil einer »soziologischen Anthropologie« (Lepenies), einer »philosophischen Anthropologie« (Scheler) oder auch einer »Kulturanthropologie« (König, Mühlmann) die einzelnen Elemente und Aspekte des Menschen reflexiv vereinigt.

3. Begriff und Typisierung der Anthropologie

Der Philosoph Wilhelm Keller faßt unter dem Begriff »Anthropologie« alle die »Bemühungen zusammen, die auf eine Klarstellung des Wesens des Menschen« hinorientiert sind (KELLER, 1971, S. 19). Als anthropologisch sind demnach alle die Vorstellungen zu betrachten, die versuchen, ein »Bild« vom Menschen zu erlangen. Dazu gehören freilich schon Überlegungen »primitiver« Weltanschauungen, die dem Menschen eine bestimmte Position im Kosmos einräumen. Damit verwandt ist der religiöse Aspekt der Anthropologie, der den Menschen als »Kind Gottes« oder als Gottes abtrünnige und von ihm wieder zu erhöhende Schöpfung auffaßt. Die dritte Stufe bezeichnet Keller schließlich als die »intellektualistische«, die das Wesenhafte des Menschen in seinem geistigen Stand und seinem Vermögen der Vernunft erblickt (a.a.O., S. 20). Für Keller gibt es außerdem noch zwei Typen von Anthropologien. Die erste versteht er als eine Kreuzung des Entwicklungsgedankens mit der intellektualistischen Anthropologie. Die Besonderheit dieses Typus ist, daß sie den Menschen bzw. seine »Zivilisation« und seine geistige »Kultur« gegenüber der Natur nicht als etwas absolut anderes darstellt. Die extremste Form wird nach Keller als Materialismus begriffen, der nur drei primitive Lebenstriebe, den Hunger, die Sexualität und die Macht als Grundlage des menschlichen Handelns anerkennt. Zu dieser Anthropologieform gehören die Entwicklungslehre des Darwinismus, jedes evolutionistisch orientierte biologische Denken und ebenso die marxistischen Thesen. Die Blüte erlangte diese Anthropologie im vorigen Jahrhundert. Als den letzten Typus der Anthropologie, den geschichtlich jüngsten, interpretiert Keller den Typus, der anders als die vorhergegangenen den Menschen »definiert«. Nach diesem ist der Mensch »der Irrtum, die Sackgasse, in die das Leben geraten ist«, »die Natur hat ihn im Stich gelassen«. Um dennoch bestehen zu können, habe der Mensch Geist, Intelligenz, Sprache, Staat usw. entwickelt. Der Mensch sei Außenseiter, ein »großgewordenes Embryo«, dem der Instinkt fehlt. Als »Mängelwesen« (Scheler) müsse der Mensch das Denken ausbilden, um die Lebenslagen bewältigen zu können, die das Tier durch seinen Instinkt eo ipso bewältigt (KELLER, 1971, S. 22).

Diese Kategorien der Anthropologie bei Keller lassen sich

grob in drei Gruppen einteilen. Eine, die das physische, eine die das kulturelle und eine die das philosophische Moment als Zentralpunkt ihrer Reflexionen hat. Das physische Moment wird durch die »physische Anthropologie« und das kulturelle Moment durch die »kulturelle« oder »soziale Anthropologie« vertreten. Arnold Gehlen gilt als Vertreter einer »philosophischen Anthropologie«, von der Keller meint, sie verrate sich als »Sackgasse des anthropologischen Denkens« und komme einer »Bankrotterklärung des menschlichen Geistes gleich«, weil sie »größtenteils Stimmungen und Erlösungsbedürfnissen des gequälten Gemüts« entspreche (a. a. O., S. 23 f.).

Diese Aufspaltung der Anthropologie in Unterabteilungen ist ein Produkt dieses Jahrhunderts. In jedem Lehrbuch oder Arbeitsbuch über »Anthropologie« wird man eine (wie bei Keller) angedeutete Aufschlüsselung finden, auf die wir noch einzugehen haben. So z. B. unterscheidet Lepenies zwischen »biologischer«, »ethnologischer«, »philosophischer« und »soziologischer Anthropologie«. Unter »biologischer Anthropologie« versteht er im Anschluß an Habermas eine naturwissenschaftliche Disziplin, die den Menschen als Gattung morphologisch und physiologisch begreift. Die ethnologische Anthropologie wird bei Lepenies zu einer kulturvergleichenden archäologischen, sozialpsychologischen, linguistischen Disziplin bezogen auf »bisher wenig erforschte Bevölkerungsgruppen«. Die philosophische Anthropologie greift auf die beiden zitierten zurück und verbindet sie mit allen Wissenschaften vom Menschen (LEPENIES, 1971, S. 9 f.).

Lepenies stellt diesen drei Anthropologien die soziologische Anthropologie gegenüber. Diese zielt nach Lepenies nicht auf die Ausarbeitung einer »scientia generalis« im Sinn der philosophischen Anthropologie, obwohl sie sich auf letztere, aber auch auf die ethnologische und biologische Anthropologie stützt.

Lepenies versucht, die »biologische und die soziologische Bestimmtheit des Menschen zu vermitteln«, wobei er den Menschen als Produkt der Natur definiert und – im Gegensatz zu Gehlen – den Instinkt als ihm zugehörig ansieht (a. a. O., S. 15). Lepenies' soziologische Anthropologie nähert sich allerdings der Kulturanthropologie, wenn sie Anthropologie als Sozialwissenschaft konstituieren will, da die Kulturanthropologie die soziologischen Kategorien in ihrem Gegenstand »Kultur« notwendig enthält.

Am Modell von drei konzentrischen Kreisen veranschaulicht

Justin Stagl den Terminus »Anthropologie«. Im innersten Kreis
siedelt er die physische Anthropologie an, im zweiten die Anthropologie als Integrationswissenschaft, die die Wirtschafts-,
Gesellschafts-, Kultur- und Volkstumswissenschaften sowie die
physische Anthropologie miteinander verknüpft. Und schließlich im äußersten Kreis ortet Stagl jene Wissenschaft oder Philosophie, die über den Gegensatz zwischen leiblicher und geistiger Natur des Menschen hinausgelangen und somit auch die
Trennung zwischen Natur- und Geisteswissenschaften überwinden möchte (STAGL, 1974, S. 45 f.). Die Anthropologie im
zuletzt genannten Sinn ist heute zur Modedisziplin sozialwis-
senschaftlicher Fächer geworden, die sich von ihr den Zugang
zu Lösungsmöglichkeiten erhoffen, den ihnen z. B. die Soziologie nicht geben konnte.

Es ist zu sehen, daß die Dreiteilung der Anthropologie, wobei
jede der »Anthropologien« eo ipso eine integrative Wissenschaft sein kann, als solche keine echte Effizienz hat, wenn sie
nicht mit den anderen kooperiert. Im 19. Jahrhundert, das als
das »anthropologische« Jahrhundert bezeichnet wird, war diese
Differenzierung eigentlich nicht angelegt. Es entsprach den Intentionen der anthropologischen Gesellschaften, die verschiedenen, sich auf den Menschen und seine Entwicklung beziehen-
den wissenschaftlichen Reflexionen zu einer Einheit zusammenzufassen. Eine Intention, die sich in der heutigen
Forderung nach Verbindung der Einzeldisziplinen vom Menschen wiederfindet. Diese sich im vorigen Jahrhundert konsti-
tuierende Anthropologie wurde also durch eine Spezialisierung
der einzelnen Disziplinen abgelöst, ein Umstand, den es heute
nach dem Selbstverständnis der Wissenschaft zu beseitigen gilt.
Dieses Zurückkehren zur »Frühzeit« soll ein verlorenes ganz-
heitliches Denken wieder zurückholen, das auf die Gesamtschau des Menschen hinorientiert war.

4. Voraussetzung und Entwicklung der »cultural anthropology«

In diesem Rahmen wurde auch der Grundstein zur amerikanischen »cultural anthropology« gelegt, die in ihrer Zielsetzung

von den modernen Konzeptionen der europäischen Kulturanthropologie nicht allzuweit entfernt ist. Vater der »cultural anthropology« ist nach manchen Autoren der Engländer Sir Edward Burnett Tylor, der in seinem 1871 erschienenen Hauptwerk ›Primitive Culture‹ Kultur so definierte: »Kultur oder Zivilisation im weitesten ethnographischen Sinne ist jener Inbegriff von Wissen, Glauben, Kunst, Moral, Gesetz, Sitte und allen übrigen Fähigkeiten und Gewohnheiten, welche der Mensch als Glied der Gesellschaft sich angeeignet hat« (TYLOR, 1871, S. 1).

Um den Gegenstand der Kultur adäquat erfassen zu können, schlägt Tylor vor, die Gesetze des menschlichen Denkens und Handelns zu erforschen. Als Terminus für eine solche Wissenschaft, die als »science of culture« zu fungieren hat, verwendete Tylor den Begriff »anthropology«. Tylor unterscheidet bereits zwischen physischer Anthropologie, die sich auf die körperlichen Merkmale und die Rasse zu beziehen habe, und kultureller Anthropologie, welche Archäologie, Ethnologie, Soziologie und Psychologie beinhalten solle. Die Auffächerung in diese Disziplinen vollzog sich allerdings nicht mehr zu Lebzeiten von Tylor, denn die Anthropologie begriff sich noch um die Jahrhundertwende in England als integrative Wissenschaft. Aufgabe der anthropologischen Gesellschaften war in diesem Sinn ursprünglich, die verschiedenen Zweige der Wissenschaften vom Menschen aus ihrer Isolierung zu befreien und zur Erarbeitung einer einheitlichen Menschenwissenschaft beizutragen (LEPENIES, 1971, S. 16).

Da die Anthropologie sich mit Tier und Mensch im Sinne Darwins auseinanderzusetzen hatte, kam sie folgerichtig zu der Auffassung, die »Wilden« repräsentierten eine dem Tier ähnliche Menschenkategorie. Es ist von daher nur zu verständlich, daß Ethnologie und physische Anthropologie in engen Konnex traten. Gegen Ende des 19. Jahrhundert, als man einsehen mußte, daß das evolutionistische Paradigma nicht weit von Spekulation entfernt war, begannen sich die unter der Anthropologie vereinten Einzeldisziplinen zu ihrem Nachteil zu verselbständigen. Als erste fanden die vergleichende Religionswissenschaft und die Urgeschichte den Weg aus der Anthropologie. Interessant ist nun, daß im amerikanischen Raum die Forderung nach einer integrativen Wissenschaft vom Menschen tradiert werden konnte, wie es die unter Boas weitergeführte »cultural anthropology« zeigt. Im europäischen Raum führten dagegen die Disziplinen vom Menschen von nun an ein Eigenleben, das zu durchbrechen erst eine Forderung der letzten Jahre ist.

Impulse bekam die amerikanische »cultural anthropology« durch Boas, der jedwedem evolutionistischem Denken fernstand. Franz Boas, der aus Deutschland stammend nach den USA emigriert war, ist nach Morgan, dem großen evolutionistischen Ethnologen, Repräsentant der amerikanischen Anthropologie schlechthin. Als Schüler von Bastian war er nämlich nicht nur an der Ethnologie interessiert, sondern auch an der physischen Anthropologie und an der Linguistik. In der Boas-Schule kam es daher zur Herausbildung einer integrativen Wissenschaft, nämlich der »cultural anthropology«. Es ist noch zu klären, ob Boas bewußt an den Oxforder Studienplan Tylors anknüpfte, der sämtliche anthropologischen Disziplinen zusammenfaßte (STAGL, 1974, S. 37).

Die Ethnologie hat also in den USA im Gewand der »cultural anthropology« wie in wohl keinem anderen Lande den Kontakt mit anderen auf den Menschen bezogenen Wissenschaften gepflegt. Zunächst war es, wie es das Wirken von Boas zeigt, die physische Anthropologie, die in engem Konnex mit der Ethnologie stand; später vor allem die Psychologie, die Soziologie und auch die Linguistik. Die wichtige Verbindung mit der Psychologie wurde jedoch nicht durch Boas herbeigeführt, sondern durch Edward Sapir. Der Name »cultural anthropology« hat sich erst mit dem Beginn der dreißiger Jahre gegenüber dem Begriff »ethnology« etablieren können. Die anfänglichen Kontakte zu den Nachbarwissenschaften wurden schließlich durch Querverbindungen sogar zur Biologie und zur Philosophie ausgedehnt. Es überrascht daher nicht, wenn der Philosoph Abraham Edel 1953 schrieb, daß die »anthropology« in gewissen Forschungsbereichen bezüglich des Menschen führend sei. Dies läßt sich wohl darauf zurückführen, daß z. B. die Psychologie zuwenig auf die sozialen und kulturellen Bedingungen des Individuums hinorientiert ist und die Soziologie mit ihren quantitativen Untersuchungen zu keinen zusammenfassenden Überlegungen kommt. Die Anthropologie bzw. Kulturanthropologie kann jedoch u. a. durch das Befassen mit relativ kleinen Gruppen bestimmte Gesichtspunkte herausarbeiten, von denen aus nun in Zusammenarbeit mit anderen Wissenschaften weitergehende Schlüsse möglich sind.

In bezug auf das Wertproblem konnte so die »cultural anthropology« interdisziplinär viel leisten. Daher stellten Kroeber und Kluckhohn in einer gemeinsamen Arbeit den Anspruch auf, daß Werte nicht länger nur Philosophen und Theologen als Forschungsobjekt überlassen bleiben dürften, da ja Werte wesentliche Bestandteile der Kultur seien (KROEBER und KLUCKHOHN, 1952, S. 173 f.). Ähnlich formulierte es auch Ralph Linton, der meinte, daß ein wissenschaftliches Herangehen an die Frage der Werte nur über die »cultural anthropology« möglich sei, da die philosophischen Versuche sich als unzulänglich erwiesen haben (LINTON, 1936).

4.1. Die Bedeutung von F. Boas und A. L. Kroeber für die »cultural anthropology«

Wir haben gesehen, daß die Basis der amerikanischen »cultural anthropology« im vorigen Jahrhundert, in der interdisziplinären Methodik der Anthropologie lag. Einen Höhepunkt fand dieses Programm in den Reflexionen eines Tylor und schließlich in den Arbeiten von Franz Boas, der die Forderung nach integrativer Zusammenarbeit der Wissenschaften vom Menschen in den USA verwirklichen konnte, während sie in Europa sich von selbst aufhob.

Der gewaltige Einfluß von Franz Boas zeigt sich schon darin, daß seine Schule als »Boas-school« synonym mit »American school of anthropologists« bezeichnet wurde. Die Methode von Boas war historisch und anti-evolutionistisch. Der Diffusionismus, den er vertrat, unterschied sich deutlich von dem von Graebner, da er die historischen Realitäten und ein entsprechendes empirisches Vorgehen in seine Methode wesensmäßig einflocht. Denn eine deskriptive Diffusionsforschung ist bloß Voraussetzung zu wichtigen Analysen, bei denen der innere Zusammenhang der Elemente und nicht willkürliche Klassifizierung durch den jeweiligen Forscher Wesen der Untersuchung sind (HERSKOVITS, 1952, S. 515). Vergleiche dürfen demnach nur zwischen solchen Zügen (traits) vorgenommen werden, deren Vergleichbarkeit erwiesen ist. Man sah sich also nicht berechtigt, bei jeder Ähnlichkeit gleich Homologien anzunehmen, da möglicherweise nur Analogien vorliegen (LOWIE, 1937, S. 184).

Die Boas-Schule gab nun die weltumspannenden Erklärungsversuche auf und beschränkte sich auf geographisch festumrissene Objekte in der Form »primitiver« Einzelkulturen oder anderer durch kulturelle Kriterien gekennzeichneter Verbände. Diese wurden sowohl hinsichtlich der in ihnen vorhandenen Elemente als auch in ihrer Verbindung zu benachbarten Kulturen detailliert beschrieben und analysiert (vgl. RUDOLPH, 1959, S. 19f.). Die damit zusammenhängende Ablehnung des Morganschen evolutionistischen Kulturbegriffes brachte es mit sich, daß Boas mehr an den konkreten und komplexen Zusammenhängen von Kultur, Rasse, Sprache und geographischer Umwelt interessiert war als an der Natur und an den spezifischen Besonderheiten der Kultur als eines allgemeinen Begriffes.

Der gleichen Generation wie Boas gehörte Alfred L. Kroeber an, der ebenfalls einer historisch-empirischen Methode zuzuordnen ist. Im Gegensatz zu Boas vertrat Kroeber jedoch eine selbständige Theorie, die ihn außerhalb der »American school of anthropologists« stellt. Kroeber faßt die Erscheinungen der Natur nach vier Schichten (levels) geordnet auf, nämlich der anorganischen, organischen, psychischen und superpsychischen oder soziokulturellen (bzw. superorganischen). Diese Ebenen stellen in der gegebenen Reihenfolge eine Hierarchie dar, denn die Erscheinungen einer Ebene können durch Vorgänge der jeweils darunterliegenden z.T. wissenschaftlich analysiert werden, nicht aber umgekehrt (KROEBER, 1952, S. 22ff., 66f.).

Kroeber meint nun, daß mit seiner Methode, die er »prozessual-analytisch« bzw. »wissenschaftlich« (scientific) nennt, nicht zu einem vollen Verständnis der höheren Ebene zu kommen ist. Es müsse die historische bzw. »deskriptiv-integrative« Verfahrensweise hinzukommen (a.a.O., S. 63, 71). Für die soziokulturelle Ebene erkennt Kroeber an, daß deren unmittelbare Ursachen die psychosomatischen Handlungen von Menschen sind. Zum Verständnis der eigentlichen soziokulturellen Qualität des Vorganges sei aber außerdem ein indirekter Kausalzusammenhang von einem Kulturereignis zum anderen notwendig. Dieses werde zwar durch den Organismus vermittelt, aber es komme auf die kulturell bedingte Erfahrung des einzelnen an. Die Kultur sei überindividuell, und die Verursachungsvorgänge innerhalb der sozio-kulturellen Ebene seien vorwiegend »indirekte funktionale Beziehungen von Form zu Form« (a.a.O., S. 133). Als Beispiel dient Kroeber die Sprache als ein Kulturbereich, der einer regelmäßigen und formalisierten Entwicklung unterworfen ist. Es sei daher nicht notwendig, Prozesse psychologischer oder physiologischer Art zu untersuchen (a.a.O., S. 126f.; vgl. Kap. II).

Es entspricht dem Konzept Kroebers, auch den Werten einen überpersönlichen Charakter zuzuerkennen; denn sie würden nicht von den Individuen geschaffen, sondern direkt oder indirekt in sie hineingepflanzt. Ähnlich verhalte es sich mit Sitten, Bräuchen, Ideologien u. ä. Die Bedeutung eines Kulturelements werde, so Kroeber, nach seiner Beziehung zum jeweiligen kulturellen System begriffen, und zwar in einer affektiven, strukturellen und funktionalen Weise. Der Grad der Bedeutsamkeit bemesse sich dabei nach dem erreichten Maß der Einfügung (a. a. O., S. 137). Als eigentliches Kriterium des Kulturellen sei daher das Vorhandensein eines Systemzusammenhanges von Bedeutsamkeit anzusehen. Die Anerkennung der Bedeutsamkeiten sei die kulturelle Erfahrungsbasis der Individuen, die die Regelmäßigkeiten akzeptieren. Es zeigt sich bei Kroeber eine gewisse Beziehung zum englischen Funktionalismus, er lehnt jedoch – ähnlich wie die Angehörigen der Boas-Schule – die Tendenz ab, die gegenseitige funktionale Abhängigkeit aller Elemente einer Kultur als ständig zu behaupten, wo doch eine vollkommene »Integration« nur »in den Köpfen der Anthropologen« Wirklichkeit sei, in der Praxis jedoch nicht (a. a. O., S. 131).

Hierher gehört auch die Kritik, die u. a. von Merton und Lévi-Strauss angebracht wird, daß selbst im organischen Bereich keine so vollkommene funktionale Integration möglich sei, wie Radcliffe-Brown sie sogar im sozialen Bereich annehmen möchte. Für Kroeber und Boas, die an der Basis der »cultural anthropology« stehen, ist die Sozialstruktur – als einzig relevantes Objekt der »social anthropology« Radcliffe-Browns – in die »Kultur« eingebettet. Eine rein funktionalistische Betrachtungsweise versuche nämlich nicht, kulturelle Phänomene und Prozesse in ihrer Gesamtheit zu erklären. Linton fügt dieser Kritik hinzu, daß ein Forscher, der es mit kultureller Dynamik zu tun habe, notwendigerweise die zeitliche Dimension berücksichtigen müsse; denn die Ursachen soziokultureller Phänomene seien stets wesentlich historisch bedingt (LINTON, 1936, S. 328). Er versucht daher, den Funktionsbegriff in seinem Buch ›Study of Man‹ kulturanthropologisch zu klären. Er unterscheidet dabei vier Qualitäten, die das Kulturelement bestimmen: die Form (der direkten Beobachtung zugänglich), die Bedeutung (oft unbewußt, dem Element durch die Kultur zugelegt), die Anwendung (»use« – Beziehung eines Elements zu Dingen außerhalb der soziokulturellen Gesamtstruktur) und die Funktion (Beziehung eines Elements zu Dingen innerhalb der soziokulturellen Gesamtstruktur und Beitrag zu ihrem Weiterbestehen). Die Unterscheidung zwischen Anwendung (use) und Funktion wird bei Linton allerdings nicht so deutlich, daß mit ihr zu arbeiten wäre. Sie wird weder von Linton noch von einem anderen Ethnologen verwertet (vgl. RUDOLPH, 1959, S. 26). Die Funktion wird also weniger durch die Anwendung bestimmt als durch die Bedeutung. Zumeist sei es so, daß viele Elemente mehreren Arten der Anwendung und der Bedeutung unterliegen (z.B. Überreichung von Blumen bedeute sowohl Kondolenz als auch Glückwunsch u.ä.). Während die Form eines Elementes allen anderen Qualitäten vorausgehe und Einfluß auf ihre Entwicklung habe, würden letztere durch die Kultur beigefügt, ohne daß sie notwendig aus der Form sich ergäben, sei es, daß sie der Form inhärent seien, oder sei es, daß dem Element früher andere Eigenschaften beigemessen worden seien (LINTON, 1936, S. 406 ff.). Von Kroeber unterscheidet Linton – beide gehen vom Begriff der »Bedeutung« (meaning – Linton, significance – Kroeber) aus – die explizite Verknüpfung von Kultur und ihren Trägern und der Ansatz einer überpersönlich gedachten Kultur.

4.2. Der Begriff des »culture pattern« und die Betonung der »Kultur«

Für die Entwicklung der Kulturanthropologie in den USA, die sich von der englischen Sozialanthropologie mit der Kritik am funktionalistisch-formalen Denken abzusetzen begann, ist der Begriff des »culture pattern« geradezu konstitutiv. Seit der Mitte der dreißiger Jahre gewann er an Aktualität und beherrscht seitdem die anthropologische Literatur. Eingeführt wurde der Begriff »pattern« durch Boas, der Gruppen von Einzelelementen in einer »culture-area« methodisch zusammenzufassen suchte. Das »pattern« (Muster) besteht nicht aus einer willkürlichen Anhäufung von beliebigen Teilen, sondern es versteht sich als Organisationsprinzip, das bestimmten Elementen im Gesamtzusammenhang der Kultur bestimmte Positionen einräumt und die nicht in dieses Schema passenden ausschließt. Ein »pattern« ist also stets sowohl integrativ als auch selektiv (RUDOLPH, 1959, S. 28. Definitionen des Begriffes »pattern« finden sich mehrere; siehe z.B. BIDNEY, 1968, S. 371 ff., 381,

386, 64 ff.). Mit der Aufnahme dieses Konzeptes in die amerikanische Ethnologie bildete sich eine auf Kulturanalyse basierende Theorie. Zum Ausdruck kommt die Bedeutung von »pattern« bei Goldenweiser, der sie so beschreibt: »Unless we are badly misguided, a concept of the general type of pattern or Gestalt may come to mark an epochal advance in our conceptual explorations« (zit. bei RUDOLPH, 1959, S. 29). Die Gleichsetzung von »pattern« und »Gestalt« zeigt sich in Ruth Benedicts Buch ›Patterns of Culture‹, in dem sie Leitlinien von Kulturen zu bestimmen sucht. Grundsätzlich stimmt sie in ihrem »pattern«-Begriff mit dem oben Angeführten überein, doch, da sie nur ein »pattern« oder eine Leitlinie (dominant drive) für eine Kultur annimmt, war ihre Konzeption für die Forschung wenig aktuell. Außerdem haben sich mit dem »pattern«-Begriff Kluckhohn, Kroeber, Gillin, Opler u. a. auseinandergesetzt.

Kluckhohn versuchte, eine Hierarchie von »pattern«, »configuration« und »ethos« aufzustellen. »Pattern« definiert er als »specific modalities of directly observable standards and acts«, »configuration« als »more pervasive ›patterns‹ which are postulated by observers to account for structural similarities in a number of different concrete contexts« und »ethos« als »a still more pervasive or dominant single ›principle‹ which is regarded as the genius of the tribe or nation« (KLUCKHOHN, 1943, S. 221).

Als »basic patterns« bezeichnet Kroeber Knoten (nexus) kultureller Merkmale, die eine bestimmte kohärente, erfolgreich funktionierende Struktur haben. Daß solche »basic patterns« dazu tendieren, von einer Kultur zur anderen sich auszudehnen, zeigt Kroeber am Beispiel des Alphabets (zit. in OPLER, 1948, S. 107 ff.).

Zu »vage« nennt Opler einen von J. Gillin entwickelten Begriff, der die Thematik kultureller Strukturen durch den Terminus »objective« angeht. Unter »objective« versteht Gillin Ziele und Interessen, welche durch die Kultur aufrechterhalten werden (zit. a. a. O.).

Opler selbst hat ein Konzept entwickelt, das dem Begriff des »pattern« bei Benedict und dem Begriff der »configuration« bei Kluckhohn verwandt ist. Opler nennt sein Konstrukt »theme«, das als ein in einer Gesellschaft das Verhalten kontrollierendes und stimulierendes Postulat zu verstehen ist (OPLER, 1945).

Mit dieser Hinorientierung auf den Komplex der »Kultur« beginnt in der Zwischenkriegszeit die »cultural anthropology«

der USA die Intensivierung der Zusammenarbeit mit anderen Wissenschaften. Dieser Prozeß erfuhr während des letzten Krieges und nach diesem einen nicht zu erwartenden Höhepunkt. Die Ethnologie der europäischen Staaten konnte diesem Verlauf und dieser Entwicklung allerdings nicht folgen, da sie sich auf die Beschreibung »primitiver« Völker beschränkte. Mit wenigen Ausnahmen, so z.B. von W. Mühlmann (auf den unten einzugehen sein wird), wurde – anders als in den USA – in Europa nicht versucht, die anderen Wissenschaften vom Menschen in die Ethnologie zu integrieren oder mit ihr zu verbinden. In den USA verquickte man Ethnologie, Psychologie, Sozialpsychologie, Soziologie, Linguistik, Prähistorie, Anthropologie u.a. zu einer Wissenschaft, nämlich der »cultural anthropology«. Wesentlich für diese Wissenschaftskonzeption war das Festhalten am Kulturbegriff, der von der britischen »social anthropology« als eher belastend angesehen wurde.

Über den Kulturbegriff, so verstand es die »cultural anthropology«, ist der Zugang zu vielen Problemen möglich, die bisher nur spekulativem Reflektieren vorbehalten waren. Die Kultur als »conceptual instrument« würde den entsprechenden Zugang eröffnen (KLUCKHOHN und KELLY, 1945, S. 103). Ähnlich sah Kroeber im Kulturbegriff der »cultural anthropology« das Verbindungsglied, das die in den Geisteswissenschaften angehäuften Schätze intensiven, organisierten Wissens in »the naturocentric context of natural science« überführen könne (KROEBER, 1952, S. 10). Damit drückt sich deutlich die Intention aus, nicht bloß auf soziale Aktivitäten, die ja nur einen Teil der Kultur bilden, zu beharren (so die englische »social anthropology«), sondern durch die Hinzunahme der gesamten Kultur, der wesentlich die Wertvorstellungen inhärent sind, zu einer umfassenden Wissenschaft zu kommen. Der von Kroeber so bezeichnete »naturocentric context of natural science« impliziert die Absicht, sich gerade mit der mehr naturwissenschaftlich ausgerichteten Psychologie zu arrangieren.

4.3. Zur Diskussion der Relevanz der Psychologie für die Kulturanthropologie

Die Psychologie war nach Rudolph der wesentliche Faktor, der zur Umformung der Ethnologie zur Kulturanthropologie beigetragen hat, wobei die Initiative von der Ethnologie ausging

(RUDOLPH, 1959, S. 31). Als Vorläufer einer psychologisch orientierten Kulturanthropologie, so meint Rudolph, sind Franz Boas und Alexander Goldenweiser zu nennen. So stellt Goldenweiser fest, daß die Charakterisierung einer Kultur nicht durch Aufzählung objektiv zu erfassender »Züge« (features) erfolgen könne, sondern man müsse diese »Züge« stets im Zusammenhang, der psychologisch oder soziopsychologisch strukturiert sei, sehen (GOLDENWEISER, 1933, S. 13). Der Skeptiker Franz Boas fand es als durchaus legitim, psychologische Faktoren in die »cultural anthropology« einzubauen. So fand er die Beziehung zwischen Kultur und Individuum als für seine Wissenschaft essentiell. Dementsprechend erwähnte er einmal, daß die lange Abhängigkeit der Kinder von ihren Eltern für ihr Verhalten von Bedeutung sei (BOAS, 1932, S. 610; vgl. BENEDICT, 1943, 31 f.).

Obwohl Boas dafür plädierte, sozialpsychologische Forschungen durchzuführen, um an die Quellen menschlichen Verhaltens zu gelangen, beschäftigte er sich selbst nicht mit psychologischer Theorie. Die eigentliche Zusammenarbeit der Ethnologie und der Psychologie in der »cultural anthropology« ist in erster Linie auf Edward Sapir zurückzuführen. (Sapirs Hauptinteresse lag dabei auf der Psychoanalyse, die er durch kulturologische Prämissen ergänzte.)

In seinem grundlegenden Artikel ›Cultural Anthropology and Psychiatry‹ (SAPIR, 1951, S. 508–521) machte er darauf aufmerksam, daß die Psychoanalyse den Ursprung der von ihr behandelten nervösen und geistigen Störungen in sozialen Bedingungen und nicht in organischen Mängeln suche; daß letztlich also Anpassungsschwierigkeiten des einzelnen bezüglich des kulturellen Milieus gemeint seien. Verhalten, Gesellschaft und Kultur seien daher nicht zu trennen. In den aufeinander bezogenen Handlungen der Individuen liege demnach die Grundlage der Kultur, die sich wieder in den Bedeutungen zeige, die jedes Individuum für sich selbst aus dem System abstrahiere. Die Dichotomie von Individuum und Gesellschaft ist nach Sapir ein falscher Ansatz, da es die »Ideenkomplexe« seien, die zu den »cultural patterns« in Korrelation stehen, die das Verhalten des Individuums bestimmten. Der Einfluß Sapirs war in den USA groß, so daß sich mehrere Ethnologen mit dieser Thematik auseinanderzusetzen begannen (vgl. KLUCKHOHN, 1956; HARING, 1956). In diesem Zusammenhang ist auch die Beziehung zu Freuds Psychoanalyse zu zitieren. Kritisch be-

gegnete man allerdings Freuds ethnologischen Spekulationen in
›Totem und Tabu‹, ähnlich wie es Malinowski tat. Sapir warf
Freud vor, daß er »the archaic in the conceptual or theoretical
psychologic sense with the archaic in the literal chronological
sense« durcheinandergebracht habe (SAPIR, 1951, S. 515). Trotz
der von ethnologischer bzw. kulturanthropologischer Seite berechtigt vorgebrachten Kritik, wurde die Psychoanalyse nicht in
dem Umfang in den USA abgelehnt wie in anderen Staaten
(RUDOLPH, 1959, S. 33).

Die hier angedeutete Zusammenarbeit zwischen Ethnologie
und Psychologie führte zu einer besonderen Entwicklung der
»cultural anthropology«, nämlich zum »culture and personality
research«. In ›The Mind of Primitive Man‹ deutete Boas die
Überzeugung an, daß es keinen fundamentalen Unterschied
zwischen den geistigen Kategorien (mind) primitiver und zivilisierter Menschen gebe. Unterschiede, die eventuell aufträten,
seien nicht unbedingt rassisch bedingt oder angeboren, sondern
könnten historisch zu erklären sein. Boas wandte sich also gegen jede Art von Determinismus, sei er geographisch, biolo-
gisch, historisch o. ä. In diesem Sinn stellt er fest: »The whole
problem of the development of culture is therefore reduced to
the study of psychological and social conditions which are com-
mon to mankind as a whole, and to the effects of historical
happenings and of natural and cultural environment« (BOAS,
1911, S. 33; BIDNEY, 1968, S. 54). Diese Kritik an jedem einseitigen Erklärungsmodell, welches deterministisch nur einzelne
Faktoren für die kulturellen Prozesse zuläßt, verbindet sich bei
Boas mit seiner Ablehnung des unilinearen Evolutionismus. Dieser wissenschaftstheoretische Hintergrund von Boas
verbot ihm demnach auch, an die Voraussagbarkeit kultureller Prozesse zu glauben. Boas trat damit in Opposition zu
Kroeber, dessen kulturologischer Determinismus z. B. psychologische Motivationen und Reaktionen des Individuums ausschloß.

Einer der ersten Schüler von Boas war Lowie, der vor allem in
seinen frühen Schriften eine Position vertrat, die der von Kroeber durch die Betonung des alles erklärenden Phänomens der
Kultur sehr nahe kommt (vgl. BIDNEY, 1968, S. 55). Lowie
stellte also zunächst fest, daß kulturelle Fakten nicht durch psychologische Prinzipien erklärt werden könnten (a. a. O.). Die
Kultur ist demnach ein historisch bestimmtes und sozial determiniertes Phänomen; sie ist ein Produkt der sozialen Interak-

tion, nicht jedoch ein Produkt psychologischer Elemente, die bloß organischer, dem Menschen innewohnender Natur sind. Die Ähnlichkeit zu Kroeber wird darin manifest, daß Kultur von Lowie als ein »Ding sui generis« begriffen wird. Die Kultur kann folglich nur in ihren Termini erklärt werden, sie ist ein geschlossenes System, das nur von kulturellen Phänomenen definiert werden kann (LOWIE, 1929, S. 66, 95).

Ein strikter kultureller und historischer Determinismus, wie ihn z. B. Kroeber vertritt, ist allerdings nicht Lowies Sache (vgl. dazu BIDNEY, 1968, S. 57). In seinem Buch ›Primitive Religion‹ anerkennt Lowie nämlich die Verbindung von psychologischen und geschichtlichen Faktoren für höhere Stufen der Zivilisation, wenn er darlegt, daß der Weg zur Psychologie über die Geschichte führe (1948, S. 204). Die in ›Culture and Ethnology‹ aufgestellte Antithese zwischen Kulturhistorie und Psychologie wurde von Lowie also in ›Primitive Religion‹ modifiziert (siehe dazu näher: BIDNEY, 1968, S. 57ff.).

Lowie tendierte also zunächst dazu, die Kategorien der Psychologie und der Kultur zu kontrastieren, statt sie gegenseitig zu ergänzen. An den Konzeptionen Kroebers, Lowies und auch Rivers wird klar, unter welchen Geburtsbeschwerden die »cultural anthropology« zu leiden hatte. Die Gegensätze aber zwischen »reinen« und psychologisch orientierten Kulturanthropologen brachten aber den enormen Vorteil mit sich, überhaupt eine integrative Wissenschaft zu konstituieren.

Den Überlegungen Lowies und auch Kroebers steht Bidney kritisch gegenüber. Er meinte, daß das Individuum nicht bloß als passives Gebilde zu definieren sei, sondern auch als Träger der Kultur, der die Kultur nicht nur trage, sondern auch modifiziere. Nach Bidney ist das Argument zirkulär, nach dem die kulturellen Ideen von ihrem kulturellen Kontext abstrahiert werden, um schließlich Kultur als logisches Konstrukt oder Abstruktum zu definieren. Die Kultur habe nämlich sowohl eine objektive als auch eine subjektive Seite. Nur die objektive Seite, also die Erzeugnisse und Produkte der Kultur, als Kultur zu interpretieren, sei nicht durch ein rationales Argument, so Bidney, aufrechtzuerhalten (BIDNEY, 1968, S. 62).

Ein anderer Schüler von Franz Boas, Clark Wissler, der übrigens mit Lowie am »American Museum of Natural History« zusammenarbeitete, gab eine an Lowie erinnernde Analyse zur Beziehung von Ethnologie und Psychologie. Nach Wissler befaßt sich die Psychologie mit der angeborenen, »ursprünglichen« (original) Natur des Menschen und die Ethnologie mit den kulturellen Phänomenen, die erworbene Verhaltensformen menschlicher Gruppen sind. Gegen die Tendenz, Kultur auf psychologische Kategorien zu reduzieren, wandte Wissler ein, daß die Psychologie uns nichts über eine bestimmte Assoziation von Vorstellungen aussagen könne und nicht Erfindungen wie die des Bogens oder die der Exogamie zu erklären vermöge. Da die Psychologie sich mit dem Universalen und Angeborenen in der menschlichen Natur beschäftige, könne sie nicht das Einmalige und Besondere menschlicher Geschichte deuten, denn diese könnten als Kulturphänomene nur in Termini der »social history« erklärt und nicht von allgemeinen psychologischen Prinzipien abgeleitet werden (WISSLER, 1916, S. 193 ff.). Demnach kann nur die Geschichte die einmaligen Erzeugnisse der kulturellen Phänomene erklären.

Diese von Wissler 1916 vertretene Konzeption erfuhr von ihm mit der Entwicklung der Kulturanthropologie und der Übernahme psychologischer Faktoren in die ethnologische Reflexion insofern eine Modifikation, als er 1923 in ›Man and Culture‹ die Insuffizienz einer Separierung von Psychologie und Ethnologie betonte (WISSLER, 1923, S. 252; vgl. BIDNEY, 1968, S. 64). Dies geht auch daraus hervor, daß Wissler »universal patterns of culture« und »universal psychological mechanisms or drives« annimmt. Die »universal patterns« sind angeboren in dem Sinn, als sie direkt aus der biologischen Ausstattung des Menschen fließen. Bidney, der sich intensiv mit den Konzeptionen Wisslers auseinandersetzt, meint allerdings dazu, daß die Vorstellung des »universal pattern« nicht die Reduktion auf die Psychologie bedeute, da der spezifische Kulturinhalt nach Wissler historisch determiniert und nicht von psychologischen Prinzipien ableitbar sei. Nach Bidney ist nun das Argument Wisslers nicht länger haltbar, nach dem die Ethnologie sich mit historischen Besonderheiten und die Psychologie sich mit den Universalien der menschlichen Kultur beschäftigt. Denn beide, sowohl Ethnologie als auch Psychologie, haben es mit universellen Phänomenen zu tun, welche kausal in Verbindung stehen. Eine vollkommene Disparität der beiden Disziplinen ist daher nach Bidney nicht gerechtfertigt (BIDNEY, 1968, S. 66 f.). Da Wissler Kultur mit dem reflexiven Denken des Menschen in Verbindung bringt, muß er zu dem Schluß kommen, daß »Gesellschaft« und gesellschaftlicher Verkehr für die

Kultur nicht konstitutiv sind. Er steht hier im Gegensatz zu Comte, Durkheim, Spencer u.a., die das gesellschaftliche Entstehungsmoment der Kultur im Vordergrund sehen.

Bidney, der ob seiner weiten Reflexionen, die auch auf philosophisches Gebiet reichen, für die Entwicklung der amerikanischen »cultural anthropology« besonders nach dem zweiten Weltkrieg repräsentativ ist, kommt zu der Synthese, daß die Kultur sich in sozialem Kontext als Produkt individueller Anstrengung und Initiative entwickelt (Bidney, a.a.O., S. 67f.). Bidney ist hier aber auch in Konfrontation zu Malinowski, der die Kultur bloß als Produkt der organischen Natur des Menschen, das in »needs« und »desires« wurzelt, definiert (a.a.O., S. 68).

Um einer einseitigen Reduktion kultureller Phänomene auf psychologische bzw. organische Kategorien zu begegnen, vertraten Boas und die Mitglieder der »American School of Historical Ethnology« die Einheit der menschlichen Natur »zu allen Zeiten«; und gerade weil die menschliche Natur seit dem Beginn des Paläolithikums unverändert geblieben sei, seien Versuche, historisch kontingente kulturelle Phänomene aus ihr abzuleiten, unzulässig. Einer menschlichen Natur stünden nämlich viele Kulturen gegenüber. Damit sei die Relevanz der Psychologie für die Ethnologie eingeengt (a.a.O.).

Diese eher vorsichtige Tendenz war durch eine Kritik an evolutionistischen Prämissen gekennzeichnet, die durch die Absage an jedwede organische Argumentation sich bestimmte. Denn die Theorie von der linearen kulturellen Evolution basierte auf der unbegründeten Vermutung, daß die kulturelle Evolution mit der biologischen (und psychologischen) zusammenhänge. Die anti-evolutionistische Kritik, wie sie die Boas-Schule verstand, führte also zu dem Schluß, daß kulturelle Phänomene nicht bloß aus der organischen oder psychischen Natur des Menschen ableitbar seien. Das Resultat dieser Reflexionen, so Bidney, finde sich in dem Konzept Kroebers von der »superorganischen« Realität der Kultur, die ihren eigenen Gesetzen unterliegt. Von den evolutionistischen Prinzipien unterscheide sich aber Kroebers Ansatz lediglich dadurch, daß er anstelle des biologischen Determinismus den historischen setze. Die andere Konsequenz finde sich in den Überlegungen von Boas, Wissler, Goldenweiser, Haeberlin, Sapir, Radin u.a., die die »letzte Quelle der Kultur« in der Kreativität des Individuums sähen; wobei jedoch auch zugestanden werde, daß »culture patterns«

auf das Denken und das Verhalten der Individuen entsprechenden Einfluß hätten (BIDNEY, 1968, S. 70f.).

Der Großteil der amerikanischen Ethnologen nahm also eine eklektische Position ein, welche beide Elemente verbindet, wie es eigentlich auch Wissler und Lowie taten. Demnach wird Kultur als ein organisches Instrument, das in den biologischen Anlagen der Menschen wurzelt, aber auch als ein superorganischer und historischer Prozeß verstanden: Kultur ist einerseits Entwicklungsgesetzen und andererseits der menschlichen Kontrolle unterworfen. Diese bis in die zwanziger Jahre dieses Jahrhunderts andauernde Diskussion fand ihre Fortsetzung in den Untersuchungen der »cultural personality«, die vor allem psychoanalytische Studien des kulturellen Materials anstrebte (s. u.). Eine späte Hinwendung zur psychologischen Reflexion ist schließlich auch bei Kroeber angelegt, der in seinem Buch ›Anthropology‹, 1948, eine Überprüfung der Beziehung von Kulturtheorie und Psychologie gefordert hat. Lediglich in Leslie A. White hat sich ein erbitterter Verfechter der Theorie vom kulturellen Superorganismus erhalten.

Es läßt sich jedoch grundsätzlich festhalten, daß sich in der Zeit nach 1945 eine Synthese zwischen den beiden, zunächst einander starr gegenüberstehenden Positionen abzeichnete. Man sah nun ein, daß die ethnologische Formel, nach der die Geschichte an sich die sich selbst genügende Bedingung der Kultur sei, allein ebensowenig Gültigkeit habe wie die psychologische Prämisse, die die kulturellen Phänomene auf die Psychologie zu reduzieren versuche. Auf dieser synthetischen Vorstellung baut auch Bidney auf, der mit seinen Reflexionen eine ziemliche Bedeutung für die Kulturanthropologie hat. Nach Bidney fußt die Kultur auf drei verschiedenen Elementen: den Organismen, den »Ideen« und den Objekten. Während der Psychologe bloß die beiden ersteren beobachte, vernachlässige der »historische Ethnologe« das »aktive Denken« und die »organische Motivation«. Nur die Verbindung aller drei Faktoren könne jedoch zu einer Erfassung kultureller Komplexe führen (a. a. O., S. 75f.). Das heißt, daß menschliche Natur und menschliche Kultur historisch korrelierende Phänomene sind, die in der Zeit variieren. Der Mensch ist Schöpfer der Kultur und nicht bloß Teil des kulturellen Prozesses.

Durch die Inbeziehungsetzung von physischer Anthropologie (bzw. Psychologie) und Ethnologie eröffnete sich nun für die Kulturanthropologie die Möglichkeit, die »personality« als durch die Kultur geprägt und diese prägend zu definieren.

Unter dem Einfluß der psychoanalytischen Theorie wurde auch über den Ödipuskomplex reflektiert sowie über die in der Kultur vorherrschenden Bedingungen. Ähnlich faßt das kulturelle Problem bereits Tylor auf, der die menschlichen Fähigkeiten, um eine Kultur zu schaffen, als »psychocultural« und nicht bloß als »cultural« interpretiert. Die »psychocultural thesis«, wie sie auch von Bidney vertreten wird, drückt deutlich die Tendenz der Kulturanthropologie aus, sich als eine integrative Wissenschaft zu etablieren.

Gemäß dieser Konzeption ist die individuelle Mentalität kulturabhängig und differiert mit der Struktur der Kultur. So drückt dies auch Goldenweiser aus, der schreibt, daß historische Erklärungen psychologische nicht ausschließen; denn der Hintergrund der modernen Mentalität und der der »primitiven« sei der kulturelle. Eine psychologische Analyse sei daher stets auf historischer, kultureller Basis durchzuführen (GOLDENWEISER, 1933, S. 66f.). Der Begriff »history« bei Goldenweiser enthält implizit psychologische Elemente, die er in historisch-kulturellen Phänomenen zu finden sucht. Die hier bei Goldenweiser demonstrierte Verbindung von Psychologie und Kulturwissenschaft wird schließlich für die amerikanische »cultural anthropology« konstitutiv. Es ist daher nicht verwunderlich, wenn Bidney vorschlägt, anstatt einer reinen Kulturgeschichte oder einer reinen Psychologie eine Wissenschaft zu postulieren, die er »psychohistory« oder »ethnopsychology« nennt, welche beide Elemente berücksichtigt (BIDNEY, 1968, S. 79). Bidney glaubt außerdem, daß der »psychocultural approach« es uns ermögliche, Stufen der Evolution der menschlichen Mentalität festzustellen. Er meint daher, daß durch den Prozeß der Erziehung und kulturellen Konditionierung das Individuum oder die Gruppe die »collective representations« oder die bestimmten Denkmuster einer Kultur erwerben, wobei die kulturelle Mentalität der Vorgänger mittradiert werde. Bidney sieht darin einen Fortschritt insoweit, als das Denken in der späteren Periode rationaler und wissenschaftlicher werde. Bidney glaubt sich hierin in Verwandtschaft zu Comte und Lévy-Bruhl, die jedoch den Fehler begangen hätten, Naturgesetze einer linearen kulturellen Entwicklung auf das ganze Menschengeschlecht anzuwenden.

Das evolutionäre Denken Bidneys erschöpft sich in der Annahme, daß frühere Stufen die späteren bedingen, nicht aber eine gegebene Gesellschaft a priori durch alle möglichen Stadien gesellschaftlicher Entwicklung gehen müsse. Bidney lehnt also jeden Vergleich zwischen einer normativen Evolution der Menschheit und der aktuellen historischen, jedoch kontingenten Evolution einer bestimmten gesellschaftlichen Einheit ab. Seine These ist, daß die mentale Evolution mit der kulturellen Hand in Hand gehe und daß daher historische und psychologische Phänomene nicht getrennt werden dürften. Der Versuch des historischen Ethnologen, den objektiven, evolutionären Charakter einer Kultur von dem nicht-evolutionären der Psychologie zu separieren, hat nach Bidney notwendig zum Elektizismus geführt. Für ihn ist wesentlich, daß jeder Typ von Kultur bestimmte Möglichkeiten der menschlichen Natur entwikkelt und die anderen verwirft. Die kulturelle Evolution sei daher als die Entfaltung menschlicher Möglichkeiten innerhalb des Prozesses der Selbstkonditionierung und Erziehung in Bezug zu einer gegebenen Umwelt zu verstehen. Kulturelle Evolution sei möglich, weil der Mensch mit der Zeit fähig werde, neue aktuelle »psychocultural powers and abilities« durch Erziehung usw. zu erfassen.

Mit seiner Konzeption vom »psychocultural approach« versucht er eine Synthese der sozialen und der psychologischen Prämisse, die beide mit der kulturellen Evolution in Konnex stünden. Eine kulturelle Evolution sei daher ohne soziale und mentale Evolution undenkbar. Bidney stellt sich damit deutlich gegen jeden Ansatz, der die kulturelle Evolution vom Menschen und seiner Mentalität lösen will, der also zur Auffassung von der Kultur als einer »reality sui generis« notwendig führen würde (BIDNEY, a.a.O., S. 83 f.).

Bidney ist also einmal als ein Vertreter evolutionistischer Kategorien und einmal als Kritiker der herkömmlichen Modelle des Evolutionismus zu werten. Nach Bidney besteht ein Kausalitätsverhältnis zwischen den einzelnen Kulturformen einer sozialen Einheit, nicht jedoch vertritt er die Notwendigkeit der Abfolge bestimmter kultureller Stadien. Einer vom Individuum abstrahierten Kulturtheorie, wie sie zur Zeit des Evolutionismus aktuell war, konnte Bidney nicht zustimmen, da er sich nach der von Boas und seinen Schülern vorbereiteten historischen Perspektive orientierte. Die Verbindung dieses Ansatzes mit der psychologischen Kategorie führte schließlich zu einer vollkommen neuen Evolutionsauffassung, die sich auf empi-

risch festem Boden bewegt. In Bidney finden sich mehrere Prämissen vereint, deren wichtigste für die Entwicklung der Kulturanthropologie (»cultural anthropology«) zweifellos die psychologische ist.

5. Die Kulturanthropologie in Europa

Während die amerikanische »cultural anthropology« bereits vor
1940 mit anderen auf den Menschen bezogenen Disziplinen verknüpft war – sie also in ihrer Struktur integrativ war –, bildete
sich in Europa, vor allem im deutschen Sprachraum, erst nach
dem zweiten Weltkrieg eine Kulturanthropologie heraus, die
z. T. empirisch und z. T. philosophisch beabsichtigte, den Menschen »total« zu erfassen. Vorbereitet wurde sie allerdings wohl
durch die beiden Franzosen Emile Durkheim und Marcel
Mauss, die bereits um die Jahrhundertwende einzelne auf den
Menschen bezogene Disziplinen miteinander verbanden und
Überlegungen zum sozialen Sein des Menschen anstellten. Es
war besonders Mauss, der für eine, mehrere Disziplinen umfassende Gesamtschau wiederholt plädierte. Seine Konzeption von
der »totalen sozialen Tatsache« gibt am besten diese Intention
wieder. Mauss geht davon aus, daß das Soziale nur dann real ist,
wenn es in einem System integriert ist: »Nachdem die Soziologen gezwungenermaßen etwas zuviel zergliedert und abstrahiert
haben, sollten sie sich nun bemühen, das Ganze wieder zusammenzusetzen« (zit. in: LEVI-STRAUSS, 1974, S. 20). Die »totale
soziale Tatsache« stellt sich als dreidimensional dar. Sie muß die
eigentlich soziologische Dimension mit ihren vielfältigen
Aspekten, die historische oder diachronische Dimension und
die physio-psychologische Dimension zur Koinzidenz bringen.
Im einzelnen Individuum treffen sich diese drei Aspekte, die
nur über das Individuum zu einem Ganzen werden. Mauss
meint dazu: »Die ausschließliche Untersuchung dieses Bruch-
stückes unseres Lebens, das unser Leben in Gesellschaft ist, ist
alleine nicht hinreichend« (a. a. O.).
    Mauss unternimmt es, in seinem Aufsatz ›Wirkliche und
praktische Beziehungen zwischen Psychologie und Soziologie‹

(1924) diese Thematik zu reflektieren. Er stellt hier fest, daß die Soziologie »ausschließlich anthropologisch« sei, wobei Mauss unter »Anthropologie« die »Summe der Wissenschaften« versteht, »die den Menschen als bewußtes und geselliges Lebewesen betrachten« (MAUSS, 1924, 1975, S. 149). Bekräftigt wird dieses Programm durch den Hinweis, daß »hinter jeder sozialen Tatsache Geschichte, Tradition, Sprache und Gewohnheiten stehen ... Festzuhalten ist jedoch, daß der Soziologe immer spüren muß, daß eine beliebige soziale Tatsache, selbst dann, wenn sie neu und revolutionär erscheint, beispielsweise eine Erfindung, ganz von der Vergangenheit belastet ist. Sie ist Frucht der entferntesten Umständen in der Zeit und der mannigfaltigen Verknüpfungen in der Geschichte und der Geographie, und darf also niemals, nicht einmal durch höchste Abstraktion weder von ihrer Lokalfarbe noch ihren historischen Schlacken abgelöst werden« (a. a. O., S. 152). Diese Überlegungen von Mauss klingen sehr modern und haben in der modernen Soziologie bzw. Ethnologie erhebliche Relevanz.

Aber auch Durkheim ist als »Vorläufer« der modernen Kulturanthropologie zu nennen. Dies zeigt sich in seinen eingehenden Interpretationen ethnographischen Materials, das ihm u. a. in den Arbeiten Frazers angeboten wurde. Besonders interessant erscheinen hier seine Ausführungen zur »Religion«, in denen er auf den Symbolcharakter »heiliger« Dinge rekurriert. Durkheim greift damit einzelnen Gedankengängen Ernst Cassirers vor, vor allem mit der Überlegung, daß menschliche soziale Existenz notwendig mit Symbolen verbunden sei. Die Symbole seien ein integrativer Bestandteil des sozialen Bewußtseins, sie zielten darauf ab, die Kontinuität des Bewußtseins zu sichern. Durkheim meint: »So ist das soziale Leben in allen seinen Aspekten und in allen Momenten seiner Geschichte einzig möglich dank einem umfassenden Symbolismus« (zit. in KÖNIG, 1976, S. 338). Symbole sind wesentlich mit den Normen einer sozialen Einheit verbunden, die sie repräsentieren und deren Weitergabe sie garantieren (vgl. a. a. O.).

Dieser Ansatz Durkheims wurde von Marcel Mauss insofern weitergeführt, als er den Begriff des Symbols auf alle Lebensbereiche explizit ausdehnte. König meint, daß Mauss durch die Übernahme der Durkheimschen Theorie der Symbole, indem er sie vom evolutionistischen Ballast befreit habe, zum Schöpfer der modernen Kulturanthropologie wurde (KÖNIG, 1978, S. 128).

Für die anthropologische Fragestellung sind auch Durkheims Reflexionen zum »Kollektivbewußtsein« (vgl. Kap. I) und zum Thema des »Einbaus« des Individuums in die Gesellschaft relevant. Seine Anthropologie manifestiert sich in folgendem Satz: »Der Mensch wird in der Tat zum Menschen, einzig weil er in Gesellschaft lebt« (DURKHEIM, 1922, S. 55). Die angeborenen Prädispositionen des Menschen seien so vage, daß sie erst durch den Sozialisierungsprozeß Gestalt annähmen. Durch die Erziehung lerne das Kind jene Normen des Handelns, die es brauche, um in der Gesellschaft überleben zu können. Die Erziehung sei ein sozialer Prozeß, durch den das Erbe jeder Generation weitergegeben werde. Die »Gesellschaft« sei jene »moralische Person«, die die Normen und Regeln transferiere und den Zusammenhang zwischen den Generationen herstelle. Charakteristisch für Durkheims an die Aufklärung erinnernde Einstellung ist folgender Satz: »Zwischen den unentschiedenen Virtualitäten, die den Menschen im Moment seiner Geburt darstellen, und der sehr bestimmten Person, die er werden muß, um in der Gesellschaft eine sinnvolle Rolle zu spielen, gibt es eine erhebliche Distanz. Diese Distanz muß die Erziehung das Kind durchlaufen lassen« (a. a. O., S. 67).

Zum sozialen Wesen wird der Mensch also erst durch die Übernahme der sozialen Rollen. Das Individuum »internalisiert« die damit verbundenen Normen während des »Sozialisationsprozesses«, um so innerhalb einer sozialen Einheit überhaupt handeln zu können. Interessant ist, daß Durkheim auch auf den Initiationsritus verweist, der weithin über die Menschheit verbreitet ist und der, wie es König nennt, Ausdruck einer »zweiten Geburt« des Menschen als soziale Person ist (KÖNIG, 1976, S. 331).

Durkheim hat mit diesen Überlegungen, die seiner anthropologischen Fragestellung entspringen, wesentliche Einsichten vermittelt, die für die moderne Soziologie und auch Ethnologie von großer Wichtigkeit sind. Er hat damit bereits Thesen angeboten, die schließlich bei den amerikanischen Pragmatisten, wie Georg H. Mead, der Erziehung als »Übernahme von Rollen« beschreibt.

Interessant ist, daß Durkheim aber auch Formulierungen Schelers, Plessners und Portmanns vorweggenommen hat, die ebenso betonen, daß der Mensch – im Gegensatz zum Tier – der »Erziehung« bedürfe bzw. sich an Normen und Regeln orientieren müsse, um sozial überleben zu können. Im Unterschied zu Gehlen hat Durkheim in einem besonderen Maße die soziale Dimension berücksichtigt, was Gehlen von seiner mehr philosophischen Perspektive her eher unterließ.

Unsere Beschäftigung mit Durkheim zeigt, daß er Fragestellungen der »philosophischen Anthropologie«, wie sie später u. a. von Gehlen und Plessner vertreten werden, als erster aufgegriffen und adäquat reflektiert hat. Die Konzeption Gehlens von der sozialen »Institution« (s. u.) ist in bestimmter Hinsicht als durchaus in der Tradition Durkheims stehend zu interpretieren. Während jedoch bei Durkheim deutlich wird, daß durch die »Sozialisierung« des Kindes die verschiedensten Werte weitergegeben werden können – es also keine absoluten Werte gibt, weil diese von der jeweiligen Gesellschaft erst geschaffen werden –, scheint bei den anderen Autoren dieses hier angelegte humanistische Postulat, das eben von der Gleichheit des Menschengeschlechtes ausgeht, nicht in dem Maße impliziert zu werden wie bei Durkheim. Es ist also durchaus berechtigt, wie hier nachzuweisen versucht wurde, Durkheim als einen jener Männer zu interpretieren, der am Anfang der modernen europäischen Kulturanthropologie steht. Seine Gedankengänge haben Leute wie Mauss, Lévy-Bruhl, Lévi-Strauss u. a. wesentlich beeinflußt. Es war vor allem Marcel Mauss, der in der Tradition von Durkheim stehend explizit auf die Verbindung der mit den Menschen befaßten Disziplinen hingewiesen hat und sich als »Anthropologe« verstand.

Das u. a. von Mauss betonte psychologische Moment für die soziologische Diskussion, auf dessen Notwendigkeit auch Mühlmann verwiesen hat, findet sich in der Ethnologie des deutschen Raumes insbesondere bei Richard Thurnwald, der wegen seines »psychologischen Funktionalismus« der englischen »social anthropology« nahestand. Thurnwald hatte in einem Artikel mit dem Titel ›Ethnologie und Psychologie‹ (in: H. Prinzhorn und K. Mittenzwey: Krisis der Psychoanalyse, Leipzig, 1928) auf die Fruchtbarkeit der Beziehungen zwischen beiden hingewiesen. In diesem Aufsatz zeigt sich auch die typisch europäische Tendenz, der Psychoanalyse – die gerade in den USA im Kontext der Konzeption der »cultural personality« aktuell war – reserviert bis ablehnend gegenüberzustehen (vgl. P. W. Schmidt: Der Ödipus-Komplex der Freudschen Psychoanalyse und die Ehegestaltung des Bolschewismus, Wien, 1929). Ausgeklammert sei hier ausdrücklich der Bezug auf die Völkerpsychologie, die entweder auf evolutionistischen Prämissen aufbaut (Wundt) oder sich eher als »Völkerseelenkunde« begreift (Hellpach).

Es ist vielleicht auf die Auffächerung und die Ängstlichkeit der einzelnen Disziplinen zurückzuführen, die jeweilige wissenschaftliche Autonomie könnte durch interdisziplinäre Arbeit beeinträchtigt werden, daß zwischen den anthropologischen Disziplinen in Europa, zumindest bis in die Zeit nach dem zweiten Weltkrieg, nur sporadisch kooperiert wurde. Daß bis in das letzte Jahrzehnt diese gegenseitige Distanz z. T. noch existent war, zeigt sich auch in dem über das »Wartensteinsymposion« herausgegebenen Bericht (BREITINGER u. a., 1961), der z. T. sehr unergiebige Diskussionen zur »Zusammenarbeit der anthropologischen Disziplinen« anbietet. Im deutschen Raum waren es Mühlmann und auch René König, die für eine Kulturanthropologie als integrative Wissenschaft plädierten; sie befinden sich in bestimmter Hinsicht auch in der Tradition der »philosophischen Anthropologie«, die, ohne selbst empirisch zu arbeiten, die Ergebnisse der relevanten Disziplinen verbindet.

5.1. Ansätze einer »philosophischen Anthropologie«

Es ist geboten, nun auf einige Autoren zu verweisen, die von einer philosophischen Prämisse aus bereits lange vor dem zweiten Weltkrieg eine Integration der »anthropologischen« Disziplinen vorbereiteten. Bei diesen Philosophien zeigt sich jene Tendenz, die die »cultural anthropology« auszeichnet und die die deutsche Ethnologie vernachlässigt hat, nämlich die Tendenz, über anthropologische Disziplinen zu einer umfassenden Erkenntnis des Menschen zu kommen.

So findet man bereits alle Elemente einer Kulturanthropologie in Cassirers ›Philosophie der symbolischen Formen‹ (1923–24). Cassirer, der aus der neukantianischen Marburger Schule kommt, stellt fest, daß der Mensch durch das Denken sich eine eigene Realität schaffe, da er das »reine Sein« niemals erfassen könne. Diese neu geschaffene Realität erfasse der Mensch nur in »symbolischen Formen«. Die Kultur erscheint daher als ein vom Geist erzeugtes und analysiertes Gebilde. Die Geschichte ist für Cassirer der Fortschritt eines solchen symbolgestaltenden Ideenprozesses zu immer größerer Selbstbewußtheit und Selbstbestimmung des Menschen. Bereits bei Cassirer finden sich schon Maximen, die psychologische und physische Momente reflexiv verbinden. Der Mensch bei Cassirer ist ein »animal symbolicum« und kein »animal rationale«, denn die Formen seines Kulturlebens seien symbolische Formen, über die der Mensch mit seiner Umwelt in Verbindung stehe. Dieses »künstliche symbolische System« besteht aus »linguistischen Formen, mythischen Symbolen, religiösen und sozialen Riten« u. ä. (vgl. MÜHLMANN, 1966a, S. 16).

Die moderne »philosophische Anthropologie« beruft sich auf Kant und Herder, so z.B. Scheler, Plessner und Gehlen. J. G. Herders ›Ideen zur Philosophie der Geschichte der Menschheit‹ (1784–1791) und sein Werk ›Über den Ursprung der Sprache‹ nehmen Vorstellungen vorweg, die zum festen Bestand der modernen philosophischen Anthropologie gehören. So erkennt Herder bereits den Menschen als »ersten Freigelassenen der Natur«, nämlich als »Mängelwesen«, das in jeder natürlichen Umwelt lebensunfähig sei; denn anders als das Tier, das in einen engen Kreis hineingeboren werde, in dem es lebensfähig sei, das also als Gefangener in einer ihm typischen Umgebung sich sicher bewege, trete der Mensch aus dieser engen Sphäre heraus. Seine Sinne seien offen und er sei von seiner Organisation her unspezialisiert. Gegenüber den Tieren sei er also höchst benachteiligt, denn durch die an die Stelle des Instinkts getretene Vernunft stehe er in seinen Handlungsmöglichkeiten verunsichert da. Die Vernunft ist das, was der Mensch aus seiner Lage macht. Nach Herder ist der Mensch von Natur aus zur Freiheit organisiert, zu einer Freiheit, die ihn nötige, »aus der Mitte seiner Mängel entstehenden Ersatz" zu finden (zit. bei HABERMAS, 1973, S. 93).

Konträr zu dieser Auffassung Herders, die ihre Fortsetzung bei Scheler u. a. gefunden hat, stehen die Konzeptionen Feuerbachs und Marx'. Feuerbach erfaßt den Menschen »in seiner Existenz, in der Welt als ein Mitglied derselben, nicht im Vakuum der Abstraktion, als eine vereinzelte Monade, als einen absoluten Monarchen, als einen teilnahmslosen außerweltlichen Gott« (zit. bei HABERMAS, 1973, S. 93f.). Im Gegensatz zu Herder ist der Mensch nun nicht der, der über den Dingen steht und sie zu meistern versucht, sondern er ist eine bedürftige Existenz. Weil der Mensch immer schon »leidet«, erfährt er die Wirklichkeit »sinnlich«, in Liebe und Schmerz: »nur die Leidenschaft ist Wahrzeichen der Existenz«. Marx sieht, daß der Mensch anthropologisch, in seiner sinnlich-leiblichen Existenz allein, nicht begriffen werden kann. Der Mensch sei von Natur aus gezwungen, zu handeln, nämlich durch gesellschaftliche Arbeit sich am Leben zu halten. In seiner Arbeit erzeuge er seine Welt und sich selbst in ihr. Ähnlich wie Herder und Feuerbach grenzt Marx den Menschen vom Tier ab. Gegenüber dem Tier sei er universell, was heißt, daß das Tier immer nach dem Maß und dem Bedürfnis der Spezies, der es angehört, sich orientiere, während der Mensch nicht an seine Spezies gebunden sei, sondern nach dem Maß jeder Spezies produzieren könne (a.a.O., S. 94).

Alle genannten Autoren haben mit der modernen »Anthropologie« gemeinsam: die Instinktbenachteiligung des Menschen, die Unspezialisiertheit, damit zusammenhängend die vergleichsweise offene Welt und den geschichtlichen Charakter der gesellschaftlichen Arbeit, in der die menschliche Gattung sich nicht nur erhält, sondern fortlaufend selber erst herstellt: der Mensch erfindet den Menschen (a.a.O., S. 94f.).

5.2. Die »philosophische Anthropologie« bei Max Scheler und Helmut Plessner

Max Schelers Betrachtung ›Die Stellung des Menschen im Kosmos‹ (1928) nimmt wieder die Frage nach dem Unterschied zwischen Mensch und Tier auf. Dabei kommt er zu dem Schluß, daß es weder Intelligenz, Gedächtnis, Werkzeuggebrauch oder ähnliches sei, das den Menschen zum Menschen mache, denn solche Kriterien würden eher auf einen graduellen Unterschied hinweisen als auf einen essentiellen. Als besonderes menschliches Prinzip entdeckt Scheler den »Geist«, der dem Leben »entgegengesetzt« sei. Durch den Geist werde der Mensch vom Biologischen, also vom Leben »abgelöst«: ein geisttragendes Wesen sei nicht mehr triebgefesselt, es vermöge sich von seiner Umwelt zu distanzieren. Der Mensch sei demnach »weltoffen«, er könne sich selbst vergegenständlichen und könne »Distanz zu sich nehmen«, er sei demnach fähig, zu sich selbst und zu den Lebenserscheinungen in ihm »nein« zu sagen. Der Mensch sei ein »Nein-Sager« zum Leben in sich selbst, der die Triebimpulse unterdrücken und regulieren könne.

Die Forschungen von Jakob Uexküll, auf die auch Gehlen sich stützt, haben die Thesen Herders, die von Scheler aufgegriffen wird, bestätigt, nämlich daß die Tiere in einem bestimmten Umweltrahmen leben. Die Bewegungen der Tiere richten sich in spezifischer Weise nach einer geringen Anzahl von Signalen. Die Umwelt reduziert sich demnach beim Tier auf ein »ärmliches Gebilde«. Auf diesen Erfahrungen Uexkülls basiert nun die Feststellung Schelers, daß der Mensch sich umweltfrei verhalten könne, daß der Mensch also die unmittelbare Lebenswelt »transzendieren« könne, da er dem blinden Trieb nicht mehr unterworfen sei.

Vorgeworfen wird Scheler, daß er durch seinen Rekurs auf den Geist die Sonderstellung des Menschen metaphysisch begründe und so »wieder in eine starre und zweigleisige Problematik zurücklenke, deren geringe Ergiebigkeit für weitere Einsichten sich schon seit Descartes herausgestellt hatte: in einen Dualismus von Körper und Geist« (GEHLEN, 1970, S. 69). Gehlen versucht dieses Problem zu überwinden, indem er dem »Geist« seine Selbständigkeit nimmt und von der biologischen Konstitution des Menschen her dessen »Weltoffenheit« begreift. Bei Gehlen ist es nicht der Geist, sondern das »intelligente Handeln« des Menschen, das ihm die Möglichkeit gibt, durch konstruktives Handeln die ihm feindliche Umwelt zu verändern.

Aus der metaphysischen Klammer löste aber bereits Helmuth Plessner die Anthropologie. In seinem 1928 erschienenen Buch ›Die Stufen des Organischen und der Mensch‹ greift er den Gehlenschen Konzeptionen vor, wenn er nicht mehr von einem Gegensatz von Geist und Leben ausgeht. Der Dualismus von Bewußtsein und Körper bei Descartes, der sich bei Scheler noch zeigt, wird aufgehoben durch Plessners Reflexion. Es sei die Exzentrizität des Menschen, die seine Organisation bestimme. Das Tier lebe aus seiner Mitte heraus, in seine Mitte hinein, aber es lebe nicht als Mitte. Es erlebe nicht sich selbst. Das Leben des Tieres sei zentrisch, das Leben des Menschen jedoch gehe zugleich aus der Zentrierung heraus. Der Mensch sei zugleich Leib und habe einen Körper, er lebe, indem er sein Leben führe. Durch die Vermittlung eines geführten Körpers sei der Mensch leibhaft unmittelbar. Charakteristisch für den Menschen und seine exzentrische Stellung ist auch nach Plessner, wie für Scheler und später Gehlen, dessen Instinktschwäche, Triebüberschuß und Organprimitivität.

5.3. Arnold Gehlens »philosophische Anthropologie« und ihre Problematik

Die Konzeptionen Schelers und Plessners bilden die Grundlage der folgenden Überlegungen Gehlens.[*] Arnold Gehlen verwendet, ähnlich wie Plessner, die Erkenntnisse der Naturwissenschaften, so z.B. die der Biologie, die eine Reihe von Organen beim Menschen entdeckt hat, die unspezialisiert sind und genetisch betrachtet als Primitivismen erscheinen. Zu diesen zählen u.a. die Schädelwölbung, untergestelltes Gebiß, freigelegte Hand und Standfuß. Diese Merkmale, die zusammen den aufrechten Gang des Menschen ausmachen, treten bei den hochspezialisierten Affen in sehr frühen, fötalen Entwicklungsstadien auf. Was bei ihnen nur ein Durchgangsstadium ist, hält der Mensch fest. Der Anatom Bolk bezeichnet daher den Menschen in seinem Buch ›Das Problem der Menschwerdung‹ (1926) als einen »embryonischen höheren Säuger«. Ähnliche Vorstellungen finden sich bei Adolf Portmann, der aufzeigt, daß der Mensch seiner Naturgeschichte nach zu den Nestflüchtern gehöre und daß er ein Jahr zu früh auf die Welt komme, als seinem Zerebralisationsgrad angemessen wäre, was ihn folglich zu einem sekundären Nesthocker mache. Erst nach einem Jahr erlange der Mensch einen Ausbildungsgrad, den ein seiner Art entsprechendes Säugetier zur Zeit der Geburt verwirklichen müßte. Dieses »extrauterine Frühjahr« bringe es mit sich, daß Prozesse, die sich unter generellen Bedingungen der Art im Mutterleib vollziehen müßten, bereits in lebensgeschichtlich individuellen Verhältnissen und unter dem »frühen Kontakt mit dem Reichtum der Welt« geschehen. Der »Hiatus« zwischen Trieb und Trieberfüllung müsse nicht erst, wie Scheler meint, durch einen asketischen Willensakt hergestellt werden, denn der Mensch finde sich von Natur aus in seiner gebrochenen Natur vor (HABERMAS, 1973, S. 99).

Die zoologische Verhaltensforschung von K. Lorenz, K. v. Frisch, O. Heinroth und N. Tinbergen machte außerdem die metaphysische Einführung des Geistes in die Anthropologie überflüssig, wodurch nun die endgültige Basis für die Konzeptionen Gehlens gelegt war.

---

* Auf die Problematik dieser und ähnlicher Positionen weist auch R. König hin, wenn er die über die reine Erkenntnis hinausgehende Gefahr von »Werturteilen« und die damit verbundene Ideologisierung betont (KÖNIG, 1975).

Gehlen gelang es, die Ergebnisse der Biologie und der Philosophie Schelers und Plessners mit den Prinzipien der amerikanischen Pragmatisten zu verbinden. Neben W. James waren auch G. H. Mead und J. Dewey durch ihre Überlegungen – die den Menschen als handelndes Wesen, als das ihn eigentlich Bestimmende, definieren – für Gehlens Philosophie konstitutiv. Zentral ist dem Denken Gehlens die Feststellung, daß der Mensch weltoffen und instinktarm sei, was durch sein intelligentes Handeln ausgeglichen werde. Der Mensch lebe daher von der Veränderung beliebiger Naturdaten ins Zweckdienliche, denn seine organische »Mittellosigkeit« gewähre ihm keinen entsprechenden Schutz. Um nun lebenswichtige Aufgaben oder Umstände, wie die Fortpflanzung, die Verteidigung oder die Ernährung, zu bewältigen und sie zu einem geregelten und dauerhaften Zusammenwirken zu bringen, schafft der Mensch die Institutionen. Sie sind nach Gehlen die Formen, die ein seiner Natur nach »riskiertes und unstabiles, affektüberladenes Wesen findet, um sich gegenseitig und um sich selbst zu ertragen, etwas, worauf man in sich und den anderen zählen und sich verlassen kann« (GEHLEN, 1970, S. 71). Gehlen stellt nun fest, daß Institutionen, die erschüttert oder beseitigt werden, wie es bei Revolutionen, Kriegen und Zusammenbrüchen der Fall ist, als unmittelbaren Effekt die Verunsicherung der betroffenen Personen zur Folge haben. Dadurch wird eine Belastung deutlich, die sich als »Primitivisierung« auswirkt und die an die »angestrengten Verständigungsbemühungen der Taubstummen erinnert« (GEHLEN, a.a.O., S. 73). Entsprechend der Konzeption Gehlens ist der Mensch durch »Instinktreduktion« strukturiert, das heißt, daß das Fehlen der angeborenen und stereotypen Verhaltensformen, die wir beim Tier Instinkt nennen, durch die Intelligenz ausgeglichen wird. Der Mensch ist einer Reizüberflutung ausgesetzt, einem biologischen Nachteil, dem das Tier »durch die Weisheit der Natur«, die es nur das Lebenswichtige wahrnehmen läßt, nicht ausgesetzt ist. Die durch das Ausgesetztsein an eine große Zahl von Reizen gegebene Belastung wird vom Menschen selbsttätig überwunden. Die Entwicklung, die zu dieser Überwindung führt, nennt Gehlen »Entlastungsprozesse« (a.a.O., S. 50f.).

Gehlens Überlegungen lassen sich kurz mit dem Hinweis auf seine Instinkttheorie beschreiben, die in ihren Grundkonzepten auf Verhaltensforscher wie Lorenz und Eibl-Eibesfeldt zurückgehen: Danach gibt es beim Menschen eine offene Zahl von instinktiven Verhaltensweisen, die als Verhaltensbereitschaften angelegt sind. Langfristige Erfahrungen und Lernvorgänge ersetzen als in Institutionen geronnene Verhaltensregelungen die Instinkte.

Erich Rothacker versucht die Konzeption Gehlens kritisch zu hinterfragen. Es sind besonders die Zentralbegriffe Gehlens, die »Weltoffenheit« des Menschen und die »Umweltgebundenheit« des Tieres, die Rothacker für seine Analyse heranzieht. Denn Menschen lebten ebensowenig in »der« Welt, wie sie »die« Sprache sprächen oder »die« Kunst hervorbrächten; sie lebten jeweils in den umwelthaft beschränkten Welten ihrer konkreten Gesellschaft. Es sei der »Lebensstil«, die hochselektiven und traditionsfesten Interessen, Gewohnheiten und Haltungen auf der einen Seite und ein muttersprachlich vorformuliertes Weltbild auf der anderen Seite, beide in ein bestimmtes »System« gesellschaftlicher Arbeit, in Produktionsverhältnisse mit entsprechenden Institutionen politischer Herrschaft eingelassen, die den Menschen bestimmten. Die menschliche Umwelt sei zwar weitaus reicher als die Umwelt aller Tierarten zusammengenommen, sie sei aber doch in gewisser Weise geschlossen, eben nicht offen, wie Gehlen meine, für beliebig viele, grundsätzlich für alle möglichen Fakten. An Stelle der »angeborenen Lebensweisen« tierischer Arten träten die geschichtlich erworbenen »Lebensstile« menschlicher Gesellschaften. Auf diese Lebensstile sei die Wirklichkeit bezogen (ROTHACKER, 1948, 1964).

Die Menschen handelten demnach niemals in »der« Welt, sondern nur in konkreten Lebenswelten ihrer jeweiligen Gesellschaften. So richteten sich auch die Ausdrücke der Sprache nach den Formen, in denen der Mensch sein Leben reproduziere: der Gaucho kenne mehrere hundert Worte für Pferde, aber nur vier Pflanzennamen. Im Prinzip jedoch könnten die Menschen ihre Lebenswelt überschreiten und sie erweitern, aber sie könnten sie nicht ausstreichen oder einklammern, da sie von ihr abhängig seien.

Gemäß den Überlegungen Rothackers lebt der Mensch sowohl in Umweltbindung als auch in Weltoffenheit. Er steht also zwischen beiden. Habermas fühlt sich dieser Konzeption verpflichtet, wenn er ausführt, daß der Mensch, wenn nur eine dieser beiden Kategorien zuträfe, entweder Tier oder Engel wäre. Durch das dialektische Verhältnis von Umweltgebundenheit und Weltoffenheit sei angezeigt, daß der Mensch Ge-

schichte habe und geschichtlich erst werde, was er ist. Denn
lebten die Menschen wie Tiere, gäbe es keine Geschichte, lebten
sie wie Engel in ein und derselben Welt, gäbe es wiederum keine
Geschichte. Wenn Anthropologie nur das Wiederkehrende an
Mensch und Menschenwerk zum Gegenstand machen würde,
würde sie unkritisch und politisch-dogmatisch werden. Habermas kritisiert Gehlen vor allem darum, weil letzterer »ein historisch frühes Stadium menschlicher Entwicklung, in dem die
überpersönliche Gewalt archaischer Institutionen das fundamentale Verhältnis von Instinkt und Auslöser auf der höheren
Ebene des willkürlichen, erlernbaren Verhaltens wiederherzustellen scheint«, verallgemeinert. Das, was nach Habermas für
»primitive Kulturen« sehr wohl gelten mag, wird bei Gehlen
der »menschlichen Natur schlechthin zugerechnet«. Demnach
»erhebt« in der Habermasschen Kritik Gehlens Anthropologie
die »Zucht und Härte archaischer Institutionen, die Strenge der
auferlegten Versagungen, die Gewalt des erzwungenen Trieb-
verzichts über den historischen Befund hinaus zum Rang des
Natürlichen und darum Wünschbaren« (HABERMAS, 1973,
S. 108). Habermas fügt dem hinzu, daß Gehlens Institutionen
als »irrationale Zwangs- und Zuchtanstalten die Individuen derart subsumieren, daß ihnen Bestimmung und Neigung, Subjekt
zu sein, vergeht« (a. a. O.).

Habermas wendet sich auch gegen eine philosophische Anthropologie, die gesellschaftliche Verhältnisse nach dem Grad
ihrer Stabilität bemißt und befürwortet. Denn er sieht als wesensmäßig für die Anthropologie die Verbindung mit der Theorie der Gesellschaft, da der Mensch nur als gesellschaftliches
Wesen begreifbar sei. Modelle dafür finden sich nach Habermas
in vielen »anthropologischen« Untersuchungen, die – besonders
in den USA – Konzeptionen der Psychoanalyse und Soziologie
aufeinander beziehen (HABERMAS, 1973, S. 111).

Einer deutlichen Kritik wird Gehlen auch von C. Hagemann-
White unterzogen, die Gehlens Philosophie als mit der »Ord-
nungspolitik des CDU-Staates« harmonierend versteht (HAGE-
MANN-WHITE, 1973, S. 7). Hagemann-White rekurriert auf Autoren, die darauf hingewiesen haben, daß die menschliche
Wahrnehmung durchaus angeborene Ordnungselemente habe
und die Fülle von Sinnesreizen im Zuge der Reifung und Erler-
nung von geordneter Wahrnehmung dem Kind verfügbar
werde. Damit soll Gehlens Basis von einem »Überschwem-
mungszustand« an Reizen widerlegt werden. Was durch die

Tatsache bestätigt erscheint, daß das Kind Verlangen nach immer mehr Sinnesreizen zeige und nicht an »quälender Überflutung« leide (a.a.O., S. 12). Auch gegen Gehlens implizite Vorstellung von einer Gleichheit der Reize, erhebt Hagemann-White Einspruch (a.a.O., S. 13).

Ein ähnlicher Ansatzpunkt der Kritik wie Habermas und Hagemann-White findet sich bei Johannes Weiß, der ebenso die Problematik der Institutionenlehre erkennt und den für diese charakteristischen Begriff der »Pflicht« zur Diskussion stellt. Weiß kommt in seiner ausführlichen Diskussion der Thesen Gehlens u.a. zu dem Schluß, daß der Handelnde im Sinne dieser Konzeption »prinzipiell darauf verzichtet ..., insbesondere den gesellschaftlichen Hintergrund der an ihn ergehenden Verhaltenszumutungen zu reflektieren«, ihm sei das normmäßige Handeln »unmittelbare, unreflektierte Reaktionsform« (WEISS, 1971, S. 204). Diese Kritik wurzelt schließlich in dem nicht unberechtigten und humanistischen Vorwurf, daß diese in der Institutionenlehre festgelegte Auffassung von »Pflicht« jene Handlungssysteme zu legitimieren halfen, die »Barbarei« und »Sadismus« zur »Pflicht« der Individuen machten (a.a.O.). Da nun die Institutionen bei Gehlen essentiell durch ihren Charakter als »Instinktersatz« und als Garanten der »Stabilität« bestimmt sind, liegt für Gehlen, wie Weiß ausführt, das »Hauptgewicht nicht auf der Bestimmung der Institution als einer Sozialform«, denn von einer Theorie des sozialen Handelns werden bei Gehlen die Institutionen nicht entwickelt. Das Soziale wird zwar zur Erklärung der Festlegungspotenz der Institutionen herangezogen, »so jedoch, daß soziales Handeln teils selbst wesentlich von Bedürfnisresiduen her erklärt, teils auf die Natur (›erster Hand‹) als Quelle der es leitenden Verpflichtungen zurückbezogen wird. Die Vernachlässigung der eigentlichen sozialen Dimension ist in ursprünglichem Zusammenhang mit dem Vorrang des anthropobiologischen Interesses zu sehen« (a.a.O., S. 27).

Jonas wirft Gehlen vor, daß seine Anthropologie durch einen tiefen Pessimismus gekennzeichnet sei: »Gehlen, der in seiner Anthropologie dem Menschen das Höchste zutraut, sieht in seiner Institutionenlehre, daß er auf das Gemeinste entartet. Aus dem Subjekt, das sein Dasein in eigener Verantwortung führt, wird der Parasit, für den sich alles um sein eigenes Dasein dreht« (JONAS, 1966, S. 89).

Eine Kritik am Begriff »Mängelwesen« bringt auch Mühlmann vor, der zwar mit Gehlen darin übereinstimmt, daß der Mensch sich erst bestimmte Handlungsmuster erwerben müsse. Er hält aber Gehlen entgegen, daß »vom Standpunkt der körperlichen Leistungen unserer Sportler, Akrobaten und Virtuosen aus man nicht den Eindruck hat, daß der Mensch ein ›Mängelwesen‹ sei« (MÜHLMANN, 1966a, S. 28). Außerdem meint Mühlmann, daß die von Gehlen vertretene Konzeption, nach der der Mensch »sich die Natur anpaßt« falsch sei, denn »tatsächlich gibt es viele primitive Gesellschaften von Wildbeutern, deren umweltverändernd es (›handelndes‹) Eingreifen so minimal ist, daß man ihre Existenzformen weitgehend rein ökologisch als Lebensformen passiven Sicheinfügens in biozönotische Zusammenhänge beschreiben kann« (a. a. O., S. 25). Mühlmann betont also, daß der Mensch existentiell in bestimmten »Kulturphasen« von der Natur abhängig sei, daß also der Satz Gehlens falsch sei, daß der Mensch »sich die Natur anpaßt« und daß eben dies seine Kultur ausmache. Mühlmann deutet vielmehr an, daß eine echte Dialektik zwischen Mensch und Natur bestehe und daß eben diese Dialektik für die Kultur verantwortlich sei. Es ist interessant, daß diese von Mühlmann klar gesehene Problematik in der Gehlenschen Philosophie viel zuwenig beachtet und von den Nachfolgern Gehlens unreflektiert weiter tradiert wird.

Hier ist an König anzuknüpfen, nach dem die philosophische Anthropologie, die in ihrer Intention durchaus berechtigt sei, viel zu wenig empirisches Material berücksichtige und mehr von einer extraterritorialen Position aus meine, die soziale Wirklichkeit zu erfassen (s. u.).

5.4. Die Bedeutung der »philosophischen Anthropologie«

Für die Ethnologie bzw. die Kulturanthropologie des europäischen Raumes ergibt sich aus den Überlegungen der philosophischen Anthropologie das Postulat, den Begriff der »Kultur« zentral zu setzen. Es wird statuiert, daß es keinen Unterschied zwischen »Naturmenschen« und »Kulturmenschen« gebe, sondern nur von *einer* »Kulturmenschheit« zu sprechen sei, die sich allerdings durch das unterschiedlichste kulturelle Inventar differenziere.

Kultur wird so als notwendig mit der Existenz des Menschen verknüpft, da ihm die angeborene Anpassung des Tieres an seine Umwelt fehlt. Der Mensch hat lebensnotwendig die Natur zu verändern, um sich so seine Lebenswelt zu schaffen. »Kultur« wird als die vom Menschen »veränderte Natur« begriffen. Das heißt, daß wir alles »Natürliche« am Menschen »in der Imprägnierung durch ganz bestimmte kulturelle Färbungen erfahren können« (GEHLEN, 1970, S. 78 f.).

Gestützt werden diese philosophisch-phänomenologischen Deutungen durch die Untersuchungen der amerikanischen Kulturanthropologie; so durch die Studien von Ruth Benedict (›Patterns of Culture‹) und Margret Mead (›Sex and Temperament‹). In Übereinstimmung mit den Reflexionen der philosophischen Anthropologie zeigen diese Arbeiten, daß es die jeweilige Kultur ist, die die Natur des Menschen entsprechend formt und »naturhafte Urwüchsigkeit« kulturbedingt stilisiert. Die Nähe zu den amerikanischen Pragmatisten (G. H. Mead, J. Dewey, W. James u.a.) zeigt sich u.a. darin, daß die Auffassung z.B. G. H. Meads von der Übernahme der Einstellungen (attitudes) anderer Personen in unser eigenes Handeln z.B. von Gehlen tradiert wurde. Dies impliziert die Notwendigkeit einer Zusammenarbeit der verschiedenen Wissenschaften vom Menschen, wie sie eben von der amerikanischen »cultural anthropology« postuliert wurde. Gehlens Hinweis auf die Notwendigkeit »kulturkundlich-ethnologisch-soziologischer« Untersuchungen enthält die Feststellung, daß auf die in Europa »isoliert gebliebene Völkerkunde« ein wichtiger und »befruchtender Einfluß« gerade von den Intentionen einer, im Stile der amerikanischen »cultural anthropology« agierenden »Kulturanthropologie« ausgehen könne.

6. Zur Diskussion um den Bereich der »Kulturanthropologie«

Oben wurde gezeigt, daß ein die einzelnen Wissenschaften übergreifendes Vorgehen typisch für die »cultural anthropology« der USA sei, die durch ihren Rekurs z. B. auf die Psychologie die Ethnologie auf eine »höhere« Ebene stellte. Mühlmann meint nun, daß die deutsche Kulturanthropologie nicht »einfach« ein Produkt des amerikanischen Denkens sei, »das, zusammen mit anderen Segnungen, in der Nachkriegszeit bei uns importiert worden wäre« (MÜHLMANN, 1966a, S. 15). Im gleichen Kontext aber weist er darauf hin – was unsere These von der jungen Konstituierung der Kulturanthropologie bestätigt –, es sei »sehr wohl möglich, daß einige Philosophen, Theologen und Mediziner bei uns die kulturanthropologischen Tatsachen erst durch amerikanische Publikationen kennengelernt haben« (a.a.O., S. 16). Wenn er weiter schreibt, daß die amerikanische Kulturanthropologie dem deutschen Fachmann grundsätzlich nichts Neues zu sagen habe (a.a.O.), so impliziert dies höchstens die Identität des Forschungsgegenstandes und der Ausgangspositionen von »cultural anthropology« und deutscher philosophischer Anthropologie, der aber zunächst der Kontakt zu anderen Wissenschaften fehlte. Es ergibt sich aus der Wissenschaftsgeschichte, daß im deutschen Raum – im Gegensatz zum amerikanischen – die Kooperation zwischen den anthropologischen Disziplinen durch die Struktur der Universitäten und die z.T. gewollten gegenseitigen Abgrenzungen, die oft willkürlich erscheinen, sehr erschwert wurde. Für unseren »Kulturkreis« war allerdings die Tendenz zur Zusammenarbeit und gegenseitigen Beeinflussung noch für das ausgehende 19. Jahrhundert bestimmend, als man aufbauend auf den evolutionistischen Prinzipien zu einer Gesamterkenntnis des Menschen vorstoßen wollte. Aus verschiedenen Gründen trennten sich die einzelnen Disziplinen voneinander und lehnten die Bereitschaft zu wissenschaftlich fruchtbarem Kontakt ab. Die Vorstellungen der »anthropologischen« Disziplinen in den USA dagegen tendierten weiter zur Koalition. Es konnten daher in der amerikanischen Anthropologie Konzepte entwickelt werden, die durch umfassende Reflexionen auffielen.

Für die hier vertretene These, daß die deutsche Kulturanthropologie, wie sie sich in den letzten zwei Jahrzehnten bei uns entwickelte, in ihrer Intention mit der amerikanischen »cultural anthropology« identisch ist, läßt sich die enge Beziehung beider zur Soziologie, Psychologie, Sozialpsychologie und der Verhaltensforschung anführen (vgl. MÜHLMANN, 1966a, S. 19). Die Kulturanthropologie hat mit der »cultural anthropology« als Forschungsziel die Erkenntnis des Menschen gemeinsam: beide wollen eine allgemeine Wissenschaft vom Menschen konstituieren. Die Kulturanthropologie führt also wieder ein, was die mitteleuropäische Ethnologie nach 1900 z.T. aufgegeben hat, nämlich eine Integration der einzelnen anthropologischen und auch philosophischen Ansätze. Die Kulturanthropologie versteht sich daher ähnlich der »cultural anthropology« nicht als eine Disziplin, die jeweils bestimmte Ausschnitte des Menschen reflektiert, sondern als eine Überdisziplin, in der integrative Überlegungen mit Bezug u. a. auf psychologische und soziologische Kategorien enthalten sind.

6.1. Die Kulturanthropologie als übergreifende und wertrelativistische Disziplin

Nach Mühlmann ist der Ausgangspunkt der Kulturanthropologie der »empirische Pluralismus der Kulturen« (MÜHLMANN, 1966 a, S. 17). Er meint daher, daß die »Formenmannigfaltigkeit uns etwas über den Menschen lehrt« (a. a. O.), uns also die Frage aufgibt, welche Möglichkeiten in jeweils einer Kultur realisiert sind. Mühlmann rekurriert in seinen kulturanthropologischen Reflexionen auf Ernst Cassirer, in dessen ›Philosophie der symbolischen Formen‹ (1923–24) Ansätze angeboten werden, das menschliche Kulturleben zu erfassen. Nach Cassirer steht der Mensch mit seiner Umwelt nicht direkt in Berührung, sondern durch das Medium eines künstlichen »symbolischen Systems«, welches sich u. a. in linguistischen, mythischen Symbolen, religiösen und sozialen Riten ausdrückt (a. a. O.). Bei Mühlmann zeigt sich diese Perspektive durch seine Auseinandersetzung mit der »symbolischen Überlagerung«. Diese ist dadurch gekennzeichnet, daß alles menschliche Handeln durch Bilder mitdeterminiert ist. Mühlmann lehnt sich hier an Husserl und Schütz an, für die die Welt durch den Menschen »konstituiert« wird. Demnach ist die »gesamte Umwelt symbolisch«, was heißt, daß die Realität durch die »vorgegebene Bildwelt und die damit verknüpften Erwartungen verändert« wird (a. a. O., S. 32).

Mühlmann identifiziert schließlich diese »zweite Welt« mit der »Vorwelt« und der »Folgewelt«, als den Kategorien der »geschichtlichen Welt«: »Wir handeln fortwährend auf Grund eines unserer Gruppe eigenen Kulturerbes, das älter ist als wir selbst« (a. a. O., S. 33). Dabei werde offenbar, daß die symbolische Welt nicht einfach »die Realität noch einmal« sei, sondern die Steigerung dieser Realität. Mühlmann drückt dies mit den Termini der »idealisierenden Überhöhung«, der »Überprägnanz« oder auch der »intentionalen Steigerung« aus (a. a. O., S. 37). Durch Rekurs auf die vergleichende Verhaltensforschung könne dieses Bedürfnis nach »Steigerung« als besonders tief verankert bewußt gemacht werden; denn auch Tiere sprächen auf das Gesteigerte leichter an. Mühlmann nimmt dies zum Anlaß, darauf hinzuweisen, daß erst eine pluralistische Kulturbetrachtung den theoretischen Überblick über die Gesamtheit menschlicher Möglichkeiten biete; denn erst »durch die Kulturen hindurch erfahren wir etwas von der transkulturellen Wesenheit des Menschen« (a. a. O., S. 41). Wobei das einseitige Festlegen auf ganz bestimmte Bahnen des Denkens und Handelns als Merkmal der einzelnen Kultur interpretiert wird. Hier liege auch der Unterschied zwischen Mensch und Tier, der nicht so sehr in der Leistungshöhe angelegt sei als vielmehr in der Möglichkeit der Leistungsveränderung und des Leistungszuwachses. Um auf eine grundsätzlich neue Form des Verhaltens zu stoßen, müsse man im Tierreich zu einer anderen Art übergehen, beim Menschen brauche man lediglich die nächste Kultur zu betrachten. Was beim Tier »artgebunden« sei, sei beim Menschen »kulturgebunden« (so z. B. bestimmte Kampfrituale). Daraus ergebe sich aber auch, daß der Mensch sich an bestimmte Regeln halten könne, während das Tier es müsse (a. a. O., S. 46 f.). Der Mensch habe also die Möglichkeit in sich, sein Verhalten innerhalb einer bestimmten Zeit zu ändern, ohne sich dabei als Spezies ändern zu müssen. Außerdem seien kulturelle Verhaltensformen auf Menschen einer anderen Kultur übertragbar (a. a. O., S. 47).

Aus diesen Überlegungen ergibt sich die Tatsache, daß es eine Vielfalt der Möglichkeiten zur Kulturgestaltung gebe, aber auch die Betonung, daß über die Verhaltensforschung auch sogenannte »transkulturelle« Kulturkonstanten, wie das Bedürfnis nach Nahrung und Schutz, zu abstrahieren seien. Allerdings seien diese Konstanten bloß »formale Prinzipien«, deren Gehalt kulturell bestimmt sei. Gerade letzteres ist für Mühlmann essentiell: daraus ergibt sich seine kulturrelativistische Position. Der Mensch wird zum »handelnden« Wesen, das eben durch die Fähigkeit, aus einer Unzahl von kulturellen Möglichkeiten eine auszuwählen, bestimmt ist. Mühlmann nähert sich hier der Konzeption A. Gehlens, jedoch mit Einschränkungen (s. o. die Kritik an Gehlen).

Ähnliches vertritt auch M. Scheler, der als »eigentümliches Charakteristikum« unserer Spezies das »Selbst-Bewußtsein, die Möglichkeit der Distanz zu sich selbst, und damit auch die Möglichkeit zur Absage an den kulturgebundenen Teil der Person« ansieht (vgl. JETTMAR, 1973, S. 83). Jettmar geht von dieser

Prämisse aus und betont, daß den meisten Kontakten mit Trägern einer fremden Kultur Wanderungen vorausgingen, da der Mensch sich aktiv in eine andere kulturelle Umwelt hineindrängen könne. Die Entwicklung des Menschen ist demnach von ständigen Migrationen begleitet (a.a.O., S. 83 f.). Aufgabe der Ethnologie und der Kulturanthropologie sei es also, solche Prozesse des Berührens und Ineinanderübergehens von Kulturen darzustellen und zu reflektieren. Nach Jettmar ergibt sich daraus für das Individuum ein dialektischer Prozeß zwischen Befreiungsvorgängen einerseits und Einwurzelungs- und Gestaltungsvorgängen andererseits, bei denen wieder die Tradition zur Geltung kommt (a.a.O., S. 84). Der Mensch macht sich nach Jettmar zum »Herrn der Schöpfung« dadurch, daß seine »überdimensionierte Reflexions- und Kommunikationsfähigkeit jene systemstörende Unruhe« bewirke, die ihm die »Rückkehr ins verlorene Paradies« unmöglich mache (a.a.O., S. 86).

Mit diesen Überlegungen steht Jettmar durchaus in der Tradition der »cultural anthropology« und der europäischen philosophischen Anthropologie.

Die von uns oben aufgestellte These, nach der die Kulturanthropologie im Stile Mühlmanns und die amerikanische »cultural anthropology« intentional und auch inhaltlich verwandt sind, wird durch die Anordnung des von Mühlmann und Müller herausgegebenen Sammelbandes ›Kulturanthropologie‹ (1966) unterstrichen. Denn in diesem werden auf ethnologische Daten rekurrierende Überlegungen ediert, die u.a. sozialpsychologische, zumeist auf die Symbolhaftigkeit der Kultur bezogene Inhalte haben. Nicht nur in den Themen zeigt sich die Nähe zur amerikanischen »cultural anthropology«, für die ja, wie wir oben sahen, das sozialpsychologische Moment grundsätzlich konstitutiv war, sondern auch in den Autoren, die wie E. Sapir, J.W. Bennet, Weston la Barre und R. Redfield in der Tradition der »cultural anthropology« der USA stehen.

Für unsere Diskussion ebenso interessant ist die Tatsache, daß der von H.G. Gadamer und P.Vogler herausgegebene Sammelband ›Kulturanthropologie‹ (1973) im Sinne der »ursprünglichen« Anthropologie Aufsätze bringt, die in einem weiten Bogen von der Urgeschichte über die Ethnologie, über die Geschichte und die Kunst den Menschen in seiner kulturellen Vielfalt zu erfassen suchen. Hier verwirklicht sich jene Interdisziplinarität, die von der »cultural anthropology« und der philosophischen Anthropologie gefordert wird. Eine Interdisziplinarität intendiert auch eine Richtung der Anthropologie, die sich »historische Anthropologie« nennt. Durchaus in Übereinstimmung mit der »philosophischen« bzw. der Kulturanthropologie versucht sie, das »spezifisch Menschliche« zu erarbeiten. Wichtig ist ihr dabei der Rückgriff in die Geschichte, um »Gemeinsamkeiten« des sozialen und kulturellen Lebens festzuhalten. Durch Einbeziehung soziologischer Begriffe wie der »sozialen Norm« werden z. B. rechtsanthropologische Fragen diskutiert, um so zu relevanten Aussagen zum Problem Rechtsordnung und Gesellschaft zu gelangen (KÖHLER, 1974).

6.2. Die Notwendigkeit einer empirischen Kulturanthropologie

Im Sinne der Interdisziplinarität ist auch der von R. König und A. Schmalfuß edierte Band ›Kulturanthropologie‹ (1972) zu interpretieren, der die Intention verfolgt, eine »empirische Kulturanthropologie« zu schaffen. Vorrangig ist dabei das Interesse an der Relativierung der kulturellen Werte, ein Vorgehen, das, wie wir oben gesehen haben, auch für die amerikanische »cultural anthropology« konstitutiv war. Obwohl thematisch in den von Mühlmann und König herausgegebenen ›Kulturanthropologien‹ kein wesentlicher Unterschied besteht, versucht König nicht – im Gegensatz zu Mühlmann –, die moderne Kulturanthropologie unseres Raumes von der »cultural anthropology« der USA zu trennen, was sich schon darin zeigt, daß er für beide den Terminus Kulturanthropologie verwendet. Wesentlich für die sich bei uns manifestierende Kulturanthropologie hat nach König die Betonung einer differenziellen Erforschung der Werteinstellungen der Völker der Dritten Welt und der kulturellen Minderheiten unserer Gesellschaft zu sein (KÖNIG, 1972, S. 8); denn nur so lasse sich eine Kommunikation möglich machen, die ethnozentristische Attitüden durchbreche (s. o.). Eine »angewandte Kulturanthropologie« habe daher den Sinn, mit ethnologischem Datenmaterial Wertvorstellungen fremder Kulturen uns nahezubringen, um so über ein Verstehen dieser Kulturen unsere eigenen Werte zu relativieren. Die philosophische Anthropologie, die mehr abstrakt den Menschen in seinen kulturellen Manifestationen zu erfassen suche, müsse daher durch eine »angewandte Kulturanthropologie« eine Erweiterung erfahren. König meint sogar: »Es scheint uns verfrüht zu sein, eine philosophische Anthropologie aufzubauen, bevor nicht die empirische Kulturanthropologie weiter gediehen ist, als es heute noch der Fall ist« (a.a.O., S. 11).

Die philosophische Anthropologie hat als zentralen Gegenstand – so zeigte es sich bei Gehlen – »die Kultur« schlechthin; eine Differenzierung der Kulturen wird grundsätzlich nicht versucht. König wendet sich gegen dieses Konzept mit der Auffassung, daß es in »Wahrheit so starke kulturelle Unterschiede innerhalb einer Gesellschaft, zwischen ihren verschiedenen Teilen« gebe, »daß sie unter Umständen größer sind als die Unterschiede zwischen verschiedenen Kulturen« (KÖNIG, a.a.O., S. 35). Er plädiert daher für ein intensives Studium sogar der eigenen »Subkulturen«, die ja kulturell auf einer anderen Stufe stünden als die »dominante Kultur«.

Das bedeutendste Problem für die Kulturanthropologie besteht nach König jedoch in der »interkulturellen Kommunikation«; denn mit der Entfaltung der Dritten Welt nach dem zweiten Weltkrieg sei ein weltweites Interesse für die Kulturen dieser »Welt« entstanden. So machte z.B. M. Mead im Auftrag der UNO Untersuchungen über die Folgen des technologischen Wandels – als Resultat der »interkulturellen Kommunikation« – in den sogenannten wirtschaftlich unterentwickelten Gesellschaften (a.a.O., S. 39). Damit diese »interkulturelle Kommunikation« für beide Teile komplikationslos verlaufen kann, hat die Kulturanthropologie die Rolle der Werte in den Kulturen explizit zu machen, denn so können »Abweichungen« und »Kulturwandel« als Wertkonflikte, Kulturkonflikte und kulturelle Widersprüche erkannt werden. Gerade bei Studien soziologischer Natur über die Kulturkonflikte mit Angehörigen der »Dritten Welt« wie auch zwischen »Gastarbeitern« und Mitgliedern unserer Kultur wurden viele Mißgriffe getan, weil das kulturanthropologische Moment grundsätzlich nicht berücksichtigt wurde.

Auf diesem Gebiet hat die amerikanische »cultural anthropology« Wesentliches geleistet. König meint nun, daran anknüpfend, daß ein großes Verdienst der empirischen Kulturanthropologie in der Analyse der Mechanismen liege, unter deren Einfluß sich die menschliche Person entwickelt (a.a.O., S. 41). Im Sinne von Clyde Kluckhohn sei dabei auf die Dialektik von Kultur und Person einzugehen; hier liege auch der Ansatz zu einer Kooperation von Kulturanthropologie und Sozialpsychologie bzw. Psychiatrie. Damit könnten z.B. Persönlichkeitssyndrome herausgearbeitet werden, die in verschiedenen Kulturen dominant sind.

Eine Kulturanthropologie, die zur Kenntnis der Kulturen, ihrer Wertsysteme und des sozialen Handelns ihrer Angehörigen etwas beitragen will, bedarf notwendig der Empirie. In diesem Sinne sind Untersuchungen zu fordern, die sich u. a. auf die Vielfalt des kulturellen Lebens beziehen und die so dazu beitragen, den Menschen in seinen vielen Aspekten wahrnehmen zu können. Eine solche Absicht, der ein neuer Humanismus innewohnt, setzt schließlich voraus, daß der Kulturanthropologe auch tatsächlich an anderen Kulturen teilhaben und versuchen will, sie subjektiv zu verstehen, »wie wenn wir dort geboren wären« (LEVI-STRAUSS, 1974, S. 23).

Die hier angestellten Überlegungen knüpfen an jene Prämissen an, die für die Gründung der »Anthropologischen Gesellschaften« im vorigen Jahrhundert konstitutiv waren. Absicht dieser Gesellschaften war vorrangig, durch verschiedene Perspektiven – wie der sozialen, historischen bzw. prähistorischen, psychologischen, linguistischen u. a. – das menschliche Kulturschaffen und die sozialen Strukturen, in denen der Mensch eingefügt ist, zu erfassen. In dieser Tradition versteht sich die vorliegende Arbeit, die versuchte, einige Bereiche der »Kulturanthropologie« zu beschreiben und zu reflektieren, um u. a. die Interdisziplinarität der angesprochenen Disziplinen festzuhalten, wie sie z. B. in der in den USA erscheinenden Zeitschrift ›Current Anthropology‹ tradiert wird.

Diese heute immer deutlicher werdende »Renaissance« der alten »Anthropologie« entspringt u. a. dem Wissen und dem Bewußtsein, daß eine Atomisierung des Menschen in der Betrachtungsweise unbefriedigend bleiben muß. Damit will nun nicht gesagt sein, daß die einzelnen Orientierungen sich auch die anderen Perspektiven zu erarbeiten haben, sondern es ist zu fordern, daß die traditionellen Disziplinen, die Soziologie, die Psychologie, die Ethnologie, die Geschichte, die Urgeschichte, die Linguistik u. a. untereinander und füreinander sich aufschließen; denn so besteht die echte Chance einer Kulturanthropologie, wie sie hier verstanden wird.

Literaturverzeichnis

I. Die Idee der Kulturanthropologie

ANKERMANN, B. (1905): Kulturkreise und Kulturschichten in Ozeanien und Afrika. Zeitschrift für Ethnologie 37.

ATTESLANDER, P. (1966): Das soziale Vorurteil. Variationen zu einem beinahe verschwiegenen Thema. In: A. SILBERMANN (Hg.): Militanter Humanismus. Frankfurt a. M.

BACHOFEN, J. J. (1861): Das Mutterrecht. Eine Untersuchung über die Gynaiko-kratie der Alten Welt nach ihrer religiösen und rechtlichen Natur. Stuttgart.

BANTON, M. (1964): Anthropological Perspectives in Sociology. British Journal of Sociology 15, 2.

BASTIAN, A. (1860): Der Mensch in der Geschichte. 3 Bde. Leipzig.

DERS. (1881): Der Völkergedanke im Aufbau einer Wissenschaft vom Menschen. Berlin.

DERS. (1884): Allgemeine Grundzüge der Ethnologie. Berlin.

BENEDICT, R. (1934): Patterns of Culture. New York.

BIDNEY, D. (1968): Theoretical Anthropology. New York.

BITTERLI, U. (1976): Die »Wilden« und die »Zivilisierten«. München.

BOAS, F. (1896): The Limitations of the Comparative Method of Anthropology. Abgedr. in: F. BOAS (1948).

DERS. (1911): The Mind of Primitive Man. New York.

DERS. (1943): Recent Anthropology. Science 98, No 2545/46.

DERS. (1948): Race, Language and Culture. New York.

CONDORCET, MARQUIS DE (1795): Esquisse d'un tableau historique des progrès de l'esprit humain. Paris.

DOSTAL, W. (1974): Theorie des öko-kulturellen Interaktionssystems. Anthropos 69.

DURKHEIM, E. (1892): Quid Secundatus politicae scientiae instituendae contulerit. Bordeaux; übers. v. A. Cuvillier in: E. DURKHEIM: Montesquieu et Rousseau précurseurs de la sociologie. Paris.

DERS. (1960, 1893): De la division du travail social. Paris.

DERS. (1965, 1895): Die Regeln der soziologischen Methode. Neuwied.

EGGAN, F. (1968): One Hundred Years of Ethnology and Social Anthropology. In: J. O. BREW (Hg.): One Hundred Years of Anthropology. Oxford.

ENGELS, F. (1900, 1884): Der Ursprung der Familie, des Privateigenthums und des Staats. Stuttgart.

EVANS-PRITCHARD, E. E. (1968): Theorien über primitive Religionen. Frankfurt a. M.

FRAZER, J. G. (1890; 1911–15): The Golden Bough. 2 Bde (12 Bde.) London Deutsch: Der goldene Zweig. Köln 1958.

FROBENIUS, L. (1897–1898): Erlebte Erdteile. 7 Bde. Frankfurt a. M.

GINSBERG, M. (1932): Studies in Sociology. London.

GOBINEAU, J. A. DE (1855): Essai sur l'inégalité des races humaines. Paris.

GODELIER, M. (1973): Ökonomische Anthropologie. Untersuchungen zum Begriff der sozialen Struktur primitiver Gesellschaften. Reinbek.

GRAEBNER, F. (1911): Die Methode der Ethnologie. Heidelberg.

DERS. (1903): Kulturkreise und Kulturschichten in Ozeanien. Zeitschrift für Ethnologie 37.

GRÜNFELD, E. (1939): Die Peripheren. Ein Kapitel Soziologie. Amsterdam.

GUMPLOWICZ, L. (1926–1928): Ausgewählte Werke. 4 Bde. Innsbruck.

GURVITCH, G. (1938): Essais de sociologie. Paris.

HALBWACHS, M. (1938): Morphologie sociale. Paris.

HARRIS, M. (1968): The Rise of Anthropological Theory. New York.

HEINTZ, P. (1957): Soziale Vorurteile. Köln.

HELLE, H. J. (1968): Das Proletariat, der Puritaner und der Fremde als Subjekt sozialen Wandels. Jahrbuch für Sozialwissenschaft 19.

HIRSCHBERG, W. (1966): Kulturhistorie und Ethnohistorie. Eine Gegenüberstellung. Mitteilungen zur Kulturkunde (Paideuma) Bd. 1. Wiesbaden.

HOLLANDER, A. N. J. DEN (1946): Het andere Volk. Amsterdam.

DERS. (1966): Die fremde Ferne. Kognitive Prozesse und soziale Wirklichkeit. In: A. SILBERMANN (Hg.): Militanter Humanismus. Frankfurt a. M.

JETTMAR, K. (1973): Die anthropologische Aussage der Ethnologie. In H.-G. GADAMER u. P. VOGLER (Hg.): Kulturanthropologie. Stuttgart und München.

KANT, J. (1968): Gesammelte Werke; siehe WEISCHEDEL, W. (1968).

KARDINER, A. und E. PREBLE (1974): Wegbereiter der modernen Anthropologie. Frankfurt a. M.

KÖNIG, R. (1965): Einleitung zu E. DURKHEIM: Die Regeln der soziologischen Methode. Neuwied.

DERS. (1969): Soziale Morphologie. In: Das Fischer Lexikon – Soziologie (Hg. R. König). Frankfurt a. M.

DERS. (1971): Die Situation der emigrierten deutschen Soziologen in Europa. In: Studien zur Soziologie. Frankfurt a. M.

DERS. (1972): Einleitung: Über einige Grundfragen der empirischen Kulturanthropologie. In: R. König und A. Schmalfuß (Hg.): Kulturanthropologie. Düsseldorf.

DERS. (1976): Emile Durkheim. In: D. KÄSLER (Hg.): Klassiker des soziologischen Denkens. Bd. 1. München.

DERS. (1978): Emile Durkheim zur Diskussion. München.

KOHLENBERG, K. F. (1968): Völkerkunde. Düsseldorf.

KOPPERS, W. (1956): Ethnologie. In: F. KÖNIG (Hg.): Religionswissenschaftliches Wörterbuch. Bd. 1. Freiburg in Br.

KROEBER, A. L. und C. KLUCKHOHN (1952): Culture. A Critical Review of Concepts and Definitions. Papers of the Peabody Museum of American Archaeology and Ethnology, Harvard University XLVII, 1.

LAFITAU, J. F. (1724): Mœurs de sauvages Américains comparés aux mœurs des premiers temps. Paris.

LAMETTRIE, J. O. DE (1748): L'Homme machine. Paris.

LECLERC, G. (1973): Anthropologie und Kolonialismus. München.

LEPENIES, W. (1971): Soziologische Anthropologie. Materialien. München.

LEVI-STRAUSS, C. (1963): Jean-Jacques Rousseau. Fondateur des sciences de l'homme. In: M. BERNSTEIN (Hg.): Rousseau, Neuchâtel.

DERS. (1967): Strukturale Anthropologie. Frankfurt a. M.

DERS. (1972): Rasse und Geschichte. Frankurt a. M.

DERS. Einleitung zu: M. MAUSS (1974).

LINTON, R. (1936): The Study of Man. New York.

LOCKE, J. (1894, 1690): An Essay Concerning Human Understanding. London.

DERS: (1957, 1686): Ein Brief über Toleranz. Mit einem Vorwort von A. Ebbinghaus. Hamburg.

LOWIE, R. H. (1929): Culture and Ethnology. New York.

LYND, R. S. und H. M. LYND (1929): Middle Town. A Study in Contemporary American Culture. New York.

DIES. (1935): Middle Town in Transition. New York.

MAINE, H. S. (1861): Ancient Law. London.

MAIR, L. (1972): An Introduction to Social Anthropology. London.

MALINOWSKI, B. (1922): Argonauts of the Western Pacific. New York.

DERS. (1944): A Scientific Theory of Culture. Chapel Hill. Deutsch: Eine wissenschaftliche Theorie der Kultur. Zürich 1949; Frankfurt a. M. 1975.

MANNERS, R. A. und D. KAPLAN (Hg.) (1968): Theory in Anthropology. London.

MANNHEIM, K. (1929): Ideologie und Utopie. Bonn.

MAUSS, M. (1974/75): Soziologie und Anthropologie. 2 Bde. München.

DERS. (1975): Soziale Morphologie. In: M. MAUSS (1974/75) 2. Bd.

MEAD, M. (1928): Coming of Age in Samoa. New York.

DIES. und R. BUNZEL (Hg.) (1960): The Golden Age of Anthropology. New York.

MORGAN, L. H. (1851): League of the Ho-de-no-sau-nee, or Iroquois. Rochester.

DERS. (1877): Ancient Society. New York.

MÜHLMANN, W. E. (1938): Methodik der Völkerkunde. Hamburg.

DERS. (1968): Geschichte der Anthropologie. Frankfurt a. M.

DERS. und E. W. MÜLLER (Hg.) (1966): Kulturanthropologie. Köln.

MURDOCK, G. P. (1949): Social Structure. New York.

DERS. (1957): World Ethnographic Sample. American Anthropologist 59.

DERS. (1965): Culture and Society. Pittsburgh.

DERS. (1966): Cross-Cultural Sampling. Ethnology V.

DERS. (1967): Ethnographic Atlas. A Summary. Ethnology VI.

NACHTIGALL, H. (1972): Völkerkunde. Eine Einführung. Stuttgart.

NEY, H.-G. (1972): Was deutsche Volksschüler über ausländische Arbeiter denken. IN: E. KLEE (Hg.): Gastarbeiter. Analysen und Berichte. Frankfurt a. M.

NIEBOER, H. J. (1900): Slavery as an Industrial System. Ethnological Researcher. s'Gravenhage.

PARK, R. E. (1928): Human Migration and the Marginal Man. American Journal of Sociology 33.

DERS. (1952): Human Communities. Chicago.

PARSONS, T. (1949): The Structure of Social Action. Glencoe.

POPPER, K. R. (1962): Die Logik der Sozialwissenschaften. Kölner Zeitschrift für Soziologie und Sozialpsychologie 14.

RATZEL, F. (1882, 1891): Anthropogeographie oder Grundzüge der Anwendung der Erdkunde auf die Geschichte. 2 Bde. Stuttgart.

REDFIELD, R. (1930): Tepotzán. Chicago.

RIVERS, W. H. R. (1914): The History of Melanesian Society. 2 Bde. Cambridge.

ROBERTSON, W. (1777): The History of America. Philadelphia.

RUDOLPH, W. (1959): Die amerikanische »Cultural Anthropology« und das Wertproblem. Berlin.

SAINT-SIMON, G. H. de (1813): De la réorganisation de la société européenne. Paris.

SALAT, J. (1974): »Historical Particularism« und Wiener Ethnohistorie. Bemerkungen zu wissenschaftsgeschichtlichen Parallelen. In: Aus Theorie und Praxis der Ethnohistorie. Festgabe zum 70. Geburtstag von W. Hirschberg. Wiener Ethnohistorische Blätter, Beiheft 3.

SCHMIDT, P. W. (1924): Werden und Wirken der Völkerkunde. Regensburg.

DERS. und W. KOPPERS (1924): Der Mensch aller Zeiten. Gesellschaft und Wirtschaft der Völker. Regensburg.

Simmel, G. (1958, 1922): Soziologie. München.
Spencer, H. (1857): Progress. Its Laws and Causes. Westminster Review 67.
Ders. (1880–1896): The Principles of Sociology. 3 Bde. New York.
Ders. (1864–1867): Principles of Biology. 2 Bde. London.
Ders. (1867 ff): Descriptive Sociology. New York.
Stagl, J. (1974): Kulturanthropologie und Gesellschaft. München.
Stiglmayr, E. (1970): Ganzheitliche Ethnologie. Wien.
Steward, J. (1955): Theory of Culture Change. Urbana.
Stonequist, E. V. (1961, 1937): The Marginal Man. New York.
Sumner, W. G. (1906): Folkways. Boston.
Thurnwald, R. (1931–1935): Die menschliche Gesellschaft in ihren ethno-
    soziologischen Grundlagen. 5 Bde. Berlin.
Trimborn, H. (1958): Von den Aufgaben und Verfahren der Völkerkunde. In:
    L. Adam und H. Trimborn (Hg.): Lehrbuch der Völkerkunde. Stuttgart.
Turgot, A. R. J. (1750, 1844): Plan de deux discours sur l'histoire universelle.
    Œuvres de Turgot. Paris.
Tylor, E. B. (1871): Primitive Culture. New York.
Ders. (1865 ff.): Researches into the Early History of Mankind. Chicago.
Ders. (1958, 1871): The Origins of Culture (Part I of ›Primitive Culture‹). New
    York.
Vico, G. (1725): Principi di una Scienza Nuova d'intorno alla commune natura
    delle nazioni. Deutsch (1966): Die Wissenschaft über die gemeinschaftliche
    Natur der Völker. Hamburg.
Waitz, Th. (1859): Anthropologie der Naturvölker. Leipzig.
Warner, L. u. a. (1941 ff): Yankee-City Series. 5 Bde. New Haven.
Weber, A. (1950): Kulturgeschichte als Kultursoziologie. München.
Weischedel, W. (Hg.) (1968): Kants Werke. Darmstadt.
Wernhart, K. (1974): Kulturhistorie – Ethnohistorie – Kulturgeschichte. Wie-
    ner Ethnohistorische Blätter, Beiheft 3.
White, L. A. (1945): Diffusion Versus Evolution. An Antievolutionist Fallacy.
    American Anthropologist 47.
Ders. (1949): The Science of Culture. New York.
Ders. (1959): The Evolution of Culture. New York.
Ders. (1963): The Ethnology and Ethnography of Franz Boas. Bulletin of the
    Texas Memorial Museum 6.
Whyte, W. F. (1943): Street Corner Society. Chicago.
Wissler, C. (1926): The Relation of Nature to Man in Aboriginal America. New
    York.

II. Sprache und Kulturanthropologie

Arbeitsgruppe Bielefelder Soziologen (Hg.) (1973): Alltagswissen, Inter-
    aktion und gesellschaftliche Wirklichkeit. 2 Bde. Reinbek.
Ardener, E. W. (1968): Documentary and Linguistic Evidence for the Rise in
    Trading between Rio del Rey and Cameroons 1500–1650. In: I. Lewis (Hg.):
    History and Socialanthropology. London.
Ders. (Hg.) (1971): Social Anthropology and Language. London.
Bazell, C. E. u. a. (1966): In Memory of J. R. Firth. London.
Austerlitz, R. (1959): Semantic Components of Pronoun System: Gilyak.
    Word 15, 1.
Beattie, J. (1957): Nyoro Personal Names. Uganda Journal 21.

DERS. (1960): On the Nyoro Concept of Mohano. African Studies 12.

DERS. (1964a): Other Cultures. London.

DERS. (1964b): Kinship and Social Anthropology. Man 64.

BECK, B. E. F. (1969): Colour and Heat in South Indian Ritual. Man (n.s.) 4, 4.

BEIDELMANN, T. O. (1964): Pig (Guluwe). An Essay on Ngulu Sexual Symbolism and Ceremony. Southwestern Journal of Anthropology 20.

BLOOMFIELD, L. (1933, 1955): Language. New York (London).

BOAS, F. (1911a): The Mind of Primitive Man. New York.

DERS. (1911b): Einleitung zum ›Handbook of American Indian Languages‹. New York.

DERS. (1938): General Anthropology. New York.

BOPP, F. (1827): Glossarium comparativum linguae sanscritae. Berlin.

BRIGHT, W. (1960): Social Dialect and Language History. Current Anthropology 1.

BROWN, R. W. (1958): Words and Things. Glencoe.

BROWN, R. W. and E. H. LENNEBERG (1954, 1961): A Study in Language and Cognition. Journal of Abnormal and Social Psychology 49. Wiederveröffentl. in: S. SAPORTA (Hg.) (1961): Psycholinguistics. New York.

BRUGMANN, K. (1885): Zum heutigen Stand der Sprachwissenschaft. Straßburg.

BUNSEN, C. C. J. (1854): Outlines of the Philosophy of Universal History. London.

CASAGRANDE, J. B. (1963): Language Universals and Anthropology. In: J. H. GREENBERG (Hg.) (1963a).

CHAUCHARD, F. (1963): Emission and Receptions of Sounds at the Level of the Central Nervous System in Vertebrates. In: R. G. BUSHEL (Hg.): The Acoustic Behavior of Animals.

CHOMSKY, N. (1957): Syntactic Structures. London.

DERS. (1969): Linguistic and Philosophy. In: S. HOOK (Hg.) (1969).

CLARKE, H. (1874): Researches in Prehistoric and Protohistoric Comparative Philology. Journal of the Royal Anthropological Institute 4.

COLLINDER, B. (1968): Kritische Bemerkungen zum Saussure'schen Cours de Linguistique Générale. Uppsala.

CONKLIN, H. C. (1962, 1968): Lexicographical Treatment of Folk Taxonomics. In: F. W. HOUSEHOLDER und S. SAPORTA: Problems in Lexicography. Bloomington.

DERS. (1964): Hanunóo Color Categories. In: D. HYMES (Hg.) (1964).

CRYSTAL, D. (1971): Prosodic and Paralinguistic Correlates of Social Categories. In: ARDENER (1971).

D'ANDRADE, R. G. und A. K. ROMNEY (Hg.) (1964): Transcultural Studies in Cognition. Special Publication of American Anthropologists 66.

DARWIN, CH. (1859): On the Origin of Species. London.

DERS. (1871): The Descent Man. London.

DERS. (1872): The Expression of the Emotions in Man and Animals. London.

DE LAGUNA, G. A. (1927): Speech. Its Function and Development. New Haven.

DOZIER, E. P. (1954): Kinship and Linguistic Change among the Arizona Tewa; Manuskript, zit. in F. EGGAN (1955).

EGGAN, F. (Hg.) (1955): Social Anthropology of North American Tribes. Chicago.

ENGLER, R. (1968): Lexique de la terminologie Saussurienne. Utrecht.

EVANS-PRITCHARD, E. E. (1934): Imagery in Ngok Cattle Names. Bulletin of the School of Oriental and African Studies 7, 3.

DERS. (1940): The Nuer. Oxford.

DERS. (1948): Nuer Modes of Address. Uganda Journal 12, 2.

DERS. (1954a): Zande Texts. Man 54.

DERS. (1954b): A Zande Slang Language. Man 54.

DERS. (1955): Zande Historical Texts I. Sudan Notes and Records 36.

DERS. (1956a): Zande Historical Texts II. Sudan Notes and Records 37.

DERS. (1956b): Sanza, a characteristic Feature of Zande Language and Thought. Bulletin of the School of Orient and African Language 18.

DERS. (1957): Zande Historical Texts III. Sudan Notes and Records 38.

DERS. (1961): A Note on Bird Cries and other Sounds in Zande. Man 61.

DERS. (1962a): Ideaphones in Zande. Sudan Notes and Records 63.

DERS. (1962b): Essays in Social Anthropology. London.

DERS. (1963): Meaning in Zande Proverbs. Man 63.

EVANS-PRITCHARD, E. E., W. WHITELEY und R. G. LIENHARDT (1964): The Oxford Library of African Literature Series. Oxford.

FINNEGAN, R. (1969): Attitudes to the Study of Oral Literature. Man (n. s.) 4, 1.

DERS. (1970): Oral Literature in Africa. Oxford.

FIRTH, J. R. (1958): Papers in Linguistics 1934–1951. London.

FIRTH, R. (Hg.) (1957): Man and Culture. An Evaluation of the Work of Bronislaw Malinowski. London.

FORTES, M. (1945): The Dynamics of Clanship among the Tallensi. London.

FRAKE, C. O. (1961): The Diagnosis of Disease among the Subanun of Mindanao. American Anthropologist 63.

DERS. (1962): The Ethnographic Study of Cognitive Systems. In: T. GLADWIN und W. C. STURTEVANT (Hg.): Anthropology and Human Behavior. Washington.

DERS. (1973): Die ethnographische Erforschung kognitiver Systeme. In: ARBEITSGRUPPE BIELEFELDER SOZIOLOGEN (Hg.) (1973) 2. Bd.

GARFINKEL, H. (1967): Studies in Ethnomethodologie. Englewood Cliffs.

GARVIN, P. L. (Hg.) (1957): Report of the Seventh Annual Round Table Meeting on Linguistics and Language Study. Washington.

GASCHE, R. (1970): Das wilde Denken und die Ökonomie der Repräsentation. Zum Verhältnis von Ferdinand Saussure und Claude Lévi-Strauss. In: W. LEPENIES und H. H. RITTER (1970).

GESCHWIND, N. (1964): The Development of the Brain and the Evolution of Language. Monograph Serie on Language and Linguistics 17.

GLEASON, H. A. (1955): An Introduction to Descriptive Linguistics. New York.

GODELIER, M. (1973): Ökonomische Anthropologie. Untersuchungen zum Begriff der sozialen Struktur primitiver Gesellschaften. Reinbek.

GOODENOUGH, W. H. (1949): Premarital Freedom on Truk. Theory and Practice. American Anthropologist 51.

DERS. (1951): Property, Kin and Community on Trek. New Haven.

DERS. (1956): Componential Analysis and the Study of Meaning. Language 32.

DERS. (1957): Cultural Anthropology and Linguistics. In: P. L. GARVIN (1957).

GREENBERG, J. H. (Hg.) (1963): Universals of Language. Cambridge.

GREGG, J. R. (1954): The Language of Taxonomy. An Application of Symbolic Logic to the Study of Classificatory Systems. New York.

GRIMM, J. (1822): Deutsche Grammatik. Göttingen.

GUMPERZ, J. J. und D. HYMES (Hg.) (1972): Directions in Sociolinguistics. The Ethnographic of Communication. New York.

HALE, H. (1891): Language as a Test of Mental Capacity. Journal of the Royal Anthropological Institute 21.

281

HARRIS, M. (1969): The Rise of Anthropological Theory. London.

HELBIG, G. (1974): Geschichte der neueren Sprachwissenschaft. Reinbek.

HENSON, H. (1971): Early British Anthropologists and Language. In: ARDENER (1971).

HERDAN, G. (1960): Type Token Mathematics. s'Gravenhage.

HERDER, G. (1772): Abhandlung über den Ursprung der Sprache. Berlin.

HJELMSLEV, L. (1963): Prolegomena to a Theory of Language. Madison.

HOCKETT, L. F. (1958): A Course in Modern Linguistics. New York.

HOOK, S. (Hg.) (1969): Language and Philosophy. New York.

HOWALD, E. (1944): Wilhelm von Humboldt. Zürich.

HUMBOLDT, W. V. (1820): Über das vergleichende Sprachstudium in Beziehung auf die verschiedenen Epochen der Staatsentwicklung. Berlin.

DERS. (1821): Untersuchungen über die Urbewohner Hispaniens vermittels der vaskischen Sprache. Berlin.

DERS. (1836): Über die Verschiedenheit des menschlichen Sprachbaues und ihren Einfluß auf die geistige Entwicklung des Menschengeschlechts. Berlin.

DERS. (1903): Gesammelte Schriften. Akademie-Ausgabe. Berlin.

HYMES, D. (1960): Lexicostatistics so far. Current Anthropology 1.

DERS. (Hg.) (1964): Language in Culture and Society. New York.

DERS. (1972): Towards Communicative Competence. Philadelphia.

DERS. (1973): Ethnographie des Sprechens. In: ARBEITSGRUPPE BIELEFELDER SOZIOLOGEN, 2. Bd.

JAKOBSON, R. und M. HALLE (1956): Fundamentals of Language. s'Gravenhage.

JESPERSEN, O. (1894): Progress in Language. London.

DERS. (1920): The Classification of Languages. Scientia 28.

DERS. (1934, 1922): Language. Its Nature, Development, and Origin. London.

DERS. (1949): Efficiency in Linguistic Change. Historisfilologiske Meddelser 27.

JONES, W. (1788): Asiatic Researches. Bd. 1. Calcutta.

JOOS, M. (Hg.) (1957): Readings in Linguistics. Washington.

DERS. (1964): Glottochronology with Rentention-Rate Homogeneity. Proceedings of the Ninth International Congress of Linguists.

KARDINER, A. und E. PREBLE (1974): Wegbereiter der modernen Anthropologie. Frankfurt a. M.

KATZ, J. und P. M. POSTAL (1964): An Integrated Theory of Linguistic Descriptions. Cambridge.

KENNEDY, J. (1856): On the Probable Origin of the American Indians. Journal of the Ethnological Society (o.s.) 4.

LANGENDOEN, D. T. (1968): The London School of Linguistics. A Study of the Linguistics Theories of B. Malinowski and J. R. Firth. Cambridge.

LEACH, E. R. (1957): The Epistemological Background to Malinowski's Empiricism. In: R. FIRTH (Hg.) (1957).

DERS. (1958): Concerning Trobriand Clans and the Kinship Category Tabu. In: J. GOODY (Hg.): The Development Cycle in Domestique Groups. Cambridge.

DERS. (1964): Anthropological Aspects of Language. In: E. H. LENNEBERG (Hg.) (1964): New Directions in the Study of Language. Cambridge.

DERS. (1971): Claude Lévi-Strauss. München.

LEES, R. (1953): The Basis of Glottochronology. Language 29.

LEFEVRE, A. (1894): Race and Language. New York.

LENNEBERG, E. H. (1964): The Capacity for Language Acquisition. In: J. A. FODOR und J. J. KATZ: The Structure of Language. Readings in the Philosophy of Language. New Jersey.

LEVI-STRAUSS, C. (1958): Anthropologie structurale. Paris.
DERS. (1963): Structural Anthropology. New York.
DERS. (1966): The Savage Mind. London.
DERS. (1967): Strukturale Anthropologie. Frankfurt a. M.
LOUNSBURY, F. G. (1956): A Semantic Analysis of the Pawnee Kinship Usage. Language 32.
DERS. (1968): One Hundred Years of Anthropological Linguistics. In: J. O. BREW: One Hundred Years of Anthropology (1968). Oxford.
LYONS, J. (1970): Chomsky. London.
DERS. (1968): Introduction to Theoretical Linguistics. Cambridge.
DERS. (1966): In: C. E. BAZELL u. a. (Hg.) (1966).
MACKINLAY, W. E. W. (1901): Memorandum on the Languages of the Philippines. Journal of the Royal Anthropological Institute 31.
MALINOWSKI, B. (1935): Coral Gardens and their Magic. London.
DERS. (1950, 1922): Argonauts of the Western Pacific. New York.
MAUTHNER, F. (1923): Zur Sprache und zur Psychologie, 1. Bd.: Beiträge zu einer Kritik der Sprache. Leipzig.
MARETT, R. R. (1912): Anthropology. London.
McKAUGHAN, H. (1959): Semantic Components of Pronoun Systems. Maranao. Word 15, 1.
MEAD, G. H. (1934): Mind, Self and Society. Chicago.
DERS. (1968): Geist, Identität und Gesellschaft. Frankfurt a. M.
VAN DER MERWE, J. N. (1966): New Mathematics for Glottochronology. Current Anthropology 7.
MILLER, G. A. (1956): The Magical Number Seven, Plus or Minus Two. Some Limits on Our Capacity for Processing Information. The Psychological Review 63.
MITCHELL, T. F. (1957): Language of Buying and Selling in Cyrenaica. A Situational Statement. Hespéris 44.
MÜLLER, M. (1854): On the Classification of the Turanian Languages. In: C. C. J. BUNSEN: Outlines of the Philosophy of Universal History. London.
DERS. (1856): Comparative Mythology. In: Selected Essays. Bd. 1. London.
DERS. (1862): Lectures on the Science of Language.
DERS. (1872): Results of the Science of Language. In: Selected Essays. Bd. 1.
NEEDHAM, R. (1954): The System of Teknonyms and Death-Names of the Penan. Southwestern Journal of Anthropology 10.
DERS. (1960a): Descent Systems and Ideal Language. Philosophy of Science 27.
DERS. (1960b): The Left Hand of the Mugwe. An Analytical Note on the Structure of Meru Symbolism. Africa 30.
DERS. (1963): Introduction to Durkheim and Mauss. New York.
NEUBERT, A. (1962): Semantischer Positivismus in den USA. Halle.
NIDA, E. A. (1958): Analysis of Meaning and Dictionary Making. Intern. Journal of American Linguistics 24, 4.
OPPERT, G. (1883): On the Classification of Languages in Conformity with Ethnology. Journal of the Royal Anthropological Institute 13.
PAUL, H. (1879): Untersuchungen über den germanischen Vokalismus. Halle.
PAYNE, E. J. (1899): History of the New World Called America. Bd. 2, London.
PENFIELD, W. und T. RASMUSSEN (1950): The Cerebral Cortex of Man. A Clinical Study of Localization of Function. New York.
PIKE, K. L. (1964, 1960): Towards a Theory of the Structure of Human Behavior. In: D. HYMES (1964).

DERS. (1967, 1954, 1955): Language in Relation to a Unified Theory of the Structure of Human Behavior. s'Gravenhage.

POCOCK, D. F. (1961): Social Anthropology. London.

POTT, A. F. (1848): Aufsatz im Jahrbuch der freien deutschen Akademie. Bd. 1.

POWELL, J. W. (1880): Introduction to the Study of Indian Languages. Washington.

PSATHAS, G. (1973): Ethnotheorie, Ethnomethodologie und Phänomenologie. In: ARBEITSGRUPPE BIELEFELDER SOZIOLOGEN (1973) Bd. 2.

RASK, R. R. (1814): Undersögelse om det Gamle Nordiske eller Islandske Sprogs Oprindelse. Copenhagen.

REVESZ, G. (1946): Ursprung und Vorgeschichte der Sprache. Bern.

REYNOLDS, P. C. (1968): Evolution of Primate Vocal Auditory Communication Systems. American Anthropologist 70.

RICŒUR, P. (1963): Structure et hermeneutique. Esprit 11.

ROBINS, R. H. (1971): Malinowski, Firth and the »Context of Situation«. In: E. ARDENER (Hg.) (1971).

ROBERTS, L. (1966): Central Brain Mechanisms in Speech. In: E. C. CARTERETTE (Hg.): Brain Function. Bd. 3: Speech, Language and Communication. Berkeley.

ROSENKRANZ, B. (1961): Der Ursprung der Sprache. Heidelberg.

SAPIR, E. (1907): Herders Ursprung der Sprache. Modern Philology 5.

DERS. (1921): Language. New York.

DERS. (1931): Communication. In: Encyclopedia of the Social Sciences 4.

DERS. (1949): Selected Writings of Edward Sapir. Berkeley.

DERS. (1956): Culture, Language and Personality. Berkeley.

SAUSSURE, F. DE (1878): Mémoire sur le système primitif des voyelles dans les langues indo-européennes. Genf.

DERS. (1916, 1922, 1964): Cours de linguistique générale. Paris-Genf.

DERS. (1931): Grundfragen der allgemeinen Sprachwissenschaft. Berlin.

SAYCE, A. H. (1875): Language and Race. Journal of the Royal Anthropological Institute 5.

SCHIWY, G. (1973): Der französische Strukturalismus. München.

SCHLEGEL, A. (1842, 1818): Observations sur la langue et la literature provençales. In: Essais literraires et historiques. Bonn.

SCHLEGEL, F. (1808): Über die Sprache und die Weisheit der Inder. Heidelberg.

SCHLEICHER, A. (1848): Sprachvergleichende Untersuchungen. Bd. 1: Zur vergleichenden Sprachgeschichte. Bonn.

DERS. (1863, 1869): Die Darwinsche Theorie und die Sprachwissenschaft.

SCHMIDT, J. (1872): Die Verwandtschaftsverhältnisse der indogermanischen Sprachen. Weimar.

SCHRADER, O. (1883): Sprachvergleichung und Urgeschichte. Jena.

SIMONIS, Y. (1968): Claude Lévi-Strauss, ou la ›Passion de l'inceste‹. Paris.

SPERBER, D. (1973): Der Strukturalismus in der Anthropologie. In: F. WAHL: Einführung in den Strukturalismus. Frankfurt a. M.

SPIEGELBERG, H. (1965): The Phenomenological Movement. s'Gravenhage.

STEINTHAL, H. (1850): Die Classifikation der Sprachen, dargestellt als die Entwicklung der Sprachidee. Berlin.

STURTEVANT, W. (1964): Studies in Ethnoscience. Anthropologist 66, 2.

SWADESH, M. (1950): Salish Internal Relationships. International Journal of American Linguistics 16.

DERS. (1951): Diffusional Cumulation and Archaic Residue as Historical Explanations. Southwestern Journal of Anthropology 7.

THOMAS, O. (1955): Three Analyses of the Ilocano Pronoun System. Word 11, 2.

TONKIN, E. (1971): Some Coastal Pidgins of West Africa. In: ARDENER (1971).

TRUBETZKOY, N. (1933, 1969): La Phonologie actuelle. Journal de Psychologie (Numéro exceptionnel) 30, 1. Zit. nach: Essais sur le langage (1969) Paris.

DERS. (1968): Introduction to the Principles of Phonological Descriptions. s'Gravenhage.

TYLER, S. A. (1969): Cognitive Anthropology. New York-London.

TYLOR, E. B. (1881): Anthropology. London-New York.

DERS. (1865, 1964): Researches into the Early History of Mankind and the Development of Civilization. London.

WALLACE, A. F. C. (1973): Die psychische Einheit menschlicher Gruppen. In: ARBEITSGRUPPE BIELEFELDER SOZIOLOGEN (1973) Bd. 2.

DERS. und J. ATKINS (1960): The Meaning of Kinship Terms. American Anthropologist 62.

WATERMAN, J. T. (1963): Perspectives in Linguistics. Chicago.

WEISGERBER, L. (1962): Grundzüge inhaltsbezogener Grammatik. Düsseldorf.

DERS. (1963): Grundformen sprachlicher Weltgestaltung. Köln-Opladen.

WHITELEY, W. F. (1966): Social Anthropology, Meaning and Linguistics. Man (n.s.) 1, 2.

DERS. (Hg.) (1971); Language, Use and Social Change. London.

WHITNEY, W. D. (1875, 1889): The Life and Growth of Language. An Outline of Linguistic in Science. New York.

DERS. (1884): Language and the Study of Language. London.

WHORF, B. L. (1952): Collected Papers on Metalinguistics. Washington.

DERS. (1956): Language, Thought and Reality. New York.

DERS. (1964): Science on Linguistics. New York.

WILSON, R. A. (1933): The Birth of Language. Its Place in World Evolution and its Structure in Relation to Space and Time. London.

WOODGER, J. H. (1952): Biology and language. An Introduction to the Methodology of the Biological Sciences Including Medicine. Cambridge.

WUNDT, W. (1911): Völkerpsychologie. Bd. 1: Die Sprache. Leipzig.

YNGVE, V. H. (1960): A Model and a Hypothesis for Language Structures. Proceedings of the American Philosophical Society 104, 5.

III. Der »Funktionalismus«

ACKERKNECHT, E. A. (1954): On the Comparative Method in Anthropology. In: R. F. SPENCER (Hg.): Method and Perspectives in Anthropology, Minneapolis.

ALMOND, G. A. (1960): Introduction. A Functional Approach to Comparative Politics. In: G. A. ALMOND and J. S. COLEMAN (Hg.): The Politics of Developing Areas, Princeton, N. J.

ARENSBERG, C. M. (1937): The Irish Countryman. New York.

BAILEY, F. G. (1959): Caste and the Economic Frontier. Berkeley.

DERS. (1960): Tribe, Caste and Nation. Berkeley.

DERS. (1963): Politics and Social Change. Orissa in 1959. Berkeley.

BANTON, M. (Hg.) (1966): The Anthropology of Complex Societies. ASA-Monographs 4, London.

DERS. (Hg.) (1966 a): Anthropological Approaches to the Study of Religion. ASA-Monographs 3, London.

BARNES, H. E. (1925): The History and Prospects of the Social Sciences. London.

BARNES, J. A. (1951): Marriage in a Changing Society. Cape Town.

DERS. (1954): Politics in a Changing Society. Cape Town.

DERS. (1972): Social Networks. Module 26.

BARNETT, H. G. (1938): The Nature of Pottlatch. American Anthropologist XL.

BASEHART, H. (1952) Historical Changes in the Kinship System of the Oneida Indians. Ph. D. Thesis, Havard.

BEATTIE, J. H. M. (1955): Contemporary Trends in British Social Anthropology. Sociologus 5.

BECKER, H. und L. v. WIESE (1932): Systematic Sociology.

BELLAH, R. (1952): Apache kinship system. Cambridge.

DERS. (1959): Durkheim and History. American Sociological Review 24.

BIDNEY, D. (1953): Theoretical Anthropology. New York.

BOAS, F. (1895): The Limitation of the Comparative Method of Anthropology. New York. Abgedruckt in: F. BOAS (1940): Race, Language and Culture. New York.

DERS. (1936): History and Science in Anthropology. A Reply. American Anthropologist (1936). Abgedruckt in: F. BOAS (1940): Race, Language and Culture. New York.

BOTT, E. (1957): Family and Social Network. London.

BROOKFIELD, H. C. und P. BROWN (1963): Struggle for Land. A culture and Group Territories among the Cimbu of the New Guinea Highlands. Melbourne.

BUCKLEY, W. (1957): Structural-Functional Analysis in Modern Sociology. In: H. BECKER und A. BOSKOFF (Hg.): Modern Sociological Theory in Continuity and Change. New York.

BÜHL, W. L. (Hg.) (1975): Funktion und Struktur (mit Einleitung des Hgs.). München.

CANCIAN, F. (1960): Functional Analysis of Change. American Sociological Review 24.

CARLSSON, G. (1962): Reflections on Functionalism. Acta Sociologica 5.

COHEN, I. A. (Hg.) (1961): Social Structure and Personality. New York.

DERS. (1964): The Establishment of Identity as a Social Nexus. American Anthropologist 66.

COOPER, A. (1942): Ecological Aspects of the Family Hunting Territory System, of Hu N. E. Algonkin. Chicago.

CUNNISON, I. (1951): History on the Luapula. An Essay on the Historical Notions of a Central African Tribe. Rhodes-Livingston Papers 21.

CUSHING, F. H. (1883): Zuñi Fetiches. Paris.

DAVIS, K. (1959): The Myth of Functional Analysis as a Special Method in Sociology and Anthropology. American Sociological Review 24.

DE LAGUNA, F. (1954): Tlingit Ideas about the Individual. Southwestern Journal of Anthropology 10, 2.

DORE, R. P. (1961): Function and Cause. American Sociological Review 26.

DORSEY, J. O. (1884): Omaha Sociology. Bureau of American Ethnology Reports 3.

DOZIER, E. P. (1951): Resistance of Acculturation and Assimilation in an Indian Pueblo. American Anthropologist 53.

DERS. (1954a): The Hopi-Tewa of Arizona. Berkeley.

DERS. (1954b): Kinship and Linguistic Change among the Arizona Tewa. Manuskript zit. in F. EGGAN (1955).

DURKHEIM, E. (1888): Introduction à la sociologie de la famille. Paris.
DERS. (1898): Représentations individuelles et représentations collectives. Revue de Métaphysique et de Morale VI.
DERS. (1953, 1892 u. 1918): Montesquieu et Rousseau, précurseurs de la sociologie. Paris.
DERS. (1960, 1893): De la division du travail social. Paris.
DERS. (1965, 1895): Die Regeln der soziologischen Methode (Hg. R. König). Neuwied.
DERS. (1960, 1897): Le suicide. Etude de sociologie. Paris.
EASTON, L. (1953): The Political System. New York.
DERS. (1959): Political Anthropology. Biennial Review of Anthropology.
DERS. (1950): Social Organization of the Western Pueblos. Chicago.
EGGAN, F. (1934): The Maya Kinship System and Cross-Cousin Marriage. American Anthropologist (n.s.) 36.
DERS. (1952): The Ethnological Cultures and their Archeological Backrounds. In: J. B. GRIFFIN (Hg.): Archeology of the Eastern United States. Chicago.
DERS. (1954): Social Anthropology and the Method of Controlled Comparison. American Anthropologist 56.
DERS. (Hg.) (1955, 1937): Social Anthropology of North American Tribes. Chicago.
DERS. (1966): The American Indian. Perspectives for the Study of Social Change. Chicago.
DERS. (1968): One Hundred Years of Ethnology and Social Anthropology. In: J. O. BREW: One Hundred Years of Anthropology. Oxford.
EPSTEIN, A. L. (1958): Politics in an Urban African Community. Manchester.
DERS. (1962): Immigrants to Northern Rhodesian Towns. Paper read to Section N, British Association for the Advancement of Science.
EVANS-PRITCHARD, E. E. (1937): Witchcraft, Oracles and Magic among the Zande. Oxford.
DERS. (1940): The Nuer. Oxford.
DERS. (1940a): The Political System of the Anuak. Oxford.
DERS. (1951): Social Anthropology. New York.
DERS. (1956): Nuer Religion. Oxford.
DERS. (Hg.) (1957): Man and Culture. An Evaluation of the Work of Bronislaw Malinowski. London.
DERS. (1961): Anthropology and History. Manchester.
DERS. (1962): Essays in Social Anthropology. London.
DERS. (1968): Theorien über primitive Religionen. Frankfurt.
DERS. und M. FORTES (1940): African Political Systems. London.
FIRTH, R. (1929): Primitive Economics of the New Zealand Maori. London.
DERS. (1936): We the Tikopia. London-New York.
DERS. (1939): Primitive Polynesian Economy. London.
DERS. (1946): Malay Fishermen. Their Peasant Economy. London.
DERS. (1951): Contemporary British Social Anthropology. American Anthropologist 53.
DERS. (1954): Social Organization and Social Change. Journal of the Royal Anthropological Institute 84.
DERS. (1955): The Fate of Soul. An Interpretation of Some Primitive Concepts. Cambridge.
DERS. (1959): Social Change in Tikopia. London.
DERS. (1961): Elements of Social Organization. Boston.
DERS. (1964): Essays on Social Organization and Values. London.

FLANNERY, R. (1938): Cross-Cousin Marriage among the Cree and Montagnais of James Bay. Primitive Man 11.

FORDE, C. D. und A. R. RADCLIFFE-BROWN (1950): African Systems of Kinship and Marriage. London.

FORTES, M. (1945) The Dynamics of Clanship among the Tallensi. London.

DERS. (1953): Social Anthropology at Cambridge since 1900. Cambridge.

FORTUNE, R. F. (1932): Sorcerers of Dobu. London.

FREEDMAN, M. (1957): Chinese Family and Marriage in Singapore. London.

GLUCKMAN, M. (1949): Malinowski's Sociological Theories. New York.

DERS. (1963): Order and Rebellion in Tribal Africa. New York.

DERS. (1968): The Utility of the Equilibrium Model in the Study of Social Change. American Anthropologist 70.

GODELIER, M. (1973): Ökonomische Anthropologie. Untersuchungen zum Begriff der sozialen Struktur primitiver Gesellschaften. Reinbek.

GOLDENWEISER, A. A. (1925): Cultural Anthropology. In: H. E. BARNES (1925).

GOLDFRANK, E. (1945): Socialization, Personality, and the Structure of Pueblo Society. American Anthropologist 47.

GOLDSCHMIDT, W. (1966): Comparative Functionalism. Berkeley.

GOODWIN, G. (1942): The Social Organization of the Western Apache. Chicago.

GOODY, E. N. (1962): Conjugal Separation and Divorce among the Gonja of Northern Ghana. In: M. FORTES (Hg.): Marriage in Tribal Societies. Cambridge.

GREENBERG, J. (Hg.) (1963): Universals of Language. Cambridge.

GURVITCH, G. (1950): La vocation actuelle de la sociologie. 2 Bde. Paris.

DERS. (1955): Déterminismes sociaux et liberté humaine. Paris.

DERS. (1960): Grundzüge der Soziologie des Rechts. Neuwied.

HALBWACHS, M. (1938): Morphologie sociale. Paris.

HALLOWELL, A. I. (1930): Was Cross-Cousin Marriage formerly Practiced by the North Central Algonkin? Proceedings of the XXIII International Congress of Americanistics. New York.

DERS. (1937): Cross-Cousin Marriage in the Lake Winnepago Area. In: Publications of the Philadelphia Anthropological Society, Bd. 1.

DERS. (1949): The Size of Algonkian Hunting Territories. A Function of Ecological Adjustment. American Anthropologist 51.

HANKS, L. M. und J. RICHARDSON (1945): Observations on Northern Blackfoot Kinship. American Ethnological Society Monographs 9.

HARRIS, M. (1967): The Cognitive Calculus of Brazilian Racial Categories. Unveröffentl., zit. in: M. HARRIS (1968).

DERS. (1968): The Rise of Anthropological Theory. New York.

HARTMANN, H. (Hg.) (1967): Moderne und amerikanische Soziologie. Stuttgart.

HASSRICK, R. (1944): Teton Dokota Kinship System. American Anthropologist (n.s.) 46.

HOEBEL, E. A. (1940): The Political Organization and Law-ways of the Comanche Indians. American Anthropological Association, Memoir 54.

DERS. (1949): Man in the Primitive World. New York.

HOMANS, G. C. (1972): Was ist Sozialwissenschaft? Opladen.

HUNTER, M. (1936): Reaction to Conquest. Effects of Contact with the Europeans on the Pondo of South Africa. London.

HUXLEY, J. S. (1955): Evolution, Cultural and Biological. In: W. L. THOMAS JR. (Hg.): Year of Anthropology.

JONAS, F. (1969): Geschichte der Soziologie. Reinbek.

KARDINER, A. (1939): The Individual and his Society. New York.

KLUCKHOHN, C. (1951): Spiegel der Menschheit. Zürich.

KÖNIG, R. (1965): Einleitung zu: E. DURKHEIM: Die Regeln der soziologischen Methode (Hg. R. König). Neuwied.

DERS. (1969): Stichwort ›Struktur‹. In: Das Fischer Lexikon – Soziologie (Hg. R. König). Frankfurt a. M.

DERS. (1976): Emile Durkheim. In: D. KÄSLER (Hg.): Klassiker des soziologischen Denkens. Bd. 1. München.

KROEBER, A. L. (1909): Classificatory Systems of Relationship. Journal of the Royal Anthropological Institute 39.

DERS. (Hg.) (1953): Anthropology Today. An Encyclopedic Inventory. Chicago.

KUPER, H. (1947): An African Aristocracy. Oxford.

LA FLESCHE, F. und A. C. FLETCHER (1911): The Omaka Tribe. Bureau of American Ethnology Reports 27.

LANDES, R. (1937): The Personality of Ojibwa. Personal 6.

LEACH, E. (1954): Political Systems of Highland Burma. Boston.

DERS. (1966): Rethinking Anthropology. In: Rethinking Anthropology. London.

DERS. (1971): Claude Lévi-Strauss. München.

LEHMER, D. (1954): The Sedentary Horizon of the Northern Plains. Southwestern Journal of Anthropology 10.

LEPENIES, W. und H. H. RITTER (Hg.) (1970): Orte des wilden Denkens. Zur Anthropologie von Claude Lévi-Strauss. Frankfurt a. M.

LESSER, A. (1930): Kinship Origins in the Light of some Distributions. American Anthropologist 31.

DERS. (1935): Functionalism in Social Anthropology. American Anthropologist 37.

LEVI-STRAUSS, C. (1949): Les Structures Élémentaires de la Parenté. Paris.

DERS. (1962): Le Totémisme aujourd'hui. Paris.

DERS. (1967): Strukturale Anthropologie. Frankfurt a. M.

DERS. (1974): Einleitung zu: M. MAUSS: Soziologie und Anthropologie. Bd. 1. München.

LEWIS, O. (1942): The Effect of White Contact upon Blackfoot Culture. American Ethnological Society Monographs 6.

DERS. (1951): Life in a Mexican Village. Urbana (Illinois).

LINTON, R. (1936): The Study of Man. New York.

LLEWELLYN, K. N. und E. A. HOEBEL (1941): The Cheyenne Way. Conflict and Case Law in Primitive Jurisprudence. Norman.

LOWIE, R. H. (1912): On the Principle of Convergence in Ethnology. Journal of American Folklore 25.

DERS. (1914): Plains Indian Age Societies. Historical Summary. American Museum of Natural History, Anthropological Papers. Bd. 11.

DERS. (1916): Historical and Sociological Interpretation of Kinship Terminologies. In: Holmes Anniversary Volume.

MAIR, L. (Hg.) (1938): Methods of Study of Cultural Contacts. London.

DIES. (1972, 1965): An Introduction to Social Anthropology. London.

MALINOWSKI, B. (1913): Besprechung von E. DURKHEIM: Les formes élémentaires de la vie religieuse. Folklore 24.

DERS. (1920): Kula. The Circulating Exchanges of Valuables in the Archipelagos of Eastern New Guinea. Man 20.

DERS. (1922): Argonauts of the Western Pacific. New York.

DERS. (1926): Crime and Custom in Savage Society. London.

289

DERS. (1927): Sex and Repression in Savage Society. London.

DERS. (1934): Preface to J. H. HOGBIN: Law and Order in Polynesia.

DERS. (1945): The Dynamics of Culture Change. New Haven.

DERS. (1948): Magic, Science and Religion. Glencoe (Ill.).

DERS. (1949): Eine wissenschaftliche Theorie der Kultur. Zürich.

DERS. (1951): Die Dynamik des Kulturwandels. Wien-Stuttgart.

DERS. (1960, 1944): A Scientific Theory of Culture. New York.

MANDELBAUM, D. (1940): The Plains Cree. American Museum of Natural History, Anthropological Papers.

MANNERS, R. A. und D. KAPLAN (Hg.) (1969): Theory in Anthropology. London.

MAUSS, M. (1975): Die Gabe. Form und Funktion des Austausches in archaischen Gesellschaften. In: M. MAUSS: Soziologie und Anthropologie, 2. Bd., München. Zuerst erschienen in: L'Année Sociologique (n. s.) Bd. 1 (1923–1924).

MAYER, A. (1966): The Significance of Quasi-Groups in the Study of Complex Societies. In: M. BANTON (Hg.) (1966).

MAYER, P. (1961): Townsmen and Tribesmen. Oxford.

MCALLISTER, J. G. (1935): Kiowa Apache Social Organization. In: F. EGGAN (Hg.) (1955, 1937).

MCCLELLAND, C. (1954): The Interrelations of Social Structure with Northern Tlingit Ceremonialism. Southwestern Journal of Anthropology 10, 1.

MEAD, M. (1929): Coming of Age in Samoa. New York.

DIES. (1953): New Lives for Old. New York.

MEGGITT, H. J. (1965): The Lineage System of the Mao-Enga of New Guinea. Edinburgh.

MERTON, R. K. (1948): The Bearing of Empirical Research upon the Development of Social Theory. American Sociological Review 13.

DERS. (1949, 1957, 1965): Social Theory and Social Structure. Glencoe (Ill.).

DERS. (1967): Funktionale Analyse. In: H. HARTMANN (1967).

MILKE, W. (1937): Der Funktionalismus in der Völkerkunde. Schmollers Jahrbuch 61.

DERS. (1963): Über einige Kategorien der funktionellen Ethnologie. In: C. A. SCHMITZ: Kultur. Frankfurt a. M.

MILLS, C. W. (1959): The Sociological Imagination. New York.

MITCHELL, J. C. (1959): The Anthropological Study of Urban Communities. African Studies 19.

DERS. (1961): Marriage Stability and Social Structure in Bantu Africa. In: International Population Conference. New York.

MORGAN, L. H. (1851): League of the Ho-de-no-sau-nee, or Iroquois. Rochester.

DERS. (1862): Circular in Reference to the Degrees of Relationship among Different Nations. In: Smithsonian Institution, article 10.

DERS. (1870): Systems of Consanguinity and Affinity of the Human Family. Washington.

DERS. (1871, 1958): Ancient Society. New York.

MÜHLMANN, W. E. (1968): Geschichte der Anthropologie. Frankfurt a. M.

MURDOCK, G. P. (1949): Social Structure. New York.

DERS. (1951): British Social Anthropology. American Anthropologist 53.

DERS. (1959): Africa – Its Peoples and their Culture History. New York.

NADEL, S. F. (1942): A Black Byzantium. Oxford.

DERS. (1951): The Foundations of Social Anthropology. Glencoe (Ill.).

DERS. (1957): The Theory of Social Structure. New York.

DERS. (1963, 1951): Institutionen. In: C. A. SCHMITZ: Kultur. Frankfurt a. M.

NASH, Ph. (1955): The Place of Religious Revivalism in the Formation of the Intercultural Community on Klamath Reservation, in: F. EGGAN (Hg.) (1955).

NETT, B. R. (1952): Historical Changes in the Osage Kinship Systems. Southwestern Journal of Anthropology 8.

OPLER, M. E. (1936): An Interpretation of Ambivalence of Two American Indian Tribes. Journal of Social Psychology 7.

DERS. (1955, 1937). The Outline of Chiricahua Apache Social Organization. In: F. EGGAN (Hg.): (1955, 1937).

PARSONS, T. (1951): The Social System. Glencoe (Ill.).

DERS. (1954): Essays in Sociological Theory. Glencoe (Ill.).

PAUW, B. (1963): The Third Generation.Cape Town.

PIDDINGTON, R. (1950): Introduction to Social Anthropology. London.

POSPISIL, L. (1958a): Social Change and Primitive Law. American Anthropologist 60.

DERS. (1958b): Kapauku Papuans and their Law. New Haven.

DERS. (1960): The Kapauku Papuan and their Kinship Organization. Oceania 30.

PROVINSE, J. H. (1955): The Underlying Sanctions of Plains Indian Culture. In: F. EGGAN (1955).

RADCLIFFE-BROWN, A. R. (1913): Three Tribes of Western Australia. Journal of the Royal Anthropological Institute.

DERS. (1922): The Andaman Islanders. Cambridge.

DERS. (1930/31): The Social Organization of Australian Tribes. Oceania 1.

DERS. (1931): The Social Organization of Australian Tribes. Oceania 1.

DERS. (1932): The Present Position of Anthropological Studies. In: The British Association for the Advancement of Science Report, Annual Meeting. London.

DERS. (1933): The Andaman Islanders. London.

DERS. (1935): On the Concept of Function in Social Science. American Anthropologist 51.

DERS. (1947): Evolution, Social or Cultural. American Anthropologist 51.

DERS. (1950): African Systems of Kinship and Marriage. Oxford.

DERS. (1951): The Comparative Method in Social Anthropology. In: The Huxley Memorial Lecture for 1951, Royal Anthropological Institute of Great Britain and Ireland. London.

DERS. (1952): Structure and Function in Primitive Society. London.

DERS. (1952b): Social Anthropology. Past and Present. Man 52, 14.

DERS. (1958): Method in Social Anthropology. Selected Essays. Chicago.

DERS. (1959): Structure and Function in Primitive Society. Essays and Addresses. London.

READER, R. (1961): The Black Man's Portion. Oxford.

REAY, H. (1959): The Kuma. Melbourne.

REDFIELD, R. (1945): A Village that Chose Progress.

DERS. (1953): The Primitive World and its Transformation. Chicago.

DERS. (1955): Einleitung zu: F. EGGAN (Hg.) (1955).

REX, J. (1970): Grundprobleme der soziologischen Theorie. Freiburg i. Br.

RICHARDS, A. I. (1939): Land, Labour and Diet in Northern Rhodesia. Oxford.

RICHARDSON, J. (1940): Law and Status Among the Kiowa Indians. American Ethnological Society, Monograph I.

RIVERS, W. H. R. (1904, 1908): Reports of the Cambridge Anthropological Expedition to Torres Straits. Cambridge.

291

DERS. (1907): The Marriage of Cousins in India. Journal of the Royal Asiatic Society, Juli.

DERS. (1906): The Todas. New York.

DERS. (1911): The Ethnological Analysis of Culture. London.

DERS. (1914): Kinship and Social Organization. London.

ROSS, E. A. (1911): The Changing Chinese. The Conflict of Western Cultures in China. New York.

ROSSIGNOL, R. M. (1938): Cross-Cousin Marriage among the Saskatchewan Cree. Primitive Man 11.

SAPIR, E. (1949): The Unconscious Patterning of Behavior in Society. In: D. G. MANDELBAUM (Hg.): Selected Writings of Edward Sapir. Berkeley.

SCHAPERA, I. (1938): A Handbook of Tswana Law and Custom. New York.

DERS. (1953): Some Comments on Comparative Methods in Social Anthropology. American Anthropologist 55.

SCHMITT, K. und I. SCHMITT (1952): Wichita Kinship. Past and Present.

SCHMITZ, C. A. (1963): Kultur. Frankfurt a. M.

SELIGMAN, C. G. (1917): The Relationship Systems of the Nandi, Masai and Thomga. Man 17, 56.

DERS. (1924): Anthropology and Psychology. Journal of the Toyal Anthropological Institute LIV.

DERS. (1929): Incest and Descent. Journal of the Royal Anthropological Institute. LIX.

SIEGRIST, Ch. (1967): Regulierte Anarchie. Untersuchungen zum Fehlen und zur Entstehung politischer Herrschaft in segmentären Gesellschaften Afrikas. Olten und Freiburg.

SMITH, W. R. (1885, 1903): Kinship and Marriage in Early Arabia. London.

SPECK, F. G. (1915): Family Hunting Territories and Social Life of Various Algonkian Bands of the Ottawa Valley. Canada Department of Mines Geological Survey, Memoir 70.

DERS. (1918): Kinship Terms and the Family Band among the Northeastern Algonkin. American Anthropologist (n. s.) 20.

SPENCER, B. und F. J. GILLEN (1899): The Native Tribes of Central Australia. London.

SPIRO, M.: Religion. Problems of Definition and Explanation. In: M. BANTON (1966a).

SPOEHR, A. (1924): Kinship System of the Semiole. Field Museum Natural History, Anthropological Series 33, 2.

DERS. (1942): Kinship systems of the Semiole. Field Museum of Natural History, Anthropological Series 33, 1.

DERS. (1944): The Florida Semiole Camp. Field Museum of Natural History, Anthropological Series 33, 3.

DERS. (1947): Changing Kinship Systems. Field Museum of Natural History, Anthropological Series 33, 4.

DERS. (1950): Observations on the Study of Kinship. American Anthropologist 52, 1.

STEINBECK, B. (1964): Einige Aspekte des Funktionsbegriffs in der positiven Soziologie und in der kritischen Theorie der Gesellschaft. Soziale Welt XV.

STEWARD, J. (1936): The Economic and Social Basis of Primitive Bands. In: R. LOWIE (Hg.): Essays in Anthropology presented to A. L. Kroeber. Berkeley.

STIRLING, M. W. (1964): Turkish Village.

STRONG, W. B. (1929): Cross-Cousin Marriage and the Culture of the Northeast Algonkin. American Anthropologist 31.

SUMNER, W. G. und A. KELLER (1927): The Science of Society. New Haven.

SWANTON, J. R. (1905): The Social Organization of American Tribes. American Anthropologist 7.

DERS. (1916): The Terms of Relationship of the Pentecost Islands. American Anthropologist (n. s.) 18.

DERS. (1946): Indians of the Southeastern United States. Bureau of American Ethnology, Bulletin 137. Washington.

TAX, S. (1933): The Social Organization of the Fox Indians. Chicago.

DERS. (1955a): Some Problems of Social Organization. In: F. EGGAN (Hg.) (1955).

DERS. (1955b): From Lafitau to Radcliffe-Brown. A Short History of the Study of Social Organization. In: F. EGGAN (Hg.) (1955).

THURNWALD, R. (1912): Forschungen auf den Salomonen und im Bismarck-Archipel. Berlin.

DERS. (1913): Ethnopsychologische Forschungen an Südseevölkern auf dem Bismarck-Archipel und in den Salomonen. Leipzig.

DERS. (1921): Die Gemeinde der Banaro. Stuttgart.

DERS. (1931–1935): Die menschliche Gesellschaft in ihren ethno-soziologischen Grundlagen. 5 Bde. Berlin.

DERS. (1932b): Analyse von Entwicklung und Zyklus. Mensch En Maatschappij IX, 1–2, Januar.

THURNWALD, R. (1935a): Black and White in East Africa. London.

DERS. (1933a): Die Persönlichkeit als Schlüssel zur Gesellschaftsforschung. Sociologus IX, 3.

DERS. (1957): Grundfragen menschlicher Gesellung. Berlin.

TYLOR, E. B. (1871): Primitive Culture. London.

DERS. (1889): On a Method of Investigating the Development of Institutions, applied to the Laws of Marriage and Descent. Journal of the Royal Anthropological Institute of Great Britain and Ireland 18.

VAN GENNEP, A. (1924): Le Folklore. Paris.

WALLACE, E. und E. A. HOEBEL (1952): The Comanches. Lords of the South Plains. Norman.

WARNER, W. L. (1930/31): Murngin Warfare. Oceania 1.

WEDEL, W. (1953): The High Plains and their Utilization by the Indian. American Anthropologist 29, 1.

WEDGWOOD, C. H. (1930/31a): Some Aspects of Warfare in Melanesia. Oceania 1.

DIES. (1930/31b): The Nature and Functions of Secret Society Oceania a.

WHITING, J. und F. CHILD (1953): Child Training and Personality. New York.

WILSON, G. und M. (1945): The Analysis of Social Change, Based on Observations in Central Africa. Cambridge.

WOLF, E. R. (1964): Anthropology. New York.

WORSELEY, P. M. (1961): The Analysis of Rebellion and Revolution in British Social Anthropology. Science and Society 21.

IV. Das »Verstehen« in der Kulturanthropologie

BLEEKER, N. (1959): The Phenomenological Method. Numen VI/2.

BLUMER, H. (1973): Der methodische Standort des symbolischen Interaktionismus. In: ARBEITSGRUPPE BIELEFELDER SOZIOLOGEN (Hg.): Alltagswissen, Interaktion und gesellschaftliche Wirklichkeit. Hamburg.

BRAUNER, H. (1978): Die Phänomenologie Edmund Husserls und ihre Bedeutung für soziologische Theorien. Meisenheim a. G.

BÜHL, W. L. (1972): Die alte und die neue Verstehende Soziologie. Einleitung zu: W. L. BÜHL: Verstehende Soziologie. München.

CASSIRER, E. (1964, 1924): Philosophie der symbolischen Formen. 2. Bd. Darmstadt.

DILTHEY, W. (1923 ff): Gesammelte Schriften. Berlin.

DURKHEIM, E. (1899): De la définition des phénomènes religieux. L'Année Sociologique 2.

DERS. (1968, 1912): Les formes élémentaires de la vie religieuse. Le système totémique en Australie. Paris.

DERS. (1970): Die Grundformen des religiösen Lebens. Schlußkapitel aus: Durkheim (1912). In: F. FÜRSTENBERG (Hg.): Religionssoziologie. Neuwied.

ELIADE, M. (1954): Schamanismus und archaische Ekstasetechnik. Zürich.

DERS. (1958): Patterns in Comparative Religion. New York.

DERS. (1959): Cosmos and History. New York.

DERS. (1961): Mythen, Träume und Mysterien. Salzburg.

EVANS-PRITCHARD, E. E. (1956): Nuer Religion. Oxford.

DERS. (1965): Theories of Primitive Religion. Oxford.

FRAZER, J. G. (1907–15): The Golden Bough, 12 Bde. London.

DERS. (1910): Totemism and Exogamy. 4 Bde. London.

GADAMER, H.-G. (1965): Wahrheit und Methode. Tübingen.

GIRTLER, R. (1976 a): Hermeneutik and Ethnohistorie. Wiener Ethnohistorische Blätter 1.

DERS. (1976 b): Die Aktualität der Soziologie für die Geschichtswissenschaft. Wiener Ethnohistorische Blätter 3.

HABERMAS, J. (1971): Zur Logik der Sozialwissenschaften. Frankfurt a. M.

HIRSCH, E. D. (1972): Prinzipien der Interpretation. München.

HUBERT, H. und M. MAUSS (1897/98): Essai sur la nature et la fonction du sacrifice. L'Année Sociologique 2.

HULTKRANZ, Å. (1966): An Ecological Approach to Religion. Ethnos 31.

DERS. (1970): The Phenomenology of Religion. Aims and Methods. Temonos 6.

DERS. (1974): Ecology of Religion. Its Scope and Methodology. Review of Ethnology 4/1 u. 2.

HUSSERL, E. (1954): Erfahrung und Urteil. Hamburg.

DERS. (1950–1966): Gesammelte Werke. s'Gravenhage.

KÖNIG, R. (1966, 1962): Über die Religionssoziologie bei Emile Durkheim. In: D. GOLDSCHMIDT und J. MATHES (Hg.): Probleme der Religionssoziologie. Köln–Opladen.

DERS. (1975): Kritik der historisch-existentialistischen Soziologie. München.

DERS. (1976): Emile Durkheim. In: D KÄSLER (Hg.): Klassiker des soziologischen Denkens. Bd. 1. München.

DERS. (1978): Emile Durkheim zur Diskussion. München.

KROEBER, A. (1948): Anthropology. New York.

LANGE-EICHBAUM, W. (1942, 1928): Genie, Irrsinn und Ruhm. München.

LEVI-STRAUSS, C. (1974): Einleitung zu: M. MAUSS (1974) Bd. 1.

LEVY-BRUHL, L. (1926): How Natives Think (übers. v. L. Clare). London.

MALINOWSKI, B. (1925, 1955): Magic, Science and Religion. Garden City.

DERS. (1944): A Scientific Theory of Culture. Chapel Hill.

MATHES, J. (1967): Religion und Gesellschaft. Reinbek.

Mauss, M. (1974/75): Soziologie und Anthropologie. 2 Bde. München.

Ders. (1974, 1902/03): Entwurf einer allgemeinen Theorie der Magie. In: M. Mauss (1974) Bd. 1.

Mead, G. H. (1952): Mind, Self and Society. Chicago.

Montague, A. M. F. (1966): Das mythische Denken in der Philosophie der symbolischen Formen. In: P. A. Schlipp (Hg.), Ernst Cassirer. Stuttgart.

Mühlmann, W. E. (1938): Methodik der Völkerkunde. Stuttgart.

Ders. (1966a): Umrisse und Probleme einer Kulturanthropologie. In: W. E. Mühlmann und E. W. Müller (Hg.) (1966): Kulturanthropologie. Köln.

Ders. (1966b): Erfahrung und Denken in der Sicht des Kulturanthropologen. In: W. E. Mühlmann und E. W. Müller (Hg.) (1966): Kulturanthropologie. Köln.

Ders. (1968): Geschichte der Anthropologie. Frankfurt a. M.

Otto, R. (1917, 1971): Das Heilige. München.

Psathas, G. (1972, 1968): Verstehen, Ethnomethodologie und Phänomenologie. In: W. L. Bühl: Verstehende Soziologie. München.

Radin, P. (1927): Primitive Man as a Philosopher. New York.

Rickert, H. (1913): Die Grenzen naturwissenschaftlicher Begriffsbildung. Tübingen.

Ricoeur, P. (1972, 1971): Der Text als Modell. Hermeneutisches Verstehen. In: W. L. Bühl: Verstehende Soziologie. München.

Robertson, R. (1973): Einführung in die Religionssoziologie. Mainz.

Schütz, A. (1962, 1964, 1966): Collected Papers. 3 Bde. s'Gravenhage.

Ders. (1966): The Problem of Transcendental Intersubjectivity in Husserl. In: Collected Papers. Bd. III.

Ders. (1972): Verstehen und Sozialwelt. In: W. L. Bühl (Hg.): Verstehende Soziologie. München.

Ders. (1972a): Der sinnhafte Aufbau der sozialen Welt. Frankfurt a. M.

Shirokogoroff, S. M. (1935): Psychomental Complex of the Tungus. London.

Stegmüller, W. (1969): Hauptströmungen der Gegenwartsphilosophie. Stuttgart.

Szilasi, W. (1959): Einführung in die Phänomenologie Edmund Husserls. Tübingen.

Tylor, E. B. (1871): Primitive Culture. London.

Van der Leeuw, G. (1933): Phänomenologie der Religion. Tübingen.

V. »Kulturanthropologie«, »Cultural Anthropology« und »Philosophische Anthropologie«

Benedict, R. (1943): Franz Boas as an Ethnologist. American Anthropologist 45, 3, Part 2.

Dies. (1949): Patterns of Culture. New York.

Bidney, D. (1968): Theoretical Anthropology. New York.

Boas, F. (1911): The Mind of Primitive Man. New York.

Ders. (1932): The Aims of Anthropological Research. Science 76.

Breitinger, E. u. a. (Hg.) (1961): Theorie und Praxis der Zusammenarbeit zwischen den anthropologischen Disziplinen. Horn.

Cassirer, E. (1923–29): Philosophie der symbolischen Formen. Darmstadt.

Durkheim, M. (1922): Education et sociologie. Paris.

Edel, A. (1953): Concept of Values in Contemporary Philosophical Value Theory. Philosophy of Science 20.

GADAMER, H.-G. (1965): Wahrheit und Methode. Tübingen.
GADAMER, H.-G. und P. VOGLER (Hg.) (1973): Kulturanthropologie. München.
GEHLEN, A. (1964): Urmensch und Spätkultur. 2. Aufl. Frankfurt.
DERS. (1966): Der Mensch, seine Natur und seine Stellung in der Welt. 8. Aufl.
    Frankfurt.
DERS. (1969): Moral und Hypermoral. Frankfurt.
DERS. (1970): Anthropologische Forschung. Reinbek.
DERS. (1970a): Methodisches Vorgehen im Grenzgebiet von Anthropologie und
    Soziologie. Soziologenkorrespondenz (1970).
GOLDENWEISER, A. A. (1933): History, Psychology and Culture. New York.
HABERMAS, J. (1971): Zur Logik der Sozialwissenschaften. Frankfurt.
DERS. (1973): Kultur und Kritik. Frankfurt.
HAGEMANN-WHITE, C. (1973): Legitimation als Anthropologie. Eine Kritik der
    Philosophie A. Gehlens. Stuttgart.
HARING, D. G. (1956): Personal Character and Cultural Milieu. Syracuse.
HAURIOU, M. (1965): Die Theorie der Institution. Berlin.
HERSKOVITS, M. J. (1952): Man and His Work. New York.
JETTMAR, K. E. (1973): Die anthropologische Aussage der Ethnologie. In: H.-G.
    GADAMER u. P. VOGLER (Hg.): Kulturanthropologie. Stuttgart.
JONAS, F. (1966): Die Institutionenlehre Arnold Gehlens. Tübingen.
KANT, J. (1968): Gesammelte Werke; (s. WEISCHEDEL, W. 1968).
KELLER, W. (1971): Einführung in die philosophische Anthropologie. Mün-
    chen.
KLUCKHOHN, C. (1943): Covert Culture and Administrative Problems. Ameri-
    can Anthropologist 45.
DERS. (1956): The Influence of Psychiatry on Anthropology in America during
    the Past One Hundred Years. In: D. G. HARING (1956).
KLUCKHOHN, C. und W. KELLY (1945): The Concept of Culture. In: R. LINTON
    (Hg.): The Science of Man in the World Crisis. New York.
KÖHLER, O. (1974): Versuch einer ›Historischen Anthropologie‹. In: Saeculum,
    Jahrbuch für Universalgeschichte, Bd. 25, 2–3.
KÖNIG, R. (1972): Vorwort zu: R. KÖNIG und A. SCHMALFUSS (Hg.) (1972).
DERS. (1976): Emile Durkheim. In: D. KÄSLER (Hg.): Klassiker des soziologi-
    schen Denkens. Bd. 1. München.
DERS. (1975): Die Kritik der historisch-existentialistischen Soziologie. München.
DERS. (1978): Emile Durkheim zur Diskussion. München.
DERS. u. A. SCHMALFUSS (Hg.) (1972): Kulturanthropologie. Düsseldorf.
KROEBER, A. L. (1948): Anthropology. New York.
DERS. (1952): The Nature of Culture. Chicago.
KROEBER, A. L. und C. KLUCKHOHN (1952): Culture. A Critical Review of
    Concepts and Definitions. Cambridge (USA).
LECLERC, G. (1973): Anthropologie und Kolonialismus. München.
LEPENIES, W. (1970): Anthropologie und Gesellschaftskritik. Zur Kontroverse
    Gehlen–Habermas. Soziologenkorrespondenz 4.
DERS. (1971): Soziologische Anthropologie. Materialien. München.
DERS. und H. NOLTE (1971): Kritik der Anthropologie. München.
LEVI-STRAUSS, C. (1974): Einleitung zu M. MAUSS (1974) Bd. 1.
LINTON, R. (1936): The Study of Man. New York.
LOWIE, R. H. (1929): Culture and Ethnology. New York.
DERS. (1937): The History of Ethnological Theory. New York.
DERS. (1948): Primitive Religion. New York.
MARQUARD, O. (1965): Zur Geschichte des philosophischen Begriffs ›Anthropo-

logie‹ seit dem Ende des 18. Jahrhunderts. In: Collegium philosophicum. Festschrift für Joachim Ritter. Basel.

MAUSS, M. (1975, 1924): Soziologie und Psychologie. In: M. MAUSS (1974/75): Soziologie und Anthropologie. Bd. 2. München.

MEAD, G. H. (1968): Geist, Identität und Gesellschaft. Frankfurt a. M.

MÜHLMANN, W. E. (1966a): Umrisse und Probleme einer Kulturanthropologie. In: W. E. MÜHLMANN und E. W. MÜLLER (Hg.) (1966).

DERS. (1966b): Erfahrung und Denken in der Sicht des Kulturanthropologen. In: W. E. MÜHLMANN und E. W. MÜLLER (Hg.) (1966).

MÜHLMANN, W. E. und E. W. MÜLLER (Hg.) (1966): Kulturanthropologie. Köln–Berlin.

NARR, K. J. (1973): Beiträge der Urgeschichte zur Kenntnis der Menschennatur. In: H.-G. GADAMER u. P. VOGLER (1973).

OPLER, M. E. (1945): Themes as Dynamic Forces in Culture. The American Journal of Sociology LI.

DERS. (1948): Some Recently Developed Concepts Relating to Culture. Southwestern Journal of America 4, 2.

DERS. (1965): The History of Ethnological Thougt. Current Anthropology 6.

PLESSNER, H. (1928): Die Stufen des Organischen und der Mensch. Einleitung in die philosophische Anthropologie. Berlin.

PRINZHORN, H. und K. MITTENZWEY (1928): Krisis der Psychoanalyse. Leipzig.

RICKERT, H. (1913): Die Grenzen naturwissenschaftlicher Begriffsbildung. Tübingen.

ROTHACKER, E. (1929): Mensch und Geschichte. Zürich.

DERS. (1948): Probleme der Kulturanthropologie. Bonn.

DERS. (1964): Philosophische Anthropologie. Bonn.

RUDOLPH, W. (1959): Die amerikanische ›Cultural Anthropology‹ und das Wertproblem. Berlin.

DERS. (1968): Der kulturelle Relativismus. Kritische Analyse einer Grundsatzfragen-Diskussion in der amerikanischen Ethnologie. Berlin.

SAPIR, E. (1951): Selected Writings of Edward Sapir (Hg.: D. MANDELBAUM). Berkeley.

SCHELER, M. (1928): Die Stellung des Menschen im Kosmos. Darmstadt.

DERS. (1960): Die Wissensformen und die Gesellschaft. In: Gesammelte Werke. Bd. 8. Bern–München.

SCHELSKY, H. (1965): Auf der Suche nach der Wirklichkeit. Düsseldorf.

SCHMIDT, P. W. (1929): Der Ödipus-Komplex der Freudschen Psychoanalyse und die Ehegestaltung des Bolschewismus. Wien.

STAGL, J. (1974): Kulturanthropologie und Gesellschaft. München.

THURNWALD, R. (1928): Ethnologie und Psychologie. In: PRINZHORN und K. MITTENZWEY (1928).

TYLOR, E. B. (1871): Primitive Culture. London.

WEISCHEDEL, W. (Hg.) (1968): Kants Werke in zehn Bänden. Darmstadt.

WEISS, J. (1971): Weltverlust und Subjektivität. Zur Kritik der Institutionenlehre Arnold Gehlens. Freiburg i. Br.

WISSLER, C. (1916): Psychological and Historical Interpretations for Culture. Science XLIII.

DERS. (1923): Man and Culture. New York.

Register

Theodor Mommsen
Römische Geschichte

Vollständige Ausgabe in acht Bänden
dtv-bibliothek

Mommsens ›Römische Geschichte‹ gehört zu den Meisterwerken der Geschichtsschreibung; sie ist noch immer die umfassendste Darstellung der römischen Republik und der Provinzen in der Kaiserzeit in deutscher Sprache – ein Werk von souveräner Gelehrsamkeit und zugleich ein Werk der Weltliteratur, für das der Autor 1902 den Nobelpreis für Literatur erhielt.
Unsere Ausgabe bringt den ungekürzten Text des gesamten Werkes mit allen Anmerkungen und mit Seitenkonkordanzen zur Originalausgabe, außerdem zwei Vorstudien für den nicht erschienenen vierten Band. Band 8 enthält einen einführenden Essay von Karl Christ, Bibliographien, eine Zeittafel, eine Tabelle der Maße und Münzen, ein Abkürzungsverzeichnis, elf Karten und umfangreiche Register.
Bestellnummer 5955